UMA HISTÓRIA POPULAR
DO TERCEIRO MUNDO

VIJAY PRASHAD

UMA HISTÓRIA POPULAR DO TERCEIRO MUNDO

Tradução
Rafael Tatemoto

1ª edição
Expressão Popular
São Paulo – 2022

Copyright © by Vijay Prashad
Copyright © 2022 by Editora Expressão Popular

Traduzido de: *The darker nations – a people's history of the third world*. New York: The New Press, 2007.

Produção editorial: *Aline Piva*
Revisão da tradução: *Lia Urbini e Miguel Yoshida*
Projeto gráfico e diagramação: *Zap design*
Capa: *Fernando Badharó – Cpmídias*

Dados Internacionais de Catalogação-na-Publicação (CIP)

P911u Prashad, Vijay
Uma história popular do terceiro mundo / Vijay Prashad; tradução de Rafael Tatemoto. – 1.ed.—São Paulo : Expressão Popular, 2022.
496 p.

ISBN 978-65-5891-050-3
Título original: The darker nations – a people's history of the third world.

1. Países em desenvolvimento – História. 2. Terceiro mundo – História. I. Título.

CDD 909.09724
CDU 9

Catalogação na Publicação: Eliane M. S. Jovanovich CRB 9/1250

1ª edição: março de 2022

EDITORA EXPRESSÃO POPULAR LTDA
Rua Abolição, 197 – Bela Vista
CEP 01319-010 – São Paulo – SP
Tel: (11) 3112-0941 / 3105-9500
livraria@expressaopopular.com.br
www.expressaopopular.com.br
 ed.expressaopopular
 editoraexpressaopopular

Sumário

Nota editorial 7
Nota do tradutor 9
Agradecimentos 13
Prefácio à edição brasileira:
Nações mais escuras, histórias possíveis 17
Introdução 21

PARTE 1 – A BUSCA

Paris 29
Bruxelas 47
Bandung 71
Cairo 103
Buenos Aires 121
Teerã 145
Belgrado 175
Havana 195

PARTE 2 – ARMADILHAS

Argel 215
La Paz 239
Bali 265
Tawang 287
Caracas 307
Arusha 329

PARTE 3 – ASSASSINATOS

Nova Délhi 353
Kingston 377
Singapura 411
Meca 433

Conclusão 457
Referências 465

Nota editorial

A ofensiva imperialista representada sobretudo, mas não somente, pelos Estados Unidos da América procura manter a dominação e a supremacia mundial, tal como ocorreu ao longo do século XX. Contudo, os povos oprimidos seguem resistindo e procurando construir alternativas a essa ordem. A pandemia do coronavírus demonstrou mais uma vez a incapacidade e a inviabilidade do capitalismo para a humanidade, pois em nome do lucro milhões de vidas foram perdidas, seja pelo *apartheid* da vacina, seja pela política negacionista de governos como o brasileiro, seja pela falta de uma estrutura social que garantisse as condições básicas para enfrentar o vírus – como falar de distanciamento social nas precárias condições de moradia de boa parte da classe trabalhadora?

No século XX, houve a construção de alternativas à ordem imperialista; além do socialismo capitaneado pela União das Repúblicas Socialistas Soviéticas (URSS), as nações que haviam se consolidado a partir de suas lutas por independência e libertação nacional, unidas com base na designação Terceiro Mundo esboçavam um projeto próprio. Estamos diante não apenas de uma história das instituições internacionais como ONU, o Movimento dos Não Alinhados, a Tricontinental etc., mas também da história dos conflitos entre as classes dominantes e as dominadas, umas procurando manter sua dominação – ainda que sob novas bases – e outras em luta para construção de um novo projeto de sociedade.

Pensamos ser importante algumas observações com relação a essa nossa edição: inserimos ao longo do texto diversas notas da edição (N. E.) que não constavam do original; com relação ao nome de periódicos, instituições, organizações etc. optamos por manter na língua original aquelas em línguas mais divulgadas e com alguma possibilidade de acesso pela internet – como espanhol, inglês e francês. No entanto, optamos por manter a referência original e traduzir ao português na primeira ocorrência os termos pertencentes às nações mais escuras, conforme designadas pelo autor, por uma questão linguística e política.

Ao publicar este quinto volume da série Sul Global, a Expressão Popular e o Instituto Tricontinental de Pesquisa Social acreditam ser de extrema importância compreender esta história a partir da perspectiva da luta de classes, para que possamos extrair dela lições para a construção de uma nova ordem social.

Agradecemos a Vijay Prashad por sua solidariedade de sempre: assim como nos outros dois livros de sua autoria publicados pela Expressão Popular, Vijay solidariamente nos cedeu os direitos autorais de publicação para o Brasil. Agradecemos também a Muryatan Barbosa, historiador e professor da Universidade Federal do ABC, que prontamente aceitou o convite para redigir o texto de orelha do livro.

Editora Expressão Popular
Instituto Tricontinental de Pesquisa Social
Fevereiro de 2022

Nota do tradutor

A expressão *darker nations*, que aqui traduzimos por "nações mais escuras", carrega uma relativa complexidade conceitual. Como se verá de passagem no livro, a ideia é extraída de W. E. B. Du Bois, autor que é um dos pilares históricos do movimento negro nos EUA.

Em *The African Roots of War*, Du Bois fala em "darker nations of the world – Asia and Africa, South and Central America, the West Indies and the islands of the South Seas" [as nações mais escuras do mundo – Ásia e África, Américas do Sul e Central, Índias Ocidentais e as ilhas dos Mares do Sul]. Teria "darker" o sentido de mais escuras, obscuras ou, até mesmo, sombrias? O que estava em questão entre estas opções, obviamente, é a presença ou não de uma conotação étnico-racial nesta palavra.

No mesmo texto, Du Bois fala em "white folk" e "darker folk" [pessoa branca e pessoa mais escura, respectivamente]. Em *To The Nations of The World*, Du Bois emprega "darker races" [raças mais escuras]. Pensamos, portanto, que "darker" funciona de forma similar à expressão mais comum "people of colour" [pessoas de cor], que designa o conjunto de etnias, principalmente nos EUA, não brancas.

Decerto, ao traduzir "darker nations" por "nações mais escuras", reforça-se em algum grau, por meio do "mais", o mundo branco como padrão de referência. Pensamos, entretanto, que um dos eixos deste livro é a (tentativa de) construção de uma plataforma positiva entre nações heterogêneas, cuja referência comum é a negatividade do imperialismo e do colonialismo.

Rafael Tatemoto

Para Bela Malik

Agradecimentos

Em 1981, durante o verão, eu escrevi um pequeno ensaio sobre a história do petróleo como projeto escolar. Meu pai me apresentou ao livro de Anthony Sampson *As sete irmãs* e à complexa história da Organização dos Países Exportadores de Petróleo (Opep), incluindo os papéis dos ministros do Petróleo da Venezuela e da Arábia Saudita que figuram neste livro. Quando meu pai morreu, em 1999, eu já havia começado a pensar neste livro, e nós havíamos discutido brevemente seus contornos. Assim como todos os meus outros livros, este também é escrito em diálogo com seu espírito.

Andy Hsiao desenterrou este livro na New Press e o editou com cuidado, sabedoria e graça. Sudhanva Deshpande, da Leftword Books, é meu porto-seguro político. Há dez anos, Naeem Inayatullah me deu uma cópia de *Global Rift*, de L. S. Stavrianos. O livro me permitiu visualizar a história do Terceiro Mundo, ainda que Stavrianos tivesse uma história muito mais longa para contar (do início do colonialismo até os anos 1980). Meu escopo é muito menos ambicioso, mas não poderia se realizar sem o presente de Naeem.

Bibliotecários prestativos no Trinity College, na Universidade de Massachusetts, no Instituto Hoover, nos Arquivos Nacionais de Cingapura, e no Instituto Internacional de História Social (Amsterdã), bem como o trabalho necessário do professor Vsatrolav Vekaric, editor da *Review of International Affairs*, me possibilitaram reunir os materiais necessários para este livro. Amigos aqui e ali, incluindo minha irmã Leela, me forneceram a ajuda linguística essencial (particularmente em fazer viver minhas habilidades elementares em línguas europeias).

Cada seção está fincada em uma cidade ou local. O livro começa em Paris e termina em Meca. Aproveito essa estrutura para contar a história de cada cidade, de seu país e seus vários movimentos. Este tipo de livro depende muito de fontes secundárias e, portanto, do trabalho árduo e generoso de gerações de estudiosos. A extensão das notas de rodapé é uma indicação de quanto eu pedi emprestado e devo a eles. Para o leitor leigo, pode haver muitos detalhes; para o especialista, pode haver poucos. Este é o risco de um livro deste tipo.

Sarah Fan, Joel Ariaratnam e Melissa Richards (todos da New Press), e Cindy Milstein, a editora, deram a este livro toda a ajuda de que ele precisava.

Muitas pessoas levaram estas ideias a sério muito antes de eu saber que elas tinham algum valor. O Labor/Community Strategy Center (notavelmente, Eric Mann, Lian Hurst Mann, Tammy Bang Luu e Manuel Criollo) não só me convidou para falar sobre esses temas em Los Angeles como também publicou minhas ideias no *Ahora Now*. Grege Meyerson (da Cultural Logic) e eu tivemos um debate produtivo durante uma viagem para a Universidade Estadual Agrícola e Técnica da Carolina do Norte. Just Act (Rishi Awantramani, Josh Warren-White e Steve Williams) providenciou um bom fórum em São Francisco para debater as muitas linhas que atravessam as nações mais escuras. Beety Bayer ofereceu uma tribuna mais elegante no Hobart and William Smith College, onde proferi uma palestra no Fisher Center e na qual tive valiosas conversas sobre raça e nacionalismo. A hospitalidade intelectual de Howard Winant, na Universidade da Califórnia em Santa Bárbara, é incomparável. Shiva Balaghi, Lisa Duggan, Andrew Ross e Walter Johnson, bem como Vivek Bald, me incentivaram com ideias e inspiração. Indira Ravindran me deu um impulso. No Trinity College, eu fui abençoado por ter a presença de Michael Niemann, Barbara Sicherman, Susan Pennybacker, Joan Hedrick, Johnny Williams e Raymond Baker, todos conhecendo o mundo com nitidez e compaixão. Os ex-alunos Toufic Haddad e Sai Madivala, entre outros, me ensinaram com sua sabedoria e compromisso político. Bill Strickland me deu o prumo essencial. Teo Ballve, Shonali Bose, Amitava Kumar, Sunaina Maia, Gautam Premnath, Kasturi Ray, P. Sainath e Rinku Sem me deram meus fundamentos. Mir Ali Raza me apresentou esta citação de Faiz (Zindam Nama, 1956), que nos lembra da esperança imbuída nos projetos gêmeos do Terceiro Mundo e do socialismo: "Um dia, este campo estará maduro para a colheita copiosa/Até então, devemos trabalhar no campo sem folga".

Em Delhi, eu coloquei essas ideias em prática graças a Sudhanva Deshpande, da livraria Oxford, em um evento da Leftword Books. Em Chennai, apresentei variações da tese mais ampla na Madras Bar Association (graças a G. Chamki Raj e K. Subburam), All-India Women's Association (agradecimentos à minha irmã Rani), a Indian School of Social Science (agradecimentos à R. Vijayshankar) e na MS Swaminathan Research Foundation (agradecimentos a K. Nagaraj, Rukmani e Venkatesh Atreya). Excertos extraídos do livro tornaram-se públicos graças aos meus editores na *Frontline* (N. Ram e R. Vijayshakar), *ZNET* (Mike Albert), *Counterpunch* (Alexander Cockburn e Jeffery St. Clair) e *Monthly Review* (John Bellamy Foster). A primeira versão deste livro foi *War against the planet: The Fifth Afghan War, Imperialism, and Other Assorted Fundamentalisms* (New Delhi: Leftword, 2002). Tom Fenton havia me convidado para participar de uma mesa redonda sobre a obra de Peter Gowan para a cátedra de Estudos Asiáticos Críticos, na qual desenvolvi algumas orientações adicionais. Rachael Gillett e Paul Teodoulou, da *Global Dialogue*, abriram suas páginas para algumas das ideias deste livro. Salah D. Hassan (*CR: The New Centennial Review*), ao lado de Naeem Inayatullah e Robin Riley (para sua coleção *Interrogating Imperialism*, Palgrave, 2006), permitiu que Lisa Armstrong e eu puséssemos à prova versões mais elaboradas de nossa análise dos direitos das mulheres em um quadro de libertação nacional. Tudo isso e muito mais me ajudou a criar a tese e a história deste livro.

Escrevi a maior parte dele em Northampton, Massachusetts, que é uma cidade fantástica. Ele seria muito menos sem o rigor do coletivo *Valley War Bulletin* (Beth Adel, Diana Riddle, Fidelito Cortes, Jean Grossholtz, Jeff Napolitano, Jo Comerford, Lisa Armstrong, Megan Tady, Nerissa Balce, Phyllis Rodin, Sai Madivala e Tim Scott). Larry Parnass me deve alguns cafés. Catherine Carija me consolou. Michael, Mariangeles e Kai: voltem logo. Frances Crowe é um ícone. A casa de Adare é um deleite. O Grupo B é o paraíso. Tantos amigos queridos, tão pouco tempo.

Minha sábia família me traz aconchego e ideias. Minha mãe e Rosy em Calcutá, minha irmã em Madras, minha irmã e meu irmão na Califórnia, sobrinhas e sobrinhos no Arizona, na Califórnia, Hyderabad e Bangalore, os Bose-Pains em Los Angeles, o ninho B207 confortavelmente construído pelos *mashis*, o mais novo em Chittaranjan Park e os Armstrongs, na Califórnia e Connecticut. O livro não seria nada sem a sabedoria teórica e política de Brinda Karat e Prakash Karat.

Este livro é para Lisa, que entende tudo antes de mim. E para Zalia Maya e Rosa Maya, que são mais sábias.

Agradeço imensamente a Miguel Yoshida, da Editora Expressão Popular, por sua iniciativa em levar esse livro aos leitores de língua portuguesa. O livro é inspirado na obra de Paulo Freire, o intelectual do Terceiro Mundo que teorizou sobre o aprender e o fazer. Sou sempre grato ao MST por sua liderança, particularmente aos meus queridos amigos João Pedro Stedile e Neuri Rosseto. Sou igualmente grato ao escritório do Instituto Tricontinental de Pesquisa Social no Brasil, particularmente a Renata Porto Bugni e a André Cardoso.

Prefácio à edição brasileira:
Nações mais escuras, histórias possíveis

Este livro é uma história do projeto do Terceiro Mundo. A história que reconto desde os anos 1920 até os anos 1980 trata do desenvolvimento desse projeto. Uma ampla gama de iniciativas acabou reunida em uma plataforma relativamente coerente de demandas e foi promovida em diversos fóruns internacionais e na ONU. Esse projeto foi assassinado na década de 1980 por uma combinação do esgotamento da maneira como os vários regimes operavam em suas sociedades com a crise da dívida (ela própria um produto de um capitalismo financeiro cada vez mais confiante) e o colapso da União Soviética. As pessoas que vivem nas sociedades que uma vez adotaram o projeto do Terceiro Mundo, é claro, seguiram suas vidas e certamente estão fazendo história. Mas não sobre as mesmas bases.

Na década de 1980, o "Terceiro Mundo" era visto como um conjunto de Estados falidos e um lugar de fome, pobreza e desesperança. Esses países pareciam ter chegado em "terceiro lugar", ou por último, na grande corrida pelo progresso. Esse foi o teor mais amplo do discurso sobre o período pós-colonial. Para mim, isso é tendencioso. Isso significava que esses lugares estavam fadados ao fracasso e, portanto, à caridade. A condescendência apagou a história de lutas e derrotas. Estou interessado, em alguma medida, em olhar para a parte mais enriquecedora da história da época, descobrir suas lutas e suas ideologias.

As lutas anticoloniais que produziram as novas nações ensinaram a vasta maioria da população sobre as raízes e recursos do imperialismo. O projeto do Terceiro Mundo, portanto, não vem apenas dos intelectuais, pois se viesse não teria tido tanto apoio popular. Ele vem da sabedoria desses movimentos. O Terceiro Mundo, na minha análise, não é tanto uma condição comum, mas sim uma unidade de propósito dos regimes que, pelo menos nas duas décadas que sucederam os anos de 1950, chegaram ao poder com significativa legitimidade popular. E, por um tempo, representaram um desafio para a ordem do pós-Segunda Guerra Mundial, particularmente com sua agenda a favor do desarmamento, de uma ordem econômica mais justa (uso de subsídios e tarifas, bem como de cartéis de bens primários) e por um mundo sem racismo.

As condições para algum tipo de projeto certamente existem em nossos tempos. Acredito que os contornos do projeto do Terceiro Mundo precisam ser totalmente repensados, pois ele não combateu plenamente o problema representado por um capital financeiro potente e "livre", cujas próprias relações com o Estado haviam mudado já nas décadas de 1960 e 1970. Fidel Castro, na reunião do Movimento dos Países Não Alinhados (MNA) de 1983, levantou esse problema, que acabou sendo desconsiderado no debate mais amplo. Ele propôs, por exemplo, que houvesse uma greve no pagamento da dívida do Terceiro Mundo. Essa poderia ter sido uma forma muito impactante de pelo menos revelar o poder do capital financeiro e seu domínio sobre o desenvolvimento sustentável. Mas não aconteceu, como eu mostrarei. Assim, as condições de exploração continuam, mas também são aguçadas e transformadas. Precisamos dar conta das novas condições, das novas lutas contra elas e da possibilidade de uma plataforma internacional e global capaz de lidar com um Exército estadunidense cada vez mais agressivo e com a Nova Guerra Fria que vem sendo colocada em prática pelo Ocidente contra a China e a Rússia. Essa plataforma também precisa lidar com o "planeta de favelas", condição que se agrava com o aumento da pobreza e da fome em um contexto de austeridade e privatizações. Isso é precisamente o que eu fiz no trabalho que dá sequência a esse, *The Poorer Nations: A Possible History of the Global South*.

Algumas palavras sobre a ideia da história popular

A história popular não é apenas a história dos oprimidos, mas é uma história contada do ponto de vista do "povo". As primeiras histórias dos povos, incluindo as de Geijer sobre os suecos e de Palacky sobre os tchecos, bem como de Morton sobre os ingleses, foram tentativas de trazer outras classes sociais para histórias geralmente reservadas para as elites (quando Pushkin propôs escrever uma história de um líder camponês, o tsar observou, incisivamente, que "tal homem não tem história"). Não sou da opinião de que existem classes especiais no mundo que deveriam ser objeto da história, e que suas opiniões são de alguma forma mais autênticas do que as de outras (como a classe trabalhadora ou o campesinato – também existem forças reacionárias dentro dessas classes sociais). O objeto da minha narrativa é o projeto do Terceiro Mundo e, portanto, exige um engajamento com as vidas e os trabalhos de todas as classes sociais, em contradição, em interação. Para mim, esta história do projeto do Terceiro Mundo não foi épica, e não existem heróis e vilões *per se*. Como diz Peter Burke, tal história é uma mistificação. O que buscamos são as "verdades embaraçosas", incluindo a descoberta de "nossos próprios preconceitos". Existem contradições e conflitos dentro do campo "popular" e existem fraturas e deslizes dentro do projeto do Terceiro Mundo. "Não conte mentiras, não reivindique vitórias fáceis", escreveu o líder do Partido Africano para a Independência da Guiné-Bissau e Cabo Verde (PAIGC), Amílcar Cabral.

O que torna meu livro uma história popular é que ele foi escrito com a atenção voltada para as lutas por um tipo de justiça igualitária e libertária, o que significa que as injustiças e imaginações dos oprimidos são centrais para a narrativa. As injustiças e esperanças são muitas, e espero que este livro seja parte de um debate que busca encontrar um novo projeto que possa resolver os problemas do nosso mundo, em um contexto em que os Estados Unidos, à frente do G-7, só podem piorar as coisas e nunca melhorar.

Introdução

> O Terceiro Mundo hoje enfrenta a Europa como uma massa colossal cujo projeto deve ser tentar resolver os problemas para os quais a Europa não foi capaz de encontrar a resposta.
>
> Frantz Fanon, *Os condenados da terra*, 1961[1]

O Terceiro Mundo não era um lugar, era um projeto. Durante as batalhas aparentemente intermináveis contra o colonialismo, os povos da África, da Ásia e da América Latina sonhavam com um novo mundo. Eles ansiavam por dignidade acima de tudo, mas também pelas necessidades básicas da vida (terra, paz e liberdade). Eles reuniram suas queixas e aspirações em vários tipos de organizações, nas quais suas lideranças formularam uma plataforma de demandas. Esses líderes – Jawaharlal Nehru da Índia, Gamal Abdel Nasser do Egito, Kwame Nkrumah de Gana ou Fidel Castro de Cuba – se encontraram em uma série de reuniões em meados do século XX. Em Bandung (1955), Havana (1966) e em outros lugares, esses líderes criaram uma ideologia e um conjunto de instituições para dar sustentação às esperanças de suas populações. O "Terceiro Mundo" compreendia estas esperanças e as instituições criadas para levá-las adiante.

---

[1] Utilizei "projeto" no lugar de "objetivo". A citação original é: "Le Tiers-Monde est aujourd'hui en face de l'Europe comme une masse colossale dont le projet doit être d'essayer de résoudre les problèmes auxquels cette Europe n'a pas su apporter de solutions" (Fanon, 1961, p. 241).

Dos escombros da Segunda Guerra Mundial surgiu uma Guerra Fria bipolar que ameaçou a existência da humanidade. Gatilhos sensíveis[2] de armas nucleares ao lado de debates acalorados sobre pobreza, desigualdade e liberdade ameaçavam até mesmo aqueles que não viviam sob proteção dos EUA ou dos soviéticos. Ambos os lados, como Nehru observou, se atacavam com argumentos sobre a paz. Quase sem serem afetados pela devastação da guerra, os Estados Unidos usaram suas vantagens para reconstruir os dois lados da Eurásia e cercar uma União Soviética devastada. Frases como "retaliação massiva" e "diplomacia arriscada" não trouxeram conforto para os dois terços da população mundial – pessoas que haviam conquistado recentemente ou estavam prestes a conquistar a independência dos mandatários coloniais.

Jogadas entre essas duas formações principais, as nações mais escuras se amalgamaram como Terceiro Mundo. Povos determinados atacaram o colonialismo para conquistar sua liberdade. Eles exigiram igualdade política no âmbito mundial. A principal instituição para esse tipo de expressão foi a Organização das Nações Unidas (ONU). Desde seu início, em 1948, a ONU desempenhou um papel enorme para a maior parte do planeta. Mesmo não ganhando assentos permanentes no Conselho de Segurança, os novos Estados aproveitavam a Assembleia Geral da organização para apresentar suas demandas. As reuniões afro-asiáticas em Bandung e Cairo (1955 e 1961, respectivamente), a criação do Movimento Não Alinhado em Belgrado (1961) e a Conferência Tricontinental em Havana elaboraram os principais argumentos dentro do projeto do Terceiro Mundo, para que pudessem ser levados de forma articulada ao palco principal, a ONU.

Além disso, os novos Estados pressionaram a ONU para a criação de plataformas institucionais para a agenda do Terceiro Mundo: a Conferência da ONU sobre Comércio e Desenvolvi-

---

[2] Em inglês, *hair trigger*, expressão que designa um gatilho que dispara sob a menor pressão possível. (N. E.)

mento (Unctad) foi a mais importante dessas instituições, mas não foi a única. Por meio delas, outros aspectos, para além da igualdade política no plano internacional, vieram à tona: o projeto do Terceiro Mundo incluiu a demanda pela redistribuição dos recursos do mundo, uma taxa de retorno mais digna para a força de trabalho de seu povo e o reconhecimento compartilhado da herança da ciência, tecnologia e cultura.

Em Bandung, o anfitrião Ahmed Sukarno ofereceu este ensinamento para o Terceiro Mundo:

> Não sejamos amargurados com o passado, mas mantenhamos nossos olhos firmes no futuro. Vamos lembrar que nenhuma bênção de Deus é tão doce como vida e liberdade. Vamos lembrar que a estatura de toda a humanidade é diminuída enquanto nações ou partes de nações ainda não são livres. Lembremos que o propósito supremo do homem é a libertação das amarras do medo, das amarras da pobreza, a libertação do homem das amarras físicas, espirituais e intelectuais que por muito tempo atrapalharam o desenvolvimento da maioria da humanidade. E vamos lembrar, irmãs e irmãos, que por causa de tudo isso, nós, asiáticos e africanos, devemos estar unidos. (McTurnan Kahin, 1956, p. 43-44)

A ideia do Terceiro Mundo moveu milhões e criou heróis. Alguns deles eram figuras políticas, como os três titãs (Nasser, Nehru, Sukarno), mas também Nguyen Thi Binh e Ho Chi Minh, do Vietnã, Ben Bella, da Argélia, e Nelson Mandela, da África do Sul. O projeto também forneceu os elementos de uma nova imaginação para seus trabalhadores culturais, como o poeta Pablo Neruda, o cantor Umm Kulthum e o pintor Sudjana Kerton. O horizonte produzido pelo Terceiro Mundo entusiasmou-os, ao lado daqueles que fizeram história na vida cotidiana. O projeto do Terceiro Mundo uniu esses camaradas discordantes.

No entanto, esse projeto veio com uma falha de origem. A luta contra as forças coloniais e imperiais impôs uma unidade entre vários partidos políticos e entre as classes sociais. Movimentos sociais amplamente populares e as composições políticas conquistaram liberdade para as novas nações, e então tomaram o poder.

Uma vez no poder, a unidade que havia sido preservada a todo custo tornou-se um fardo. A classe trabalhadora e o campesinato em muitos desses movimentos haviam aderido a uma aliança com os proprietários de terra e as emergentes elites industriais. Assim que a nova nação caísse em suas mãos, o povo acreditava, o novo Estado promoveria um programa socialista.

O que eles obtiveram em vez disso foi uma ideologia de compromisso chamada Socialismo Árabe, Socialismo Africano, *Sarvodaya*[3] ou *Nasakom*,[4] que combinava a promessa de igualdade com a manutenção da hierarquia social. Em vez de fornecer os meios para criar uma sociedade inteiramente nova, esses regimes protegiam as elites entre as velhas classes sociais ao mesmo tempo que produziam elementos de bem-estar social para o povo. Uma vez no poder, as velhas classes sociais o exerceram por meio dos cargos militares ou dos vitoriosos partidos populares. Em muitos lugares, os comunistas foram domesticados, proscritos ou massacrados para manter essa unidade discordante. Nas primeiras décadas de construção estatal, dos anos 1940 aos anos 1970, a consistente pressão dos trabalhadores, o prestígio dos partidos de libertação nacional e o consenso mundial sobre o uso do Estado para criar demanda restringiu tais classes dominantes, em certa medida. Eles ainda eram os principais encarregados dos novos Estados, mas o desejo de lucro irrestrito era dificultado pelo patriotismo persistente ou pelos tipos de regimes políticos e econômicos estabelecidos pela libertação nacional.

Já na década de 1970, as novas nações já não eram mais novas. Suas debilidades eram numerosas. As demandas populares por terra, pão e paz foram ignoradas em nome das necessidades das classes dominantes. Guerra interna, dificuldade em controlar os

---

[3] Termo em sânscrito para "progresso para todos", "bem-estar de todos", cunhado por Mahatma Gandhi na Índia. (N. E.)
[4] Acrônimo baseado nas palavras indonésias para nacionalismo, religião e comunismo. Termo utilizado para caracterizar o socialismo com características indonésias. (N. E.)

preços dos produtos primários, incapacidade para superar a asfixia do capital financeiro, entre outros fatores, levaram a uma crise nos orçamentos de grande parte do Terceiro Mundo. Empréstimos de bancos comerciais só poderiam vir se os Estados concordassem com o "ajuste estrutural" dos pacotes do Fundo Monetário Internacional (FMI) e do Banco Mundial. O assassinato do Terceiro Mundo levou à desidratação da capacidade do Estado de agir em prol da população, um fim em defesa de uma nova ordem econômica internacional, à recusa dos objetivos do socialismo. Classes dominantes que estiveram anteriormente atadas à agenda do Terceiro Mundo já não encontravam mais freios. Elas começaram a se ver como elites, e não como parte de um projeto – o patriotismo de base superou a solidariedade social antes necessária. Um resultado dessa extinção da agenda do Terceiro Mundo foi o crescimento de formas de nacionalismo cultural nas nações mais escuras. Atavismos de todos os tipos surgiram para preencher o espaço anteriormente assumido por várias formas de socialismo. Religião fundamentalista, raça e formas não reconstruídas de poder de classe surgiram sob os destroços do projeto do Terceiro Mundo.

O desaparecimento do Terceiro Mundo foi catastrófico. Pessoas dos três continentes continuam a sonhar com algo melhor, e muitas delas estão organizadas em movimentos sociais ou partidos políticos. Suas aspirações têm voz local. Apesar disso, suas esperanças e sonhos não são compreendidos. Durante as décadas de meados do século XX, a agenda do Terceiro Mundo carregou essas crenças de suas regiões para as capitais nacionais, e daí para o cenário mundial. As instituições do Terceiro Mundo acumularam essas ideias e pregaram-nas nas portas de edifícios poderosos. O projeto do Terceiro Mundo (a ideologia e as instituições) possibilitou aos não poderosos a manutenção de um diálogo com os poderosos e a tentativa de responsabilizá-los. Hoje, não existe um veículo deste tipo para os sonhos locais. Este livro foi escrito para nos lembrar desse imenso trabalho e de sua importância.

O relato não é exaustivo, mas ilustrativo, e constrói um amplo argumento sobre a natureza do projeto político do Terceiro Mundo e sobre as causas e consequências do seu declínio. O mundo havia sido melhorado pela tentativa de articular uma agenda do Terceiro Mundo. Agora está sendo empobrecido pela falta desse movimento.

Parte 1 – A busca

Paris
Um conceito conjurado

Da perspectiva das nações mais escuras, Paris é famosa por duas traições. A primeira veio em 1801, quando Napoleão Bonaparte enviou o general Victor Leclerc para esmagar a Revolução Haitiana, ela própria inspirada na Revolução Francesa. O regime francês não podia permitir que Santo Domingo, fonte de lucros, se libertasse, e não permitiria que o povo haitiano vivesse no reino dos "Direitos do Homem" do Iluminismo. Ainda assim, os haitianos triunfaram, e o Haiti se tornou a primeira colônia moderna a conquistar sua independência.[1]

A segunda traição veio logo depois de 1945, quando uma França maltratada, recém-libertada pelos Aliados, enviou suas forças para reprimir os vietnamitas, os habitantes das Índias Orientais e africanos que já haviam sido submetidos à sua colonização. Muitas dessas regiões enviaram tropas para lutar pela libertação da França e da Europa, mas voltaram para casa de mãos vazias.[2] Como um passe de mágica, o governo francês tentou manter a soberania sobre suas colônias, sob a maquiagem do termo "territórios ultramarinos". Um povo faminto por libertação não desejava esses aperitivos mesquinhos.

Em 1955, Aimé Césaire, o filósofo nascido na Martinica e posteriormente ativista comunista, publicou seu *Discurso sobre o colonialismo*. A célebre editora de Alioune Diop, Presence

---

[1] Para duas excelentes obras historiográficas, ver Dubois (2004a e 2004b).
[2] *Le Camp de Thiaroye* (1987), de Ousmane Sembene, retrata um grupo do Oeste da África que retorna da Europa após a Segunda Guerra, demandando compensação pelo tempo em batalha e em campo de concentração. Ao fim do filme, são brutalmente mortos pelos franceses.

Africaine, lançou o pequeno manifesto como mais um de seus ousados livros, com o objetivo de criar um dossiê sobre a riqueza cultural da África e sua diáspora e para denunciar a brutalidade do colonialismo europeu.[3]

Nas páginas iniciais do *Discurso...*, Césaire escreve: *"A Europa é indefensável"*. "Das profundezas da escravidão", milhões de pessoas "se colocaram como juízes". O colonizador continua a brutalizar o povo do Vietnã, Madagascar, África Ocidental, Índias Ocidentais e outros lugares, mas os colonizados agora têm a vantagem. "Eles sabem que seus 'mestres' interinos estão mentindo. Portanto, que seus mestres são fracos" (Césaire, 2000, p. 32).

Em 1945-1946, milhares de soldados franceses voltaram ao delta do Rio Vermelho, na Indochina, e Ho Chi Minh e seus camaradas recuaram para as terras altas do Viet Bac[4] para se reagruparem para uma longa guerra de libertação. Esta guerra durou quase uma década. Mas os franceses tinham um aliado em outro revolucionário ambivalente. Em 1952, o governo dos EUA já tinha começado a pagar por quase dois terços das combalidas despesas militares francesas. Os franceses tiveram que partir depois de seu exército sofrer uma derrota vergonhosa para os mal guarnecidos, mas altamente motivados, combatentes do Viet Minh[5] na cidade de guarnição de Dien Bien Phu (1954).

Em 1945, entretanto, os paraquedistas franceses e a Força Aérea usaram força brutal para dissolver o grupo argelino anticolonial Amis du Manifeste et de la liberté [Amigos do Manifesto e da Liberdade], fustigando centenas de milhares de pessoas por meio da política francesa de *ratonnades* [caças ao rato], e matando dezenas de milhares de argelinos. Este massacre provocou a formação da Frente de Libertação Nacional (FLN), que surgiu em

---

[3] No mesmo ano, a editora Presence Africaine lançou *Nations Negres et Culture*, de Chiekh Anta Diop, um livro que buscou demonstrar as raízes africanas da civilização egípcia.
[4] Norte do Vietnã. (N. E.)
[5] Liga Pela Independência do Vietnã. (N. E.)

um ataque espetacular às posições francesas na Argélia no Dia de Todos os Santos, em 1º de novembro de 1954.

Em outra ocasião, em 1947, quando o povo de Madagascar exigiu sua liberdade, formou o Movimento Democrático da Renovação Malgaxe e se revoltou, as forças francesas reagiram com violência sanguinária e mataram dezenas de milhares. A guerra de guerrilha continuou até que os franceses concedessem algum poder ao povo malgaxes, depois de uma década de repressão e mentiras.

Estes são alguns exemplos de Césaire, mas existem outros. Cada instância mostra um povo movido pela liberdade, até mesmo disposto a se submeter a ataques suicidas (como no Vietnã e na Argélia) ou avanços suicidas contra posições militares francesas superiores. O sacrifício do colonizado para garantir sua liberdade aterrorizou o exército francês e seus supervisores políticos, assim como forneceu inspiração para outros que tiveram que lutar pelo seu próprio processo de descolonização.

Por que os franceses esqueceram o lema *liberté, égualité, fraternité* [liberdade, igualdade, fraternidade] quando foram para os trópicos? Como observou Césaire, Albert Sarraut, o ministro francês das colônias na década de 1920, havia escrito que a França não deveria entregar as colônias aos nacionalistas em nome de "um suposto direito de posse da terra que se ocupa, e algum tipo de direito de permanecer em forte isolamento, o que deixaria recursos não utilizados ficarem para sempre ociosos nas mãos de incompetentes" (Césaire, 2000, p. 38-39). Sarraut seguiu a lógica de John Locke, conforme o argumento exposto em seu tratado de 1689 sobre o governo:

> Deus deu o mundo para Homens em comum; mas como ele deu a eles para seu benefício, e para as maiores conveniências da vida que fossem capazes de tirar dele, não se pode supor que ele quisesse dizer que sempre deveria permanecer comum e não cultivado. Ele o deu ao uso do industrioso e do racional (e *Trabalho* era para ser *seu título* para ele); não para a fantasia ou cobiça do briguento e contencioso. (Locke, 1988, p. 291)

Para Sarraut, aqueles que *desenvolveram* a terra tinham direito a ela, assim como aqueles que não tinham a titulação fariam o trabalho real nela. Uma vez que apenas os europeus poderiam ser qualificados como usuários competentes da natureza de Deus, apenas eles poderiam possuí-la.

Em 1922, Ho Chi Minh escreveu uma réplica na imprensa comunista francesa para o mesmo Sarraut:

> Sabemos muito bem que o seu carinho pelos nativos das colônias em geral, e pelos anamitas [vietnamitas] em particular, é grande. Sob o seu proconsulado, o povo anamita conheceu a verdadeira prosperidade e a verdadeira felicidade, a felicidade de ver seu país semeado por todo o lado com um número crescente de lojas de bebida e de ópio que – ao lado de pelotões de fuzilamento, prisões, 'democracia', e todo o aparato aprimorado da civilização moderna – estão se combinando para tornar os anameses os mais avançados dos asiáticos e os mais felizes dos mortais. Esses atos de benevolência poupam-nos do trabalho de lembrar todos os outros, como recrutamento forçado e empréstimos, repressões sangrentas, o destronamento e exílio de reis, profanação de lugares sagrados etc. (Quoc, 1968, p. 30)

Na Europa, o Holocausto interrompeu a ideia de que a barbárie vem apenas das raças mais escuras. Após Auschwitz e Treblinka, a Europa tentou culpar Adolf Hitler como um indivíduo insano ou, alternativamente, os nazistas como um partido com uma ideologia distorcida. Conferências após conferências, os intelectuais da Europa lamentaram a insanidade do brutal massacre de judeus, comunistas, ciganos e pessoas com deficiências – mas a maioria deles permaneceu em silêncio sobre a violência contínua nos trópicos. Césaire invoca a barbárie da Europa Ocidental e dos Estados Unidos apenas para interromper e nos avisar: "Não estou falando sobre Hitler, ou o guarda da prisão, ou o aventureiro, mas sobre o 'sujeito decente' do outro lado; não sobre o membro da SS, ou o gangster, mas sobre a respeitável burguesia". A violência nos trópicos nada mais é do que "um sinal de que a crueldade, a falsidade, a baixeza e a corrupção penetraram profundamente na alma da burguesia europeia" (Césaire, 2000, p. 47-48).

A acusação de Césaire à alma europeia tinha companhia. Dentro da França, um grupo de intelectuais sentiu repulsa pelos horrores tanto da Segunda Guerra Mundial quanto da guerra em curso na Argélia. Uma dessas vozes dissidentes era a de Albert Sauvy. Sauvy tinha sido um lutador da Resistência, e depois da Guerra ele começou a escrever para o *France-Observateur*, um jornal que – sob a liderança do colega veterano da Resistência da qual fez parte Sauvy, Claude Bourdet – se tornou um órgão do pensamento anticolonial. O próprio Bourdet escreveu uma denúncia contundente da Guerra da Argélia. "Nós nos tornamos a Gestapo na Argélia?", Bourdet perguntou (1951). As páginas do *France-Observateur*, logo rebatizado como *L'Observateur*, eram o lar de intelectuais anticoloniais como Michel Leiris e Claude Lévi-Strauss, que orbitavam ao redor de atividades antirracistas na Organização das Nações Unidas para a Educação, a Ciência e a Cultura (Unesco).[6]

Em 1952, Sauvy, nas páginas de *L'Observateur*, ofereceu uma evocativa divisão tripartida do planeta em Primeiro, Segundo e Terceiro Mundos (Sauvy, 1952).[7] Quando Sauvy escreveu na imprensa parisiense, a maioria das pessoas já entendia o que significava viver no Primeiro e no Segundo Mundos. Em março de 1946, o ex-premiê britânico Winston Churchill havia declarado que uma "Cortina de Ferro" havia descido pela Europa, desde o Báltico até

---

[6] De 1949 a 1951, um grupo de cientistas sociais e naturais lá se reuniu para redigir uma declaração contra o racismo, embora tenham sido motivados mais pelo racismo nazista contra os judeus do que pelo racismo nos trópicos. No entanto, a Unesco se valeu da experiência de muitos estudiosos, vários deles da *intelligentsia* francesa, para transformar a insistência na diferença biológica em uma apreciação da diversidade cultural. No início dos anos 1950, a Unesco publicou uma série de livros contra a ideologia do colonialismo (Unesco, 1951, p. 31).

[7] Ver também os ensaios compilados por Balandier (1961). Em 1960, intelectuais parisienses fundaram o *Tiers-Monde*, um periódico dedicado ao tema (posteriormente renomeado *Revue Tiers-Monde*). Em inglês, o termo se tornou comum após o livro de Peter Worsley, *The Third World: Culture and World Development* (1964).

o Adriático, dividindo os antigos aliados em dois blocos distintos. Churchill disse isso em um longo discurso nos Estados Unidos, *primus inter pares*[8] do Primeiro Mundo. Este Primeiro Mundo – ou o "Ocidente" – foi formado por Estados, notadamente os Estados Unidos e os da Europa Ocidental, que se comprometeram com o capitalismo de mercado parcialmente regulado e iriam, em 1949, formar a Organização do Tratado do Atlântico Norte (Otan).

O Segundo Mundo rejeitou o capitalismo de mercado e o substituiu pelo planejamento socialista, e geralmente funcionava em aliança com o maior Estado socialista, a URSS. Churchill disse aos alunos do Westminster College em Fulton, Missouri:

> Varsóvia, Berlim, Praga, Viena, Budapeste, Belgrado, Bucareste e Sofia: todas essas cidades famosas e as populações ao seu redor se encontram no que devo chamar de esfera soviética, e todos estão sujeitos, de uma forma ou outra, não apenas à influência soviética, mas também a um alto, e em alguns casos crescente, grau de controle por parte de Moscou. (James, 1974, p. 7.285-7.293)

O Primeiro e o Segundo Mundos romperam abertamente quando o presidente dos EUA, Harry S. Truman, anunciou seu apoio às forças anticomunistas na Turquia e na Grécia (1946); a Agência Central de Inteligência (CIA, na sigla em inglês) ajudou os conservadores a derrotar os populares comunistas na Itália e nas eleições francesas de 1947, a URSS forçou os Estados do Leste Europeu a ficar em sua órbita, e a animosidade atingiu proporções dramáticas durante o bloqueio do Primeiro Mundo a Berlim, em junho de 1948. Nessa confusão, um conselheiro de Truman (Bernard Baruch) usou o termo "Guerra Fria" para descrever o conflito, e um colunista (Walter Lippmann) fez a expressão se tornar amplamente conhecida.[9]

---

[8] Primeiro entre pares. (N. E.)
[9] Bernard Baruch fez o comentário na sessão do poder legislativo da Carolina do Sul em 16 de abril de 1947 (Baruch, 1947), enquanto Lippmann usou o termo em suas colunas no *New York Herald* de julho de 1947 em diante, coletadas em seu *The Cold War* (1947).

A Guerra Fria define como a maioria das pessoas vê o período que vai de 1946 até o desaparecimento da URSS, entre 1989-1991; o conflito Leste-Oeste, intensificado por armas nucleares, domina o palco neste período crucial de 50 anos.

A expressão "conflito Leste-Oeste" distorce a história da Guerra Fria porque faz parecer que o Primeiro e o Segundo Mundos se confrontaram em condições de igualdade. Em um perspicaz artigo de 1968, o sociólogo sueco Göran Therborn escreveu: "A Guerra Fria foi um conflito fundamentalmente desigual, que foi apresentado e experimentado em ambos os lados como igual" (Therborn, 1968, p. 4). A URSS e os Estados Unidos retrataram um ao outro como adversários equivalentes, embora a primeira tivesse uma base muito inferior em relação ao segundo. Apesar dos grandes avanços do regime soviético no desenvolvimento de várias repúblicas, a URSS começou sua história com uma economia feudal moribunda, que logo foi arrebatada por uma guerra civil e, mais tarde, pelos ataques ferozes da máquina de guerra nazista. Em 1941, tanto os Estados Unidos quanto a URSS tinham populações de cerca de 130 milhões, mas enquanto os Estados Unidos perderam mais de 400 mil soldados na guerra, os soviéticos perderam entre 20 e 30 milhões de pessoas, entre soldados e civis (Ellis, 1993). A Grande Guerra Patriótica devastou a economia, a população e a capacidade da URSS de se reconstruir. Além disso, os imperativos de rápido desenvolvimento mancharam os ideais da sociedade soviética, já que sua população entrou em um severo programa para construir a base produtiva às custas da maioria das liberdades internas. As classes dominantes no Primeiro Mundo usaram a escassez e a repressão na URSS como uma ferramenta instrutiva para exercer influência sobre as cabeças de sua própria classe trabalhadora e, assim, tanto por motivos econômicos quanto políticos, apontar que o Primeiro Mundo tinha vantagens sobre o Segundo. Independentemente do compromisso ideológico da URSS com a igualdade total e o dos Estados Unidos apenas com a isonomia mercadológica, esta última apareceu para muitos na

Europa e em outros lugares como um modelo mais atraente após a Segunda Guerra Mundial. Por este motivo, Therborn argumenta: "Um conflito desigual travado como igual redobra a desigualdade. A Guerra Fria foi uma longa penalização do socialismo" (Therborn, 1968, p. 5). O conceito de socialismo teve de pagar pelas limitações soviéticas.

Mas o Primeiro e o Segundo Mundos englobavam apenas um terço das pessoas do planeta. O que dizer dos dois terços que permaneceram fora do eixo Leste-Oeste? O que dizer daqueles 2 bilhões de pessoas?

O Primeiro Mundo os via como pobres, excessivamente férteis, perdulários e inúteis. Imagens da pobreza no mundo anteriormente colonizado inundaram as revistas e jornais do Primeiro Mundo – talvez não mais do que no passado, mas com uma nova ênfase. Agora, esses países não tinham a tutela de seus mestres coloniais, mas tinham que chafurdar em sua incapacidade de lidar com seus recursos e desastres. Imagens de desastres naturais, fomes e secas se juntaram às de hordas de corpos inundando as salas de estar do Primeiro Mundo – onde a piedade e a repulsa em relação às nações mais escuras proliferavam. O livro de Paul Ehrlich de 1968, *The Population Bomb*, recebeu uma tremenda aclamação no Primeiro Mundo porque suas ideias neomalthusianas já haviam se tornado lugar-comum: que a razão da fome no mundo tinha mais a ver com superpopulação do que com o imperialismo; que os sobreviventes do colonialismo tinham eram os únicos culpados por sua fome. Os povos das colônias não podem salvar a si próprios, então eles devem ser salvos. As agências do Primeiro Mundo poderiam fornecer-lhes tecnologias de "planejamento familiar" ou "controle de natalidade" para romper o nó górdio do crescimento populacional, e poderiam oferecer-lhes ajuda de caridade. Quando a "ajuda" veio do Primeiro Mundo, não veio sem condições. Como o presidente do Banco Mundial, Eugene Black, escreveu em 1960: "A ajuda econômica deve ser o principal meio pelo qual o Ocidente mantém sua dinâmica política e econômica no mundo subdesenvolvido" (Black, 1960, p. 45). O desprezo, às vezes, se manifestava em forma de condescendência. Quando o Primeiro Mundo romantizava excessivamente as nações mais escuras como pueris ou sofisticadas, não via esses povos como humanos, falíveis, contraditórios e históricos.

Quando a Ásia e a África estavam sob controle colonial direto da Europa, os colonizadores falavam do valor das regiões, tanto pelos seus recursos como pelo trabalho humano. A amnésia se instalou rapidamente no Primeiro Mundo, pois aquelas regiões preciosas – até mesmo a Joia da Coroa (Índia) –, passaram a ser vistas como o esgoto da humanidade. Madre Teresa logo teria mais tempo de exposição positiva como a salvadora branca das hordas das trevas do que os projetos independentes dos governos nacionalistas do Terceiro Mundo (Prashad, 2002).

Sempre que uma das nações mais escuras tentava exercer sua independência da "dinâmica política e econômica" do Primeiro Mundo, invasões militares e embargos tentavam estrangular sua capacidade, seguidos pela mídia. Por exemplo, quando uma rebelião contra o domínio britânico entre os kikuyu quenianos passou a uma intensa atividade, entre 1952 e 1956, a mídia britânica traficou imagens de selvageria nativa (mais de 100 mil kikuyu morreram na "guerra"). A política britânica buscou exterminar em vez de conter a rebelião e, nesse ínterim, potencializou o mais cruel racismo dos colonos (o jornalista Anthony Sampson relembrou: "Eu ouvia em todos os lugares que ia: quantos kukes [kikuyu] tiveram que ser eliminados, quantos kukes você 'colocou para dormir' hoje? [Era] quase como se eles estivessem falando sobre uma grande caçada"). A concentração, pela mídia, na suposta selvageria dos nativos proporcionou uma temporada de caça e violência calculada das tropas imperiais (Elkins, 2004; Anderson, 2004).

Mas o Primeiro Mundo também viu aquela região do mundo como presa do Segundo Mundo. Para aqueles que haviam conquistado recentemente a independência política, mas ainda não haviam colhido os frutos da oportunidade e da igualdade, a atração do igualitarismo era grande.[10] Certamente, o comunismo como ideia e a URSS como inspiração ocuparam um lugar importante no imaginário dos movimentos anticoloniais, da Indonésia até Cuba. No entanto, o Segundo Mundo teve uma atitude em relação às antigas colônias que, de certa forma, imitava a do Primeiro Mundo. Para a conferência de fundação do Cominform[11] realizada na Polônia em 1947, os soviéticos não convidaram sequer um Partido Comunista do antigo mundo colonizado, e evidentemente nem o Partido Chinês. Nove partidos, principalmente da Europa Oriental, ouviram Andrei Zhdanov relatar que o mundo havia sido dividido em dois "campos", o "campo imperialista e antidemocrático", cuja "principal força dirigente são os Estados Unidos" com a Grã-Bretanha e a França como "satélites dos Estados Unidos" e "do campo anti-imperialista e democrático", que "obtém apoio da classe trabalhadora e do movimento democrático em todos os países, dos partidos comunistas fraternos, dos movimentos de libertação nacional em todos os países coloniais e dependentes, e com a ajuda de todas as forças democráticas e progressistas que existem em cada país" (Marcou, 1977, capítulo 2). Em seu longo discurso, Zhdanov fez apenas essa breve menção aos movimentos de libertação nacional. Não houve menção à China em todo o seu relatório. Zhdanov observou que para o "campo anti-imperialista e democrático o papel principal é da União Soviética e de sua política externa" (Claudin, 1975, p. 467). Os soviéticos não viam o resto do planeta como um depósito de recursos, mas tampouco o viam como cheio de pessoas que haviam travado uma forte luta anticolonial e queriam *dirigir* seus próprios movimentos, *traçar*

---

[10] Esta foi a tese de Hoselitz (1952).
[11] Acrônimo criado para se referir à organização internacional instituída pelo Partido Comunista da União Soviética em 1947, e que tinha como principal função a coordenação das ações dos partidos comunistas dos demais países. Traduzindo livremente o nome completo da organização, teríamos algo como Escritório de Informação dos Partidos Comunistas e Operários. (N. E.)

sua própria história. Em resposta à formação da Otan em 1949, a URSS criou o Pacto de Varsóvia em 1955 – um acordo militar com a Albânia, Bulgária, Tchecoslováquia, Alemanha Oriental, Hungria, Polônia e Romênia.

"Infelizmente", escreveu Sauvy, os dois principais campos "lutavam pela posse do Terceiro Mundo". Mas Sauvy identificou algo crítico do ponto de vista das nações mais escuras: que elas não deveriam ser vistas da perspectiva da miséria, uma vez que não apenas lutaram muito para derrotar seus senhores coloniais, mas também começaram a criar uma plataforma política de unidade contra o que o líder dos ganeses, Kwame Nkrumah, chamou de "neocolonialismo", ou dominação por outros meios que não a conquista territorial. O Terceiro Mundo não estava subjugado, silencioso e incapaz de falar diante dos poderes. Durante as conferências de fundação da ONU (São Francisco, 1945) e da Unesco (Londres, 1945), os delegados do Terceiro Mundo realizaram as suas próprias conferências. Embora tenha se despendido a merecida atenção ao papel de Eleanor Roosevelt na elaboração da agenda de direitos humanos na reunião de São Francisco, o registro histórico tende a subestimar o papel crucial desempenhado pelos 29 Estados latino-americanos. Cuba enviou Guy Perez Cisneros, então com 30 anos de idade, como seu representante, e ele lutou obstinadamente por uma interpretação ampla sobre os direitos humanos, com a ajuda da delegação panamenha, que ofereceu os decisivos projetos de declaração sobre educação, trabalho, saúde e seguridade social (Glendon, 2003, p. 27-39).[12] Em Londres, na reunião da Unesco, Rajkumari Amrit Kaur, da Índia, reconheceu que nenhum dos dois campos tinha uma agenda que fizesse jus ao Terceiro Mundo. Tendo percebido o sentimento dos delegados

---

12 A Cuba de Cisneros via florescer sua democracia – havia recentemente despachado o autocrata Fulgencio Batista y Zaldivar em 1944, ainda que este retornasse ao poder em 1952, para ser removido novamente pelas tropas de Castro em 1959.

do Terceiro Mundo, ela clamou por "verdadeira liberdade", o que significava um mundo no qual "a exploração e a injustiça [não] floresceriam lado a lado com expressões piedosas de boas intenções e políticas pomposas" (Unesco, 1945, p. 33). A hipocrisia das "expressões piedosas" já havia começado a infectar o mundo pós-Segunda Guerra Mundial, e a persistência obstinada dos delegados do Terceiro Mundo a essas conferências resultou na criação de instituições para a justiça, em vez de declarações de intenções.

Sauvy utilizou o termo Terceiro Mundo de uma maneira que ressoava a forma com que aquela parte do planeta já havia começado a agir. Seu termo, fundamentalmente, prestou homenagem à Revolução Francesa, uma importante inspiração para o processo de descolonização em andamento. No final de seu artigo, Sauvy escreveu que o "Terceiro Mundo ignorado, explorado e desprezado, assim como o Terceiro Estado, exige se tornar algo também". No Antigo Regime, anterior a 1789, a monarquia dividia seus conselheiros em Primeiro Estado (clero) e Segundo Estado (aristocracia), sendo o Terceiro Estado para a burguesia. Durante o tumulto da Revolução Francesa, o Terceiro Estado se configurou como a Assembleia Nacional e convidou a totalidade da população a ser soberana nela. Da mesma forma, o Terceiro Mundo falaria o que pensava, encontraria o terreno para a unidade e se apossaria da dinâmica dos assuntos mundiais. Esta foi a promessa iluminada do Terceiro Mundo.

O termo Terceiro Mundo de Sauvy definiu a plataforma política que estava sendo construída pelas novas nações nas regiões anteriormente colonizadas da África e da Ásia. Um personagem central nessa história é Nehru, primeiro-ministro da República da Índia de 1947 até sua morte, em 1964. Quando a expressão de Sauvy chegou a seus ouvidos por meio de seu colega nacionalista Acharya Kripalani, Nehru o ouviu como a "Terceira Força". Ele não gostava da ideia de força porque, como disse ao Parlamento indiano em 1957, a força é medida por "força armada, força nuclear, força balística, força monetária", e como os países que se uniram contra a mentalidade de campo não tinham nada disso, a única coisa que podiam fazer era "se reunir". Os países que se unem "podem criar pressões morais, mas não uma força. Não fará a menor diferença para as grandes potências militares de hoje se os países militarmente fracos se unirem". Não obstante, Nehru disse ao Parlamento, em 1958, que "é correto que países com uma forma de pensar semelhante se unam, se reúnam, atuem conjuntamente na ONU ou em qualquer outro lugar" (Nehru, 1961, p. 77-78). Não ter interpretado bem o termo permitiu a Nehru reiterar os principais pontos da plataforma do Terceiro Mundo: independência política, relações internacionais não violentas e o cultivo da ONU como a principal instituição para a justiça planetária.

As lutas que produziram Nehru também incubaram muitas dessas ideias. Forjado na ferraria do colonialismo, o movimento de libertação indiano inspirou-se na resistência dos camponeses e trabalhadores, no idealismo revolucionário dos jovens e nas aspirações sufocadas das novas classes profissionais. Essas forças sociais haviam tentado o terrorismo violento e revoltas, bem como a solicitude silenciosa de petições. Nem a luta armada nem as petições untuosas enfraqueceram a confiança do colonialismo. Em vez disso, a virada para a luta não violenta de massas havia comandado o campo, e é essa experiência de "força moral" (ou *Satyagraha*, ação com base na verdade) que convenceu Nehru (como fez, entre outros, com o Partido da Convenção do Povo, de Gana, bem como com a Campanha de Desafio, na África do Sul,[13] de 1952). Essas lutas anticoloniais, que haviam adotado a abordagem ampla da não violência em massa, começaram a conversar entre si desde a conferência da Liga Contra o Imperialismo,

---

[13] A Campanha do Desafio contra Leis Injustas foi uma das maiores campanhas de resistência não violenta. Em 26 de junho de 1952, a Confederação Nacional Africana (CNA) e o Congresso Indiano-Sul Africano organizaram um ato de desobediência civil que consistia em não respeitar as leis do *apartheid*. Essa campanha teve papel fundamental na resistência à segregação racial na África do Sul. (N. E.)

em 1927, em Bruxelas. Os delegados dessa conferência, tal como Nehru, confirmaram sua antipatia mútua ao nacionalismo cultural de estilo europeu.[14]

Se o nacionalismo europeu tomava como certo que um povo (que talvez seja uma "raça") precisa ser organizado por um Estado para que sua nação possa se impor, os nacionalistas anticoloniais argumentaram principalmente que o povo (que muitas vezes é muito diverso para se classificar de uma forma ou de outra) precisava estar livre do domínio colonial. Os ex-colonizados têm pelo menos uma coisa em comum: eram colonizados. Nehru, Sukarno e outros que foram pressionados por processos sociais semelhantes desenvolveram uma teoria "nacional" alternativa. Para eles, a nação deveria ser construída a partir de dois elementos: a história de suas lutas contra o colonialismo e seu programa de criação de justiça. Considerando que havia várias limitações em seu programa, estava claro que poucos dos movimentos que se moveram em direção à agenda do Terceiro Mundo vieram com uma teoria da nação que se baseou total ou mesmo amplamente em fundamentos raciais ou monoculturais (em que eles teriam exigido, por exemplo, assimilação cultural).[15] Em vez disso, eles tinham um *ethos* internacionalista, que olhava para fora, para outras nações anticoloniais como companheiras. A forma de nacionalismo do Terceiro Mundo é, portanto, melhor entendida como um *nacionalismo internacionalista*.

---

[14] A ideia de "nação" na Europa foi baseada no sangue compartilhado ou em algum tipo de história racial – o povo francês não é apenas quem fala francês, mas quem *é* francês de uma forma cultural e racial. Para uma excelente história do processo de formação nacional ao longo dessas linhas, ver Weber (1976). Para uma forte declaração contra a natureza do projeto nacional europeu, ver Anderson (1991).

[15] O fato de Nehru e seus semelhantes virem de origens burguesas contribuiu para a incapacidade de compreender a impaciência da classe trabalhadora e do campesinato. Este último setor queria justiça imediata, mas Nehru e sua turma pregaram uma mudança gradual, e uma transformação que viria sem uma guerra mundial.

Muitos dos que se queixam da homogeneização de histórias de diferentes regiões promovida pelo termo erram o alvo. O economista conservador Lord Peter T. Bauer rejeitou a designação Terceiro Mundo em seu livro de ensaios de 1981 porque sentiu que tratava o mundo como uma "massa uniforme e estagnada desprovida de caráter distinto" e que privava "aqueles indivíduos e sociedades que compõem o Terceiro Mundo de sua identidade, caráter, personalidade e responsabilidade" (Bauer, 1981, p. 83-84). Bauer interpreta de maneira completamente equivocada o termo de Sauvy e, na verdade, o movimento que transformou a categoria em uma força política. A categoria é um artifício com relação a um movimento social global que teve apenas uma curta história por trás. Identidades sociopolíticas que são construídas fora dos movimentos sociopolíticos muitas vezes são incapazes de atrair as pessoas para eles – o Terceiro Mundo como uma ideia não poderia ter se tornado uma expressão disseminada apenas a partir da cunhagem de Sauvy ou do uso que a mídia do Primeiro Mundo fez dela. O movimento nacionalista anticolonial organizou uma série de encontros e uma linguagem sobre o anticolonialismo que suscitou uma lealdade emocional entre seu círculo e além dele. Essa luta histórica tornou a identidade do Terceiro Mundo compreensível e viável. A identidade ganhou crédito por tentativa e erro, enquanto a participação e o risco na luta produziram a confiança que deu ao termo legitimidade social.

Nehru, Sukarno, Nasser e outros líderes das principais tendências sociais contra o colonialismo que recusaram a mentalidade de campo usaram outros termos que não o Terceiro Mundo para se definirem. Eles não rejeitaram os campos como tais, apenas os campos perigosos disponíveis para eles e que não prometiam muito para seus constituintes sociais, para os povos das nações mais escuras. Eles se referiam a si próprios como o Movimento dos Não Alinhados, o Grupo dos 77 (G-77), ou então com referência aos continentes que formavam a maior parte do mundo colonizado (África, Ásia e Américas Central e do Sul). Esses grupos realizaram conferências e produziram ações conjuntas na ONU, bem como em outras instâncias internacionais. A noção de Terceiro Mundo de Sauvy se adequava perfeitamente à maneira como esse desconjuntado grupo operava: como a voz dos anteriormente colonizados que recusava a divisão bipolar do mundo e buscava produzir um mundo governado pela paz e pela justiça. Os Estados não alinhados, o G-77, o grupo afro-asiático e outros não se consideravam unidos por razões culturais ou econômicas; eles se uniram em um movimento político contra o legado do imperialismo e sua continuidade.

Ler os textos produzidos pelo projeto político do Terceiro Mundo pode ser seriamente enganoso. A maior parte dos documentos e discursos são triunfais, e poucos deles revelam as fissuras e contradições no interior do Terceiro Mundo. Embora este livro use frequentemente as palavras de líderes e instituições, ele não confia nelas para dar o sentido da imaginação e da capacidade do Terceiro Mundo. As forças sociais que o produziram na década de 1950 tiveram uma distribuição mais ampla do que em qualquer outro projeto político moderno dessa escala. De movimentos camponeses na Índia a trabalhadores ferroviários no Senegal, de trabalhadores sem-terra na Indonésia a economistas insatisfeitos na Argentina – e esta é apenas uma amostra.

Uma classe pequena, quase minúscula, tornou-se intermediária entre o enorme ascenso social em todo o planeta dos anos 1910 aos anos 1950, canalizando essa energia para as organizações que lideravam. Este grupo de líderes (seja Nehru, da Índia, ou Sukarno, da Indonésia, Lazaro Cardenas, do México, ou Nkrumah, de Gana) elaborou um conjunto de princípios que tanto atiçou a hipocrisia do liberalismo imperial como promoveu a mudança social. No papel, o Terceiro Mundo brilhava. À medida que o projeto encontrou governança, começou a se manchar rapidamente. Uma das razões para isso é que o Terceiro Mundo não conseguiu minar seriamente as raízes profundas da pequena nobreza fundiária e financeira nos mundos social e político que haviam sido governados de cima pelos poderes imperiais e seus sátrapas. Sem uma revolução social genuína, a liderança do Terceiro Mundo começou a depender das classes latifundiária e mercantil para seu poder político. Pequenas veias de poder que forneciam legitimidade aos governantes coloniais frequentemente se transformavam em avenidas para a entrega de votos na nova ordem democrática. Embora, no geral, este seja o caso, não se deve subestimar a pura magia do papel individual, que atraiu e continua a atrair milhões de pessoas às urnas – que muitas vezes votam de maneiras imprevisíveis –, ou a oportunidade oferecida para organizações políticas de oposição desafiarem poderes locais e a direção nacional burguesa. No entanto, uma das principais consequências da falta de uma revolução social foi a persistência de várias formas de hierarquia dentro das novas nações. A inculcação do sexismo e a desigualdade gradativa de clã, casta e tribo inibiram o projeto político do Terceiro Mundo. Isso é o que o historiador palestino Hisham Sharabi chama de "neopatriarcado", em que o projeto do Terceiro Mundo, apesar de seu compromisso com a modernidade e a formação do Estado moderno, "é em muitos aspectos nada mais que uma versão modernizada do sultanato patriarcal tradicional" (Sharabi, 1988, p. 7). O caráter de classe da liderança do Terceiro Mundo limitou seu horizonte, ao mesmo tempo que inflamou as possibilidades em suas sociedades. O Terceiro Mundo, então, não é apenas a voz dos líderes ou de seus partidos políticos, mas também da oposição a eles.

Essa história da produção do Terceiro Mundo não vai nos levar à antiguidade ou à devastação das regiões que se tornam centrais ao conceito. Não se pretende aqui contar a história completa dessas regiões ou mostrar que elas são aliadas com base em seu subdesenvolvimento. Certamente, existem muitas características sociais e econômicas, políticas e culturais que são comuns aos diversos países do Terceiro Mundo. Mas não estou interessado nisso. Vamos acompanhar a criação da *plataforma política* desde sua primeira reunião importante em Bruxelas, na Liga Contra o Imperialismo, depois em Bandung, onde 29 países afro-asiáticos se reuniram, em 1955, para se proclamarem independentes da divisão Leste-Oeste. A formação do movimento afro-asiático é parte integrante da história, pois é por meio das relações entre os principais países não alinhados desses dois continentes que o Terceiro Mundo se constitui. Passaremos pelo Cairo para dar uma olhada na Conferência das Mulheres Afro--Asiáticas em 1961, não apenas para ver a gama de organizações de libertação nacional criadas pela dinâmica de Bandung, mas também para explorar o lugar dos direitos das mulheres na plataforma de libertação nacional. Em seguida, iremos a Buenos Aires e Teerã para examinar a agenda econômica e cultural do Terceiro Mundo, antes de chegarmos finalmente a Belgrado – uma vez que foi na capital iugoslava, em 1961, que vários Estados de todo o planeta se reuniram para formar o MNA e se comprometeram a fazer da ONU uma força real nos assuntos mundiais. Por fim, chegaremos em Havana, onde as revoluções cubanas colocaram a reverência à luta armada na ordem do dia. A agenda do Terceiro Mundo até então havia mudado o foco dos movimentos de insurgência contra o imperialismo para tratados e acordos internacionais para dar aos seus regimes espaço para o desenvolvimento social. Os cubanos e outros levantaram várias questões. E aqueles lugares que ainda permaneceram no colonialismo, e sua luta armada? A estratégia legislativa deu algum fruto, ou os dois principais campos simplesmente deram o Terceiro Mundo como certo? Apesar do medo de aniquilação nuclear e da importância de uma redução na escalada militar, não há espaço para ação armada contra poderes obstinados? Ou tal militância seria esmagada por uma força avassaladora? Os cubanos e outros levantaram essas questões importantes na época em que a dinâmica do Terceiro Mundo estava no auge, e parecia que tal direção traria mais, e não menos, ganhos. A discussão sobre a luta armada em um fórum do MNA levanta questões sobre o nível de insatisfação no Terceiro Mundo com relação ao fracasso geral do movimento em obter conquistas contra o capitalismo e o militarismo. Esta parte apresenta com simpatia a autoimagem do Terceiro Mundo. Precisamos primeiro entendê-lo pelo que era, antes de eu expor minha crítica às suas falhas internas.

Bruxelas
A Liga Contra o Imperialismo de 1928

Bruxelas é um lugar improvável para a formação do Terceiro Mundo. Em fevereiro de 1927, representantes de organizações anti-imperialistas de todo o planeta reuniram-se na cidade para a primeira conferência da Liga Contra o Imperialismo. Eles vieram de climas quentes a esta cidade fria para discutir sua antipatia mútua ao colonialismo e ao imperialismo e encontrar uma maneira de sair de sua submissão. Jovens e idosos, africanos, americanos e asiáticos, esses representantes trouxeram suas décadas de experiência a uma das capitais mais famosas da Europa para encontrar uma agenda em comum. Em meio à neve e longe de casa, o projeto do Terceiro Mundo começou a tomar forma.

Um visitante da cidade naquela época normalmente apreciava os notáveis museus e o Palais Royal, um conjunto de edifícios reunidos em torno do deslumbrante Parque de Bruxelas que abrigava as famílias reais da Bélgica. Leopoldo II, o segundo rei da Bélgica moderna, durante seu longo reinado (1865-1909) havia transformado a cidade medieval em uma maravilha moderna – com estradas largas, esgotos adequados e uma magnífica composição urbana que havia sido construída para a Exposição Universal de 1897. Embora a cidade celebrasse os verdadeiros tesouros arquitetônicos e artísticos do noroeste da Europa, fez pouco para revelar a base de sua própria e imensa riqueza. Em 1927, um visitante de Bruxelas passeava pelo Petit Sablon, um jardim encantador com 48 estátuas de mármore que representam os artesãos da cidade. Durante séculos, a cidade foi conhecida por seus tecidos, rendas e vidros, e é essa produção artesanal que a cidade celebrava. Mas, em 1927, a principal fonte de riqueza da Bélgica e da cidade não vinha dos artesãos, mas da África. Foi a África, particularmente o Congo, que fez de Leopoldo II uma das pessoas mais ricas do planeta e permitiu que a economia belga se tornasse a sexta maior do mundo (depois da Grã-Bretanha, Estados Unidos, Alemanha, França e Holanda).

Em 1878, Leopoldo II deu início à fundação do Comitê de Estudos do Alto Congo, uma empresa privada financiada por ele mesmo que ia à África Central em busca de recursos naturais e lucros. O explorador estadunidense Henry Stanley aceitou um título de Leopoldo II, para quem Stanley ajudou a subjugar os vários chefes dos bantus. Leopoldo II, pelos meios típicos do colonialismo europeu, apoderou-se de uma área no Congo que ofuscava seu próprio reino. O Estado Livre do Congo, como Leopoldo II ironicamente o definiu, era 80 vezes maior que a Bélgica. Para resolver as tensões entre as potências europeias sobre suas possessões africanas, o líder alemão Otto von Bismarck convocou a Conferência de Berlim em 1884-1885. Lá, 14 potências europeias (incluindo também os Estados Unidos) participaram do desmembramento da África. Leopoldo II tornou-se o único proprietário de 2,3 milhões de km² de terra.

O Estado Livre do Congo, como entidade privada, tinha uma relação ambivalente com o governo eleito da Bélgica. Como monarquia constitucional, a Bélgica tinha um parlamento que, após a década de 1880, começou a abrigar socialistas que estavam incomodados com o colonialismo. O parlamento não supervisionava a colônia, mas suas riquezas forneciam ao reino grande parte de seu patrimônio. Embora as operações no Congo ocorressem fora do escrutínio do parlamento, um número substancial de belgas trabalhava para o Estado Livre do Congo, e a realidade de seus empregos não escapou à sociedade belga. Leopoldo II montou as operações para extrair o máximo lucro e, ao longo de décadas, o Estado Livre alterou várias vezes sua política para garantir esse objetivo básico. As muitas e diferentes políticas eram unidas por uma premissa: como dizia um manual de 1923, "a preguiça das raças de cor é uma espécie de carga genética".[1] A violência era necessária para superar essa indolência natural. Portanto, os funcionários do Estado Livre brutalizaram o povo do Congo, matando-o impiedosamente e torturando aqueles que não podiam ou não queriam trabalhar. O Estado Livre de Leopoldo II criou a Force Publique, uma milícia projetada para espalhar o terror no seio da força de trabalho. Se um trabalhador não trabalhasse o bastante, o oficial cortaria sua mão; um funcionário distrital recebeu, em um único dia, 1.308 mãos de seus subordinados. Fievez, funcionário do Estado Livre, escreveu sobre os que se recusaram a coletar borracha ou que não cumpriram sua cota de borracha: "Eu fiz guerra contra eles. Um exemplo bastou: cem cabeças cortadas, a partir disso não faltou mais suprimentos. Em última análise, meu objetivo é humanitário. Eu matei 100 pessoas, mas isso permitiu que 500 outras vivessem" (citado em Hochschild, 1999, p. 166). O estupro era rotina, assim como a mutilação dos órgãos genitais masculinos e femininos na presença de familiares. Para abastecer a emergente indústria de pneus, o Estado Livre de Leopoldo II, portanto, sugou a vida das seringueiras e assassinou metade da população do Congo no processo (entre 1885 e 1908, a população diminuiu de 20 para 10 milhões).

E. D. Morel, um francês que trabalhava para a empresa de navegação inglesa Elder Dempster, ficou sabendo em primeira mão dos ultrajes no Congo no final da década de 1890. Até Morel começar a prestar queixas ao Escritório para Assuntos Estrangeiros[2] em Londres, a Sociedade de Proteção Aborígene (fundada em 1838, em Londres) foi a única agência a expor as atrocidades. Morel fez contato com Roger Casement, um irlandês que traba-

---

[1] Minha discussão sobre as atrocidades baseia-se em Lindquist (1996) e Breman (1990). Há também os quatro volumes da história do oficial do serviço exterior belga Jules Marchal, do Congo, para l'Harmattan (1996 em diante) e, finalmente, a obra extraordinária do antropólogo belga Vangroenweghe (1986).
[2] No original, Foreign Office. Designação formal da pasta equivalente ao Ministério das Relações Exteriores brasileiro. (N. E.)

lhava no Ministério das Relações Exteriores, e Casement usou a rivalidade anglo-belga para garantir para si mesmo a tarefa de investigar o Congo (na verdade, ele usou o princípio *Civis Romanus Sum*[3] para investigar a má conduta contra os súditos da Coroa britânica – neste caso, alguns homens de Serra Leoa[4] que estavam nas prisões de Leopoldo). Casement viajou pelo Congo e publicou seu catálogo de ultrajes em janeiro de 1904. A Congo Reform Association, o trabalho jornalístico de dois ministros presbiterianos dos EUA ("*Black Livingstone*", de William Sheppard e William Morrison), os próprios temas levantados por Morel em *West Africa* (1902), o romance *No coração das trevas*, de Joseph Conrad (1902) e, finalmente, a obra *O solilóquio do Rei Leopoldo*, de Mark Twain (1904), foram algumas das iniciativas que documentaram a barbárie de Bruxelas.

O Escritório para Assuntos Estrangeiros em Londres escreveu uma nota crítica sobre os belgas, ainda que tépida, e a resposta de Leopoldo II acertadamente acusou os britânicos de hipocrisia: muitas das políticas seguidas pelos belgas no Congo haviam sido o padrão das políticas dos ingleses em outros lugares. Na verdade, Casement descobriu que as empresas britânicas na região de Putumayo, entre a Colômbia e o Peru, levaram a cabo os mesmos tipos de barbárie; a United Fruit Company, com sede nos Estados Unidos, pilhava a dignidade dos nativos na América Central; e na Angola portuguesa, bem como no Camarões, sob domínio alemão e francês, as empresas usavam praticamente o mesmo tipo de regime nos seringais. Quando os belgas formaram o Estado Livre, o primeiro país a apoiá-los foram os Estados Unidos, e os outros entraram na fila para parabenizar Leopoldo II por seu trabalho civilizador no interior da África (quando Leopoldo II fundou a Associação Africana Internacional, em 1876, ele usou

---

[3] Em latim, literalmente "eu sou um cidadão romano". Princípio que estendia a jurisdição romana a todos aqueles considerados cidadãos do Império. (N. E.)
[4] À época, um protetorado britânico. (N. E.)

uma retórica que poderia ter vindo de qualquer capital imperial: "Para abrir à civilização a única parte do nosso globo na qual ela ainda não penetrou, para penetrar a escuridão que paira sobre povos inteiros, ouso dizer, uma cruzada digna deste século de progresso") (citado em Hochschild, 1999, p. 44). Por fim, a Bélgica poderia reivindicar ser um sócio menor no empreendimento colonial. Entre 1876 e 1915, um punhado de Estados imperiais europeus controlava um quarto inteiro das terras do globo, com a Grã-Bretanha e a França na posse de muito mais do que a Alemanha, Bélgica, Itália e os Estados da Península Ibérica (os Estados Unidos controlavam diretamente uma pequena quantidade, mas dominavam todas as Américas).

A Associação de Reforma do Congo, os governos dos EUA e do Reino Unido, e a maioria dos atores que participaram da condenação dos belgas permaneceram calados sobre a brutalidade em outros lugares. Na verdade, suas críticas ao Congo permitiram que deixassem em segundo plano seu próprio papel na barbárie. Como Adam Hochschild coloca, os governos atlânticos alinharam-se na crítica a Leopoldo II porque "não estavam envolvidos delitos britânicos ou estadunidenses, nem acarretava as consequências diplomáticas, comerciais ou militares de criticar uma grande potência como a França ou a Alemanha" (1999, p. 282). As potências imperiais colocaram Leopoldo II em questão, ao mesmo tempo que enterraram o problema mais amplo em que estavam envolvidos: o imperialismo. Em 1908, Leopoldo entregou a gestão do Estado Livre ao governo belga, e a barbárie continuou até que os belgas completaram seu sistema ferroviário, em 1914, que racionalizou a remoção dos minerais do Congo pelo menos até 1961, e mesmo depois disso.[5]

---

[5] Em fevereiro de 2002, o governo belga reconheceu ter participado do assassinato de Patrice Lumumba, do Zaire, em 1961. O que não disse, porém, foi que se tratava de um ato motivado pelos interesses de belgas mineradores e oficiais coloniais que tinham muito a ganhar naquela região. Mesmo assim, assumiu a responsabilidade por um ato que prejudicou o movimento antico-

Os coordenadores da conferência da Liga contra o Imperialismo de 1927 escolheram deliberadamente Bruxelas: eles esnobaram a Europa ao realizar uma conferência anti-imperialista na capital do país que havia cometido tamanha brutalidade, e usaram o constrangimento internacional da própria Bélgica como um meio de obter autorização para fazê-lo.[6] Os organizadores inicialmente ansiavam por Berlim, mas o regime de Weimar recusou. Em seguida, eles se dirigiram ao governo em Paris, mas os franceses negaram, alegando que a presença da conferência poderia despertar esperanças nas colônias. A Bélgica não poderia recusar a Liga, e o sucessor de Leopoldo II, Alberto I, não teve como escapar. O governo belga havia escolhido recentemente Emile Vandervelde como ministro das Relações Exteriores, cargo que ocupou paralelamente ao seu papel de secretário da Segunda Internacional Socialista. Os organizadores deixaram claro que se Vandervelde recusasse a Liga, isso teria um reflexo negativo na Segunda Internacional Socialista, cuja reputação já havia sido manchada por não se opor à Primeira Guerra Mundial. Além disso, os organizadores concordaram em tirar o Congo Belga como tema durante o evento,

---

lonial. Naquele verão, em 2004, o governo belga encomendou um estudo ao professor Jules-Luc Vellut para relatar as depravações de Leopoldo, um evento que coincidiu com uma grande exposição no Museu Real da África Central em Bruxelas. Guido Gryseels, o diretor do museu, disse sobre os acontecimentos do passado: "É uma realidade que toca a parte mais profunda da alma belga. Realmente não lidamos com ela e as revelações foram um verdadeiro choque. Nós éramos criados sabendo que trouxemos a civilização e o bem para a África. [Alegações de brutalidade] não eram ensinadas nas escolas" (Osborn, 2002). Ver Nelson (1994) e Nzongola-Ntalaja (2002). A Bélgica descobrirá que trouxe barbárie ao Congo ou, como observou um historiador holandês, os congoleses "se familiarizariam com a civilização branca [desta] maneira" (Breman, 1990, p. 1).

6   Eu utilizei os documentos da Liga Contra o Imperialismo, disponíveis no Instituto Internacional de História Social, em Amsterdã. Para uma contextualização da situação belga no período entre guerras, consultar Witte, Craeybeckx e Meynen (2000, p. 130-133).

apesar de ter sido alvo de críticas indiretas ("Belgische Resolution, 1927", n. 14, Documentos da Liga contra o Imperialismo, II SG).

O evento, em parte financiado secretamente pela Internacional Comunista (também se acredita ter sido financiado pelo Kuomintang[7] e pelo governo mexicano de Plutarco Elias Calles), aconteceu no Palais d'Egmont, um daqueles exagerados palácios que compõem a paisagem de Bruxelas. Duzentos delegados vieram de 37 Estados ou regiões colonizadas e representavam 134 organizações. Os delegados viajaram dos principais continentes, alguns vindo do seio dos Estados imperialistas, outros, da periferia. Eles trabalharam em resoluções sobre a maior parte dos atos de barbárie, da tragédia no interior da Índia até o racismo da lei Jim Crow nos Estados Unidos, do crescimento do fascismo italiano até o perigo da intervenção japonesa na Coreia. As ricas discussões e resoluções, bem como o contato pessoal entre os delegados, influenciaram muitos dos presentes para o resto da vida. Em reuniões subsequentes, os delegados referiram-se ao evento de Bruxelas como formativo: o alicerce para a criação de simpatia e solidariedade além das fronteiras do mundo colonizado.[8]

Dois conhecidos comunistas internacionalistas estabelecidos em Berlim, Willi Münzenberg e Virendranath Chattopadhyaya, conceberam a conferência e fizeram grande parte do trabalho braçal para organizá-la. Apesar da vacilação do Comintern[9] sobre alianças com a burguesia nacional, o apoio geral dado aos movimentos de libertação nacional na Ásia e na África pelos comunistas russos é claro. Em 1913, Vladimir Ilitch Lenin publicou um pequeno artigo

---

[7] Partido Nacionalista do Povo, fundado na China em 1912. (N. E.)
[8] Diversos autores mencionam a conferência como uma simples "organização de fachada" dos comunistas, sem nenhuma consideração sobre o valor que ela teve para aqueles que viajaram da África, das Américas e da Ásia. Para um exemplo recente, ver McMeekin (2003, p. 194-195).
[9] Designação mais comum para a organização internacional formada por Lenin em 1919 para congregar os Partidos Comunistas do mundo. Também conhecida como Terceira Internacional. (N. E.)

no *Pravda* [*Verdade*] intitulado "Europa atrasada e Ásia avançada", no qual observou: "Em toda a Ásia, um poderoso movimento democrático está crescendo, se espalhando e ganhando força. A burguesia até então está ao lado do povo contra a reação. *Centenas* de milhões de pessoas estão despertando para a vida, a luz e a liberdade". Em resposta a este despertar, "todos os comandantes da Europa e toda a burguesia europeia estão *em aliança* com todas as forças da reação e do medievalismo na China". Em oposição a esta aliança, "a jovem Ásia, isto é, centenas de milhões de trabalhadores asiáticos [têm] um aliado confiável no proletariado de todos os países civilizados" (Lenin, 1976, 19, p. 99-100). Quando os soviéticos assumiram o controle da Rússia, eles publicizaram e revogaram os tratados secretos que o tsar havia feito com as outras potências europeias para dividir as nações mais escuras (Lenin, 1976, v. 25, p. 85-87).

No início de 1920, delegados de todo o planeta reuniram-se em Moscou para o Segundo Congresso do Comintern, onde estudaram a condição do imperialismo e debateram a eficácia das estratégias para combatê-lo. Duas linhas divergentes surgiram do congresso – aliar-se à burguesia nacional e tratar o nacionalismo como uma fase de transição para o socialismo ou rejeitar a burguesia nacional e forjar uma aliança internacional da classe trabalhadora para o socialismo contra as ilusões do nacionalismo. Mais tarde naquele ano, os soviéticos sediaram o Primeiro Congresso dos Povos do Oriente em Baku,[10] onde quase dois mil delegados de toda a Ásia e de outros lugares representaram duas dúzias de povos diferentes (da Pérsia, Bukhara,[11] Turquia e outros lugares); um dos ilustres presentes foi John Reed, dos Estados Unidos (Riddell, 1993). Os delegados discutiram as limitações do poder soviético nas terras fora da Rússia e enviaram suas críticas a Moscou para consideração. Mas o principal desenvolvimento

---

[10] Capital do Azerbaijão. (N. E.)
[11] Cidade e região do atual Uzbequistão. (N. E.)

de Baku foi que os delegados voltaram às suas terras natais para fundar dezenas de partidos comunistas nacionais.[12]

Münzenberg e Chattopadhyaya não escolheram por acaso a palavra *liga* no título de sua nova organização. A Liga contra o Imperialismo foi um ataque direto à preservação do imperialismo pelo sistema de mandato da Liga das Nações. Em abril de 1919, a Conferência de Paz de Paris produziu a Liga das Nações, que seguiu os "14 Pontos" de Woodrow Wilson, embora os Estados Unidos não tenham aderido à Liga. Os "interesses" dos colonizados tinham que ser restringidos, observou o Pacto da Liga, porque os colonizados eram "povos ainda incapazes de serem autônomos nas árduas condições do mundo moderno" (Artigo 22).[13] Em vez de independência e do direito de governar a si próprios, para a Liga:

> o melhor método de dar efeito prático [ao princípio da autodeterminação] é que a tutela de tais povos deva ser confiada a nações avançadas que – por causa de seus recursos, sua experiência ou sua posição geográfica – podem assumir melhor essa responsabilidade, e a quem está disposto a aceitá-la, e que essa tutela deve ser exercida por eles como Mandatários em nome da Liga. (Wilson, 1921, p. 75)

Autodeterminação não significou o fim do colonialismo, mas para a Liga das Nações significou imperialismo paternalista.

---

[12] Os expurgos stalinistas mataram muitos dos que haviam estado em Baku e que desempenharam papéis centrais na criação de partidos políticos de esquerda em suas terras natais: Jalaluddin Korkmasov, do Daguestão; Nariman Kerbalai Najaf-oglu Narimanov, do Azerbaijão; Pilipe Makharadze, da Geórgia; Tashpolad Narbutabekov, do Turquestão, e Dadash Buniatzadeh e Ahmed Sultanzadeh, do Irã.

[13] Esta lógica decorreu dos "14 Pontos" enunciados pelo presidente Wilson que, em janeiro de 1918, anunciou, em seu ponto n. 5: "Um ajuste livre, de mente aberta e absolutamente imparcial de todas as reivindicações coloniais, com base na estrita observância do princípio de que, ao determinar todas essas questões de soberania, os interesses das populações em questão devem ter peso igual às reivindicações equitativas do governo cujo título deve ser determinado". Partindo de Wilson, não está claro quem é o "governo" referido na última frase. Só podemos supor que ele se refere ao governo colonial, o que significa que ele determina todo o processo de governo e de transição.

Bruxelas desprezou e repudiou Versalhes.[14]

Os delegados em Bruxelas vieram de partidos comunistas e socialistas, bem como de movimentos nacionalistas radicais. Da África do Sul vieram James La Guma e Josiah Gumeda (ambos do Partido Comunista da África do Sul), da Argélia veio Hadj-Ahmed Messali (membro fundador do primeiro grupo a reivindicar a independência da Argélia, Étoile Nord-Africain), da Indonésia veio Sukarno, Mohammad Hatta e Semaun (os dois primeiros de um partido nacionalista recém-fundado, e o último do Partido Comunista), da Palestina vieram Jamal al-Husayni e M. Erem (o primeiro do Congresso Nacional Árabe da Palestina, e o último do Poale Zion), do Irã vieram Ahmed Assadoff e Mortesa Alawi, e da Índia vieram Mohamed Barkatullah e Nehru (este último do Congresso Nacional Indiano e Barkatullah do Partido Ghadar, fundado em São Francisco em 1913). Da China veio a maior delegação, principalmente do Kuomintang, mas também de suas seções em toda a Europa. Das Américas vieram libertários civis como Roger Baldwin e ativistas como Richard Moore, bem como grandes líderes nacionalistas como Victor Raul Haya de la Torre (Peru) e Jose Vasconcelias (Porto Rico).

Albert Einstein tornou-se patrono da organização, ao lado do escritor suíço e ganhador do Prêmio Nobel, Romain Rolland, e da líder nacionalista chinesa, madame Sun Yat-sen. Dois anos depois, Nehru escreveu em sua autobiografia:

> Também estiveram presentes em Bruxelas representantes das organizações nacionais de Java, Indochina, Palestina, Síria, Egito, árabes da África do Norte e negros americanos. Havia muitas organizações de trabalhadores de esquerda representadas; e vários homens conhecidos, que haviam desempenhado um papel importante nas lutas dos trabalhadores europeus por uma geração, estavam presentes. Os comunistas também estavam lá e tiveram um papel importante no processo; eles vieram não como comunistas, mas

---

[14] Referência ao Tratado de Versalhes, que marcou o fim da Primeira Guerra Mundial. (N. E.)

como representantes de sindicatos ou organizações semelhantes. (Nehru, 1941, p. 125)

O Congresso de Bruxelas, comentou Nehru, "ajudou-me a compreender alguns dos problemas dos países coloniais e dependentes" (Nehru, 1941, p. 125).

Esse congresso clamou pelos direitos das nações mais escuras de se autogovernarem ("Manifest des Brüsseler Kongresses gegen den Imperialismus, 1927", n. 10, Documentos da Liga Contra o Imperialismo, IISG). As conexões feitas em Bruxelas foram muito úteis às organizações, porque agora algumas começaram a coordenar suas atividades, enquanto outras usaram sua afiliação à Liga para divulgar seus esforços. Embora planejassem se encontrar com frequência, isso não aconteceu por várias razões: o Comintern assumiu uma dura posição contra os movimentos de libertação nacional em 1927, com a visão de que esses esforços acabariam por trair a classe trabalhadora (o Comintern revisou esta linha em 1935); as distâncias e proscrições tornaram as viagens difíceis para os líderes de muitos movimentos revolucionários, vários dos quais passaram anos na prisão no período entre guerras; finalmente, a eclosão da Segunda Guerra Mundial tornou impossível qualquer reunião desse tipo, não apenas por causa do deslocamento da guerra, mas também porque a onda social revolucionária que estourou em todo o mundo prendeu a atenção de muitas organizações e seus líderes.

No entanto, as formações regionais se reuniram depois de Bruxelas, e muitas delas forneceram a base para o Terceiro Mundo. Os movimentos representados na reunião de 1927 trabalharam para preparar o terreno para esse experimento em solidariedade intraplanetária. O encontro em Bruxelas faz sentido à luz dessa longa história de engajamento. Vou passar de continente a continente para oferecer um breve resumo do que precedeu Bruxelas.

Em Bruxelas, a África não teve uma voz importante, mas seus representantes colocaram sua libertação no mapa. Claro que pelo acordo entre os organizadores da conferência e o governo belga o Congo ficou fora da mesa e, dado que o país continuava a ser uma das questões centrais na África, o silêncio era palpável. No entanto, a declaração redigida pelos delegados sul-africanos com forte tom contra o regime levantou a questão de uma "república nativa" livre de controle branco (Resolution Südafrika...). O registro mostra o contato entre os delegados de todo o continente, mas nada saiu das reuniões, talvez porque uma liderança luminar, Lamine Senghor, do Comitê para a Defesa da Raça Negra, morreu em uma prisão francesa logo após a conferência (Müller, 1987, p. 116-117). A obra de 1937, *Renascent Africa*, do lutador nigeriano pela liberdade Nnamdi Azikiwe, produziu uma imagem da força combinada de um continente unificado, e ele se juntou ao radical trinidadiano George Pad, naquele mesmo ano, para formar o Escritório de Serviço Internacional Africano em Londres (Azikiwe, 1937). A verdadeira dinâmica da unidade africana surgiu nas reuniões pan-africanas que precederam e sucederam Bruxelas.

Impulsionada pela força do trinidadiano Henry Sylvester Williams, a primeira Conferência Pan-Africana em Londres, em 1900, atraiu pessoas de todo o mundo atlântico, incluindo Estados Unidos, Caribe, Europa e África. Williams iniciou os trabalhos com uma crítica severa à política britânica em relação aos africanos na parte sul do continente. A Associação Africana que Williams fundou em 1897 havia se comprometido a "promover e proteger os interesses de todos os súditos que reivindicam ascendência africana, no todo ou em parte, nas colônias britânicas", razão pela qual ele deu enfoque à África do Sul e não ao Congo (Mathurin, 1976, p. 60-65). Estando em Londres, Williams sentiu que a política britânica de colonialismo deveria ser confrontada. No entanto, a reunião de 1900 esboçou um conjunto de objetivos para o Congresso Pan-Africano que começou com um objetivo muito mais amplo: "Garantir aos africanos em todo o mundo verdadeiros direitos civis e políticos". W. E. B. DuBois, grande dirigente americano, expôs a tarefa aos delegados: "Na metrópole do mundo moderno, neste último ano do século XIX, reuniu-se um congresso de homens e mulheres de sangue africano, para deliberar solenemente sobre a situação presente e as perspectivas das raças mais escuras da humanidade". Para DuBois, essas "raças mais escuras" incluíam "os milhões de homens negros na África, na América e nas ilhas do mar, para não falar das miríades marrons e amarelas em todos os lugares" (DuBois, 1900).[15] Em 1945, na Quinta Conferência Pan-africana, DuBois seria um dos principais dirigentes, estando cercado por futuros líderes do continente africano e do mundo Atlântico, como George Padmore, Kwame Nkrumah e Jomo Kenyatta (Wallerstein, 1961, p. 104; Von Eschen, 1997, p. 45). A conferência de 1945 declarou:

> Se o mundo ocidental ainda está determinado a governar a humanidade pela força, então os africanos, como último recurso, podem ter que apelar à força no intuito de alcançar a liberdade, mesmo que a força os destrua e destrua o mundo. (Padmore, 1963, p. 5)

A demanda por liberdade veio junto com a demanda por socialismo:

> Condenamos o monopólio do capital e o domínio da riqueza privada e da indústria apenas para o lucro. Saudamos a democracia econômica como a única democracia real. Por isso reclamaremos, apelaremos e faremos o mundo ouvir nossa real condição. Lutaremos de todas as maneiras que pudermos pela liberdade, democracia e melhoria social. (Padmore, 1963, p. 5)

Os conceitos teóricos de pan-africanismo e de independência africana ganharam força material durante as greves operárias em todo o continente na década de 1940 – de Lagos, em 1945, a Dar es Salaam, em 1947, os estivadores desaceleraram a circulação de mercadorias e se juntaram a trabalhadores de ferrovias, correios, telégrafos e fábricas, bem como a trabalhadores agrícolas, em uma greve geral contra o colonialismo. Essas lutas produziram organi-

---

[15] Seu discurso também está disponível em Aptheker (1982).

zações que foram então conduzidas por líderes pan-africanistas e nacionalistas que deram forma a uma ideologia.

Quando Gana conquistou sua independência, em 1957, Acra sediou a primeira Conferência dos Estados Africanos e, então, tornou-se o lar da Conferência dos Povos da África. A ideia de "África" nesta conferência, e em outras partes do movimento, funcionou de maneira homóloga à ideia de Terceiro Mundo. O que uniu os africanos nesses fóruns não foi a cultura ou a língua, mas, como disse Nkrumah, "um interesse comum na independência da África". "Os africanos", escreveu ele, "começaram a pensar de maneira continental", mas não por razões culturais (Nkrumah, 1961, p. xi-xiv). O que eles buscavam era uma "união política" sobre a plataforma africana e o Terceiro Mundo. Certamente, os "africanos" de Nkrumah, que haviam "começado a pensar de maneira continental", eram os movimentos políticos e seus líderes, não necessariamente as grandes massas cujas ideias políticas poderiam não ter sido tão cosmopolitas. Em Acra, a liderança dos movimentos políticos reconheceu isso e, ainda assim, esperava o aprofundamento da ideia de unidade africana entre as classes, em todo o continente.

Se a África tem numerosas línguas e histórias interligadas, mas separadas, o mesmo não pode ser dito dos árabes do norte da África e do oeste da Ásia. Unidos pela língua, os árabes, no entanto, sofreram os custos da desunião. Assolada pelos otomanos e pelas várias potências europeias, a região linguística que se estende do noroeste da África até as fronteiras do Irã manteve contato cultural contínuo, mas não unidade política. Comerciantes árabes iam de uma ponta à outra, e os muçulmanos viajavam das duas pontas da região para a Península Arábica para realizar o Haje.[16] Quando o Império Otomano começou a entrar em colapso, os povos sob seu jugo se mobilizaram para sua liberdade. A "Revolta Árabe" na Península Arábica (1916-1932), no Egito (1918-1919), no Ira-

---

[16] Peregrinação realizada pelos mulçumanos à Meca. (N. E.)

que (1920-1922), na Síria e no Líbano (1925-1926), na Palestina (1936-1937) e em outros lugares uniu o povo árabe não apenas contra os otomanos e outros, mas também em nome de uma nação árabe unida. Em Bruxelas, a delegação síria assumiu a liderança, principalmente porque a Síria acabava de travar uma acirrada luta contra o mandato da Liga das Nações, concedido em seu país aos franceses (Resolution vorgeschlagen...; Resolution gegen den...). Egípcios, sírios, libaneses e palestinos forjaram uma frente única em Bruxelas, embora os membros individuais discordassem sobre o papel da religião, bem como o dos judeus na Palestina (os comunistas palestinos queriam uma frente única de judeus e árabes contra os britânicos – uma posição endossada pela Liga) (Höpp e Kessler, 1987). O tumulto na Palestina, em meados da década de 1930, acabou com a esperança de uma aliança árabe-judaica contra os britânicos e endureceu a xenofobia de ambos os lados.

Quando os britânicos abordaram os árabes em 1942 para criar uma organização articulada contra as potências do Eixo, eles não fizeram uma oferta semelhante aos grupos judeus na Palestina e, portanto, agravaram ainda mais a divisão. Influenciados pela proposta britânica e pelo sentimento de unidade que a precedeu, em outubro de 1944, representantes do Egito, Jordânia, Iraque, Líbano e Síria se reuniram em Alexandria para planejar uma conferência unitária para o próximo ano. O tema principal seria a criação de uma estrutura para abordar o conflito de forma pacífica e desenvolver laços econômicos e sociais na região dominada por falantes de árabe. Quando esses Estados de língua árabe se reuniram (com a Arábia Saudita e o Iêmen), eles criaram a Liga Árabe, para "fortalecer os laços entre os Estados participantes, para coordenar seus programas políticos de forma a efetivar uma colaboração real entre eles, para preservar sua independência e soberania, e considerar de uma maneira geral os assuntos e interesses dos países árabes" (Khalil, 1962, v. 2, p. 57). A primeira ação da Liga, em sua reunião de 1945 no Cairo, foi condenar a presença da França na Síria e no Líbano; em sua terceira sessão, no ano seguinte, a Liga parabenizou Síria, Líbano e Jordânia por sua independência. Também apoiou a luta da Líbia pela independência, a luta da Indonésia contra os holandeses/ingleses e a demanda palestina pela restauração de terras (Porath, 1986, e Khadduri, 1946).

Os países ao sul do grande colosso, os Estados Unidos, não formaram uma associação independente, pois haviam sido colocados em uma União Pan-Americana com os Estados Unidos a partir da primeira Conferência Interamericana de 1889 (o nome União Pan-Americana surgiu em 1910). "Em conferências pan-americanas periódicas", observa o historiador John Chasteen, "secretários de Estado dos EUA promoviam o comércio, enquanto os representantes latino-americanos expressavam consternação com as intervenções dos Estados Unidos na região. Os protestos chegaram ao auge na Conferência de Havana em 1928" (Chasteen, 2001, p. 203). Na reunião de Havana, os Estados latino-americanos quiseram levantar o tema proibido: as relações políticas entre os Estados e as intervenções militares dos Estados Unidos na América Latina. Em 1926, milhares de fuzileiros navais estadunidenses haviam invadido a Nicarágua, permanecendo lá até 1933. Os Estados Unidos queriam que a reunião pan-americana discutisse apenas tarifas e comércio, mas os latino-americanos recusaram. Os críticos mais contundentes do imperialismo e defensores da unidade latino-americana foram a Bruxelas em 1928, onde entraram em contato com forças anti-imperialistas de outras partes do mundo. A presença mais importante da região foi Haya de la Torre, do Peru, cuja Alianza Popular Revolucionaria Americana (Apra, 1924) influenciou nacionalistas radicais do México à Argentina;[17] diz Haya de la Torre:

> Para mim a América Latina é a *Patria Grande*, da qual cada um dos Estados que a compõem é parte inseparável e interdependente.

---

[17] Um dos principais teóricos e organizadores da Apra foi José Carlos Mariátegui, o maior pensador marxista fora dos eixos tradicionais.

> Creio que o melhor patriotismo para qualquer latino-americano em relação ao seu país de origem é sustentar a indissociabilidade de nossos Estados como membros de um todo continental. (Citado em Whitaker, 1962, p. 63)[18]

Em Bruxelas, o alvo continuou a ser a Europa, e mesmo quando os participantes aprovaram resoluções pela liberdade de Porto Rico e contra o imperialismo estadunidense na orla do Pacífico, foi pouco trabalhado de forma substantiva o impacto do imperialismo dos EUA na América do Sul e em outros lugares (Cabrera; Alert, 1987).

O impacto do nacionalismo populista em todo o continente e o crescimento dos partidos políticos similares à Apra produziram o primeiro Congresso dos Partidos Democráticos e Políticos da América, em outubro de 1940. Representantes da Argentina, Bolívia, Brasil, Colômbia, Equador, México, Panamá, Paraguai, Peru, Uruguai e Venezuela se reuniram em Santiago, no Chile, onde discutiram questões de interesse mútuo – o poder do grande colosso do norte –, mas não conseguiram fazer progressos unidos, especialmente quando muitos dos partidos populistas desses Estados chegaram ao poder depois de 1944 (Alba, 1968, p. 73). Em vez disso, esses poderes continuaram a se reunir sob os auspícios de organizações dominadas pelos EUA, mesmo que persistissem em suas várias formas de resistência. Na Conferência de Chapultepec, em 1945, na Cidade do México, por exemplo, os Estados Unidos queriam priorizar a recuperação europeia, outra área de disputa com os Estados latino-americanos, que não queriam permitir que as portas comerciais se abrissem para os EUA nas Américas para financiar a reconstrução europeia. Essas tensões dentro do hemisfério americano tornaram-se pronunciadas no início da ONU, onde 40% dos delegados vieram da América Latina (Whitaker e Jordan, 1966, p. 167). Em Chapultepec, além disso, as repúbli-

---

[18] Citado em Whitaker (1962, p. 63). Para a abordagem de Haya de la Torre em Bruxelas, ver Zeuske (1987).

cas americanas anunciaram "que todos os Estados soberanos são juridicamente iguais entre si" e "que todo Estado tem direito ao respeito de sua individualidade e independência, por parte dos demais membros da comunidade internacional" (Final Act of..., 1945, Artigo 1º e 2º). Essas declarações promoveram a ideia de independência para o Cone Sul, a América Central e o Caribe.

A ideia pan-asiática surgiu de duas tradições políticas distintas. Dos progressistas, como Nehru e Sun Yat-sen, veio o desejo de união do continente que havia sido arrendado pelo imperialismo. O entusiasmo popular em toda a Ásia pela vitória do Japão, em 1904, sobre a Rússia contribuiu para a sensação de que os povos do continente deveriam ter laços estreitos entre si. Nas duas Conferências Populares Pan-asiáticas, em Nagasaki (1926) e Xangai (1927), os delegados da China e da Coreia se apegaram firmemente à noção progressista do pan-asianismo, exigindo que o governo japonês revogasse suas pretensões imperiais. Dos reacionários japoneses veio a opinião de que a Ásia deveria ser governada pela monarquia Showa (paz iluminada), de Hirohito, e não pelos europeus ou pelos próprios asiáticos. Várias sociedades secretas, como o Dragão Negro e a Suástica Vermelha, promoveram a extensão da conquista da Coreia pelo Japão em 1910, em direção à Manchúria (1931) e Jehol (1933).

O militarismo do Japão, entretanto, não poderia usurpar todo o espaço do pan-asiatismo, porque seu lado progressista perdurou e se manifestou após a Segunda Guerra Mundial. Em março de 1947, os movimentos de libertação na Ásia reuniram-se em Nova Deli para realizar a Conferência de Relações Asiáticas, onde se comprometeram à cooperação econômica, política e cultural entre as nações. A reunião saudou o início da libertação, mas alertou contra o "imperialismo do dólar". A proposta do delegado do Azerbaijão contra o racismo foi aclamada. Nehru disse à imprensa que "a coisa mais importante da conferência foi o fato dela ter sido realizada" (citado em Karunakaran, 1958, p. 85). O trabalho realizado nesta conferência permitiu que Nehru convocasse rapidamente uma Conferência Asiática, em âmbito governamental mais uma vez, em Deli em 1949 para condenar a ação holandesa/ britânica no recém-fundado Estado da Indonésia. Significativamente, a conferência de 1949 decidiu coordenar atividades entre os novos Estados asiáticos na ONU. Essas formações regionais tinham um amplo apreço pela luta *universal* contra o imperialismo, pela necessidade de coordenação e consulta às nações para construir um mundo justo. A melhor prova disso é o entusiasmo com que cada um desses grupos, e a maioria dos países dentro deles, abraçou a ONU. Pode-se argumentar que uma das razões do sucesso da ONU em suas três primeiras décadas, ao contrário da Liga das Nações, é que os Estados do Terceiro Mundo a viam como sua plataforma. Foi a partir do manto da ONU que os Estados da África, América e Ásia puderam articular sua agenda do Terceiro Mundo. Enquanto a Liga *era* uma ferramenta do imperialismo e para a manutenção da paz na Europa, a ONU tornou-se propriedade da justiça para o mundo anteriormente colonizado.[19] O Terceiro Mundo ofereceu forte resistência dentro da ONU contra a agressão dos EUA na Coreia, bem como contra o domínio francês no Marrocos e na Tunísia. Nas resoluções do Marrocos e da Tunísia, os Estados africanos, árabes e asiáticos tiveram o apoio crucial dos 11 Estados latino-americanos.

A colaboração entre as formações regionais africanas, árabes e asiáticas teve uma intensidade muito maior do que os contatos que tiveram com os latino-americanos. Isso se deu por vários motivos. Em primeiro lugar, os Estados latino-americanos haviam alcançado a independência formal da Espanha e de Portugal no início do século XIX, de modo que não compartilhavam a experiência contemporânea de dominação colonial. A maior parte da América Latina, no entanto, ficou sob o domínio de capitais

---

[19] Até mesmo um trabalho canônico como o livro de Luard (1989) oferece evidências em favor desta interpretação.

europeus ou estadunidenses, e a maior parte dos governos tinha antipatia pelo império das finanças. Em 1896, o fundador do Partido Socialista Argentino, Juan Bautista Justo, bradou: "Vimos os argentinos serem reduzidos à condição de colônia britânica por meio da penetração econômica", e isso foi possibilitado pela oligarquia argentina, os "vendedores de seu país" (Alba, 1968, p. 59). A declaração de Bautista Justo foi assimilada por muitos latino-americanos por sua repetição incessante. As distinções entre as Américas e outros lugares em termos de sua herança colonial tornaram-se menos pronunciadas com o tempo, à medida que ambas as zonas compreendiam como o capital global as sujeitava. No entanto, isso não levou a laços organizacionais antes da Guerra Fria.

Em segundo lugar, os Estados latino-americanos viviam em uma órbita imperial alternativa. Seu alvo não era a velha Europa, mas o novo Yankee, e nisso eles diferiam muito da maior parte da África e da Ásia (exceto nas Filipinas). Além disso, sua órbita colonial deu-lhes o espanhol como língua franca (exceto no Brasil e nas colônias holandesas), enquanto a maioria dos líderes anticoloniais da África e da Ásia falavam inglês ou francês, e muitos deles se conheceram no próprio território dos colonizadores, seja em Londres, Paris ou Genebra. Os mundos dos latino-americanos não se cruzavam com frequência com os dos afro-asiáticos. Portanto, mesmo que as conferências afro-asiáticas de 1920 em diante se referissem a opressões nos continentes ligados geograficamente, isso não significava que os latino-americanos fossem menos internacionalistas ou mais paroquiais; os fortes laços forjados nas décadas de 1950 e 1960 entre os continentes mostram que, dada a oportunidade, muitos deles viam suas lutas como parte de uma cruzada planetária internacional.

O legado da Liga contra o Imperialismo é ambíguo. As principais potências imperiais sabiam que tal formação era perigosa e prenderam muitos dos ativistas que participaram dela assim que voltaram para suas terras natais ou então para qualquer lugar onde seu soberano colonial tivesse jurisdição. As potências coloniais rapidamente contaminaram o trabalho da Liga, insinuando que ela não passava de uma frente comunista. Certamente, os comunistas desempenharam um papel importante na Liga, mas seu alcance era mais amplo e incluía as reivindicações feitas por povos que tinham pouca experiência com o comunismo. O termo "comunista" utilizado como difamação serviu para tornar o movimento comunista quase onipresente e divino aos olhos de muitos que haviam sido ensinados a desconfiar da palavra do senhor colonial e a ver qualquer inimigo daquele senhor como um aliado na luta. Para lutas isoladas, a Liga era um instrumento crucial de propaganda, um meio importante para divulgar massacres ou protestos, bem como para coordenar o trabalho de solidariedade. A Liga também permitiu que movimentos antes inacessíveis fizessem contato com outros, para que aqueles que lutavam contra os franceses na Indochina pudessem manter contato com aqueles que lutavam contra o mesmo Estado francês na África Ocidental. Além disso, organizações sindicais incipientes se filiaram à Liga como forma de romper seu isolamento.

Os soviéticos e o Comintern desperdiçaram grande parte da boa vontade conquistada imediatamente após o evento de Bruxelas por suas mudanças impulsivas e perturbadoras na linha política. Durante a fundação da Liga, a opinião predominante no Comintern era que os comunistas deveriam trabalhar em uma ampla frente com os movimentos de libertação nacional. Por causa disso, o Kuomintang juntou-se ao Comintern para financiar a conferência e ambos trabalharam juntos para seu sucesso. Logo após a reunião de Bruxelas, no entanto, o Kuomintang massacrou mais de 5 mil comunistas em Xangai e em outros lugares para prolongar uma guerra civil. O fato de o Comintern ter juntado forças com o Kuomintang em Bruxelas é chocante, mas na violência pós-conferência dos nacionalistas chineses estava as sementes da destruição da Liga. Este e outros casos levaram o Comintern a denunciar as forças de libertação nacional não comunistas, incluindo Nehru, Roger

Baldwin e Hatta. O problema com a linha da Liga era que ela era inflexível – ela escolheu trabalhar com o Kuomintang antes de Xangai, para grande desgosto dos comunistas chineses, e decidiu abandonar seu relacionamento com os movimentos de libertação indianos e indonésios, embora esses dois não tivessem a mesma antipatia pela esquerda como o Kuomintang. Em lugares como Índia e Indonésia, o nacionalismo anticolonial, mesmo se liderado por uma burguesia nacional relativamente débil, havia se tornado uma força social poderosa que não poderia ser evitada.[20] O contexto de cada configuração, como os alinhamentos de classe internos, não parecia se harmonizar com a insistência do Comintern em uma estratégia homogênea para a revolução mundial. Mesmo com a Liga perdendo espaço em grande parte do mundo colonizado, a reunião de Bruxelas em si desempenhou um papel importante na consolidação da ideia do Terceiro Mundo.

---

[20] Em novembro de 1921, delegados do Partido Revolucionário do Povo Mongol se reuniram com Lenin e perguntaram se deveriam transformar seu partido em Partido Comunista. Antecipando o Segundo Congresso da Internacional Comunista, em 1920, Lenin havia escrito que os delegados deveriam "ajustar as instituições soviéticas e o Partido Comunista (seus membros, tarefas especiais) ao âmbito dos países camponeses do Leste colonial. Isto é o cerne da questão. É preciso pensar e buscar respostas concretas" (Lenin, 1972, v. 42, p. 202). Uma sociedade camponesa com pouco desenvolvimento industrial e quase nenhum proletariado, com uma burguesia fraca e fortes latifundiários, com fraca soberania nacional e forte controle imperial, não poderia renunciar imediatamente a uma aliança com as velhas classes sociais e lutar em todas as frentes ao mesmo tempo. Em vez disso, as forças comunistas deveriam criar "contingentes independentes de lutadores e organizações partidárias" para construir o poder dos trabalhadores e antecipar o tempo em que os partidos proletários "possam emergir neles" para um ataque frontal completo à burguesia nacional. Por esta razão, Lenin disse aos mongóis que "uma simples mudança de denominação é prejudicial e perigosa" (citado em "O Segundo Congresso da Internacional Comunista", em *Collected Works*, v. 31, p. 241-244). A libertação nacional tinha que receber o que merecia, como Lenin argumentou em seu debate com o revolucionário indiano M. N. Roy, ainda que não deva ser permitido esmagar a organização independente de trabalhadores e camponeses para um confronto futuro e inevitável.

Quase três décadas após a conferência de Bruxelas, Sukarno, recém-empossado como presidente da Indonésia, abriu a Conferência Afro-asiática realizada em Bandung. Nos minutos iniciais de seu discurso, Sukarno fez esta avaliação da importância de Bruxelas:

> Apenas algumas décadas atrás, era frequentemente necessário viajar para outros países e até mesmo outros continentes antes que os porta-vozes de nosso povo pudessem se reunir. Recordo, a este respeito, a Conferência da 'Liga contra o Imperialismo e o Colonialismo' que se realizou em Bruxelas há quase 30 anos. Naquela conferência, muitos ilustres delegados que hoje estão aqui presentes se conheceram e encontraram novas forças em sua luta pela independência. Mas aquele era um ponto de encontro a milhares de quilômetros de distância, entre pessoas estrangeiras, em um país estrangeiro, em um continente estrangeiro. Não foi realizado lá por escolha, mas por necessidade. Hoje o contraste é grande. Nossas nações e países não são mais colônias. Agora somos livres, soberanos e independentes. Somos novamente senhores em nossa própria casa. Não precisamos ir a outros continentes para nos reunirmos. (Citado em McTurnan Kahin, 1956, p. 40)

Bandung
A Conferência Afro-Asiática de 1955

Em 1955, a ilha de Java carregava as marcas não apenas de sua herança colonial de 300 anos, mas também de sua recente e vitoriosa luta anticolonial. A ilha, que é o coração do arquipélago da Indonésia, abriga um grande número de plantações de café, chá e quinino, os principais produtores de riqueza para os cofres holandeses. Em uma extremidade, em direção a oeste, fica a cidade de Bandung, a Cidade das Flores. Seus edifícios administrativos decô-tropicais contrastavam fortemente com os barracos que abrigavam sua força de trabalho, formando uma paisagem urbana de esperanças e aspirações desiguais. Na década de 1940, os trabalhadores e camponeses, das cidades e do interior, se levantaram em luta ao lado dos *pemuda*, os jovens ativistas. O grito *Siaaaap* [Atenção!] ressoou nas ruas da cidade em oposição não apenas aos ocupantes japoneses, mas também aos britânicos que os substituíram, e aos holandeses que esperavam nos bastidores para recuperar a ilha. Em março de 1946, quando parecia que os britânicos não permitiriam a independência dos indonésios, meio milhão de residentes de Bandung abandonaram a cidade em massa, enquanto incendiavam armazéns, residências e escritórios do governo (Smail, 1964, cap. 6). O fato até produziu uma canção épica:

> Olá, Olá, Bandung
> A capital de *Parahyangan* [Província]
> Olá, Olá, Bandung
> A cidade da lembrança.
> Há muito tempo,
> Que eu não te encontrava

Agora, você é um Mar de Fogo
Vamos assumir de novo, *Bung* [camarada].[1]

Em 1955, a cidade já estava repovoada, agora em grande parte por migrantes pobres que foram deslocados por uma rebelião liderada pelo Darul Islam [Casa do Islã], uma força anticolonial que havia prometido criar uma república islâmica na Indonésia (e que desapareceu em meados da década de 1960 por falta de sucesso) (van Dijk, 1981). Mesmo assim, o sul de Bandung permaneceu marcado pelo fogo. O governo indonésio escolheu esta cidade como local para uma reunião de 29 representantes de nações asiáticas e africanas que recentemente haviam se tornado soberanas. Essa reunião deu vida ao conceito de Sauvy. Obviamente, a reunião de abril de 1955 não criou o Terceiro Mundo do nada. Simplesmente expressou tendências, tais como as condições sociais relativamente comuns dos Estados colonizados e os movimentos nacionalistas que cada um desses Estados havia produzido. A Conferência de Bandung foi, para os líderes desses movimentos nacionalistas, também o ápice de um processo que começou em 1927, em Bruxelas, com a reunião da Liga contra o Imperialismo. Tudo isso é verdade, mas o que é ainda mais importante sobre Bandung é que o evento permitiu que esses líderes se reunissem, celebrassem o fim do colonialismo formal, e se comprometessem em alguma medida com uma luta conjunta contra as forças do imperialismo. Apesar das lutas internas, debates, posicionamentos estratégicos e murmúrios de aborrecimento, Bandung produziu algo: a crença de que dois terços de todas as pessoas do mundo tinham o direito de voltar para suas cidades queimadas, valorizá-las e reconstruí-las à sua própria imagem.

---

[1] Meus agradecimentos a Muhammed Dasuki, da Bandung Padjadjaran University, na Indonésia, e a Agus Hadi Nahrowi, por essa tradução.

Subindo ao palco no primeiro dia, o presidente da Indonésia, Sukarno, saudou as mudanças promovidas pelo anticolonialismo na Ásia e na África:

> Forças irresistíveis varreram os dois continentes. A dimensão mental, espiritual e política de todo o mundo mudou e o processo ainda não está completo. Existem novas condições, novos conceitos, novos problemas, novos ideais ao redor do mundo. Furacões de despertar e redespertar nacionais varreram a terra, sacudindo-a, mudando-a, mudando-a para melhor. (Citado em McTuran Kahin, 1956, p. 42)

Uma vasta parte do mundo que anteriormente havia se curvado diante do poder da Europa estava agora à beira de outro destino. Na verdade, a liberdade alcançada pelas novas nações parecia inimaginável apenas alguns anos antes. Quando o Congresso Nacional Indiano, de Mohandas Karamchand Gandhi, se declarou pela *Purna Swaraj*, ou Independência Completa, em 1929, muitos achavam que a medida havia sido prematura, que nem a Grã-Bretanha permitiria tal ruptura, nem a Índia poderia sobreviver por conta própria. No entanto, Nehru, então presidente do Congresso, o braço dirigente da luta anticolonial na Índia, disse aos delegados reunidos em Lahore em 1929:

> Nós representamos hoje a liberdade total da Índia. Hoje ou amanhã, podemos não ser fortes o suficiente para afirmar nossa vontade. Estamos muito conscientes de nossa fraqueza, e não há ostentação em nós ou orgulho da força. Mas que ninguém, muito menos a Inglaterra, se equivoque ou subestime o significado ou a força de nossa resolução. (Sitaramayya, 1946, v.1, p. 363-364)

A resolução chegou finalmente para a Índia (e Paquistão) em 1947, como ocorreu na Indonésia e Vietná em 1945, nas Filipinas, em 1946, Burma, Ceilão, Coreia e Malásia, em 1948 e China, em 1949. Em 1951, Gana conquistou independência substancial (formalmente declarada em 1957), no mesmo ano em que a Líbia conquistou a liberdade da Itália para se juntar à Libéria, à Etiópia e ao Egito como Estados independentes da África, enquanto em 1956 o Sudão rompeu com sua servidão anglo-egípcia (assim como a Etiópia absorveu Eritreia). Estes são os países que se reuniram em Bandung.

Pouca coisa além dessa história colonial e anticolonial comum uniu essas nações. Sukarno, rebento de um povo bastante diverso que vivia em centenas de ilhas dispersas, entendeu a base limitada para a unidade entre aqueles que vieram para Bandung. Mas se um Estado-nação poderia ser feito na Indonésia, por que uma unidade transnacional não poderia ser formada a partir das nações em Bandung? "O conflito não vem de uma variedade de cores de pele, nem da diversidade de religião", anunciou Sukarno, "mas da variedade de desejos". Uma unidade de desejo forjada a partir da luta e organizada em uma plataforma comum pode minar as diferenças sociais. "Nós estamos unidos por uma aversão comum ao colonialismo sob qualquer forma que apareça. Estamos unidos por uma aversão comum ao racialismo. E nós estamos unidos por uma determinação comum de preservar e estabilizar a paz no mundo" (Kahin, 1956, p. 43). Esses seriam os elementos para a unidade do Terceiro Mundo.

Esta veio de uma posição política contra o colonialismo e o imperialismo, não de qualquer cultura intrínseca ou semelhanças raciais. Se você lutou contra o colonialismo e se posicionou contra o imperialismo, então você fazia parte do Terceiro Mundo. Os pontos de vista de Sukarno ressoaram entre a maioria dos delegados no Encontro de Bandung, seja de esquerda (China), seja de centro (Índia e Birmânia), seja de direita (Turquia e Filipinas). Quando Sukarno argumentou que o colonialismo poderia ter encerrado sua fase formal, mas que o imperialismo ainda existia, ele ecoou as opiniões de muitos dos líderes do Terceiro Mundo, bem como de seus povos, que sofriam diariamente com o "subdesenvolvimento". O colonialismo não vinha mais em *sola topees*,[2] mas em

---

[2] Capacete utilizado pelos exércitos coloniais europeus durante o século XIX que se popularizou também entre a população civil. Tornou-se, por isso, um símbolo da dominação colonial. (N. E.)

"sua forma moderna, na forma de controle econômico, controle intelectual. [...] Ele não desiste de seu saque facilmente". Para erradicá-lo, Sukarno incitou os delegados e as populações de seus respectivos países a se unirem como um Terceiro Mundo contra o imperialismo. Mas o que este Terceiro Mundo poderia fazer visto que sua "força econômica é dispersa e pequena", e que sem as "esquadras de bombardeiros" o Terceiro Mundo "não pode se dar ao luxo de entrar na política do poder" (Kahin, 1956, p. 44-45)? O que teria sobrado para este Terceiro Mundo em um planeta onde a bomba atômica e o dólar determinam o curso da história humana? O que resta para uma região que continha 2 bilhões de pessoas?[3] "Podemos injetar a voz da razão nos assuntos mundiais. Podemos mobilizar toda a força espiritual, moral e política da Ásia e da África ao lado da paz" (citado em Kahin, 1956, p. 45-46).

O discurso de Sukarno foi a síntese mais poderosa para a unidade do Terceiro Mundo, razão pela qual é a declaração mais conhecida da reunião de Bandung.[4] Nascido em 1901, Sukarno veio da mesma posição social que muitos dos importantes líderes do Terceiro Mundo. De uma família da baixa nobreza,[5] o pai de Sukarno foi levado pelo fervor do patriotismo. Ele rebatizou seu filho em homenagem a uma figura do épico sânscrito *Mahabharata* [a grande dinastia de Bárata], Karna, que é conhecido por ser honesto e destemido (Sukarno, 1966). Sukarno estudou em instituições europeias (em Surabaja e Bandung) e recebeu formação de engenheiro, mas nutria uma ambição pela independência da Indonésia. Esta combinação entre ser da pequena nobreza ou da

---

[3] Buchanan (1963, p. 5-23) reúne os detalhes demográficos e defende uma posição do Terceiro Mundo em relação à revolução mundial.
[4] O que explica ser o único documento completo disponível na influente coletânea organizada por Kahin em 1956.
[5] Muitas das ilhas que compõem a Indonésia, inclusive a região de nascimento de Sukarno (Java Oriental), se organizavam com um sistema de castas. Dentro dele, a baixa nobreza abrangia os servidores do rei em geral, como o caso dos oficiais do Estado. (N. E.)

classe média emergente, e estar aberto às vantagens educacionais do colonialismo europeu produziu uma série de líderes como Nehru, Sukarno, U Nu, da Birmânia, e o grande número de ilustrados ou "iluminados" das Filipinas.[6] Terminado seus estudos de engenharia, Sukarno começou a publicar o *Indonesia Muda* [*Indonésia Jovem*], o jornal do Clube de Estudos de Bandung. Foi neste periódico que ele articulou pela primeira vez sua visão de uma frente única entre todas as forças patrióticas contra o colonialismo europeu. Na Indonésia, os marxistas, os islamitas e os nacionalistas formaram as principais forças de oposição do domínio holandês, e Sukarno argumentou que todos os três deviam considerar o nacionalismo "tão amplo quanto o ar" de maneira semelhante ao Partido do Congresso na Índia e ao Kuomintang na China. Depois de sua declaração, o Partido Comunista da Indonésia (PKI) liderou um levante, que falhou e foi reprimido. Para aproveitar a energia produzida pelo PKI na revolta massiva do final de 1926 ao início de 1927, Sukarno e seu círculo fundaram o Partai Nasional Indonesia [Partido Nacional Indonésio, PNI].

A ideologia do PNI, assim como o Partido do Congresso e o Kuomintang, era uma miscelânea, enraizada em um *ethos* anticolonial mas a favor de um nacionalismo vago que atraía todas as classes sociais. A classe média subiu a bordo porque muitos deles foram discriminados em termos de empregos administrativos e humilhados pela hierarquia colonial. Já veteranos na luta pela justiça, a classe trabalhadora e o campesinato ingressariam gradualmente no PNI à medida que este se tornava central para a luta de libertação. Ao contrário do Partido do Congresso na Índia, que se tornou um movimento de massa na década de 1920 por meio de campanhas criativas lideradas por Gandhi, e ao contrário do Partido Comunista Vietnamita, cuja base de massas emergiu por meio de um diligente trabalho organizacional liderado por Ho Chi Minh, o PNI era muito mais parecido com outras or-

---

[6] Sobre os *ilustrados*, ver Constantino (1970).

ganizações anticoloniais urbanas de classe média em lugares tão diversos quanto o Peru e a Costa do Ouro – surgiu de uma ideia e refletia as visões de um estrato específico, mas sua plataforma logo seria adotada por muitos além de seu círculo original. Os jovens formados fariam o trabalho principal para o PNI e para as organizações que compartilhavam sua origem de classe. O Congresso da Juventude da Indonésia levou a luta até as massas e forneceu muitos dos soldados para a luta de "não cooperação" (um conceito que Sukarno tomou emprestado de Gandhi).[7]

Frustrada com as ações de Sukarno, a administração holandesa o prendeu em 1931 e o manteve preso até a invasão japonesa do arquipélago, em 1942. Quando os japoneses assumiram o poder, Sukarno trabalhou com eles, mas não como seu *fantoche*; ele aproveitou todas as oportunidades que teve para promover ideias nacionalistas, de modo que, como observa o historiador George Kahin, seus discursos no rádio "eram cheios de sutilezas e conversas ambíguas, que geralmente passavam pelo filtro dos censores japoneses, mas eram significativos para a população" (Kahin, 1952, p. 108). Em 17 de agosto de 1945, dois dias após a rendição japonesa, Sukarno (e seu associado Hatta) declara a independência da Indonésia – um movimento adiado pela entrada de tropas britânicas que tinham vindo para restaurar as ilhas aos holandeses. Sukarno ainda tinha pouca massa em sua base, e sua declaração foi pura bravata. Mas o povo indonésio apoiou-o, apesar do conhecimento superficial de seu programa, e ele ganhou. As chamas de Bandung cresceram porque as pessoas agora acreditavam que o colonialismo havia acabado. O domínio europeu já não tinha legitimidade. Em 1949, a Indonésia conquistou sua liberdade formal.

Sukarno, como Nehru e outros líderes nacionalistas, formou a vanguarda de um levante contra o poder colonial, sem uma

---

[7] A maioria dos fatos mais importantes estão nos livros de Kahin (1952) e Dahm (1969).

agenda clara para o desenvolvimento social de seu povo. O que estava claro, no entanto, era que eles aproveitaram a onda produzida pelas ações de muitas pequenas organizações locais – como fóruns de comerciantes, o PNI, organizações religiosas e grupos de jovens. Sukarno representava liberdade e justiça, mas não necessariamente uma revolução geral contra as velhas classes sociais (como a pequena nobreza rural, comerciantes e outros) – o que explica a cumplicidade dos holandeses e do PNI na repressão de 1948 à rebelião comunista em Madiun (que levou à execução e encarceramento de dezenas de quadros do Partido Comunista da Indonésia e à supressão do partido em 1951-1952, quando o governo prendeu 15 mil de seus membros) (Mortimer, 1974). Sukarno investiu na educação e nas indústrias estatais, tirando parte da agenda dos comunistas, que continuaram a construir um partido de massa (em 1965, o PKI tinha 3,5 milhões de quadros e 20 milhões de membros em frentes de massa). Em 1965, em sua última cerimônia do Dia da Independência antes do golpe apoiado pelos EUA que o expulsou do poder, Sukarno afirmou: "Estamos agora promovendo um eixo anti-imperialista: o eixo Jacarta-Phnom Penh-Hanói-Pequim-Pyongyang" (Simons, 2000, p. 161). Ele tinha se aproximado dos comunistas mais do que ele teria imaginado quando entrou pela primeira vez na política.

Mas Sukarno não representava todas as vozes em Bandung.

A China comunista participou da conferência liderada pela personalidade entusiasmada de Zhou En-lai, cuja história lendária e tentativas febris de fazer amizade o tornaram querido pela maioria dos delegados.[8] Zhou teve uma programação vigorosa. Nehru não apenas o guiou e o apresentou àqueles que já respei-

---

[8] Carlos Romulo, das Filipinas, descreveu Zhou assim: "Em Bandung, o primeiro-ministro Zhou En-Lai se comportou como alguém saído das páginas do livro de Dale Carnegie sobre *Como fazer amigos e influenciar pessoas*. [...] Na Conferência Asiático-Africana, ele tinha maneiras afáveis, era moderado no falar" (Romulo, 1956, II). Nehru ofereceu um jantar para Zhou, em que o líder comunista foi "cordial e agradável". Durdin (1955).

tavam o líder político indiano, mas o próprio Zhou dirigiu-se ao maior número de sessões possível e se reuniu com quase todos os delegados. Chá com os "centristas" Nehru e U Nu seria seguido por chá com "direitistas" como Carlos Romulo, das Filipinas, e John Kotelawala, do Ceilão (encontro no qual Zhou conheceu o vice-primeiro-ministro do Afeganistão e Ministro das Relações Exteriores, Sardar Mohammed Naim). Finalmente, Zhou e a delegação chinesa ofereceram um banquete com a presença das principais potências, mas também com os Estados árabes (representados pelo príncipe herdeiro Faysal, da Arábia Saudita, Seifel Islam Hassan, do Iêmen, Walid Salah, da Jordânia, Sami Solh, do Líbano, Mahmud Muntasser, da Líbia, e Ismail el Azhari, do Sudão).

Zhou assumiu um tom conciliador com a retórica nacionalista da conferência e até implorou aos líderes que tinham uma orientação religiosa para serem tolerantes com seu ateísmo (China and the Asian-African Conference: Documents, 1955). A abordagem pacífica por parte da delegação chinesa refletiu a orientação geral do comunismo chinês em relação à política externa e interna naquele breve período da década de 1940 até os primeiros estrondos da Revolução Cultural, na década de 1960.[9] Logo após 1949, quando os comunistas chineses chegaram ao poder, eles cultiva-

---

[9] Em 1943, em Yan'an, China, Mao havia formulado a palavra de ordem "Das massas, para as massas" como uma forma de resumir o tom com o qual os comunistas deveriam seguir em seu relacionamento com as "massas", um termo ambivalente que se referia a qualquer um pertencente às classes revolucionárias (operários e camponeses) ou a todo o povo chinês. "Isso significa: pegar as ideias das massas (ideias dispersas e assistemáticas) e concentrá-las (por meio do estudo, transformá-las em ideias concentradas e sistemáticas), então ir às massas e propagar e explicar essas ideias até que as massas as aceitem como se fossem suas, agarrem-se a elas e as traduzam em ação, e testem a exatidão dessas ideias em tal ação. Então, mais uma vez, concentre as ideias das massas e mais uma vez vá às massas para que as ideias perseverem e sejam levadas adiante. E assim continuamente em uma espiral sem fim, com as ideias se tornando mais corretas, mais vitais e mais ricas a cada vez. Essa é a teoria marxista do conhecimento" (Tse-tung, 1976, v. 3, p. 119).

ram uma "coalizão democrática" de camponeses, trabalhadores e intelectuais para fortalecer e ampliar seu apoio e base de poder (Mao Zedong encorajou os comunistas nesta linha com a consigna "Não atirar em muitas direções").

Se os comunistas na China encontravam alianças entre o campesinato e algumas frações da classe média, eles teriam mais dificuldade no cenário internacional. O confronto com a União Soviética na década de 1930 continuou após 1949, e se intensificou após a morte de Joseph Stalin, em 1953. A divisão sino-soviética isolou a China em um cenário mundial já predisposto a evitar os comunistas. Os Estados Unidos brandiram seus sabres sobre o Mar da China para Formosa (mais tarde, Taiwan) e Coreia. No final de 1950, o governo chinês agiu impetuosamente para defender o povo coreano, enviando suas tropas através do Rio Yalu para o conflito na península. A URSS desencorajou isso, principalmente porque havia investido na distensão com o Primeiro Mundo. A China rejeitou as divisões do "campo" da Guerra Fria, e se viu isolada de seu aliado natural, a URSS, e mais tarde, do Pacto de Varsóvia. A China era totalmente cercada por potências hostis – a URSS ao norte e oeste, e os pactos militares iniciados pelos EUA em ambas as extremidades. Além disso, não havia ninguém para apoiar a China na ONU, uma vez que seu assento era controlado pelo governo de Formosa. O fato de os comunistas chineses resistirem à ideia de que as nações mais escuras deveriam ser divididas nas esferas de influência das duas potências tornou a China um aliado central do Terceiro Mundo. A China, aparentemente, representava independência e autodeterminação, não distensão e divisão. Além de princípios em si, o Terceiro Mundo tinha algo tangível para dar à China: por mais distinta que fosse na orientação, Bandung forneceu o terreno para acabar com o isolamento da China na opinião e no apoio mundiais.

Dos 29 Estados da Conferência de Bandung, seis importantes representantes haviam recentemente feito arranjos econômico-militares com os Estados Unidos e a Grã-Bretanha. Em 1954,

Paquistão, Filipinas e a Tailândia juntaram-se à Nova Zelândia, Austrália, França, Grã-Bretanha e aos Estados Unidos, formando a Organização do Tratado do Sudeste Asiático (Seato, na sigla em inglês, também conhecido como Pacto de Manila), enquanto Irã, Iraque, Paquistão (novamente) e Turquia juntaram-se à Grã-Bretanha e aos Estados Unidos para criar a Organização do Tratado Central (também conhecida como Pacto de Bagdá). Em Bandung, os delegados paquistaneses, tailandeses e filipinos defenderam estes pactos com base no fato de que estes protegeriam as "nações pequenas ou fracas" do comunismo doméstico e internacional. Como Romulo disse, "os impérios de ontem, nos quais se dizia que o sol nunca se punha, partem um a um da Ásia. O que tememos agora é o novo império comunista sobre o qual sabemos que o sol nunca nasce" (Romulo, 1956, p. 91). Mohammed Ali, do Paquistão, também defendeu os pactos com base no "direito à autodefesa, exercido individual ou coletivamente", devido ao que ele chamou de "novas e mais odiosas formas de imperialismo que se disfarçam sob a máscara da 'libertação'" (citado em Romulo, 1956, p. 22). Os dois principais jornais nos dois lados do Atlântico, *The New York Times* e o londrino *Times*, deram aos discursos de Ali, Romulo e Kotelawala um destaque considerável. O jornal dos EUA aplaudiu esses três líderes e considerou "gratificante para o Ocidente ouvir uma forte defesa da liberdade de pensamento e ação", e vê-los colocar o colonialismo "na perspectiva certa", que é transferir a culpa do imperialismo europeu e americano para o comunismo (*New York Times*, 24 de abril de 1955; *Times*, 27 de abril de 1955; *Times*, 26 de abril de 1955).[10]

Os Estados pró-Primeiro Mundo em Bandung tinham pelo menos uma coisa em comum: eles eram governados por burguesias

---

[10] O editor do *The New York Times* proferiu este julgamento condescendente: "Nossos amigos na primeira assembleia mundial de estadistas africanos e asiáticos se mostraram mais numerosos e mais firmes do que o previsto" (Sulzberger, 1955, p. 18).

nacionais fracas que tinham movimentos de massa militantes que ameaçavam sua própria legitimidade e poder. O regime filipino de Manuel Roxas e, mais tarde, de Ramon Magsaysay, sob cujo comando Romulo trabalhava, foi confrontado pela Rebelião Huk de 1946-1954, uma revolta de massa que pegou em armas contra os novos governantes e seus apoiadores dos EUA. Com armas de Truman, os militares de Magsaysay derrotaram os rebeldes pouco antes de as potências se reunirem em Manila para assinar o tratado Seato (Kerkvliet, 1977). A Tailândia tinha motivos para temer uma rebelião comunista, pois seu próprio regime antidemocrático havia sido confrontado por dentro e sua região foi abalada por uma insurreição comunista popular na Malásia, que durou de 1948 a 1960 e que seria suprimida apenas por uma agressiva campanha britânica de bombardeio em massa (Clutterbuck, 1967). Em 1951, o Partido Comunista Paquistanês, formado há três anos, juntou-se a oficiais anti-imperialistas em um levante fracassado que levou à supressão do partido (movido para a clandestinidade em 1954). O Iraque e o Irã também tinham partidos de esquerda fortes que ofereciam uma alternativa à liderança fundiária que havia assumido o poder após o colapso do Império Otomano na região. De fato, o Iraque, naquele momento, tinha o maior partido comunista nas terras árabes. Esta pressão conjunta com a URSS ao norte levou muitos desses regimes a procurarem abrigo sob o guarda-chuva militar dos Estados Unidos.

Os blocos tinham muito mais do que uma função militar, pois eles trabalhavam para transformar o sistema social e político dos Estados que atrelaram seu destino aos Estados Unidos.[11] A "zona de segurança" criada pelos Estados Unidos deu a muitos desses Estados uma garantia de segurança vinda de Washington – mas por um preço: a criação de bases militares dos EUA nestes países, e a abertura de seus mercados para empresas dos EUA. Como o jornalista dos EUA I. F. Stone observou: "A Pax Americana

---

[11] Neste ponto, eu sigo Peter Gowan (2004, p. 3-36).

é o internacionalismo da Standard Oil, Chase Manhattan e do Pentágono" (citado em Huntington, 1973, p. 333-368). Por essa análise, a independência das partes recém-libertadas do mundo estava sendo restringida não apenas pelas alianças militares, mas, mais importante, pela maior integração de lugares como Filipinas, Paquistão e Turquia nos planos econômicos das corporações globais do Primeiro Mundo, assim como à dinâmica do capitalismo de "livre mercado" que beneficiou esses gigantes econômicos.

Quando Romulo participou da Weil Lecture on American Citizenship,[12] na Universidade da Carolina do Norte, e quando escreveu na *New York Times Magazine*, logo depois de Bandung, ele usou ambos os fóruns para oferecer uma dura repreensão da política econômica dos Estados Unidos. Existe um plano Marshall para a Europa, ele disse ao seu público em Chapel Hill, mas apenas "ração de galinha" para a Ásia. "O que é pior", afirmou ele no *Times*, "ela vem acompanhada de palestras senatoriais sobre como devemos ser gratos e como é imperativo que percebamos as vantagens do *american way of life*. E assim por diante. A Ásia e a África devem se contentar com migalhas e devem nos dizer que um grande favor está sendo conferido a nós?" (Romulo, 1955, p. 8, 55, 60-61; e 1956, p. 41-43). Não apenas o governo dos EUA fornece ajuda escassa, e não apenas favorece suas corporações globais para cavalgar desenfreadamente no Terceiro Mundo, mas isso desfigura os mercados agrícolas globais com seu "despejo de produtos excedentes americanos na Ásia, como o arroz". Isso "causou danos irreparáveis a países exportadores de arroz, como a Tailândia" (Romulo, 1955 e 1956, p. 51-52). Até mesmo aliados como as Filipinas não poderiam suportar facilmente os arranjos econômicos de Pax Americana.

O coração do Terceiro Mundo estava nas mãos de Sukarno, Nehru, U Nu e Nasser. Todos os quatro repreenderam seus colegas

---

[12] Série de palestras que acontecem a cada dois anos desde 1915 com o objetivo de ampliar o debate sobre o tema da cidadania estadunidense no país. (N. E.)

por se associarem formalmente com as duas grandes potências; eles falaram contra pactos e alianças que dividiram o mundo na tóxica Guerra Fria. Em 29 de setembro de 1954, Nehru explicou longamente sua posição sobre os pactos militares, diante da Casa do Povo indiana. A Índia fora convidada a aderir ao Pacto de Manila, mas recusou principalmente porque o governo indiano percebeu que o pacto militar não era tanto um tratado de defesa, mas uma forma de as grandes potências exercerem a sua influência. "Por que a Grã-Bretanha e os Estados Unidos fazem parte da 'área defensiva' do Sudeste Asiático?", perguntou Nehru. Não é porque fazem parte da região, mas porque querem usar a Seato para exercer sua influência nas relações domésticas e internacionais dos países do pacto. O "Tratado de Manila inclina-se perigosamente na direção das esferas de influência a serem exercidas pelos países poderosos. Afinal, são os países grandes e poderosos que vão decidir as questões e não os dois ou três países asiáticos fracos e pequenos que podem ser aliados deles" (Nehru, 1961, p. 89). Em Bandung, Nehru sofreu as consequências das objeções por mais da metade dos delegados cujos países aderiram a um ou mais pactos. Ele se manteve firme, aliou-se a birmaneses, indonésios, egípcios, sírios, cambojanos, norte-vietnamitas, laosianos e representantes da Costa do Ouro e do Iêmen. "Eu afirmo a vocês", disse ele ao comitê político de Bandung, "todo pacto trouxe insegurança, e não segurança, para os países que aderiram a eles. Ao aderirem ao pacto, eles fizeram com que o perigo das bombas atômicas e suas consequências ficassem muito mais próximos deles." (citado em Kahin, 1955, p. 68).

Não só havia pelo menos três centros de opinião diferentes em Bandung, mas também havia áreas da África e da Ásia que não haviam sido convidadas para a conferência. Como observou o editor do *The New York Times*, "O encontro não é verdadeiramente regional. Austrália e Nova Zelândia estão, por exemplo, mais intimamente implicadas em seus problemas do que a Costa do Ouro. A China nacionalista, as duas Coreias, Israel e África do

Sul também foram excluídos" (Sulzberger, 1955, p. 18). O mesmo jornal não teve problemas com o envolvimento dos Estados Unidos e da Grã-Bretanha nos pactos regionais centrados em Manila e Bagdá, talvez porque esses dois Estados já tivessem um papel global pressuposto, enquanto as nações mais escuras deveriam aspirar a nada mais do que um âmbito estritamente local. Kotelawala ofereceu o mais vigoroso motivo da exclusão da república da África do Sul: "Não posso ir lá. Por que diabos eu deveria convidá-los?" (*Times*, 1956, p. 77-94). O *apartheid* afastava o governo da África do Sul da fraternidade com o nascente Terceiro Mundo. Israel sofreu o mesmo destino de Formosa, porque ambos tinham a reputação de serem muito comprometidos com as potências coloniais e insuficientemente dirigidos pela dinâmica do anticolonialismo.[13] No entanto, outros Estados pró-americanos foram convidados e participaram plenamente de Bandung: Ceilão (Sri Lanka), Irã, Iraque, Japão, Jordânia, Paquistão, Filipinas, Arábia Saudita e Vietnã do Sul. Bandung também deixou de fora as duas Coreias, que recentemente haviam estado em conflito, todas as repúblicas

---

[13] A negação de Israel não resultou inteiramente de qualquer relação aparente que tivesse com as potências coloniais. Em suas memórias, o diretor-geral da Missão Israelense de Relações Exteriores, Walter Eytan, descartou os argumentos apresentados para o isolamento de Israel pelos novos Estados da África e da Ásia como não sendo "lógicos". Em sua opinião, "parece haver pouca dúvida de que a hostilidade muçulmana a Israel seja ainda a pedra no caminho". Em geral, ele aponta, "as relações de Israel com a Ásia foram atormentadas pelo fator muçulmano". O motivo da negação de Israel não veio do "fator muçulmano", mas porque, apesar da integralidade da Índia e da Birmânia, o Paquistão sentiu que sua presença incomodaria os muitos Estados árabes cuja representação era crucial. Muitos líderes árabes, particularmente as monarquias da Jordânia e da Arábia Saudita, usaram Israel como um meio conveniente para desviar a atenção de seu próprio povo da terrível injustiça de seus Estados (Eytan, 1958, p. 183). Sobre as atitudes do Paquistão sobre os Estados árabes, ver Kahin (1955, p. 3). U Nu, com o apoio de Nehru, abriu o caminho para incluir Israel, mas eles não tiveram sucesso (Khan, 1957; Butwell, 1963, p. 186).

soviéticas da Ásia Central e a Mongólia Exterior, porque tinham um relacionamento íntimo com Moscou.

O que Bandung conseguiu realizar? Em Bandung, os representantes dos países ex-colonizados sinalizaram sua recusa em aceitar ordens de seus antigos senhores coloniais; eles demonstraram sua capacidade de discutir problemas internacionais e ter posições alinhadas sobre eles. Nesse sentido, Bandung criou o formato para o que acabaria se tornando o grupo afro-asiático – e depois afro-asiático-latino-americano – na ONU. Uma parte deste grupo (12 Estados árabes-asiáticos) constituiu o primeiro ensaio de articulação desse tipo na ONU em 1949, durante o debate sobre o estado do Império Italiano, e então, com vigor, em dezembro de 1950, para insistir que as grandes potências (particularmente os Estados Unidos) concordassem com um cessar-fogo na Coreia (Hovet, 1960, p. 79). Nehru, no Parlamento indiano e após Bandung, ressaltou a importância da ONU: "Acreditamos que nossa grande organização, a ONU, ganhou força de Bandung. Isso significa, por sua vez, que a Ásia e a África devem desempenhar um papel cada vez mais importante na conduta e no destino da organização mundial" (Nehru, 1961, p. 279). O comunicado final em Bandung exigia que a ONU admitisse todos os Estados anteriormente colonizados, como a Líbia e o Vietnã, então sem autorização de admissão à instituição ("Para uma cooperação eficaz para a paz mundial, a adesão às Nações Unidas deve ser universal") (citado em Kahin, 1955, p. 82). A criação deste bloco na ONU ao longo do tempo foi a realização mais importante de Bandung, principalmente porque este bloco seria, ao lado do socialista, o baluarte contra o "imperialismo do dólar" e ofereceria um modelo alternativo de desenvolvimento.

Bandung é recordada, entre aqueles que têm alguma memória disso, sobretudo como um dos marcos do movimento pela paz. Independente da orientação dos Estados, eles concordaram que a paz mundial requeria o desarmamento. Durante a era de relativa paz doméstica na Europa (1815-1914), a parte do planeta sob seu controle cresceu de um terço para 85%, e a tecnologia militar da Europa foi empregada em grande parte nesse terreno recém-conquistado. Desde o bombardeio de 1856 em Cantão pelos britânicos ao bombardeio aéreo espanhol de 1913 no Marrocos, o mundo colonizado já sabia o que as armas de destruição em massa podiam fazer. Os colonizados também sabiam como tais armas cultivavam um destacado sadismo entre aqueles que tinham o dedo no gatilho. O autor inglês R. P. Hearne, que escreveu um livro infantil chamado *The Romance of the Airplane*, escreveu, em *Airships in Peace and War* (1910): "Em terras selvagens, o efeito moral de tal instrumento de guerra [o bombardeiro aéreo] é impossível de conceber. O aparecimento da aeronave causaria terror nas tribos", pois esses aviões podem aplicar "punição aguda, severa e terrível" e evitar "o terrível desperdício de vidas ocasionado às tropas brancas no trabalho expedicionário" (citado em Lindqvist, 2001, p. 31). Os pensamentos de Hearne não foram em vão, pois bombardeio aéreo tornou-se a política padrão, seja pelos italianos, no norte da África, pelos britânicos, na Índia e no Iraque, pelos americanos, na Nicarágua, ou pelos espanhóis, no País Basco ou no Marrocos.

O desprezo racista pela vida humana ocasionou uma longa discussão em Bandung sobre o desarmamento. No comunicado da conferência, os delegados argumentaram que o Terceiro Mundo deveria agarrar as rédeas dos cavalos do apocalipse. O Terceiro Mundo tinha um "dever para com a humanidade e a civilização de proclamar seu apoio ao desarmamento" (citado em Kahin, 1955, p. 83). Como as potências nucleares eram vacilantes sobre as negociações, o Terceiro Mundo apelou à ONU para insistir no diálogo e na criação de um regime para monitorar o controle de armas. O Subcomitê de Desarmamento da ONU havia sido formado como resultado da iniciativa indiana (e do Terceiro Mundo) na Assembleia Geral em 1953, para "retirar dos povos do mundo [o] fardo e [o] medo [da aniquilação] e, assim, liberar novas energias e recursos para programas positivos de reconstrução e desenvolvimento" (Resolução 502 (VI) da Assembleia Geral da ONU, 11 de janeiro de 1952). Quando a ONU finalmente criou a Agência Internacional de Energia Atômica (Aiea), em 1957, seu estatuto seguiu o comunicado final de Bandung, que pediu aos poderes a "regulamentação, limitação, controle e redução de todas as forças armadas e armamentos, incluindo a proibição da produção, experimentação e uso de todas as armas de destruição em massa, e para estabelecer controles internacionais eficazes para esse fim" (Kahin, 1955, p. 83; Resolução 914 (X) da Assembleia Geral da ONU, 16 de dezembro de 1955). A AIEA, em outras palavras, é uma filha de Bandung.[14]

Nenhuma das extravagâncias dos delegados sobre guerra nuclear é exagerada. Os Estados Unidos testaram dispositivos nucleares em 1945 e os usaram em duas cidades japonesas; a URSS os havia testado em 1949, e o Reino Unido havia feito isso em 1952. Além disso, o uso de bombardeios aéreos massivos sobre o Japão e a Alemanha, bem como em outros lugares, criou um mundo marcado pela expectativa de eventual aniquilação. Os Estados em Bandung não apenas confessaram estar desarmados em qualquer futuro conflito, mas também imploraram pela sanidade do desarmamento. A Comissão de Desarmamento da ONU de 1952 não aliviou muitos temores, porque a maioria das pessoas sabia que os Estados Unidos vieram à mesa para minar as reivindicações soviéticas, afirmando que o Primeiro Mundo não desejava reduzir suas proezas militares; de fato, em novembro da-

---

[14] A história convencional da Aiea afirma que sua formação veio como resultado do discurso "Átomos pela Paz", do presidente dos EUA Dwight Eisenhower, nas Nações Unidas, em 1953. Na verdade, foi neste discurso que Eisenhower abordou o assunto de uma agência de energia atômica para "estabelecer um sistema completamente aceitável de inspeção e controle mundial". A ideia vem do discurso, mas 81 nações não teriam vindo à ONU em 1956 ávidas para criar tal agência sem a conferência de Bandung do ano anterior. (*International Atomic Energy Agency*, 1961; Baradei, 2003).

quele ano, os Estados Unidos explodiram seu primeiro dispositivo termonuclear e aceleraram ainda mais a corrida armamentista.[15]

Isso não impediu o Terceiro Mundo, que, liderado pela Índia, propôs um plano de quatro pontos para o desarmamento na ONU em 1956. Como primeiro passo, as duas grandes potências nucleares (Estados Unidos e URSS) teriam que suspender suas explosões experimentais. Segundo, as duas potências deveriam desmontar algumas bombas para iniciar um processo de desarmamento total das armas nucleares. As duas potências deveriam então vir para a Assembleia Geral da ONU e declarar publicamente sua renúncia às armas nucleares. Finalmente, todos os países deveriam publicar seus orçamentos militares para haver transparência nesse grande desperdício de trabalho social.

A luta contra o colonialismo foi sangrenta e brutal, e os povos dos Estados reunidos em Bandung perderam vidas ao mesmo tempo que ganharam pátrias. Eles sabiam o custo da guerra tanto quanto qualquer outra pessoa, mas, mais importante, eles experimentaram o poder da não violência para ajudar a moldar o mundo. O líder óbvio aqui era a Índia, onde o movimento de libertação foi moldado desde meados da década de 1910 pela ideia de *ahimsa*, desobediência civil não violenta em massa. Mesmo aqueles que antes haviam pegado

---

[15] Em 1982, isso foi estabelecido nos *Truman Papers* tornados públicos. Um memorando do Departamento de Estado ao presidente Truman, datado de 28 de maio de 1952, observa: "A União Soviética afirmou, com algum sucesso na frente de propaganda, que as democracias ocidentais não desejam a redução das armas, mas apenas uma vasta operação de inteligência. Acredita-se que se esta proposta [um documento de trabalho sobre controle de armas] puder ser apresentada a tempo de ser incluída no Primeiro Relatório da Comissão de Desarmamento, que será submetido ao Conselho de Segurança em 1º de junho, alguns dos efeitos da propaganda da União Soviética serão minorados". Comissão de Desarmamento da ONU, pasta n. I, PSF, *Truman Papers, Truman Library, Independence*, MO. Na questão do desarmamento, a URSS se tornou mais confiável após a morte de Stalin, em 1953: em 1955, a URSS propôs o fim dos testes nucleares e foi preciso mais quatro anos de pressão para que os Estados Unidos e a Grã-Bretanha aceitassem parcialmente essa posição.

em armas, como o revolucionário Bhagat Singh, vieram a perceber o poder da não violência, como em sua declaração de 1930, na qual afirma que "o uso da força [é] justificável quando utilizada por uma questão de terrível necessidade. [A] Não-violência [se configura] como política indispensável para todos os movimentos de massa" (Singh, 1996, p. 123).[16] O fato de que Índia e Gana, entre outros, puderam emergir do colonialismo pelo uso da não violência teve um impacto em Bandung – embora o Terceiro Mundo ainda não tivesse sido totalmente marcado pelo desenvolvimento dos movimentos nacionalistas armados na Argélia e Cuba, ambos libertados por armas de fogo. Até Bandung, de qualquer modo, a não violência tinha um prestígio, e a propagação dos "Cinco princípios da coexistência pacífica" de Nehru tinha uma profundidade que não teria sido permitida pelas potências em Bandung sem a habilidade da Índia em imputar ao Império Britânico a dor e os custos sociais.

O Terceiro Mundo, no entanto, permaneceu vulnerável em pelo menos dois pontos. Os Estados em Bandung continuaram a acumular armas – um fato que levou muitos a acusá-los de hipocrisia. Índia e Paquistão já haviam embarcado em uma corrida armamentista catastrófica após sua primeira guerra, em 1947-1948. Conflitos regionais e invasões por potências imperialistas (como o ataque anglo-franco-israelense ao Egito, em 1956) criaram a necessidade de "defesa" como uma segunda natureza nesses Estados. Enquanto os Estados em Bandung trouxeram várias nuances da decisão estratégica em manter exércitos, eles propuseram uma transformação planetária na forma como lidavam uns com os outros; na verdade, eles exigiam que as grandes potências assumissem a liderança para

---

[16] Che Guevara, décadas mais tarde, chegou à mesma conclusão: "O terrorismo é uma medida que geralmente é ineficaz e indiscriminado em seus efeitos, já que muitas vezes faz vítimas entre pessoas inocentes e destrói um grande número de vidas que seriam valiosas para a revolução. Além disso, impede todo o contato mais ou menos legal ou semiclandestino com as massas e torna impossível a unificação para ações que serão necessárias em um momento crítico". Che Guevara (1961).

fortalecer o papel da ONU como pacificadoras, para permitir que a base para as relações internacionais fosse a fraternidade, no lugar da distensão.[17] Em segundo lugar, uma das potências em Bandung, a China, decidiu, em 1955 (durante a crise do Estreito de Taiwan), desenvolver armas nucleares. O presidente Mao certa vez havia chamado as armas nucleares de "tigres de papel", mas agora parecia que a China queria um para si. Os outros Estados em Bandung tentaram diversas vezes impedir a China de fazer seu pacto com o átomo, mas falharam. A tentativa seguiu até a véspera do teste de explosão da China em 1964, enquanto os delegados na Segunda Conferência de Estados Não Alinhados, no Cairo, tentaram "dissuadir a China de desenvolver armas nucleares" (Perkovich, 1999, p. 65; Lewis e Litai, 1988). Os chineses escolheram a bomba e a persistência do conflito entre os Estados em Bandung minaram significativamente a moral do outrora forte questionamento apresentado pelo Terceiro Mundo à Guerra Fria radioativa.

O comunicado final de Bandung não se inicia falando sobre desarmamento ou colonialismo, mas sobre "cooperação econômica". Entre os pontos cruciais no comércio bilateral e nas relações de um Estado para outro, os pontos mostravam um resoluto esforço por parte dos Estados em Bandung para afastar a pressão imperialista trazida sobre eles não tanto pelo colonialismo direto, mas pelo capital financeiro e pelas vantagens comparativas dadas ao Primeiro Mundo como legado do colonialismo. O comunicado pedia a criação de um Fundo Especial da ONU para o Desen-

---

[17] Se as bombas nucleares impedem as guerras nucleares, então por que ter as bombas em primeiro lugar? Por que, logicamente, os dois lados precisam manter arsenais de coisas para garantir que essas mesmas coisas não sejam usadas? Por que manter as populações como reféns umas das outras? As bombas nucleares certamente não impedem as guerras convencionais, uma vez que a era nuclear continua repleta de detritos do conflito. O pecado original de Hiroshima produziu uma teologia chamada dissuasão, que é um ópio não para lavar as preocupações da pobreza, mas para promover um Estado autoritário e militarista. Os poderes de Bandung tinham outra visão, agora fora do reino dos governos.

volvimento Econômico (Sunfed, na sigla em inglês) e de uma corporação financeira internacional para garantir a regulamentação dos fluxos de capital predatórios. Previa a criação de uma Comissão Consultiva Permanente sobre Comércio Internacional de Mercadorias da ONU e incentivava seus pares a diversificar seu comércio de exportação. Sob condições coloniais, as nações mais escuras foram reduzidas a fornecedores de matérias-primas e consumidores de bens manufaturados produzidos na Europa e nos Estados Unidos. As propostas de Bandung demandavam que Estados colonizados diversificassem sua base econômica, desenvolvessem sua capacidade interna de manufatura e, assim, quebrassem a cadeia colonial. O Sunfed e os outros órgãos da ONU foram elaborados com o objetivo de permitir esses desenvolvimentos.

Essas propostas mais moderadas vieram após um preâmbulo escrito para dissipar qualquer temor, entre os financiadores internacionais, de que o Terceiro Mundo tivesse "se tornado socialista" e, ainda assim, essas propostas arrepiaram a imprensa financeira na Europa e nos Estados Unidos. Mas mesmo o mais anticomunista entre os delegados em Bandung apoiou a ideia de alguma autossuficiência do Terceiro Mundo em relação ao imenso poder do Primeiro Mundo. Quando Romulo saiu da Conferência de Bretton Woods, que criou o sistema financeiro internacional, ele o fez com raiva pela forma com que os Estados do Primeiro Mundo "já haviam se arrogado a responsabilidade de serem os únicos a decidir qual deveria ser o padrão econômico do mundo do pós-guerra" (Glendon, 2001, p. 11). A aclamação quase universal para a formação da Conferência da ONU sobre Comércio e Desenvolvimento (Unctad), em 1964, é a evidência do acordo generalizado dentro do Terceiro Mundo em torno de alguma estratégia anti-imperialista para o desenvolvimento econômico.

O acordo mais poderoso em Bandung foi sobre "cooperação cultural". A falta de acordo sobre a natureza da economia política global resultou em uma débil posição unificada. Os nacionalismos progressistas derivaram dos interesses de classe daqueles que predominavam em suas várias sociedades. O que uniu essas várias classes, no entanto, foi uma condenação direta da indignidade da cultura do imperialismo chauvinista. A unidade neste tema excedeu em muito àquela em torno da Economia Política. Na década anterior a Bandung, a Unesco patrocinou um estudo crucial sobre o racismo e as atitudes racializadas em diferentes tradições culturais. O trabalho produziu uma série de escritos importantes, incluindo trabalhos do antropólogo Claude Lévi-Strauss e da psicóloga Marie Jahoda. O trabalho da Unesco cresceu no pós--Holocausto, com a percepção de que a raça não é apenas uma ficção biológica, mas que sua mobilização na história mundial havia dilacerado pessoas. Em Bandung, os 29 novos Estados condenaram o "racialismo como meio de supressão cultural". O racismo imperial, argumentaram, "não apenas impede a cooperação cultural, mas também suprime as culturas nacionais dos povos" (citado em Kahin, 1955, p. 79). Os impérios geralmente tentam dirigir a história cultural de um povo – para colocar uma comunidade contra outra (dividir para governar), adotar um grupo como o líder acima do resto, ou então desprezar as tradições culturais de uma região e propor sua substituição pelas próprias tradições culturais do império, pelo menos para alguns selecionados. Os 29 de Bandung exigiram o fim deste uso da riqueza cultural para fins de dominação. Mas eles foram além, recomendando que o mundo aprendesse sobre as culturas uns dos outros, exigindo que as nações mais escuras não só tivessem acesso à cultura europeia, mas também à de cada um dos 29 Estados, além de aprenderem sobre a história cultural de todos. O comunicado levou os países para "a aquisição de conhecimento sobre os países um dos outros, intercâmbio cultural mútuo e troca de informações". Isso não deveria ser apenas nas artes, mas em todos os aspectos da cultura, incluindo ciência e tecnologia (Kahin, 1955, p. 79-80).[18]

---

18   Como observou a Constituição fundadora da Unesco, de 1945: "A ampla difusão da cultura e a educação da humanidade para a justiça, a liberdade e

De Belgrado a Tóquio, do Cairo a Dar es Salaam, políticos e intelectuais começaram a falar do "Espírito Bandung". O que eles queriam dizer era simples: que o mundo colonizado agora havia emergido para reivindicar seu espaço nos assuntos mundiais, não apenas como um adjunto do Primeiro ou Segundo Mundos, mas como um ator por si próprio. Além disso, o Espírito Bandung era uma recusa tanto da subordinação econômica quanto da supressão cultural – duas das principais políticas do imperialismo. A audácia de Bandung produziu sua própria imagem.

Em nenhum lugar o impacto foi sentido com mais força do que em Moscou, entre os líderes recém-instalados que assumiram o comando após a morte de Stalin em 1953. Nikita Khrushchev e Nicolay Aleksandrovich Bulganin fizeram uma grande turnê mundial, começando na Iugoslávia, depois na Índia e Birmânia. Nehru e U Nu visitaram Moscou, e Nasser foi para a Iugoslávia – tudo isso enquanto a URSS ampliava sua ajuda econômica aos recentes Estados nacionais burgueses agressivos da África e da Ásia. A visita dos líderes soviéticos ao marechal Tito na Iugoslávia enviou um sinal de que eles haviam decidido mudar seu tom em relação às novas nações.[19] Tito já havia se tornado próximo de muitos dos 29 Estados de Bandung, tendo visitado a Índia, Birmânia, Egito e Etiópia. Na rádio de Belgrado, no final da conferência, Tito deu seu veredicto: "O número de países asiáticos e africanos participantes da conferência e o enorme interesse sobre a conferência na Ásia e na África mostram que uma encruzilhada da história foi alcançada, no sentido de que esses povos estão determinados a decidir seus próprios destinos, na medida do possível" (citado em

---

a paz são indispensáveis para a dignidade do homem e constituem um dever sagrado que todas as nações devem cumprir em um espírito de assistência mútua e preocupação".

[19] A reaproximação começou em 1954, conforme ilustrado na correspondência entre Khrushchev e Tito, bem como na resolução de 31 de maio de 1954 do Partido Comunista da União Soviética para a normalização das relações entre a URSS e a Federação Iugoslava.

Times, 1955). Tito logo se juntaria aos principais atores do Terceiro Mundo para ajudar a decidir este destino. Na declaração conjunta de soviéticos e iugoslavos, em 2 de junho de 1955, eles afirmaram o conceito do Terceiro Mundo, saudaram a conclusão bem-sucedida da Conferência de Bandung e observaram que a conferência havia feito um significativo avanço pela causa da paz mundial (Kimche, 1973, p. 84).[20] Por fim, a URSS permitiu que seus aliados, como o governo tcheco, vendessem armas aos egípcios, e isso também consolidou laços econômicos com os Estados em Bandung.

Dramaticamente, em 1956, o XX Congresso do Partido Comunista da União Soviética (PCUS) rejeitou sua teoria anterior de dois campos no mundo. O congresso reiterou a posição assumida por Nehru e U Nu, em Bandung, e por Nasser, no Cairo. Ele observou que a teoria dos campos forneceu uma visão do mundo que sugeria que a guerra era a única solução para a divisão, que através do abismo da divisão não poderia haver nenhuma conversa e diálogo para a paz. Por esse motivo, o congresso adotou a noção de "zona de paz", para incluir todos os Estados que se comprometeram a reduzir as forças em nome de uma agenda de paz. O congresso incluiu na zona de paz o Segundo Mundo socialista e o que chamou de "Estados não comprometidos" – isto é, o Terceiro Mundo não alinhado (Yodfat, 1973, p. 6; Richter, 1994).

As motivações soviéticas para este novo papel nos assuntos mundiais são complexas. Alguns argumentam que a nova direção do PCUS havia revisto o compromisso anterior com a classe

---

[20] Mesmo sendo um regime comunista mais irreconciliável ideologicamente, os albaneses saudaram a Conferência de Bandung e sua agenda de solidariedade do Terceiro Mundo. É o que diz Enver Hoxha: "O povo albanês saudou a histórica Conferência de Bandung e está de todo o coração em união com todos os povos da Ásia e da África ainda em cativeiro, que estão lutando para acabar com o jugo odioso do colonialismo de uma vez por todas. O povo albanês e seu governo declaram sua adesão aos conhecidos 'Cinco princípios de coexistência pacífica' entre Estados de diferentes sistemas sociais, que foram proclamados pelos governos da República Popular da China e da República da Índia" (Hoxha, 1975, p. 498).

trabalhadora nos países ex-colonizados do mundo e agora mudava sua fidelidade à burguesia nacional. A liderança soviética, então, pode ser vista como motivada pelo desejo de desfazer a era soviética do pós-guerra de apoio frouxo aos movimentos nacionalistas e, portanto, o interesse passou a ser expandir o socialismo por meio de aliança, em vez de revolução social. Outros afirmam que a política é menos motivada por qualquer teoria geral da revolução mundial, e mais pela influência chinesa no Terceiro Mundo. A mudança da URSS ocorreu, por esta lógica, mais no contexto da crescente divisão sino-soviética do que em qualquer congruência ideológica com a agenda do Terceiro Mundo (Jian, 2001; Fursenko e Naftali, 1997; Claudin, 1975).

Se a prova do pudim está em comê-lo, então a adoção soviética da ideia de "não alinhamento" independente do motivo, tinha um gosto muito melhor para as nações mais escuras do que o desdém do Primeiro Mundo por ela. O governo britânico recém-instalado de Anthony Eden mostrou uma aberta hostilidade ao que chamou de "neutralismo". Antes de Bandung, Eden, então secretário de Relações Exteriores, instou seus embaixadores em países africanos e asiáticos que insultavam o comunismo a enviar delegações à Indonésia com o propósito de trabalhar contra os chineses, bem como para garantir o relacionamento do antigo mundo colonizado com o Primeiro Mundo (Conte, 1965, p. 38; Kimche, 1973, p. 64).[21] Eden, que em 1938 havia instado as potências europeias a "efetivamente afirmarem a autoridade da raça branca no Extremo

---

[21] Atitude semelhante prevaleceu nos Estados Unidos durante a preparação para a malfadada reunião de Bandung II, em 1965. McGeorge Bundy, da Casa Branca, escreveu ao gabinete do secretário de Estado para dizer: "O presidente deseja encorajar nações não alinhadas próximas dispostas a falar contra aqueles que são cegamente críticos à posição dos EUA no Vietnã. [...] [O Departamento de Estado deve] fazer um esforço substancial para [...] encorajar os participantes amigáveis em relação a nós a se organizarem para evitar a aprovação de Resoluções anti-EUA ostensivamente unânimes" (*National Security Action Memorandum*, 1965).

Oriente", projetava a esperança da Grã-Bretanha na continuidade do poder imperial, mesmo que já tivesse se tornado uma extensão dos Estados Unidos (Thorne, 1985, p. 30). A invasão anglo--francesa do Egito, em 1956, selou a atitude do Terceiro Mundo em relação à Grã-Bretanha, e até mesmo o Ceilão (em Bandung, muito pró-Primeiro Mundo) juntou-se aos birmaneses, indonésios e indianos em 12 de novembro de 1956, condenando a agressão.

Os Estados Unidos tiveram uma atitude ainda mais hostil em relação a Bandung desde o princípio. Na verdade, quando o congressista dos EUA Adam Clayton Powell Jr. decidiu participar da conferência, o Departamento de Estado não apenas tentou dissuadi-lo, mas, como Powell disse à imprensa, o aconselhou a "ficar longe da embaixada dos EUA e do embaixador dos EUA, Hugh S. Cummings Jr., porque sua associação com a embaixada dos Estados Unidos daria uma conotação oficial à sua presença". No entanto, 24 horas depois de Powell chegar à Indonésia, ele foi convidado pelo Departamento de Estado a ir para a embaixada porque, como disse Powell, caso contrário, "a propaganda comunista diria que o Departamento de Estado dos EUA estava discriminando um membro do Congresso por ele ser negro". Powell se recusou a ficar na embaixada, em protesto. "Esta conferência não é antibranca", Powell disse em uma entrevista coletiva, "mas foi contra a política externa estadunidense, e pode se tornar um movimento antibranco, a menos que a política externa estadunidense tacanha e pouco qualificada seja revista". Quando voltou de Bandung, ele não conseguiu uma reunião com o Departamento de Estado, para a qual queria levar informações sobre fundos sauditas para rebeldes no norte da África (O'Donnell, 1955; Alden, 1955).

Depois de Bandung, a política externa dos EUA teve uma forte posição contra o que chamou de "neutralismo". Se um Estado decidisse rejeitar a abordagem de dois campos – dos Estados Unidos e da URSS –, então passaria a ser considerado não como tendo uma posição própria, mas sim como neutro. Em 1952, os planejadores dos EUA declararam que o neutralismo era, de acordo com o secretário de Estado, Dean Acheson, "um atalho para o suicídio", e caso o conflito estourasse no mundo neutro, a URSS poderia "forçar o máximo de países não comunistas para seguir uma política neutra e para negar seus recursos às principais potências ocidentais" (Chomsky, 1993, p. 45). O embaixador Douglas MacArthur alertou os Estados Unidos que o espírito de Bandung poderia levar o Japão, um aliado geopolítico crucial, ao neutralismo; os Estados Unidos poderiam perder suas bases navais e, para evitar isso, deveriam tratar o Japão com mais respeito (U.S. Department of State, 1955-1957, p. 325-330). Após a viagem de John Foster Dulles ao Leste Asiático para uma reunião da Seato, em 1958, o Conselho de Segurança Nacional deliberou e criou uma política para o sudeste da Ásia continental. O documento tinha que admitir que os Estados da região valorizavam sua independência acima de tudo. O governo dos EUA, observou, deveria "respeitar a escolha de cada país na política nacional para preservar sua independência, mas deveria envidar todos os esforços para demonstrar as vantagens de uma maior cooperação e de um alinhamento mais estreito com o mundo livre, bem como os perigos de alinhamento com o bloco comunista". Os Estados Unidos deveriam vincular esses Estados em interdependência com sua própria economia ("fornecer assistência econômica e técnica flexível, conforme necessário para atingir os objetivos dos EUA"), suas instituições culturais ("fazer um esforço especial e contínuo para ajudar a educar um número crescente de civis pró-Ocidente tecnicamente competentes e chefes militares"), e seu poderio militar ("manter, no geral, na área do Extremo Oriente, as forças dos EUA adequadas para exercer uma influência dissuasora contra a agressão comunista, em conformidade com a atual política básica de segurança nacional") (NSC 5809, 1992, p. 31-33).

O Terceiro Mundo dominou Bandung, isto é, aquelas potências que procuraram criar um espaço não alinhado para criticar tanto a mentalidade dos campos quanto a corrida para a guerra venceram a batalha para definir seu legado. Nasser, Nehru e U Nu dominaram o palco, não Romulo ou Kotelawala. Quando U Nu viajou para Washington DC, em 1955, ele disse ao *National Press Club* que a Carta da ONU era, "na verdade, um grande pacto de segurança mútua". Como Sukarno, U Nu veio de uma família patriótica de um setor da sociedade que havia sido varrido nas primeiras lutas contra o governo britânico na Birmânia. Se Sukarno fez uma tentativa de alinhar o marxismo e o nacionalismo com o Islá, U Nu passou sua juventude tentando desenvolver um síntese budista-comunista- -nacionalista. No final da década de 1930, U Nu escreveu um artigo intitulado "Eu sou um marxista", que perguntava: "Como as pessoas que passam fome e têm que lutar dia a dia por sua própria existência podem praticar a religião?". Tais condições adversas para o budismo significam que "trabalhar pelo marxismo seria retribuir nossa gratidão a Buda por seu sofrimento em todos os seus éons de existências para o benefício de humanidade" (citado em Butwell, 1963, p. 27). U Nu desempenhou um papel central na Organização Antifascista criada em 1944 para lutar contra a ocupação japonesa, e esta, com o Exército Nacional da Birmânia, do general Aung San, tornou-se o veículo para a Independência do país, em 1948. Uma relação instável com o Partido Comunista da Birmânia, a China Comunista e o Exército do Kuomintang apoiado pelos EUA, que acampou em grandes partes da Birmânia, fortaleceu a crença de U Nu em uma terceira via além da divisão do mundo em dois campos. A ONU, em que o Terceiro Mundo desempenhou um papel especial, não seria neutra nos conflitos, mas se oporia ativamente a eles. "Um mundo dividido necessita mais de um fórum comum para discutir as diferenças do que um mundo unido", disse U Nu em Washington. Por isso, "Eu creio que se a ONU não existisse hoje, o mundo estaria trabalhando fervorosamente para estabelecê-la, ou algo parecido" (Butwell, 1963, p. 176). O Terceiro Mundo e seu veículo, a ONU, não seriam neutros, mas seriam ativamente contra a polarização do mundo.

Em 24 de setembro de 1996, o secretário-geral da ONU, Boutros Boutros-Ghali, dirigiu-se a uma reunião comemorativa do MNA. A semente desse movimento foi plantada em Bandung, Boutros-Ghali observou. "Em Bandung, o nascimento do não alinhamento foi um ato de ousadia estonteante e fascinante. Libertado dos grilhões da opressão colonial, os não alinhados entraram no palco internacional, levantando uma nova voz para todo o mundo ouvir. A política internacional foi fundamentalmente e para sempre transformada". O entusiasmo de Boutros--Ghali era anacrônico. Provavelmente faria sentido no final da década de 1950, mas, na década de 1990, o espírito de Bandung tinha definhado e a ONU já não era o que poderia ter sido. O espírito de Bandung poderia ter mudado a política internacional, e certamente realizou todas as tentativas para fazê-lo, mas, como veremos aidante, falhou. Seu fracasso, entretanto, não pode ser buscado apenas em seus ideais.

Um jovem socialista formado em Paris, Boutros-Ghali voltou ao Cairo em 1949 para lecionar na principal universidade de seu país, editar um semanário de negócios (*al-Ahram al Iktisadi*), escrever um livro sobre solidariedade política afro-asiática, em 1969, e lutar em seus primeiros anos para levar o Egito de Nasser em direção à justiça e ao socialismo (Boutros-Ghali, 1969).[22] Quando Boutros-Ghali lecionava na faculdade de Direito, Nasser voltou de Bandung e anunciou que a conferência foi "um dos dois eventos mais importantes da história moderna" (o outro foi a energia atômica) (Kimche, 1973, p. 82). O entusiasmo de Nasser pelo Espírito de Bandung foi prejudicado pelos eventos de setembro de

---

[22] Em 1958, Boutros-Ghali editou um livro sobre a nacionalização do Canal de Suez, em que escreveu que o ato de Nasser estava em conformidade "com o direito internacional e [era] compatível com os objetivos e princípios das Nações Unidas" (Boutros-Ghali e Chlala, 1958, p. iii). Em uma entrevista de 1997 a Daniel Pipes, Boutros-Ghali reiterou esta defesa, dizendo: "O valor simbólico da nacionalização do Canal de Suez foi mais importante do que o valor econômico ou as consequências que se seguiram. A nacionalização de 1956, de certa forma, foi uma consequência da Conferência de Bandung de 1955; teve grande importância para os países do Terceiro Mundo" (Boutros-Ghali, 1997).

1955, quando ligou Bandung às vendas tchecas de armas para os egípcios. Para Nasser, a independência sinalizada em Bandung teve que ser protegida por armas, uma perversão precoce da agenda do Terceiro Mundo. Entusiasticamente, Nasser queria que Bandung II fosse realizada no Cairo, e mesmo que não fosse, o Cairo tornou-se o destino preferido como sede de reuniões de solidariedade afro-asiática, da Conferência Econômica de 1958 à Conferência Médica de 1964. Mas, ainda mais importante, especialmente para um movimento que começou a ser representado por homens, a dinâmica de Bandung sediou a Conferência das Mulheres Afro-Asiáticas no Cairo, em 1961.

Cairo
A Conferência Afro-Asiática da Mulher em 1961

Ao contrário de Bandung, Cairo, na década de 1950, emanava a sensação de uma cidade resistente em pé de guerra, pronta para enfrentar o Primeiro Mundo com retórica ou armas, se necessário. Em 1952, um grupo de jovens oficiais do Exército egípcio tomou o poder. Organizados pelo tenente-coronel Gamal Abdel Nasser, os Oficiais Livres depuseram uma monarquia há muito manchada pela corrupção e pela subserviência aos interesses europeus. Os Oficiais Livres representavam todas as principais vertentes da vida política egípcia. Havia nacionalistas da velha escola do Partido Wafd,[1] membros da Irmandade Muçulmana,[2] comunistas e aristocratas que haviam perdido a fé no rei Farouk. A diversidade foi uma prova para a capacidade organizacional de Nasser, que entendeu a necessidade de ampla unidade na luta contra a monarquia. A maioria dos oficiais que aderiu ao golpe e o apoiou o fez porque ele representava as aspirações da "nova classe média" de trabalhadores burocráticos e técnicos. A ideologia do pan-arabismo e a linhagem secular turca de Kemal Atatürk eram atraentes às suas ideias sobre a modernidade egípcia. Inicialmente, os oficiais esperavam assassinar uma série de monarquistas e paralisar o governo. Enquanto Nasser se afastava de uma tentativa fracassada de matar o

---

[1] Partido formado em 1919, era a principal força política nacionalista no Egito. Tinha uma orientação amplamente liberal, embora houvesse uma série de correntes políticas sob seu amplo escopo. (N. E.)
[2] Organização fundada no Egito em 1928, por Hassan al-Banna, com o objetivo de libertar a "pátria islâmica" do controle dos infiéis e de estrangeiros. Se expandiu progressivamente para territórios vizinhos nos anos posteriores. (N. E.)

general Hussein Sirri Amer, ele ouviu "gritos e lamentações. Ouvi uma mulher chorando, uma criança apavorada e um contínuo e assustado pedido de socorro" (Nasser, 1955, p. 54). Em vez de matar Amer, os policiais haviam atingido alguns inocentes. "Sonhamos com a glória de nossa nação", escreveu Nasser mais tarde, "mas qual é a melhor maneira de realizá-la – eliminar aqueles que deveriam ser eliminados ou trazer para a linha de frente aqueles que deveriam ser trazidos à linha de frente?" (Nasser, 1955, p. 56). A arma, guardada no coldre nas manifestações de massa, se tornaria o instrumento preferido da revolução.

Nasser assumiu o comando da revolução e criou a ideologia do socialismo árabe a partir das muitas linhagens que a produziram. Os Estados Unidos e a Europa não responderam ao pedido de ajuda do Egito, então o governo de Nasser se voltou para a URSS e seus aliados. Nasser incitou ainda mais os franceses com seu apoio à Frente de Libertação Nacional argelina (FLN); na verdade, o Egito tornou-se um dos principais apoiadores da FLN em sua luta contra o colonialismo francês. Os Estados Unidos revogaram seu acordo para financiar a represa de Aswan, e Nasser retaliou tomando o Canal de Suez, então propriedade de uma empresa francesa (Aburish, 2004, p. 57-85). No final de 1956, uma força expedicionária anglo-franco-israelense desembarcou em Suez para combater essa tomada, e os egípcios lutaram bravamente, para no fim serem salvos pelas condenações ao ataque vindas dos EUA, da URSS e do Terceiro Mundo. As ruas do Cairo transbordaram com a voz da diva do leste, Umm Kulthum, cantando *Misr Tatahaddath An Nafseha* [Egito fala de si mesmo] e *Misr allati ji khatiri wa-ji Dami* [Egito, que está em minha mente e no meu sangue], ou ainda

> Ele nos ensinou como construir a glória
> Para que conquistássemos o mundo
> Não será por esperança que o prêmio será obtido
> O mundo deve ser conquistado pela luta

Nasser personificou as esperanças dos egípcios e árabes por vários anos após o golpe de 1952 e, quando voltou de Bandung, trouxe consigo a notícia de que o mundo confiava ao Egito a liderança contra a barbárie da Guerra Fria. O governo egípcio abriu suas portas para as organizações de solidariedade afro-asiáticas, especialmente por ser o secretariado de várias instituições afro--asiáticas e não alinhadas. Cairo tornou-se a sede do movimento, o anfitrião de uma série de conferências e conclaves importantes e o ponto de encontro de nacionalistas árabes de todo o norte da África e da Ásia Ocidental.[3]

No final de dezembro de 1957, Cairo sediou a Conferência de Solidariedade do Povo Afro-Asiático, o grande evento logo depois de Bandung. Delegados de 45 países africanos e asiáticos foram enviados – o dobro do número em Bandung, enquanto a primeira conferência acolheu um conjunto diversificado de pontos de vista, esta assumiu uma posição partidária contra o Primeiro Mundo, ocorrendo logo após Suez, e na sequência dos comentários mordazes sobre a descolonização por líderes políticos da Grã--Bretanha (Anthony Eden) e dos Estados Unidos Estados (John Foster Dulles). Anwar Al Sadat, então conselheiro mais próximo de Nasser, foi o anfitrião da conferência. Em seu discurso de boas--vindas, Sadat aceitou passar a tocha de Bandung para o Cairo. Os delegados dos países recém-libertados juntaram-se aos líderes dos movimentos de libertação nacional em curso (nomeadamente, da esfera das colônias portuguesas).

O que também diferenciou esta conferência em relação a de Bandung foi a presença de mulheres não apenas no salão, mas também na tribuna. Um dos três discursos do plenário veio de

---

[3] Em 1956, os líderes argelinos exilados Ferhat Abbas e Tawfiq al-Madani encontraram-se com os comandantes da FLN no Cairo e estabeleceram o quartel-general da FLN na cidade. Eles não estavam sozinhos. Ao lado deles, Cairo ostentava escritórios para rebeldes de Basutolândia, Camarões, Eritreia, Quénia, Nigéria, as duas Rodésias, Ruanda-Burundi, África do Sul, África do Sudoeste, Uganda e Zanzibar.

Gandhian Rameshwari Nehru, cujo trabalho de reforma social na Índia mais tarde lhe rendeu o Prêmio Lenin da Paz (1961). A figura mais notável na conferência, entretanto, veio do próprio Egito. Aisha Abdul-Rahman nasceu em uma família devota da região do porto de Damietta, no norte do Egito, em 1913. Seu pai lecionava em um instituto teológico local, enquanto seu bisavô havia sido o grande imã de al-Azhar no século XIX. Com o incentivo da mãe e do avô, Abdul-Rahman estudou por meio de cursos por correspondência (seu pai não permitia que ela fosse à escola). Em 1929, pelo correio, Abdul-Rahman foi a primeira professora a se graduar na Universidade de Al-Azhar (as mulheres só seriam permitidas no *campus* em 1964). Aos 21 anos, Abdul-Rahman matriculou-se na Universidade King Faud I (mais tarde, Universidade do Cairo), na qual se doutorou em literatura árabe antiga. A universidade inicialmente permitia apenas que mulheres estrangeiras assistissem a algumas aulas, mas graças a um reitor progressista, Ahmad Lutfi al-Sayyid, cinco mulheres foram matriculadas em 1929. Sohair alQalamawy, uma defensora egípcia pioneira dos direitos das mulheres, foi uma delas (Kader, 1987, p. 101). Ela logo seria seguida por Abdul-Rahman. Muito antes de obter seu doutorado, Abdul-Rahman havia se tornado um nome conhecido entre os círculos letrados como colunista popular do principal jornal do Egito, *Al-Ahram* [As pirâmides]. Críticas pontuais à monarquia e à ditadura nasserista vieram ao lado de vários livros sobre poetisas árabes, bem como sua própria poesia. Protegida por seu editor, Mohammad Heikal, amigo de Nasser e sua âncora ideológica, Abdul-Rahman continuou a criticar abertamente elementos do Estado que a incomodavam (Badran, 1995, p. 150-151). Em 1957, como jornalista e professora de estudos árabes e islâmicos na Universidade Ain Shams no Cairo, Abdul-Rahman fez um dos principais discursos da conferência.

A história dos movimentos de libertação nacional, destacou Abdul-Rahman, muitas vezes ignora o papel central neles desempenhado pelas mulheres, bem como o da libertação das mulheres pela luta. "O renascimento da mulher oriental sempre coincidiu com os movimentos de libertação", pois a libertação do imperialismo significava que "as mulheres foram emancipadas dos grilhões da escravidão social e escaparam da morte moral". Dentro dos limites permitidos pelo imperialismo, "as mulheres continuaram sendo vítimas da ignorância, do isolamento e da escravidão". Uma vez que os movimentos de libertação nacional, por conta de seu machismo e falta de valorização do papel da mulher, ainda operam na premissa de que todos devem ser libertados, essa presunção se mostra valiosa para as mulheres que podem aproveitar a abertura para pressionar por sua dignidade social e direitos políticos. "O sucesso dessas revoluções depende da libertação da metade escravizada, de resgatar as mulheres da paralisia, do desemprego e da inércia e da eliminação das diferenças entre as duas metades da nação – seus homens e mulheres" (citado em Afro-Asian Peoples' Solidarity Conference, 1958, p. 204-205).

Abdul-Rahman faz uma observação bastante subestimada sobre a ligação entre o nacionalismo anticolonial e a libertação das mulheres (Jayawardena, 1986). Não há nada que impeça o primeiro de reproduzir várias ideias patriarcais. Ainda assim, a maior parte dos movimentos anticoloniais dependia das mulheres, e vários deles colocaram as preocupações das mulheres em sua agenda de libertação. Em 1919, mulheres egípcias de todas as classes foram às ruas do Cairo para protestar contra a repressão britânica às manifestações por um Egito livre. As mulheres cortaram fios de telefonia e interromperam linhas ferroviárias para atrapalhar as tropas britânicas que dependiam delas e atacaram as prisões para libertar seus camaradas. Os britânicos deixaram de lado suas boas maneiras e atiraram nas mulheres que se manifestavam. Várias morreram, dentre as mais conhecidas estão Shafika Mohamed, Hamida Khalil, Sayeda Hassan, Fahima Riad, Aisha Omar, mas, como observa a escritora feminista Nawal El-Saadawi, também as centenas de mulheres pobres que "perderam suas vidas sem ninguém ser capaz de rastrear seus nomes" (El-Saadawi, 1980, p. 176).

Durante os principais protestos massivos na Índia em 1905, 1909, 1919, 1920-1921 e 1930-1931, as mulheres ocuparam as ruas (Thapar, 1994, p. 81-96). O movimento constitucional do Irã viu mulheres em protestos públicos de 1907 a 1911, e novamente em 1919 (Afary, 1996). Situações similares foram documentadas em relação às mulheres na China, Indochina, Indonésia, Gana e África do Sul.[4] Esses protestos e os contatos com mulheres de outras partes do mundo encorajaram as mulheres burguesas a se organizarem e a se empenharem no marco da libertação nacional.[5]

Mulheres egípcias abastadas formaram organizações pelos direitos das mulheres após essas manifestações interclassistas. Huda Sha'rawi, de família rica e com poder político (seu pai era o presidente do Parlamento), tornou-se a pioneira do movimento feminista egípcio. Ela fundou a União Feminista Egípcia em 1923, estabeleceu o periódico de língua francesa *L'Egyptienne* e foi à Roma para a Conferência Internacional de Mulheres, em 1924. Sem usar véu, Sha'rawi e suas camaradas Ceza Nabaraoui e Nabawiya Musa mostraram às feministas europeias que as mulheres egípcias vieram de uma herança (*turah*) da era faraônica e do início do Islã que precisava ser recuperada. Na conferência de Roma, Sha'rawi relatou que as delegações europeias queriam que as egípcias fossem as "heroínas românticas e ignorantes dos romancistas europeus". Os preconceitos em torno do véu mantinham as lutas reais e vivas das egípcias fora da mente feminista europeia, o que "as tornou completamente ignorantes a nosso respeito". No entanto, a mulher egípcia, invisível apesar de estar à vista de todos, entendia o feminismo europeu porque, como Sha'rawi observou na conferência, "nada é mais parecido com

---

[4] Ver, por exemplo, Siu (1982).
[5] Um bom exemplo da conversa entre as regiões é a influência da feminista indiana Pandita Ramabai sobre a feminista indonésia Raden Adjeng Kartini, conforme observado por Toer (1962).

uma mulher oriental do que uma mulher ocidental" (citada em Badran e Sorbera, 2003; Badran, 1995, 91-92). Muitas das pioneiras do movimento de mulheres organizado vieram das velhas classes sociais que mantiveram suas posições aristocráticas apesar da pressão do imperialismo. Algumas das lideranças vinham das novas classes sociais criadas pelo imperialismo (burocratas militares, civis e comerciantes). O marido de Sha'rawi, Ali, havia sido um dos fundadores do Partido Wafd, e seu pai, Sultan Pasha, era um dos proprietários de terras mais ricos do Egito. A família de Abdul-Rahman não tinha essas projeções nacionais, mesmo assim ela vinha de um setor instruído e relativamente próspero. Mulheres como essas se inspiraram tanto na ação das massas contra o imperialismo que as envolveu quanto em suas interações com as mulheres europeias (que estavam no meio de sua própria campanha pelo sufrágio). Embora encontrassem muitas aliadas entre as mulheres europeias, em geral as mulheres do mundo colonizado experimentaram uma rejeição condescendente. Quando confrontada pela hesitação da Aliança Internacional de Mulheres em 1939, Ceza Nabaraoui escreveu: "O que exigimos? Um pouco de simpatia pelos infelizes que sofrem no Oriente com as injustiças das políticas imperialistas". E o que elas conseguiram? A Aliança Internacional de Mulheres provou "que seu magnífico programa se dirige apenas a certas povos do Ocidente" e que "somente elas são dignas de gozar da liberdade" (citado em Badran, 1995, p. 235).[6] Das contradições de suas posições privilegiadas, mulheres burguesas como Sha'rawi e Nabaraoui não apenas trouxeram a demanda por direito ao voto ao debate, mas também criaram organizações cuja história subsequente se afastaria dos salões em direção aos caminhos de pequenas vilas e cidades.

Enquanto Sha'rawi e Nabaraoui lutavam para conquistar direitos para as mulheres egípcias dentro dos limites da monarquia, na

---

[6] Para mais sobre esse ponto, consultar Burton (1994) e Melman (1995).

distante América Latina três mulheres se inspiravam nelas. Amalia Caballero de Castillo Ledón trabalhou na Alianza de Mujeres de Mexico, Minerva Bernardino trabalhou na Acción Feminista Dominica e Bertha Lutz trabalhou para a Federação Brasileira para o Progresso Feminino. Todas elas vieram das velhas classes sociais, e cada uma defendeu uma agenda bastante conservadora para a emancipação das mulheres. Enquanto lutavam para conseguir o voto para as mulheres, essas organizações e lideranças se conformavam com definições sociais bastante patriarcais de família e casamento. A Alianza de Mujeres de Mexico surgiu após o Congresso Nacional de Mulheres Trabalhadoras e Camponesas de 1931, que exigia direito à terra, educação de adultos e igualdade de gênero nos sindicatos. Nada desse tipo foi assimilado na Alianza de Mujeres, nem passou pela cabeça das integrantes da Acción Feminista ou do Progresso Feminino (Escandon, 1998; Besse, 1996). De qualquer forma, essas três mulheres insistiram que a frase "igualdade de direitos entre homens e mulheres" fosse inserida na Carta da ONU com base nas discussões no encontro de Chapultepec, em 1945, e na Conferência de Estados da América Latina, em 1938, em Lima (Miller, 1991, p. 116). Essas delegadas latino-americanas, além disso, pressionaram a ONU a formar a Comissão sobre o Estatuto da Mulher sob a Comissão Econômica e Social da ONU.

Em 1947, a Comissão sobre o Estatuto da Mulher adotou suas diretrizes: "elevar o estatuto das mulheres, independentemente de nacionalidade, raça, língua ou religião à igualdade dos homens em todos os campos da atividade humana; e eliminar toda discriminação contra as mulheres em leis, Constituições ou regras legais, ou em interpretações da lei consuetudinária" (Galey, 1979, p. 276). As diretrizes nada significavam porque não podiam entrar em vigor (Galey, 1979, p. 276-279). Foi só em 1967 que a Comissão Econômica e Social da ONU apresentou a Declaração sobre a Eliminação da Discriminação contra as Mulheres para votação na Assembleia Geral da ONU, em um processo que pode ser visto como um prelúdio para que 1975 se tornasse o Ano Internacional da Mulher, quando a Cidade do México sediou a primeira conferência da ONU sobre as mulheres (Fraser, 1995, p. 77-94). O feminismo burguês da Aliança de Mujeres e a variante do Progresso Feminino criaram um conjunto de importantes instituições e plataformas internacionais que seriam usadas, mais tarde, por militantes dos direitos das mulheres conscientes da profunda desigualdade no Terceiro Mundo. Essas ativistas, que povoariam as reuniões afro-asiáticas, não retiravam as lutas de gênero da luta mais ampla para criar nações soberanas e pelo poder da classe trabalhadora dentro dessas nações.

O nacionalismo anticolonial vinha de todos os setores da população oprimida – homens e mulheres, classe trabalhadora e comerciantes –, não apenas por razões demográficas, mas também porque haviam adotado a ideia de igualdade. Poucos dos novos Estados que vivenciaram lutas anticoloniais tiveram problemas com o direito universal ao voto dos adultos. No Egito, as mulheres conquistaram, por pouco tempo, o direito ao voto na Constituição de 1923, antes que a monarquia revogasse seu direito às urnas. Em 1952, após a Revolução dos Oficiais Livres, Nasser prometeu restabelecer o voto. Os dois principais *muftis*[7] tomaram posições opostas sobre isso, com o Grande *Mufti* Shakyh Hasanayn Makhluf contra e Shaykh Allam Nassar a favor. Em 1956, as mulheres conquistaram o direito ao voto novamente.[8] Nos primeiros anos do Partido Wafd no poder, Nasser opôs a ansiedade nacionalista burguesa do partido à democracia igualitária (incluindo a igualdade entre homens e mulheres).[9] Na década de

---

[7] Líder religioso no Islamismo, cuja autoridade é reconhecida para interpretar as Escrituras e assim "promulgar" regras. (N. E.)
[8] Os detalhes estão em Badran (1995, capítulo 11).
[9] Se o partido Wafd era programaticamente incapaz de ser fiel à igualdade, os nasseritas mostraram uma tendência pragmática de trair seus próprios ideais, particularmente na questão de direitos das mulheres. Isso é mostrado em Baron (1993, p. 244-255).

1950, as mulheres trabalhavam nos marcos do projeto de libertação nacional porque este parecia ter a capacidade de fornecer as bases para a eventual libertação das mulheres, notadamente, como disse Abdul-Rahman em 1957, para o "despertar da consciência e da vontade de viver" (AAPSC, p. 205).

Na conferência de 1957, a Organização de Solidariedade Afro-Asiática criou uma Federação Afro-Asiática para Mulheres (AAPSC, p. 251).[10] A federação sediou, em seguida, uma conferência, em 1961, novamente no Cairo, com a presença de delegadas de 37 países e movimentos.[11] Nesta primeira Conferência de Mulheres Afro-Asiáticas, as delegadas elaboraram uma agenda mais coerente para as lutas das mulheres dentro da plataforma do Terceiro Mundo. Poucas das integrantes de movimentos que se reuniram no Cairo em janeiro de 1961 se viam como irmãs preteridas da Europa, e menos ainda achavam que não tinham

---

[10] Algo similar começou a ocorrer nas Américas com o Primeiro Congresso de Mulheres Latino-Americanas, realizado quase na mesma época em Santiago, Chile. Em 1963, no segundo congresso (realizado em Havana, Cuba), mulheres dos partidos comunistas se juntaram a mulheres que trabalhavam em várias organizações de base, como o Comitê de Donas de Casa Bolivianas e a Irmandade de Mulheres Salvadorenhas (Miller, 1991, p. 158-160). Para mais informações sobre esses vários movimentos, ver Salinas; Larguia e Dumoulin (1985).

[11] Uma Conferência Afro-Asiática sobre Mulheres foi realizada em Colombo, Sri Lanka, em 1958, mas só foi aberta a mulheres dos 29 Estados originais de Bandung, e seguia muito a linha oficial de cada Estado, em vez de ser representativo dos movimentos nesses mesmos Estados. A principal organização feminina do Sri Lanka, a Eksath Kantha Peramuna, foi dissolvida em 1949, quando um de seus principais aliados, o Partido Comunista, se separou de seu outro grande aliado, o então trotskista Partido Lanka Sarna Samaja (Jayawardena, 1986, p. 135). A Federação Afro-Asiática para Mulheres, em contrapartida, colocou uma militante veterana, Bahia Karam, no comando, e ela viajou pela África e Ásia para convidar o máximo de organizações de luta que pudesse encontrar para a conferência. Em 1938, Cairo sediou uma conferência de organizações femininas sobre a questão da Palestina, e muitas dessas militantes formaram o núcleo das convidadas para a reunião de 1961 no Cairo.

direito ao conceito de Terceiro Mundo. Elas passaram a insistir que suas antepassadas haviam lutado nos movimentos de libertação nacional e, portanto, haviam conquistado o direito de construir o futuro. Karima El Said, vice-ministra da Educação da República Árabe Unida, deu as boas-vindas às delegadas de 37 Estados com este lembrete: "A mulher foi um forte alicerce nesses movimentos de libertação, ela lutou com os lutadores e morreu com os mártires" (citado em The First Afro-Asian Women's Conference [TFAAWC], 1961, p. 10). No extenso relatório geral da conferência, os escritores detalhavam os esforços das mulheres dentro dos movimentos de libertação nacional, do Vietnã à Índia, da Argélia à África do Sul. "Nos países afro-asiáticos, onde as pessoas ainda sofrem o jugo do colonialismo, as mulheres participam ativamente da luta pela completa libertação nacional e pela independência de seus países. Elas estão convencidas de que este é o primeiro passo para sua emancipação e se prepararão para ocupar seu lugar real na sociedade" (TFAAWC, p. 42). Ou seja, a participação nas lutas anticoloniais não só atacaria um dos entraves à agenda de libertação das mulheres, mas a própria contribuição transformaria as relações entre homens e mulheres no movimento e na sociedade.[12] Não só as mulheres ingressaram nas guerras da Argélia, Cuba,

---

[12] Duas análises clássicas do papel das mulheres em uma situação revolucionária são Fanon (1959) e Guevara (1961). Cercado pela experiência de Vilma Espin, Celia Sanchez e Haydee Santamaria nas colinas da Sierra Maestra, Guevara escreveu: "O papel que a mulher pode desempenhar no desenvolvimento de um processo revolucionário é de extraordinária importância. É bom enfatizar isto porque em todos os nossos países, com a sua mentalidade colonial, existe uma certa subestimação da mulher que se torna uma verdadeira discriminação contra ela" (1961, p. 86). Na sequência dessa esclarecedora afirmação, no entanto, Guevara recorre a descrições do trabalho feminino da forma mais estereotipada, com a mulher como auxiliar, consoladora, cozinheira e enfermeira. As experiências reais das mulheres nas revoluções Cubana, Argelina e Guineense são muito mais complexas, pois as mulheres entraram em combate e assumiram papéis de liderança, ainda que fossem desafiadas por homens que, apesar de sua análise de esquerda, não queriam se eximir de privilégios patriarcais. Espin (1981); Urdang (1979); Amrane-Minne (1994).

Guiné, Indonésia, Quênia, Coreia, Omã, Venezuela, Vietnã e outros lugares, mas elas também ajudavam a abastecer os lutadores, cuidavam dos feridos e, no Egito, Índia, Zanzibar e outros lugares, dominavam os protestos de rua.

O imperialismo tornou o progresso para as mulheres quase impossível.[13] Mesmo que os movimentos feministas se concentrassem em vários aspectos da opressão, nenhuma organização de mulheres poderia se dar ao luxo de ignorar a luta anti-imperialista. A irmandade daquelas que vieram para o Cairo havia se formado na luta contra o imperialismo, com a expectativa de que os direitos políticos dentro da nação independente lhes permitissem levar a luta mais longe. Sem direitos políticos, todas as outras reformas não teriam sentido. O Estado poderia prometer educação igual e salários iguais, mas se as mulheres não tivessem direitos políticos, como elas iriam garantir que essas reformas fossem promulgadas e mantidas? (TFAACW, p. 25)

Até mesmo a breve história da independência havia mostrado a essas militantes dos direitos das mulheres que não se deveria confiar no Estado de libertação nacional para ser magnânimo em seus gestos por si só.[14] Os novos Estados não haviam sido

---

[13] Como afirma o documento político: "A aquisição da independência nacional é um pré-requisito essencial para os direitos das mulheres. A democracia e a justiça podem se tornar meras palavras sem sentido se as mulheres, que representam mais da metade da população em qualquer Estado asiático e africano, permanecerem isoladas da política. O mundo oriental também não pode ser estabelecido se os gêneros não cooperarem em pé de igualdade. Devem gozar dos direitos de igualdade com os homens no seu domínio político, de modo que as leis possam refletir a reivindicação dos direitos das mulheres, seus filhos e os direitos de seu povo" (citado em TFAACW, p. 25).

[14] "Os direitos não devem ser apenas estipulados por lei, eles devem ser implementados. Transformar as leis em realidade depende da unidade e da organização das mulheres. Envolve um trabalho paciente e árduo. Requer a ajuda e a cumplicidade de todas as pessoas de boa vontade. Mas é o único caminho que pode levar à igualdade real entre homens e mulheres, à plena emancipação da feminilidade e ao maior desenvolvimento da nação" (citado em TFAACW, p. 52). Em 1928, Nehru apresentou um olhar sobre a necessidade da organi-

o nirvana das mulheres. As duas conferências do Cairo não só trazem uma lista de prescrições, uma visão de direitos iguais para homens e mulheres, mas dentro dessas listas também está uma crítica implícita aos novos Estados por não terem promulgado muitas dessas políticas. O rol exige que os novos Estados, além de adotar os novos padrões internacionais *pelos quais eles próprios lutaram*, como na Organização Internacional do Trabalho e outros órgãos da ONU, também os implementem de fato. O nascimento da nação, Abdul-Rahman lembrou na conferência, foi apenas "o primeiro passo da verdadeira solidariedade" (citado em AAPSC, p. 206-207).

Cada direito conquistado pelas mulheres não foi em si o fim da luta, mas ajudou a construir o poder para levar adiante suas demandas. No topo da agenda das mulheres do Terceiro Mundo estava a determinação de que as mulheres deveriam ter poder de decisão sobre o casamento: elas deveriam ter o poder de decidir se, quando e com quem iriam se casar. "O casamento deve ser baseado no princípio da liberdade de escolha pessoal dos cônjuges em questão", concordaram as delegadas presentes na conferência de 1957. Se homens e mulheres tiverem problemas em seu relacionamento, o Estado deve fornecer-lhes "aconselhamento matrimonial e parentalidade planejada". Para lutar contra a ideia de que o casamento é simplesmente sinônimo de propriedade ou procriação, a conferência exigiu que "medidas drásticas sejam tomadas para abolir a poligamia". Para oferecer às mulheres alguma

---

zação autônoma das mulheres e outros grupos oprimidos dentro do quadro nacionalista, porque a justiça não é um produto da benevolência: "Gostaria de lembrar às mulheres aqui presentes que nenhum grupo, nenhuma comunidade, nenhum país jamais se livrou de suas dificuldades pela generosidade do opressor. A Índia não será livre até que sejamos fortes o suficiente para impor nossa vontade à Inglaterra e as mulheres da Índia não alcançarão seus plenos direitos pela mera generosidade dos homens da Índia. Elas terão que lutar por eles e forçar sua vontade sobre os homens antes que possam ter sucesso" (citado em Jayawardena, 1995, p. 73).

liberdade da esfera doméstica, "as mulheres que trabalham devem ter direito a cuidados médicos gratuitos durante a gravidez e o parto, e a licença adequada com remuneração integral durante o parto". Finalmente, argumentou-se, "o direito ao trabalho das mulheres casadas deve ser reconhecido e garantido" (AAPSC, p. 249-250). A maior parte das demandas políticas não se destinava simplesmente à melhoria da vida cotidiana; seu propósito também era criar o poder para uma sociedade civil engajada que incluísse as mulheres.

Muitos dos direitos exigidos pelas mulheres para aumentar sua capacidade política já eram familiares desde a década de 1920: direitos culturais (sendo o direito à educação igual e gratuita o principal) e direitos sociais (conforme listados no parágrafo anterior).[15] Uma longa seção das Recomendações do Cairo de 1961 sobre "Igualdade no Campo Econômico" levou o ponto adiante ao argumentar que, se as mulheres não lutassem e não conquistassem direitos econômicos, elas não seriam capazes de serem cidadãs políticas plenas. A cidadania moderna significava que as mulheres não deveriam depender da unidade familiar para seu bem-estar econômico, mas deveriam ser parceiras econômicas plenas dentro

---

[15] Em 1920, Najiye Hanum, do Partido Comunista da Turquia, apresentou uma agenda semelhante na Conferência dos Trabalhadores do Oriente em Baku. "Vou expor brevemente as demandas das mulheres. Se você quer conquistar sua própria emancipação, ouça nossas demandas e nos dê ajuda e cooperação reais. 1) Plena igualdade de direitos; 2) garantir às mulheres acesso incondicional à educação e profissionalização em instituições previamente estabelecidas para os homens; 3) igualdade de direitos de ambas as partes ao casamento. Abolição incondicional da poligamia; 4) admissão incondicional das mulheres ao emprego em instituições legislativas e administrativas; 5) criação de comitês para os direitos e proteção das mulheres em todos os lugares, em cidades, vilas e aldeias. Não há dúvida de que temos o direito de levantar essas demandas. Ao reconhecer que temos direitos iguais, os comunistas estenderam a mão para nós, e nós, mulheres, seremos suas companheiras mais leais. Podemos tropeçar na escuridão desorientadora, podemos estar à beira de abismos escancarados, mas não temos medo, porque sabemos que para ver o amanhecer é preciso passar pela noite escura" (Hanum, 1993, p. 206-207).

da família. A conferência de 1957 reiterou a palavra de ordem "salário igual para trabalho igual", que reapareceu quatro anos depois. A conferência de 1961 trouxe uma visão detalhada para a luta feminista na arena econômica, para o direito das mulheres de ter qualquer emprego, obter promoção proporcional a seus talentos e não por conta de seu gênero, ter direito a seus empregos independentemente de gravidez ou convalescença, ter vocação e formação técnica para todos os tipos de empregos, e ter o direito de filiar-se e dirigir sindicatos. Exigiu a extinção do trabalho intermitente,[16] uma vez que esse tipo de trabalho é frequentemente realizado por mulheres, sem benefícios e fora do marco da regulamentação legal. Para as trabalhadoras agrícolas, as recomendações indicavam a "distribuição igualitária da terra para aqueles que a cultivam e a garantia dos meios de produção agrícolas" (citado em AAPSC, p. 26-28).[17] Por fim, as recomendações incluíam as mulheres que não trabalham por salário. Para elas, a conferência tinha duas recomendações: que o Estado tentasse reduzir os impostos indiretos (de vendas) sobre bens de consumo e assim aliviar a carga sobre as finanças domésticas, e que o Estado encontrasse maneiras de dar suporte à renda das mulheres sem obrigá-las a desempenhar trabalhos sem sentido.

O nacionalismo anticolonial, mesmo em suas encarnações reformistas, preocupava-se com a questão da mulher. O fim da opressão social encontrou seu caminho na agenda de libertação nacional. Em sua forma mais tradicional, tal fim parecia a mo-

---

[16] Em inglês, *"contract work"*. Apesar da semelhança com "contrato de trabalho", em inglês a expressão designa contratos para trabalhos temporários, ou até mesmo diários. (N. E.)

[17] O último ponto é mal formulado, porque em muitas partes do mundo o cultivo é monopolizado pelos homens, portanto, por esse padrão, os homens obteriam direitos à terra, não as mulheres. Uma frase melhor, para aplicabilidade universal, teria sido "terra para aqueles que a trabalham" (a frase que surgiu na Revolução Mexicana de 1911, e desde então se tornou uma palavra de ordem em todo o mundo de língua espanhola nas Américas).

dernização do patriarcado, com a nova mulher relegada ao domínio do lar.[18] No lado mais progressista da libertação nacional, encontram-se muitos que argumentaram que as tradições culturais se ossificaram sob o impacto do patriarcado e das relações feudais, e qualquer oportunidade de corrigir isso havia sido sufocada pela aliança do imperialismo com as velhas classes sociais, que se beneficiavam da misoginia e do estatuto social. Mulheres e homens, nesse modelo, tiveram que lutar contra a domesticidade conservadora e reconfigurar o que deve ser o espaço público da nação e o domínio privado da família. Como afirma o relatório sobre questões sociais, as mulheres "participam da luta pela independência de seus países e sua manutenção, para que possam abolir todos os costumes e tradições que degradam a condição das mulheres" (citado em TFAACW, p. 29). Militantes pelos direitos das mulheres do Terceiro Mundo procuraram reconfigurar a nação a partir de seus interesses; para elas, na luta pela justiça, a nação era mais inclusiva do que a família e, portanto, era com base no horizonte do nacionalismo anticolonial que sonhavam e agiam.

A relação do nasserismo com as relações de gênero mostra como até mesmo um projeto supostamente progressista tende ao conservadorismo. Os avanços que surgiram para as mulheres egípcias na era Nasser, escreve o cientista político Mervat Hatem, aconteceram sob o disfarce de um "feminismo de Estado". O regime "produziu mulheres economicamente independentes de suas famílias, mas dependentes do Estado para obter empregos, importantes serviços sociais como educação, saúde e creche, e representação política" (Hatem, 1992, p. 233). Esse feminismo estatal abriu algum espaço para as mulheres no domínio da política

---

[18] Isso é o que Partha Chatterjee analisa em *Recasting Women: Essays in Colonial History* (1989), embora com base no ensaio não se perceba que o próprio nacionalismo permaneceu como uma ampla arena ideológica, dentro da qual muitos continuaram a lutar, apesar dessas resoluções sobre uma agenda feminista mais ampla. Para uma crítica dessa formulação, consultar Bannerji (2000) e Chakravarti (1996).

e da economia (além do direito de voto, a Constituição de 1956 concedeu a todas as mulheres o direito à educação e ao trabalho). Em 1957, duas mulheres, Aminah Shukri e Rawiyah'Arriyah, ganharam as eleições para o parlamento. Ainda assim, o projeto de Nasser permaneceu limitado pelo conservadorismo social em termos de sua tentativa de minar as "leis do estatuto pessoal"[19] e o patriarcado. Em 1955, o regime nasserita eliminou os tribunais da *Sharia* [Lei Islâmica], mas os juízes religiosos permaneceram em tribunais baseados nos estatutos pessoais recém-constituídos. A fraca vanguarda dentro do nasserismo continuou sendo o Ministério do Bem-Estar Social (liderado por Hikmat Abu Zeid), que tentou, sem sucesso, levantar a questão das leis pessoais na Assembleia Nacional, em 1958. No contexto do feminismo de Estado, em que alguns ganhos foram registrados, Abdul-Rahman colocou sua fé na nação como um veículo político para a luta contra a monarquia, a tradição e o império. Dois anos após a conferência do Cairo, o Ministério do Bem-Estar Social abordou alguns de seus tópicos em uma conferência sobre mulheres e trabalho, em que o tema da independência econômica das mulheres (inclusive na área de planejamento familiar) foi predominante. Este foi um resultado da Conferência do Cairo de 1961.

As formações de libertação nacional mais militantes, como o Partido Africano para a Independência da Guiné e Cabo Verde, tiveram outros problemas além do Estado neopatriarcal. Elas registraram a hesitação de seus companheiros do sexo masculino em relação à reconstrução da família como uma instituição. A libertação das mulheres é boa, teoricamente – eles admitiram –, "mas na *minha* casa? Nunca!" (Urdang, 1979, p. 243). Tais atitudes não intimidaram lutadoras como Teodora Ignacia Go-

---

[19] As Leis de Estatuto Pessoal regulamentam temas como custódia de crianças, casamentos e divórcios no Egito. Sob interferência da religião, esses assuntos são julgados com base nos preceitos muçulmanos do Alcorão. (N. E.)

mes, que expôs a lógica dos direitos das mulheres no quadro da libertação nacional:

> Em primeiro lugar, as mulheres devem lutar com os homens contra o colonialismo e todos os sistemas de exploração. Em segundo lugar, e este é um dos pontos mais fundamentais, toda mulher deve se convencer de que pode ser livre e de que deve ser livre. E que ela é capaz de fazer todas as coisas que os homens fazem na vida social e política. Em terceiro lugar, as mulheres devem lutar para convencer os homens de que elas têm naturalmente os mesmos direitos que eles. Mas elas devem entender que o problema fundamental não é a contradição entre mulheres e homens, mas é o sistema em que vivemos. (Urdang, 1979, p. 258-259)

O lado progressista da libertação nacional anticolonial não só sonhava com a igualdade, mas também tentava construir um programa de igualdade baseado na história da exploração econômica e da supressão cultural. De Buenos Aires veio o economista que costurou as críticas e antecipações econômicas em uma teoria, e é para ele e para aqueles que colocaram suas ideias em prática que eu agora me volto.

Buenos Aires
Imaginando uma economia

Em 1949, Raúl Prebisch escreveu e difundiu um artigo intitulado "O desenvolvimento econômico da América Latina e seus principais problemas" (Prebisch, 1962, p. 1-12).[1] Prebisch, ex-subsecretário de finanças da Argentina e, em seguida, o primeiro diretor-geral do Banco Central da Argentina, foi nomeado para chefiar a Comissão Econômica da ONU para a América Latina e o Caribe (Cepal) em 1948. A Cepal divulgou o artigo como modo de continuar uma conversa entre economistas das nações mais escuras sobre o problema do "desenvolvimento". O texto viajou de Buenos Aires para vários locais, em diversos idiomas, e cópias mimeografadas dele chegaram às comissões de planejamento de muitas das novas nações. O problema básico ali levantado é elementar: como o Terceiro Mundo, esmagadoramente empobrecido, deve criar políticas econômicas voltadas para o desenvolvimento da totalidade de sua população? Após séculos de imperialismo, as novas nações haviam ficado com economias que dependiam da venda de matéria-prima e da importação de produtos acabados. Esse desequilíbrio fundamental significava que países como a Argentina precisavam exportar grandes quantidades de matérias-primas a preços relativamente baixos, ao passo que suas contas de importação seriam infladas com os altos preços praticados pelos produtos manufaturados industrialmente. Qual

---

[1] Ao mesmo tempo que Prebisch fez suas inovações, o economista alemão radicado nos EUA, H.W. Singer, desenvolveu uma abordagem semelhante (Singer, 1950, p. 473-485). Na literatura acadêmica, esta teoria é conhecida como tese Singer-Prebisch. O trabalho de ambos seguiu a trilha de Rosenstein-Rodan (1943, p. 202-211).

seria o instrumento para escapar desse ciclo? Essa era a "questão crucial" do artigo de Prebisch.

A Cepal e Prebisch tiveram uma resposta, nascida da experiência discreta da América Latina – notadamente, de sua potência à época, a Argentina. Até as primeiras décadas do século XX, as classes dominantes na Argentina não promoveram a construção nacional. Os oligarcas, os *haute portenos*, governavam o país com mão de ferro e mantinham sua própria riqueza em bancos europeus (o que significava que preferiam políticas fiscais que favoreciam as moedas da Europa contra a força econômica da Argentina). Este distanciamento da elite alimentou o crescimento de um movimento socialista, liderado por Juan B. Justo e os sindicatos, e irritou setores patrióticos da elite (como Carlos Pellegrini, que afirmou: "Devemos lutar resolutamente por nossa independência financeira") (citado em Alba, 1968, p. 106).[2] A industrialização da Argentina cresceu em uma brecha, quando os capitais europeu e estadunidense negligenciaram a região, no período entre a Depressão dos anos 1930 e as guerras dos anos 1940 (O'Connell, 1984). Como afirmou o ministro da Agricultura argentino em 1933, "o isolamento em que fomos colocados por um mundo deslocado nos obriga a fabricarmos aqui o que não podemos mais comprar em países que compram de nós" (citado em Galeano, 1973, p. 229). O capital britânico possuía a maior parte das ferrovias da Argentina, e os suíços, os estadunidenses e os britânicos possuíam quase a metade das indústrias do país. O populista autoritário Juan Perón comprou as ferrovias dos ingleses (apesar da avaliação de seu assessor, Miguel Miranda, "Não nos propomos a usar nossos recursos bloqueados para comprar equipamentos desatualizados"), incorporou sindicatos ao Estado, avançou com a industrialização

---

[2] Para alcançar este objetivo, Pellegrini criou o primeiro banco nacional na Argentina; décadas depois, Prebisch seria o dirigente da instituição financeira herdeira daquele órgão. Para as remessas de capitais para a Europa, ver Alba (1968, p. 58-59).

(financiada pelo setor agrícola) – todo o alicerce de sua "não alinhada" La Tercera Posición, a política externa da Terceira Posição de 1946, que se assemelhava à formação do Terceiro Mundo (Page, 1983, p. 171).[3] Em 1947, Perón apelou à tradição do nacionalismo econômico de Justo com sua Declaração de Independência Econômica (Whitaker, 1962, p. 50). A substituição de importações e o uso de ajuda externa (incluindo ouro nazista reciclado) tornaram-se úteis como estratégias para a Argentina mais por necessidade que por previsão.[4] Prebisch, que detestava Perón, se embasou nessa experiência quando foi trabalhar na Cepal.[5]

Na década de 1940, era óbvio que o "centro" da economia mundial (os Estados Unidos e uma Europa reconstruída) tinha uma vantagem tecnológica sobre a "periferia". Os produtos primários produzidos na periferia tinham uma elasticidade de demanda menor do que as mercadorias manufaturadas: se os preços das matérias-primas caíssem, isso não significaria um aumento na demanda por elas. O centro seria capaz de comprar o que precisasse a preços mais baixos, enquanto a periferia seria incapaz de compensar a diferença em um maior volume de vendas. Os bens manufaturados não sofreram com esse problema por várias razões. Uma combinação de vantagens tecnológicas, sindicalização e os caprichos dos preços dos produtos primários significou que o centro teve um ganho considerável nos "termos de troca".[6] Essa linha de argumentação forma o terreno de um campo de estudo

---

[3] Talvez Perón tenha retirado a ideia para sua frase de um conto memorável escrito pelo seu compatriota Jorge Luis Borges, *Tlön Uqbar orbis Tertius* (1941). Miranda citado em Whitaker (1962, p. 50).

[4] Sobre a conexão nazista, especialmente entre Perón e a Mercedes-Benz, ver Weber (2005).

[5] Os detalhes biográficos e a relação de Prebisch com Perón são bem expostos em Dosman (2001) e Gurrieri (2001, p. 67-80). Toda a edição do periódico é dedicada ao trabalho de Prebisch.

[6] Prebisch estudou os termos de troca da Inglaterra entre 1873 e 1938. Sua análise da deterioração dos termos de troca a partir de 1870 encontrou validação em uma fonte recente improvável, Cashin e McDermott (2002, p. 175-199).

inaugurado no final da década de 1940 chamado de "economia do desenvolvimento".

Com sua experiência e estudos, Prebisch concluiu que as novas nações precisavam passar da produção de matérias-primas para a de manufaturados. Tal estratégia poderia ser implementada por meio de uma infusão de investimento de capital (para criar indústria) ou então o uso criativo da legislação de importação e exportação. Ambas as abordagens deveriam ter alcançado um consenso global, especialmente porque ambas tiveram precedentes na história dos Estados Unidos e da Europa. Os Estados Unidos e a Europa, em épocas diferentes, usaram tarifas e outros mecanismos legais para proteger e controlar suas economias domésticas, e os Estados Unidos iniciaram o plano Marshall em 1947 para levar capital para a Europa devastada pela guerra. No entanto, de acordo com o colega de Prebisch, H. W. Singer, os economistas do *establishment* nos Estados Unidos e na Europa e seus principais políticos viam os economistas do desenvolvimento e os líderes do Terceiro Mundo como "homens selvagens irresponsáveis, utópicos radicais que poderiam, no máximo, ser encarregados de pequenas extensões e ramificações" das políticas já decididas pelas instituições dominadas pelo Primeiro Mundo (Singer, 1984, p. 297).

Apesar do desprezo do *establishment* americano-europeu, os escalões mais baixos da ONU tentaram construir um consenso entre a maioria dos formuladores de políticas sobre o problema do investimento. Em 1951, a ONU divulgou um relatório sobre o tema do investimento de capital chamado *Medidas para o desenvolvimento econômico dos países subdesenvolvidos*. O Departamento de Assuntos Econômicos da ONU havia se perguntado, seguindo os passos da economia do desenvolvimento, sobre a capacidade das novas nações de sair da pobreza. Enquanto a maioria dos economistas concordava que uma economia moderna exigia a formação de capital em cerca de 10% da renda nacional, a do Terceiro Mundo não chegava nem perto da metade dessa porcentagem. O acréscimo de investimento e ajuda estrangeiros não fez nenhuma diferença considerável. A poupança e o investimento nacionais mal corresponderam ao crescimento populacional e, com a hemorragia dos recursos nacionais em direção a um sistema mundial desigual, pouco restou para a população. Por isso, o relatório concluiu: "Como aumentar a taxa de formação de capital é, portanto, uma questão de grande urgência" (UN Department of Economic Affairs, 1951, p. 35). "A tragédia do investimento", escreveu o economista polonês Michal Kalecki, "é que ele é útil" (Kalecki, 1939, p. 149).

O relatório fazia a pergunta mais relevante da época: como se pode canalizar capital suficiente para fazer o importante trabalho de reconstrução de economias destruídas não apenas pela depressão mundial da década de 1930 e as guerras da década de 1940, mas pelos séculos de colonização e depredação? As novas nações formadas com base em movimentos anticoloniais seriam capazes de avançar e criar igualdade econômica da mesma forma como já haviam assegurado a igualdade política? As novas nações teriam um Plano Marshall ou as potências estariam apenas interessadas na regeneração da economia europeia?

A Europa, devastada pela Segunda Guerra Mundial, havia recebido um grande volume de dinheiro dos EUA (principalmente): de 1947 a 1953, os Estados Unidos injetaram US$ 13 bilhões na Europa Ocidental e elevaram suas plantas industriais aos patamares anteriores à guerra (e em alguns casos, até mais). Entre 1948 e 1953, a produção industrial aumentou em mais de um terço e o crescimento agrícola disparou (Hogan, 1987).[7] Nada semelhante surgiu no mundo anteriormente colonizado. Em vez de uma transferência tão vasta de riqueza para as novas nações, os formuladores de políticas nos Estados Unidos e na Europa Oci-

---

[7] É importante ressaltar que o dinheiro emprestado teve que ser pago de volta, e os países destinatários tiveram que comprar bens produzidos pelas empresas estadunidenses, uma boa maneira de o governo dos EUA subsidiar sua própria indústria. Hogan mostra como o Plano Marshall deve muito ao New Deal.

dental sustentaram que uma ajuda modesta e alguma transferência de tecnologia, ao lado de uma intervenção mínima do Estado no âmbito estatal e interestatal, ajudariam a gerar crescimento nas novas nações.

A visão dominante no campo da economia e nos corredores do poder nos Estados Unidos e na Europa Ocidental sustentava que o desenvolvimento do mundo anteriormente colonizado viria por meio dos preceitos da "teoria da modernização". O problema do mundo colonizado não era tanto sua pobreza, mas seu tradicionalismo (incluindo baixos níveis de desenvolvimento tecnológico). As culturas tradicionais precisavam ser rompidas pela estabilidade política e pelo crescimento da ciência – os quais seriam ajudados pelo investimento de capital. Como os economistas do desenvolvimento, os teóricos da modernização também acreditavam que seria necessário um investimento de cerca de 10% da renda nacional, nas palavras de W. W. Rostow, para uma "sociedade tradicional" alcançar a "decolagem" para a modernidade (Rostow, 1960). Mas onde Rostow e os teóricos da modernização diferiam dos economistas do desenvolvimento era em sua avaliação sobre de onde o dinheiro deveria vir e o que deveria se fazer com ele. Em grande parte, o investimento viria de um mínimo de ajuda externa e um melhor aproveitamento da poupança nacional, que após um período de crescimento de algumas décadas produziria o nível de renda nacional necessário para uma decolagem para a "maturidade". O dinheiro do investimento, para Rostow, deveria ir para a comercialização da agricultura e a criação de redes de transporte-comunicação. O resto da economia teria que ser deixado fora do domínio da ação do Estado.

A teoria da modernização normalmente atribuía o ônus do desenvolvimento às culturas das chamadas sociedades tradicionais, tolhendo, assim, a história do colonialismo. Essa noção fazia o surgimento do capitalismo elegantemente retornar à sua "configuração europeia original", pois, ecoando o sociólogo Max Weber, a teoria da modernização afirmava que o mundo mais escuro não tinha a cultura da frugalidade e, portanto, era impelido para a pobreza. "A questão das forças motrizes da expansão do capitalismo", escreveu Weber em 1904, "não é, em primeira instância, uma questão da origem das somas de capital que estavam disponíveis para uso capitalista, mas, acima de tudo, do desenvolvimento do espírito do capitalismo" (Weber, 1956, p. 68).[8] O capitalismo, em resumo, surge na Europa porque os europeus criaram um espírito especial que invocava riqueza.[9] Essas afirmações irritaram os intelectuais do mundo colonizado. Por que a Índia é pobre, perguntou Dadabhai Naoroji? "Não é a operação impiedosa das leis econômicas, mas é a ação impiedosa e brutal da política britânica; é a ingestão impiedosa da substância da Índia na própria Índia e a drenagem mais impiedosa para a Inglaterra; em suma, é a impiedosa perversão das leis econômicas pelo triste sangramento a que a Índia está sujeita que está destruindo a Índia" (Naoroji, 1901, p. 216).[10] O Terceiro Mundo sangrou para fazer a Europa crescer. A teoria da modernização evitava encarar essa realidade e, em vez disso,

---

[8] R. H. Tawney, baseado em material similar, chega à conclusão oposta (1947).
[9] "Na Índia, e em menor medida na Irlanda", escreveu o economista Alfred Marshall em 1890, "encontramos pessoas que de fato se abstêm do prazer imediato e economizam somas consideráveis com grande autossacrifício, mas gastam todas as suas economias em festivais abundantes de funerais e casamentos. Eles fazem provisões intermitentes para o futuro próximo, mas dificilmente qualquer provisão permanente para um futuro distante". Em outras palavras, a falta de economia de longo prazo, e não o roubo do excedente pelo imperialismo inglês, é responsável pela pobreza na Índia e na Irlanda. Marshall observou que "as grandes obras de engenharia, pelas quais os recursos produtivos [indianos] foram tão aumentados, foram feitas principalmente com o capital da raça muito mais abnegada de ingleses". O capital, ele argumenta, "depende muito de sanções sociais e religiosas", e os indianos e irlandeses simplesmente não têm a capacidade racial de gerar somas de capital para o desenvolvimento (Marshall, 1910, p. 225).
[10] Sobre Naoroji e a drenagem de recursos, sou guiado por Chandra (1991).

buscou "protestantizar" as culturas do mundo para semear a cultura capitalista.[11]

Contra a teoria da modernização, Prebisch e a economia do desenvolvimento em geral começaram estudando o impacto do domínio colonial. O colonialismo devastou o mundo e deixou mais da metade do globo sem capital e com excesso de pobreza. Em 1500, a renda *per capita* média na Europa era apenas três vezes maior do que na África e na Ásia, enquanto em 1960, era dez vezes maior. O domínio colonial não apenas empobreceu as nações mais escuras, mas também se apropriou de suas riquezas para produzir o grande salto adiate na Europa e nos Estados Unidos. Prebisch, nascido em San Miguel de Tucumán, no noroeste da Argentina, teve uma educação precoce quanto à pilhagem e a resposta nacionalista a ela. Sobre a pilhagem, ele sabia da montanha de Potosí, do outro lado da fronteira com a Bolívia, de onde os colonizadores ibéricos retiraram quantidades incalculáveis de prata (Galeano, 1973, p. 33). O dinheiro entrou na Espanha, mas rapidamente foi usado para pagar as dívidas da Coroa relativas às suas importações da Inglaterra, França, Holanda e Itália. Os bancos que detinham esse *boom* monetário alimentaram o capital usado para equipar as primeiras fábricas do noroeste da Europa.[12] San Miguel de Tucumán não só estava na encruzilhada que unia Potosí ao resto do Cone Sul, mas também foi o local onde, em 1816, as forças nacionalistas convocaram um congresso para declarar a Independência da Argentina. Essa declaração veio em parte devido à constatação de que a drenagem de riquezas levou à

---

[11] Ou descobrir que certas culturas já tinham valores "protestantes" dentro delas, como na monografia de Singer (1972).

[12] O debate sobre o efeito da "revolução dos preços" é polêmico, principalmente entre historiadores econômicos. Para um resumo, veja Ramsey (1971). Na coletânea organizada por Ramsey há o texto de Hamilton (1928, p. 1-35) que estabeleceu os termos do debate ainda existente. Para um trabalho mais recente, consultar TePaske (1983).

distorção dos objetivos sociais do povo da América do Sul, assim como também levou ao desenvolvimento da Europa.[13] Dado que a Europa e os Estados Unidos se beneficiaram do domínio colonial, eles devem assumir a responsabilidade por ele. Ser responsável deveria significar que o Primeiro Mundo precisava fornecer concessões adicionais ao Terceiro Mundo (o que mais tarde seria chamado de "reparações"). Pedir às pessoas do Terceiro Mundo que se sacrifiquem mais pelo desenvolvimento seria moralmente impróprio. Para Prebisch:

> As tensões sociais destes tempos induzirão, mais de uma vez, ao emprego de proporção exagerada destes recursos na melhora do consumo atual ou na realização de investimentos sociais para o bem-estar imediato, em detrimento de investimentos econômicos para o bem-estar posterior, ainda que próximo. Ceder a esta pressão levaria a um fracasso irreparável o objetivo social de aumentar de forma persistente o padrão de vida das massas. (Prebisch, 1963, p. 17-18)

Deixar de se industrializar por falta de investimento seria igualmente imoral, pois condenaria partes do mundo à estagnação, à pobreza socializada. De fato, alguns economistas achavam que os produtores de matéria-prima não deveriam se industrializar porque, como disse Prebisch, "sua menor eficiência os faria perderem irremediavelmente os benefícios clássicos do intercâmbio" (Prebisch, 1962, p. 1).[14] A ideia de "vantagem comparativa" apontava que um país deveria se especializar na produção daquilo que pode fazer melhor; ou, como David Ricardo colocou em seu tratado de 1817, um país não deve tentar estimular a indústria

---

[13] Em 1903, o economista indiano R.C. Dutt observou a esse respeito: "Quando os impostos são aumentados e gastos em um país, o dinheiro circula entre as pessoas, frutifica o comércio, as indústrias e a agricultura e, de uma forma ou de outra, atinge a massa do povo. Mas quando os impostos aumentam em um país e são remetidos para fora dele, o dinheiro está perdido para o país para sempre; isso não estimula seus negócios ou indústrias, nem chega às pessoas de qualquer forma" (Dutt, citado em Chandra, 1991, p. 656).

[14] Citado cf. Prebisch, 2000, p. 71-72 (N. E.).

artificialmente, ao contrário, deve simplesmente seguir "as potencialidades proporcionadas pela natureza" (Ricardo, 1971, p. 152).[15] No exemplo de Ricardo, o que torna os Estados Unidos adequados para o cultivo de milho e a França adequada para o cultivo de vinhas, e o que tornaria a Inglaterra proficiente na manufatura de "ferragens" ou bens produzidos industrialmente? O argumento a favor da vantagem comparativa está enraizado na natureza? A Inglaterra sempre foi a ilha abençoada das ferragens? Ou as políticas mercantilistas e extrações coloniais que precederam o "livre comércio" ricardiano foram responsáveis pela criação das vantagens da Inglaterra?[16] Os economistas do desenvolvimento rejeitaram o apagamento do colonialismo feito por Ricardo e a confiança em estratégias que permitiram ao Primeiro Mundo distribuir ajuda em vez de repensar seu próprio domínio financeiro e político.[17]

---

[15] As ideias de Ricardo tiveram um enorme impacto na ciência econômica – tanto que a justificativa para o "livre comércio" em nossos dias é em grande parte construída em torno de sua análise. O texto canônico é o de Krugman e Obstfeld (1994).

[16] O que permitiu à Inglaterra deter uma vantagem comparativa sobre Portugal na época de Ricardo não foram as "potencialidades proporcionadas pela natureza", mas uma série de tratados comerciais bilaterais (como o Tratado de Methuen de 1703) impostos à força a Portugal pela Inglaterra. Quando Ricardo colocou a caneta no papel, Portugal havia se tornado "um vassalo comercial real da Inglaterra". "Os ingleses", aponta o historiador Leonard Gomes, "descobriram que a guerra como instrumento de política poderia ser eficaz e lucrativa". A vantagem comparativa assegurada pela Inglaterra não só sobre Portugal, mas sobre grande parte do mundo, seria conquistada por suas políticas mercantilistas: onde o Estado inglês operava para canalizar os recursos da Inglaterra e proteger sua economia, ao mesmo tempo promovia a subordinação do destino econômico do resto do mundo em relação à Inglaterra (Gomes, 2003, p. 14-15). Os dois textos clássicos sobre o comércio entre Inglaterra e Portugal são de Sandro Sideri (1970) e Fisher (1970).

[17] A falha dessa premissa consiste em ela atribuir um caráter geral àquilo que, em si mesmo, é muito circunscrito. Se por coletividade entende-se tão somente o conjunto dos grandes países industrializados, é verdade que o fruto do progresso técnico distribui-se gradativamente entre todos os grupos e classes sociais. Todavia, se o conceito de coletividade também é estendido à periferia da economia mundial, essa generalização passa a carregar em si um grave erro.

Prebisch rejeitou a teoria da vantagem comparativa, pois demonstrou que cada região do mundo poderia gozar dos frutos da modernidade tanto quanto as demais. Isso não significa que cada região deveria produzir tudo para si e, portanto, viver em um estado de independência econômica pura. Ao contrário, o comércio é crucial porque algumas regiões têm mercados menores do que outras, e as matérias-primas e as terras agrícolas não são distribuídas uniformemente segundo as fronteiras nacionais. Mas a base do comércio tinha que ser alterada. Não se poderia ter como premissa a ideia de que alguns Estados são naturalmente bons em serem colhedores de matérias-primas de baixo valor e outros são naturalmente proficientes em serem produtores de produtos acabados de alto valor agregado. A teoria da vantagem comparativa, afirmava Prebisch, sufoca o desenvolvimento econômico genuíno. Além disso, uma vez que a teoria da modernização promove a visão de que a renda nacional e o capital de investimento devem ser obtidos com a exportação de matérias-primas, isso apenas aprisionará as novas nações ainda mais profundamente. Na visão de Prebisch e dos economistas do desenvolvimento, a importação de produtos manufaturados e a exportação de matérias-primas baratas continuarão a drenar capital e não permitirão a realização de melhorias tecnológicas para o desenvolvimento socioeconômico. O ciclo de dependência se intensificaria em vez de se romper.

Para contrabalançar isso, Prebisch argumentou que os Estados exportadores de matéria-prima deveriam criar algum mecanismo para desenvolver uma indústria doméstica e, desprovida de concessões adicionais, a melhor abordagem seria legal e política. As novas

---

Os imensos benefícios do desenvolvimento da produtividade não chegaram à periferia numa medida comparável àquela de que logrou desfrutar a população desses grandes países. Daí as acentuadíssimas diferenças nos padrões de vida das massas destes e daquela, assim como as notórias discrepâncias entre as suas respectivas forças de capitalização, uma vez que a massa de poupança depende primordialmente do aumento da produtividade. (Prebisch, 1962, p. 1). [Citado cf. Prebiscc, 2000, p. 71-72. (N. E.)]

nações deveriam usar tarifas para tornar as importações proibitivas (o que ficou conhecido como "industrialização por substituição de importações" ou, sob outra forma, a tese da "indústria nascente"). Os preços no centro permaneceram altos em parte devido ao papel *político* dos sindicatos e monopólios industriais. A periferia precisava de sua própria estratégia política, e isso teria que ser no reino do comércio internacional.

O mundo mais escuro contribuiu muito para o desenvolvimento da Europa e, com base nessas evidências, é claro que a mão invisível é branca. E o Primeiro Mundo queria que permanecesse branca. Nações poderosas, como a Inglaterra e, mais tarde, os Estados Unidos, impingiram as regras de comércio aos povos menores por meio de um ato de vontade e não pelas leis da economia. O desprezo dos economistas do Primeiro Mundo era palpável. John Maynard Keynes, por exemplo, queixou-se ao governo inglês sobre os convites enviados às nações mais escuras para a Conferência de Bretton Woods. Os que foram convidados, da Colômbia até a Venezuela, da Libéria até as Filipinas, observou ele, "claramente não têm nada a contribuir e apenas atrapalharão a reunião". Para Keynes, este é "o mais monstruoso bordel montado em anos".[18] Apenas os tecnocratas dos Estados industriais avançados deveriam ter permissão para formular as regras, porque, do contrário, os dos fornecedores de matéria-prima começariam a fazer demandas intoleráveis.

Na verdade, foi exatamente isso o que aconteceu na Conferência da ONU sobre Comércio e Emprego em Havana, Cuba, em 1948. Nas conferências preparatórias em Genebra e Londres, vários desses Estados ex-colonizados assumiram papéis de liderança na demanda pelo direito dos Estados de usarem as tarifas como um mecanismo para promover a industrialização doméstica. Em Genebra, as potências permitiram tais tarifas somente após a obtenção de autorização da Organização Internacional de

---

[18] John Maynard Keynes para David Waley (1980, p. 42).

Comércio (OIC). Os produtores de matéria-prima retomaram a contenda em Londres, exigindo que fossem autorizados a usar tarifas e, uma vez estabelecidas, a OIC poderia examiná-las para ver se eram desnecessárias. Eles não queriam obter autorização antecipada para uma política que consideravam essencial.

Em Havana, os delegados das nações mais escuras abafaram a perícia operativa dos nobres economistas com "um coro de denúncias", na feliz frase do chefe da delegação dos EUA, Clair Wilcox. Os delegados do Terceiro Mundo assinalaram que a versão de Genebra representava apenas as opiniões das potências imperiais, o que "não trazia esperança" para o resto do mundo. Os delegados ofendidos propuseram 800 emendas, das quais 200 teriam afundado por completo a OIC (Wilcox, 1949, p. 47). Essas nações denunciaram a criação, em 1947, do Acordo Geral sobre Tarifas e Comércio (GATT, na sigla em inglês) em Genebra, pois foi restrito aos Estados industriais avançados. Eles se opuseram à supervisão por parte do GATT das regras econômicas e exigiram que eles tivessem o direito de usar os sistemas preferenciais quando lhes fosse conveniente. O coro caiu em ouvidos moucos, pois o GATT permaneceu e uma OIC desenhada para trabalhar em benefício das nações camponesas falhou.

A questão do tratamento preferencial no comércio internacional, principalmente o uso de tarifas, continuou a ser um instrumento central na agenda econômica do Terceiro Mundo. Foi a principal plataforma econômica de Bandung (Kahin, 1956, p. 76-78). Os Estados do Terceiro Mundo na ONU nutriram a teoria e a promoveram em cada um dos fóruns. O argumento a favor das tarifas era o seguinte: os Estados do Terceiro Mundo queriam erigir um regime tarifário discriminatório para favorecer o desenvolvimento. Eles queriam permitir que seus Estados usassem tarifas contra produtos das potências industriais, da mesma forma que queriam que as potências industriais derrubassem suas várias barreiras à entrada de produtos do Terceiro Mundo. Em outras palavras, eles acusavam implicitamente o Primeiro Mundo de uma política tarifária que funcionava em seu benefício e agora exigiam uma reversão dos mecanismos tarifários. Os Estados do Terceiro Mundo deveriam usar estrategicamente tarifas e preferências para bloquear a importação de bens cuja produção pudesse ser promovida internamente. As tarifas estimulariam a indústria doméstica, e o capital para a industrialização poderia vir da ajuda externa ou de uma melhor utilização do excedente doméstico. O objetivo da industrialização era aumentar a produtividade do trabalho, cujo resultado não era simplesmente uma taxa de crescimento maior, mas um melhor padrão de vida para as massas. Para Prebisch: "Ela [a industrialização] não constitui um fim em si, mas é o único meio de que estes dispõem para ir captando uma parte do fruto do progresso técnico e elevando progressivamente o padrão de vida das massas" (Prebisch, 1962, p. 1).[19]

A questão das tarifas deveria, na verdade, ser vista como subordinada a um ponto mais importante levantado pelos economistas do desenvolvimento e pelos Estados do Terceiro Mundo: a necessidade de constituir uma estrutura institucional unificada desse grupo para lidar com os efeitos desiguais do capitalismo. Para tanto, Prebisch e estes Estados trabalharam para criar cartéis de bens primários, de modo que as nações produtoras pudessem se unir para conseguir bons preços para seus produtos.[20] Para estimular o comércio em todo o Terceiro Mundo e criar mecanismos de preços não determinados pelo capitalismo monopolista, os Estados do Terceiro Mundo exigiam a "criação de condições para a expansão do comércio entre países em um patamar de desenvolvimento semelhante" (Joint Declaration on International Trade and Development, 1963). Em 1961, os Estados latino-americanos, africanos e asiáticos criaram estruturas para arranjos de mercado comum em "um clima de ajuda mútua", como afirmou a Orga-

---

[19] Citado cf. Prebisch, 2000, p. 72. (N. E.)
[20] O único exemplo bem-sucedido foi a Opep, criada em 1960. Uma tentativa menos bem-sucedida foi o Acordo Internacional do Cacau de 1981.

nização Afro-Asiática de Cooperação Econômica.[21] A Cepal e as Oficinas de Estudos para a Colaboração Econômica ajudaram a estabelecer a estrutura da Associação Latino-Americana de Livre Comércio (e, em 1969, o Pacto Andino); 13 Estados francófonos criaram a União Afro-Malgaxe; Argélia, Gana, Guiné, Mali, Marrocos e a República Árabe Unida redigiram a Carta Africana em Casablanca, naquele mesmo ano, para criar um mercado comum, o Banco Africano de Desenvolvimento Econômico e a União Africana de Pagamentos; e a Organização Afro-Asiática para Cooperação Econômica demandou a criação de um mercado comum afro-asiático. Essas iniciativas buscaram unir o poder econômico e político do Terceiro Mundo para criar novas formas de comércio para amenizar os efeitos da exploração imperialista desigual.

Os Estados do Terceiro Mundo pressionaram pela criação de uma instituição da ONU para implementar sua agenda. Se o GATT já havia se tornado o instrumento do Primeiro Mundo, o Terceiro Mundo queria seu próprio organismo. A criação da Unctad foi justamente esse instrumento, tendo Prebisch como primeiro secretário-geral. Na primeira conferência em Genebra, 120 países estiveram presentes, e, por fim, 77 deles se juntaram para formar o G-77, um grande bloco liderado por Prebisch na ONU e em outros lugares. Em Genebra, o G-77 exigiu o aumento das exportações para os mercados do Primeiro Mundo, melhores preços das matérias-primas, financiamento compensatório e dis-

---

[21] "A cooperação para o bem comum, da qual cada país sairá mais bem preparado para a luta econômica moderna e que, em qualquer caso, aumentará os bens e serviços trocados entre os países afro-asiáticos, se estenderá ao coração da vida econômica examinando e lidando cooperativamente com os problemas de produção em todos os aspectos. A seguir estão alguns desses aspectos: 1) formação de capital e sua alocação entre os setores de produção; forma de poupança e agências; 2) expansão de bens de consumo em paralelo ao investimento na indústria pesada; diversificação e especialização da produção; 3) educação técnica; problemas socioeconômicos relacionados aos trabalhadores" (citado em Afrasec, 1961, p. 31).

criminação tarifária compensatória (Dadone e Di Marco, 1972, p. 25-26).²² A Unctad e o seu G-77 juntaram-se a potências intelectuais formidáveis, como a Administração de Desenvolvimento Econômico da ONU (formada em 1949, e ideia de V. K. R. V. Rao, o presidente da Subcomissão da ONU para o Desenvolvimento Econômico) e a Sunfed (formada em 1953 como uma instituição de distribuição de *soft aid*, que concedia subsídios para investimento de capital e que não tinha o apoio do Primeiro Mundo).²³ Esses grupos dedicados ao desenvolvimento econômico

---

²² Prebisch arrastou os países latino-americanos para a mesa de negociações com os delegados afro-asiáticos; ele consertou o relacionamento desgastado entre os 19 estados latino-americanos nas Nações Unidas e o vasto bloco afro-asiático. Para uma indicação das divisões, veja Raymont (1963, p. 23).

²³ Em 1949, Rao escreveu um artigo que mostrava como o capital privado não se mudaria para o mundo anteriormente colonizado tanto por razões extraeconômicas (racismo e assim por diante) quanto por razões econômicas (uma baixa taxa de retorno, instituições imprevisíveis, e assim por diante). Se o capital privado é imprevisível, a ONU tinha que se envolver em investimentos de capital para o desenvolvimento do mundo anteriormente colonizado. Birmânia, Chile, Cuba, Egito, Índia, Líbano e Iugoslávia lutaram pela proposta nos primeiros anos da ONU, mas sem sucesso. Quando a Iugoslávia ganhou um assento na Comissão Econômica e Social, em 1952, ela pressionou pela ideia do Sunfed. Novamente encontrou resistência, principalmente dos Estados Unidos e da Inglaterra. A proposta do Sunfed vacilou na ONU de 1952 a 1957, quando uma versão morna do original emergiu como o Fundo Especial, e então sem qualquer provisão de investimento de capital, como o Programa de Desenvolvimento da ONU (em 1965), e com um mínimo de capital, como a Organização de Desenvolvimento Industrial da ONU (em 1966). Na fundação da Unctad em 1964, o economista iugoslavo Janez Stanovnik presidiu o Comitê de Problemas Financeiros, que lutou muito para desenvolver propostas de transferência de investimento de capital. "O peso do argumento a favor de um aumento no financiamento internacional do desenvolvimento econômico", escreveu Stanovnik, "não está na restituição nem na caridade, mas na lógica econômica sólida de desenvolver uma nova economia mundial integrada". Em 1958, Stanovnik já adivinhava porque o Primeiro Mundo resistiria à ideia de um fundo de capital da ONU, porque "financiar o desenvolvimento econômico por meio da ONU abalaria a fé no capital privado e na empresa privada no mundo". Visto que a empresa privada era a religião do Primeiro Mundo, seria um milagre se os Estados Unidos e a

do Terceiro Mundo tinham aliados na ONU para Alimentação e Agricultura (FAO-ONU) e, a partir de 1966, no Programa da ONU para o Desenvolvimento (PNUD). A Unctad confrontou o poder das corporações globais do Primeiro Mundo e seu direito senhorial sobre os produtos do mundo anteriormente colonizado.

Os Estados do Terceiro Mundo aprovaram na ONU, em 1963, uma resolução por "recursos financeiros mais adequados em termos favoráveis" para facilitar a agenda de Prebisch. Esse movimento seguiu as amplas demandas formuladas em Bandung: "investimento de capital estrangeiro" somente se viesse sem condicionamentos e pudesse dar "uma contribuição valiosa" para o desenvolvimento social e econômico das novas nações (citado em Kahin, 1955, p. 76).[24] Os compromissos de desinteresse "nos horam mais infringir que acatar".[25]

O Primeiro Mundo se ressentiu com a criação da Unctad.[26] O governo dos EUA estava empenhado em tornar o GATT, o

---

Europa revisassem sua teologia do mercado livre (Stanovnik, 1967 e 1958). Para mais análises, consultar Stanovnik (1962 e 1964).

[24] "A ajuda temporária do capital estrangeiro é necessária para que se rompa esse círculo vicioso sem restringir indevidamente o consumo atual das massas, que, em geral, é muito baixo. Se esse capital for efetivamente utilizado, o aumento da produtividade vai, com o tempo, permitir a acumulação de economias que poderiam substituir o capital estrangeiro nos novos investimentos exigidos pelos novos processos técnicos e pelo crescimento da população" (Prebisch, 1962, p. 13-14).

[25] Cf. Shakespeare, 2015. Hamlet. Ato 1, cena 4. (N. E.)

[26] O professor da cátedra Sultão de Omã no departamento de Relações Internacionais de Harvard, Joseph S. Nye, refere-se à Unctad como "Sob nenhuma circunstância, faça qualquer julgamento" [*Under No Circumstances Take Any Judgment*]. Tamanha condescendência de um homem cujo próprio cargo havia sido financiado por um déspota veio sem qualquer reconhecimento de que a Unctad havia forçado o Banco Mundial a lidar com o problema da equidade (Nye, 1973). Em uma comunicação interna da Agência dos Estados Unidos para o Desenvolvimento Internacional de fevereiro de 1965, o administrador disse à sua equipe: "Em parte como resultado da conferência da Unctad em Genebra, no verão passado, o Banco Mundial e outras instituições internacionais começaram a reexaminar seu programa". Os Estados Unidos não

FMI e o Banco Mundial os instrumentos de desenvolvimento. O GATT permitiu que o Primeiro Mundo tivesse uma vantagem no comércio entre Estados, o FMI permitiu que os bancos do Primeiro Mundo sobrevivessem às crises fiscais nas nações devedoras e o Banco Mundial arquitetou um desenvolvimento que beneficiou as corporações monopolistas. Os "pistoleiros econômicos" foram atrás das nações mais escuras, escreveram relatórios que pediam desenvolvimento altamente técnico, maquinaram empréstimos de bancos do Primeiro Mundo para países empobrecidos, levaram incorporadoras do Primeiro Mundo para construir uma infraestrutura faraônica e sobrecarregaram os Estados com uma dívida econômica da qual eles tentavam se recuperar politicamente.[27] A Unctad atraiu os Estados do Terceiro Mundo para a discussão, enquanto o GATT, o FMI e o Banco Mundial tendiam a mantê-los fora e preferiam tecnocratas que aplicassem suas receitas sem discussão ou negociação (Krishnamurti, 1985; Haji, 1985).

O Primeiro Mundo impôs sua própria agenda para o desenvolvimento, que incluía todos os contornos da teoria da modernização ao lado da "ajuda externa". O governo dos EUA e suas fundações satélite sem fins lucrativos ofereceram fundos para o desenvolvimento, mas com uma rentabilidade cuidadosamente calibrada para os próprios Estados Unidos. O presidente estadunidense do Banco Mundial, Eugene Black, observou com franqueza:

> Nossos programas de ajuda externa constituem um benefício distinto para as empresas estadunidenses. Os três principais be-

---

queriam mudar sua política de redução de ajuda, mais comércio, mas tiveram que admitir que o G-77 exercia poder no cenário mundial (Department of State, 1997, p. 304). No verão de 1964, o representante dos EUA no Comitê de Ação para o Desenvolvimento [DAC] observou: "Praticamente todos os delegados reconheceram explicitamente a importância política da Unctad e a necessidade corolária de coordenação entre os membros do DAC em face dos 75 [mais tarde 77]" (Foreign Relations of the United States, 1964-1968, Volume IX, p. 257).

[27] Esse é o método descrito por Perkins (2004).

nefícios são: 1) a ajuda externa fornece um mercado substancial e imediato para bens e serviços dos Estados Unidos; 2) a ajuda externa estimula o desenvolvimento de novos mercados no exterior para as empresas dos Estados Unidos; 3) a ajuda externa orienta as economias nacionais em direção a um sistema de livre empresa no qual as empresas dos Estados Unidos podem prosperar. (Citado em Hancock, 1989, p. 70)[28]

O governo dos Estados Unidos, ademais, forneceu ajuda não apenas para fins econômicos, mas também para a compra de equipamento militar. Em 1951, o secretário de Estado dos EUA, Dean Acheson, observou: "A assistência técnica e econômica deve ser suficiente para apoiar os programas militares e lidar com alguns dos problemas fundamentais de fraqueza, onde apenas as armas não são suficientes para defesa".[29] As armas predominaram sobre as políticas sociais, não porque havia qualquer desejo primordial por sangue nos trópicos, mas porque os principais fornecedores de ajuda, os Estados Unidos e a Europa, preferiam essa ajuda para atar novas nações em pactos militares. Se seus aliados se tornaram repúblicas de bananas, isso teve tanto a ver com o envio desse armamento quanto com qualquer cultura local baseada em líderes fortes.

O regime de ajuda externa do Primeiro Mundo levou a URSS e a República Popular da China a uma guerra fria por causa da ajuda.[30] Se um decidisse ajudar um país do mundo anteriormente

---

[28] Pouco disso era privado, porque Black rotineiramente fazia tais comentários em público, especialmente em 1962, em um discurso na Comissão Econômica e Social da ONU.

[29] Oito anos depois, o governo dos EUA observou que gastou a maior parte de sua ajuda externa na forma de ajuda militar, uma vez que precisava dar "auxílio econômico para ajudar os países menos desenvolvidos que recebiam ajuda militar dos EUA para atender a alguns dos encargos econômicos e políticos decorrentes da expansão do estabelecimento de defesa local. O objetivo principal, portanto, é a segurança militar, mas algum desenvolvimento econômico pode resultar como efeito secundário".

[30] Embora eu não entre em detalhes, a partir de 1959, a República Popular da China começou a oferecer assistência técnica e acordos de mercado cooperati-

colonizado, o outro também ofereceria algo. O Terceiro Mundo começou a jogar um lado contra o outro para obter o máximo de assistência possível – uma manobra que desviou a atenção da agenda de transformação do sistema da Unctad e do G-77. A URSS e a China, entretanto, não tinham acesso ao enorme arsenal financeiro à disposição do muito mais rico Primeiro Mundo. A URSS podia demonstrar seu sucesso na transformação de uma sociedade predominantemente agrícola e feudal do período tsarista em uma superpotência industrializada – tudo guiado não pelo mercado, mas pelo planejamento socialista. Mas a Segunda Guerra Mundial devastou as instalações físicas soviéticas e, após a guerra, o que restou da riqueza foi para a reconstrução da URSS e seu recém-constituído Pacto de Varsóvia. Quando o Primeiro Mundo passou a dedicar-se à ajuda externa, a URSS, apesar de suas desvantagens, não poderia ficar muito atrás (citado em Walters, 1970, p. 16-17).[31] Embora a ajuda da URSS para o Terceiro Mundo representasse apenas cerca de 15% do comércio exterior soviético, grande parte das interações econômicas com o mundo anteriormente colonizado estava na forma de escambo, trocas

---

vos com várias nações africanas (bem como treinamento militar para aqueles que ainda lutavam contra as potências coloniais). A Guiné foi o primeiro país a criar laços econômicos estreitos com a República Popular da China por meio de empréstimos sem juros e ensino de técnicas de cultivo de arroz (Hutchison, 1975, p. 56; Weiss, 1974, p. 203-314, 263-309). Havia uma profundidade intensa nessas trocas, pois, como mostra Kathleen Baker, os sistemas agrícolas chineses de baixo custo e baixa tecnologia aumentaram a produtividade no Senegal (Baker, 1985, p. 401-414).

[31] Em seu relatório ao Comitê Central do XX Congresso do Partido Comunista, em 1956, Khrushchev afirmou que o Terceiro Mundo, "embora não pertença ao sistema socialista mundial, pode aproveitar as conquistas [do mundo socialista] na construção de uma economia nacional independente e na elevação dos padrões de vida de seu povo. Hoje eles não precisam implorar aos seus ex-opressores por equipamentos modernos. Eles podem obtê-los dos países socialistas, livres de quaisquer obrigações políticas ou militares". Isso e a comitiva mundial de Khrushchev e Bulganin inauguraram um importante ciclo de ajuda da URSS que durou até a década de 1980 (Walters, 1970, p. 30).

bilaterais não monetárias e cooperação industrial. A URSS também trocou produtos tecnológicos (incluindo armamentos) por matérias-primas e bens de consumo – tudo sem o peso de uma moeda forte. A entrada da URSS nesta arena colocou pressão adicional sobre os Estados Unidos e a Europa, de modo que a ajuda passou a fazer parte do jogo de xadrez geral entre a URSS e os Estados Unidos (Trofimenko, 1981, p. 1.021-1.040).

Isso não quer dizer que a URSS e os Estados Unidos tivessem políticas comerciais idênticas, apenas que seus efeitos no Terceiro Mundo foram semelhantes. Nem a ajuda dos Estados Unidos nem da URSS ajudaram a minar o problema estrutural identificado por Prebisch: os termos de troca e a relação de dependência que isso engendrava. A URSS, dentro do Conselho de Assistência Econômica Mútua (Comecon – formado por Cuba, Mongólia, Vietnã e URSS), forneceu ajuda e comprou bens a preços razoáveis. Um estudo fundamentado sobre o comércio entre a URSS e a Europa Oriental sob os auspícios do Conselho de Assistência Econômica Mútua concluiu que a URSS comercializava matérias--primas e produtos agrícolas de baixo valor por máquinas da Europa Oriental. Nesse caso, a Europa Oriental dirigia o comércio e a URSS fazia o papel de exportadora de baixo valor agregado (Stone, 1996; Walters, 1970, p. 38-39). O "Subsídio Soviético" era uma realidade desconfortável para outras partes do Terceiro Mundo que adotavam um caminho socialista (como Cuba), embora esse subsídio não viesse sem suas próprias restrições (como a dependência das exportações soviéticas de uma vasta gama de produtos) (Zimbalist e Pastor, 1995, p. 7-12).[32]

---

[32] A dependência econômica de Cuba na produção de uma única mercadoria (açúcar) não era simplesmente por causa de seu passado agrícola colonial, mas também por causa de seu papel dentro do arquipélago econômico soviético. Guevara, no Segundo Seminário Econômico de Solidariedade Afro-Asiática realizado em Argel, em 1965, destacou isso com veemência: "Os países socialistas devem arcar com o custo do desenvolvimento dos países que agora começam a embarcar no caminho da libertação [...]. Os países socialistas são,

Em 1957, o marxista estadunidense Paul Baran, nascido na Rússia, publicou *A economia política do desenvolvimento*, em que demonstrou a inutilidade da ajuda externa e a estratégia de industrialização por substituição de importações. "Longe de servir como um motor de expansão econômica, de progresso tecnológico e mudança social, a ordem capitalista nesses países representou um enquadramento para a estagnação econômica, para a tecnologia arcaica e para o atraso social" (Baran, 1962, p. 399).[33] A maioria dos críticos de Baran atacou sua premissa de que as economias do Terceiro Mundo haviam se desenvolvido até o estágio do capitalismo monopolista e, portanto, que a ajuda só fortaleceria o capitalista e não possibilitaria nenhum desenvolvimento social. Debates grassaram nas revistas progressistas sobre este tema, e esse foi o principal ponto de desacordo entre os revolucionários. Embora Baran possa ter exagerado sua tese e o papel do capitalismo monopolista nas nações mais escuras, sua crítica à dependência na estratégia de crescimento foi acertada. A ajuda de fora (seja capitalista ou socialista) forneceu tempo para as elites dominantes, que usaram esse dinheiro para evitar a transformação social necessária. Uma forma mais substancial de desenvolvimento seria a destruição das relações sociais feudais e a socialização da produção. Essas elites parasitas aderiram à lógica de Prebisch em prol de seus próprios interesses de classe, em vez de mover suas sociedades para o socialismo. As classes dominantes em cada uma dessas sociedades compraram máquinas e fábricas desatualizadas

---

em certo sentido, cúmplices da exploração imperial. Os países socialistas têm o dever moral de liquidar sua cumplicidade com os países exploradores do Ocidente" (citado em Halperin, 1981, p. 126).

[33] As opiniões de Baran encontraram eco na Argentina, entre grupos como o Movimiento de Izquierda Revolucionaria/Praxis. Para mais informações, ver Strasser (1959). A obra de Silvio Frondizi, do Movimiento de Izquierda Revolucionaria, é central nessa linha de pensamento, que via o peronismo como a posição mais avançada da burguesia nacional, sendo incapaz de alcançar tanto a social-democracia quanto o socialismo (Tarcus, 1996).

de terceira categoria dos Estados industriais avançados e pagaram caro por eles. Na Grã-Bretanha, por exemplo, as empresas que queriam atualizar seu maquinário (e fábricas inteiras) vendiam estes para suas subsidiárias em lugares como a Índia. Elas então despachavam essas máquinas enferrujadas para a Índia como novas e atualizavam suas próprias instalações físicas nas Ilhas Britânicas.[34] A indústria indiana, então, pagou por algumas das instalações físicas britânicas recondicionadas na década de 1950. Tal fraude ocorreu ao longo do processo de substituição de importações.[35]

Muitas décadas depois, Prebisch reconheceu essa limitação importante na ordem do Terceiro Mundo: "Pensamos que uma aceleração da taxa de crescimento resolveria todos os problemas. Esse foi nosso grande erro". Eram necessárias, aliadas ao crescimento, "mudanças na estrutura social"; de fato, "uma transformação social completa" (Prebisch, 1980, p. 15-18). Dentre os vários meios de transformação social prioritários na agenda, mas que não o eram em termos de implementação, estava a reforma

---

[34] Soube disso com um antigo funcionário da India Foil que trabalhou tanto em Londres quanto em Calcutá. Para uma visão geral, consultar Chandra (1992).

[35] Houve um debate acirrado sobre a natureza de classe dos governos em países pós-coloniais como Índia e Egito. Alguns, como os economistas Michal Kalecki e K. N. Raj, argumentaram que a pequena burguesia dominava nessas novas nações, criando assim "regimes intermediários" que não podiam ser tratados como capitalistas completamente desenvolvidos. O ensaio clássico de Kalecki sobre o "regime intermediário" foi coletado em seus *Essays on the Economic Growth of the Socialist and Mixed Economy* (1972). A contribuição de Raj está em "The Politics and Economics of Intermediate Regimes", 1973. A forte réplica do intelectual e dirigente comunista E. M. S. Namboodripad pode ser encontrado em "On Intermediate Regimes", 1973. A principal ressalva de Namboodripad foi que Raj (e Kalecki) não consideravam o papel da grande burguesia em sociedades como a Índia, que havia aderido à lógica de substituição de importações como uma barganha de classe, e não para sua própria liquidação. A posição de Namboodripad é apoiada pela pouco conhecida análise marxista da Índia feita por Bettelheim (1968), revisada com proveito por Karat, que observa: "O capitalismo de Estado é uma política aprovada pela grande burguesia" (1971, p. 37).

agrária. Na ONU, os Estados do Terceiro Mundo se comprometeram com a reforma agrária em diversas ocasiões, mas todas as vezes solicitaram estudos extensos e assistência técnica de órgãos da ONU, como a Organização para Agricultura e Alimentação (FAO).[36] Da Resolução de dezembro de 1952 até a de dezembro de 1960 em diante, a Assembleia Geral da ONU demandou mais estudos e assistência, mas não muito além disso. Dentro da ONU, frequentemente se falava de reforma agrária, e havia alguma discussão sobre o uso distorcido ou mesmo corrupto do excedente, mas quase nenhuma preocupação dada a ele ou ao conflito entre as diferentes classes pelo uso do excedente (e para a mais-valia retirada dos trabalhadores). O principal problema era levantar capital para o desenvolvimento do Terceiro Mundo, e a posição de Prebisch também ignorava ou minimizava o papel fundamental do capital financeiro na economia mundial. Os problemas estruturais do latifúndio, as lutas de classes internas e o melhor uso do excedente econômico já produzido dentro de uma economia nacional, bem como o problema da mais-valia roubada dos trabalhadores no curso normal do capitalismo, raramente apareciam como temas de debate na ONU. Já era suficiente ser apenas crítico ao Primeiro Mundo, o que se tornou um escudo que protegia a burguesia nacional das críticas por sua própria falta de imaginação e autossacrifício. Em outras palavras, a teoria do desenvolvimento e as políticas públicas enfatizavam o crescimento econômico como um fim em si mesmo, sem trazer consigo uma consideração pela equidade.

---

[36] Na década de 1940, a ONU iniciou um estudo que resultou em um relatório a favor da reforma agrária como uma importante política de transformação social. Este relatório se tornou a pedra de toque de todos os esforços da ONU nas duas décadas seguintes (Departamento de Assuntos Econômicos da ONU, 1951).

Teerã
Cultivando uma imaginação

Um milhão de dólares. Isso foi tudo o que a CIA precisou em 1953 para derrubar um governo nacionalista. O homem de Langley[1] em Teerã era Kermit "Kim" Roosevelt, neto de Teddy Roosevelt. Ordenado a derrubar o governo democraticamente eleito da Frente Nacional, liderado por Muhammed Mosaddeq, e restaurar o xá do Irã, Roosevelt distribuiu o dinheiro e esperou que ele fizesse sua mágica. O Exército, os aristocratas e outras frações de classe em ascensão entraram em ação e derrubaram um governo que havia expandido a imaginação do povo iraniano. O xá voltou para ficar, até ser derrubado por um tipo diferente de golpe, em 1979.

Mosaddeq teve uma longa carreira na política antes de o povo iraniano o chamar para liderá-lo em 1951. Naquele ano, o parlamento iraniano, o Majlis, nacionalizou a indústria de petróleo do país (propriedade da Anglo-Iranian Oil Company, onde "Anglo" representava os interesses ingleses e "iraniano" simplesmente se referia ao local de onde retiravam o petróleo). Quando o primeiro-ministro, que se opunha à nacionalização, foi assassinado, o parlamento recorreu a Mosaddeq para levá-la adiante. A popularidade de Mosaddeq e sua Frente Nacional forçou o xá a aceitar a Lei de Nacionalização do petróleo. Mosaddeq retirou os ingleses da equação e fundou a Companhia Nacional Iraniana de Petróleo, a primeira empresa nacionalizada de petróleo em terras produtoras (os Oficiais Livres no Egito se inspirariam muito nessa ação).

Os governos britânico e dos EUA prepararam seus músculos, o xá se recusou a entregar os militares ao parlamento e Mosaddeq re-

---

[1] Território do estado de Virgínia (EUA) que abriga a sede da CIA. (N. E.)

nunciou. As pessoas enchiam as ruas: vinham de todos os partidos políticos e da intelectualidade do país. O Partido Tudeh ("Partido das Massas", herdeiro do Partido Comunista, fundado em 1920) tinha 25 mil quadros, enquanto sua federação sindical ostentava 335 mil membros.[2] A influência do Tudeh irritou o *establishment* dos EUA, que ofereceu ao líder da Frente Nacional uma escolha: ou esmagar os comunistas, aceitar ajuda dos EUA e permanecer no poder, ou então cair sob a influência soviética-comunista. Em 2 de maio de 1953, Mosaddeq revelou a estreiteza política de sua classe, cujo investimento no nacionalismo e na soberania nacional foi apenas até o ponto em que garantiria seu domínio e ostentação; ele escreveu uma carta ao presidente Dwight D. Eisenhower, na qual se apequenou: "por favor, aceite, senhor presidente, as garantias de minha mais alta consideração" (Kinzer, 2003; Gasiorowski e Byrne, 2004). Com medo dos soviéticos, Mosaddeq esmagou o Partido Tudeh, destruindo assim os defensores mais organizados da soberania iraniana, e caiu diante de um golpe arquitetado pelo representante da CIA e um aliado muito mais confiável dos EUA, o xá.

O xá exilou dezenas de milhares de membros do Partido Nacional e dos comunistas, e matou outros milhares de ambos. O Tudeh foi reduzido em tamanho pela força bruta, pois seus membros foram para a clandestinidade, para as prisões do xá ou então para a Europa, onde se reconstituíram. O partido ficou paralisado com o golpe. A URSS prestou pouca atenção, preferindo fazer todas as concessões ao xá na esperança de pacificar um Estado fronteiriço e obter acesso ao petróleo, apesar da relação estreita entre os Estados Unidos e o xá.[3]

---

[2] Abrahamian (1969) apresenta uma razoável introdução sobre o Partido em seu período mais profícuo.

[3] Em Bandung, o representante iraniano Djalal Abdoh informou à conferência que Bulganin pediu desculpas ao regime do xá pelo apoio da URSS ao Partido Democrático do Azerbaijão, 1945-1946, pelas concessões de petróleo tomadas de seus aliados pelos soviéticos na região de ruptura e o uso do Exército

Do Tudeh saíram intelectuais insatisfeitos, entre eles diversos letrados em farsi. Animados pelo momento Mosaddeq, pela possibilidade de um nacionalismo socialmente justo (garantido pela presença de um Partido Tudeh forte), escreveram manifestos e poemas, contos e discursos de crítica. A asfixia cultural do imperialismo e da aristocracia feudal havia sido levantada pelo momento Mosaddeq e, mesmo com a restauração do xá, essa produtividade cultural no terreno do nacionalismo continuou. Os intelectuais e trabalhadores culturais – motivados pelo anticolonialismo, pelo antimonarquismo e a militância do movimento Tudeh – se reagruparam no início da década de 1950 em pequenas organizações. Uma delas foi Niru-ye Sevum [a Terceira Força], dirigida por Khalil Maleki, que havia deixado o Tudeh em 1947. Maleki preparou o caminho para outros o percorrerem nos anos seguintes. Essas pessoas menosprezaram o capitalismo do Primeiro Mundo e o socialismo do Segundo Mundo. Eles se refugiaram temporariamente na Frente Nacional de Mosaddeq, embora continuassem desconfiados da hesitação e do conservadorismo do partido burguês. Eram essencialmente trabalhadores culturais que não gostavam nem das hierarquias da economia de mercado da América nem da árida monotonia da burocracia socialista da era Khrushchev.[4] Como artistas, eles ansiavam por espaço para deixar o espírito voar livremente, e nenhuma dessas opções forneceu um caminho a seguir a partir do xá.

A forte ênfase tanto na liberdade quanto na justiça social atraiu um grande número de seguidores entre uma intelectualidade que tinha nenhuma lealdade à realeza e pouca fidelidade a um partido

---

Vermelho para checar o exército iraniano até dezembro de 1946. O pedido de desculpas de Bulganin significou que ele alertou o partido Tudeh para avançar cuidadosamente contra o trono do pavão (Kahin, 1956, p. 20-21).

[4] Malecki, por exemplo, indicou isso com seu hino pela criação de uma "ordem civil de massa": não sacrificaria o indivíduo nem a sociedade, não favoreceria nem a hierarquia dos indivíduos nem a asfixia da sociedade (Vahdat, 2002, p. 112).

político que se desgastava cada vez mais com as necessidades da política externa da URSS. O periódico de Maleki trazia discussões imaginativas sobre o tipo de modernidade imaginada pelo Terceiro Mundo, por sua Terceira Força. Em 1955, uma de suas revistas, *Nabard-e Zendegi* [*A batalha da vida*], publicou um poema intitulado "Convocação às Armas", de Forugh Farrokhzad:

> Ó mulher iraniana, só você permaneceu,
> Nos laços da crueldade e miséria e infortúnio.
> É o seu seio caloroso que alimentou
> o homem orgulhoso e pomposo.
> É o seu sorriso alegre que confere
> ao seu coração vigor e calor.
> Para aquela pessoa que é sua criação
> Ser preferido e superior é vergonhoso.
> Mulher, aja porque um mundo
> a espera e acena.
> (em Hillmann, 1987, p. 83)

Cheios de discursos pesados, discussões econômicas e questões organizacionais, os periódicos nacionalistas, no entanto, abriram espaço para poemas e histórias, desenhos e fotografias. A "nação" tinha que ser imaginada, bem como pensada política, econômica e culturalmente. A imaginação desempenhou um papel enorme na construção da nação, de seus Estados e, claro, do próprio Terceiro Mundo. Histórias de humilhação e esperança, poemas de desespero e revolução – tudo isso faz parte da produção massiva da imaginação que apareceu nos textos de libertação nacional. O verso de Farrokhzad é típico nesse sentido: há o elogio às mulheres iranianas por seus trabalhos esquecidos, a condenação do patriarcado por sua rejeição às mulheres/mães que criaram o mundo e um "chamado às armas" para que as mulheres dessem à luz a um novo tipo de ordem. Nestes três momentos – louvor, condenação e grito de guerra – está a estrutura básica da história da libertação nacional. Ela traça o passado e exige um compromisso com o futuro.

O verso poderoso de Farrokhzad inspirou muito debate dentro do Irã e, após sua morte prematura, aos 32 anos, ela se tornou um ícone para aqueles que queriam ultrapassar os limites da modernidade. O editor de *Nabard-e Zendegi* na época era uma eminência das letras persas e, embora tivesse divergências com Farrokhzad, Jalal Al-e Ahmad apreciava seu trabalho. Como Malecki, Al-e Ahmad estivera no Partido Tudeh em sua fase mais produtiva (1944-1948) e então, nos anos 1951-1953, apoiou o governo de Mosaddeq. O retorno do xá e as críticas francas de Al-e Ahmad à monarquia valeram-lhe a liderança da intelectualidade descontente. Al-e Ahmad substituiu a expansividade da imaginação pela desesperança da ação militante neste período. Ele produziu um *corpus* notável de contos que contrapunham a corrupção e a crueldade da monarquia com a sabedoria simples do folclore e do povo esquecido do Irã.[5] Ele escreveu uma série de romances cáusticos sobre o "subdesenvolvimento" da sociedade iraniana e o sentimento de desesperança que confrontava o intelectual; o que um professor deve fazer, por exemplo, quando a promessa de educação e transferência cultural é insuficiente em um mundo tão hierárquico e desigual?[6] Esta crise para o professor em uma sociedade subdesenvolvida (cujos alunos não têm sapatos, por exemplo) reflete a principal contradição para o Terceiro Mundo no domínio da cultura: comprometido com a noção de uma sociedade e cultura igualitárias, mas dentro de um contexto de imensa desigualdade, como o professor poderia chegar a um acordo com sua posição "superior à" de seus alunos? No reino dos direitos ao voto e alfabetização, que desenvolverei mais adiante, esse problema também surge: todos devem ter direito ao voto,

---

[5] A coleção *Nun va al-qalam*, embora situada no passado, é uma bela alegoria da sociedade iraniana. Pode ser traduzida como *Pela caneta*, e ganhou edição em língua inglesa em 1988 (*By the Pen*).

[6] Esta é a problemática básica de seu notável romance *Mudir-i madrasah*, de 1958, traduzido para o inglês como *The School Principal* (Ahmad, 1974).

independentemente de seu nível de alfabetização, mas as pessoas precisam ser alfabetizadas para ampliar seu ser social e político.

Era muito mais fácil se concentrar em um ataque de todos os pontos contra o imperialismo cultural do que se deter longamente no problema mais urgente dos valores expansivos e das realidades desiguais. Al-e Ahmad, portanto, é mais conhecido não pela maneira sutil como levantou questões importantes aos trabalhadores culturais, mas por seu longo discurso de 1961-1962 contra o que seu amigo Ahmed Farid havia chamado de *Gharahzadegi*, ou "Ocidentose". Convidado pelo governo iraniano a apresentar um artigo no Congresso sobre o Objetivo da Educação Iraniana, Al-e Ahmad trouxe um longo manifesto sobre o colapso da dignidade da Ásia, África e América Latina antes do massacre da Europa. A Europa não só conseguiu conquistar, colonizar e remodelar a economia política desses continentes, mas também conseguiu colocá-los em uma crise cultural. Essa crise tornou-se o tema da crítica vibrante de Al-e Ahmad.

Do "Ocidente", argumentou Al-e Ahmad, veio a doença da "Ocidentose". A Europa disse que era material e moralmente superior: sua força material não precisava ser comprovada e ela teve esse grande desenvolvimento material com base em sua herança moral e cultural. A Europa teve uma Reforma, um Lutero, o Iluminismo, a Revolução Francesa e a Revolução Industrial. A última surgiu da corrente que a precedeu. Se o resto do mundo quisesse desenvolver e alcançar a indústria, também precisaria de uma Reforma. Escritores como o mexicano Octavio Paz concordam: "Nunca tivemos um Kant, um Voltaire, um Diderot ou um Hume" (Paz, 1983, p. 33-34). Se o México tivesse tido essas figuras e esses movimentos, não estaria em sua pobreza relativa.

Al-e Ahmad sabia que isso era uma inversão do problema. Uma Reforma não leva à Revolução Industrial – na verdade, ver a história cultural e econômica dessa forma é perder de vista o roubo da riqueza das Américas para a glória da Europa, e o desenvolvimento do liberalismo europeu em relação à degradação dos direitos dos povos nas colônias (Mehta, 1999). Na mesma linha da visão da Cepal sobre o subdesenvolvimento, Al-e Ahmad descreveu o mundo como sendo dividido entre

> dois polos ou extremos [...] Um polo é o dos saciados – os ricos, os poderosos, os fabricantes e exportadores de manufaturados. O outro polo é deixado para os famintos – os pobres, os impotentes, os importadores e os consumidores. O ritmo do progresso está na parte ascendente do mundo e o pulso da estagnação está na parte moribunda do mundo. (Ahmad, 1984, p. 27-28)[7]

Embora o Irã não tenha sido colonizado anteriormente, ele pertence ao extremo dos famintos. Na verdade, grande parte do mundo que se encontrava no polo dos famintos permaneceu nominalmente livre durante a era do colonialismo. A América do Sul e algumas ilhas do Caribe conquistaram sua independência política no século XVIII, e partes da África permaneceram livres, assim como a China e cerca de metade da Índia. A conquista colonial desempenhou apenas uma parte do domínio geral do planeta pelo imperialismo europeu e estadunidense. As empresas petrolíferas inglesas (ou pelo menos um inglês, William Knox D'Arcy) dominavam os campos de petróleo do Irã desde 1901, e o petróleo continuava a ser a principal exportação dessa grande nação nominalmente independente. O governo do Irã pagou pela infraestrutura para extrair o petróleo e ganhou uma ninharia do cartel da petroleira. Não foi à toa que a luta de Mosaddeq pelo petróleo rendeu-lhe o afeto das massas (Elwell-Sutton, 1955).

O que a elite iraniana fez com sua pequena parcela dos lucros do petróleo desconcertava intelectuais como Al-e Ahmad. Na visão desses intelectuais, a elite (liderada pela aristocracia) importava mercadorias sem sentido, incluindo armamento. Al-e Ahmad

---

[7] Em Bandung, os delegados observaram discretamente o fato de que "a existência do colonialismo em muitas partes da Ásia e da África em qualquer forma que seja [...] suprime as culturas nacionais do povo" (Kahin, 1956, p. 79).

culpou a elite por esse consumo egoísta, mas, para ele, a maior parte da culpa era do sistema imperialista. Al-e Ahmad contestava:

> Depois de dar o controle econômico e político de seu país a empresas estrangeiras eles sabem o que lhe vender, ou pelo menos o que não lhe vender. Porque, naturalmente, procuram lhe vender seus produtos manufaturados perpetuamente; é melhor que você continue precisando deles para sempre, e que Deus guarde as reservas de petróleo. Eles tiram o petróleo e dão a você o que você quiser em troca – de sopa a nozes, até mesmo grãos. Esse comércio forçado se estende até mesmo às questões culturais, à literatura, ao discurso. (Ahmad, 1984, p. 62-63)

A elite iraniana, como grande parte da elite parasita do mundo pós-colonial, preparou seu senso estético em torno do Sublime da Europa.[8] Os sistemas educacionais e a mídia, bem como os fornecedores culturais, não *ensinavam* à população seus próprios costumes e tradições. O imperialismo havia rompido a relação orgânica com essas dinâmicas. A ruptura dos vínculos entre as várias classes resultou na criação de um abismo estético e socio-econômico. A contribuição de Al-e Ahmad para eliminar esse abismo foram suas etnografias, embora estas também tenham uma tentativa de preservação colonial dos legados, em vez de criar um vínculo entre governantes e governados (ver por exemplo Ahmad, 1954 e 1960).

A crítica geral do imperialismo cultural permanece em um âmbito circunscrito, porque é apenas a elite ou os setores urbanos que têm acesso aos itens simbólicos e materiais que entram no Terceiro Mundo (isso, é claro, mudou com a entrada da televisão). Como a maioria não pode pagar pelos produtos culturais reais da Carnaby Street e Madison Avenue, de Hollywood e da Sorbonne, o problema da importação desses itens não é necessariamente um

---

[8] Referência à Estética do Sublime, explorada por diversos pintores, escritores e teatrólogos e teorizada pelo racionalista lógico Edmund Burke em torno de 1750. Para o autor, a sensação de sublime é desencadeada principalmente pelo medo diante da morte e da imensidão da natureza. (N. E.)

dilema *das massas*. O que Al-e Ahmad ensaia é o problema conceitual, no qual as pessoas do "Oriente" continuam a se ver como inferiores ao "Ocidente". O esmagador poder militar e industrial do "Ocidente" produz uma imensa alucinação de que o que ele faz é história e apenas o que faz importa, enquanto o resto de nós deve permanecer em um estupor cíclico de espanto e paralisia.[9] É esse fato que Al-e Ahmad queria que o Terceiro Mundo reconhecesse.

Essa crítica não é original de Al-e Ahmad. A maior parte do Terceiro Mundo produziu trabalhadores culturais que chegaram à mesma conclusão, alguns com raiva poética e outros com análises abstratas. Na década de 1930, pelo menos duas vertentes para a regeneração das nações mais escuras emergiram: do Atlântico negro francófono veio a ideia de *negritude*, que sugeria que um novo ser tinha que ser criado a partir dos recursos culturais duramente rejeitados da África, bem como uma nova autoconfiança em ser negro no mundo, necessária para conduzir as visões de mundo; e, do Brasil, surgiu a ideia de que as Ciências Sociais possibilitariam um desenvolvimento econômico significativo e positivista, que geraria uma nova e confiante personalidade brasileira.[10] Na década de 1950, esses dois projetos críticos iriam, em geral, se unir na obra dos trabalhadores culturais do Terceiro Mundo. Em 1950, Aimé Césaire, uma das principais figuras do movimento da negritude, publicou seu *Discurso sobre o colonialismo*, que colocou essas duas considerações em diálogo uma com a outra. A maioria desses trabalhadores culturais teve uma carreira dentro e no entorno de seus

---

[9] Quando Amitav Ghosh viajou para o Egito no final dos anos 1980, ele teve uma conversa com um imã com quem debateu o avanço relativo do Egito e da Índia. Frustrado em um canto, Ghosh se gabou de que a Índia "até teve uma explosão nuclear", que o Egito "não será capaz de igualar nem em cem anos". Representantes de duas grandes civilizações competem entre si "para estabelecer uma reivindicação prioritária à tecnologia da violência moderna", com o "Ocidente", o padrão ouro, reduzido à "ciência e tanques e armas e bombas" (Ghosh, 1992, p. 234-236).

[10] Sobre o Brasil, ver a obra do cientista social (e posteriormente embaixador) Mario Vieira de Mello (1963).

Partidos Comunistas nacionais, o que encorajou uma estética que não se afastou das preocupações materiais das massas. A economia e a imaginação não se afastaram muito uma da outra. Afinal, Césaire era uma figura importante no Partido Comunista francês em meados da década de 1940 e, mesmo enquanto demandava por uma regeneração espiritual do mundo pós-colonial, defendia o desenvolvimento econômico das ex-colônias.

As contradições e oportunidades apresentadas por esses desafios da década de 1930 tornaram-se evidentes em uma conferência de 1956, sediada em Paris, de lançamento da revista *Présence Africaine*. Os escritores mais influentes do Atlântico Negro se reuniram para divulgar essas ideias (eles incluíam Léopold Senghor, Césaire, Richard Wright e Frantz Fanon). Alioune Diop, o fundador e editor da *Présence Africaine*, deu as boas-vindas aos delegados: "Se para o pensamento não europeu a reunião de Bandung foi o acontecimento mais importante desde o fim da Guerra, atrevo-me a afirmar que este Primeiro Congresso Internacional de Escritores e Artistas Negros será considerado por nossos povos como o segundo evento da década" (Diop, 1956, p. 9).[11] O tema central da conferência foi que a "cultura" importa, e que um compromisso com o desenvolvimento cultural era fundamental para o projeto pós-colonial, mesmo que não pudesse haver tal engajamento sem uma avaliação do papel da cultura no subdesenvolvimento econômico.[12] Os analistas insistiam na centralidade do cultural, mesmo quando a fome aparecia no horizonte (afinal, os debates econômicos muitas vezes se baseavam em estereótipos culturais que precisavam ser eliminados). Várias exposições escolheram o caminho mais fácil: elas inverteram os valores do colonialismo

---

[11] Para uma descrição detalhada da conferência, ver James Baldwin (1961).
[12] O economista senegalês Mamadou Dia desviou a atenção da conferência de questões estritamente culturais para a oportunidade histórica dada aos líderes dos movimentos de libertação africanos de lidar com a economia da vida, embora tenha ignorado a centralidade analítica do "econômico" para o "cultural" na análise de Césaire (Jules-Rosette, 1998, p. 62-63).

e inseriram vários matizes de nativismo. A Europa poderia ser descartada de imediato porque as respostas para a África e outros lugares residiam em suas tradições autóctones. Foi esta caricatura passiva da negritude que lhe rendeu o desprezo dos pensadores mais radicais (como Fanon, na conferência de 1956) e dos guerrilheiros (como os militantes anticoloniais da África e outros lugares controlados pelos portugueses na segunda conferência de 1969, realizada em Argel).[13] As tradições originárias poderiam contribuir para a solução, mas a maioria dos trabalhadores culturais concordou que eram insuficientes contra os problemas colocados pelo imperialismo.

A maior parte das exposições e, de fato, muitos dos comentários culturais do Terceiro Mundo caminharam sobre uma linha tênue entre a reificação da divisão entre o colonizador e o colonizado e o tratamento desses elementos de forma dialética. Mesmo o hábil Césaire considerou a rota anterior, até sua análise o levar para a segunda. O colonialismo, Césaire apontou, esmaga a confiança cultural do colonizado. Colonizadores desprezam o mundo cultural dos derrotados, empobrecendo assim a ideia de cultura para todos. A interação dinâmica de formas culturais e a vibração da própria cultura foram interrompidas pelo colonialismo, que colocou a cultura e o patrimônio cultural da Europa em um pedestal longe de toda influência e interação. Deste ponto arquimediano, a Europa poderia julgar e dissecar outras culturas. Mas as complexas formas culturais da Europa e das nações mais escuras só seriam capazes de sentar-se lado a lado, "justapostas, mas não harmonizadas". Os objetos culturais chegam e interagem, mas eles não se tornam parte constitutiva um do outro. "Elementos estrangeiros são despejados em seu solo, mas permanecem estrangeiros. Coisas

---

[13] "A negritude é uma ideologia vaga e ineficaz", disse Stanislas Adoveti, o ministro da Cultura e Juventude do Daomé. "Não há lugar na África para uma literatura que está fora do combate revolucionário. A negritude está morta" (citado em Jules-Rosette, 1998, p. 71).

de homem branco! As maneiras do homem branco! Coisas que existem ao lado do nativo, mas sobre as quais o nativo não tem poder". Sanitários com descarga de água, Rembrandt, tipografias móveis: estes chegam, são usados, mas não estão entrelaçados na cultura viva do colonizado. A dicotomia bloqueia a história; as pessoas se postam diante das máquinas, elas podem até usá-las, mas são incapazes de trazê-las para suas vidas.

A visão dicotômica da cultura produziu a ideia, observou Césaire, de que o nacionalismo anticolonial é dominado por "forças obscurantistas que se empenham em reviver modos de vida e pensamento medievais" (Césaire, 1956, p. 203-204). Mas isso estava realmente longe da verdade? Uma vez que chauvinismos de vários tipos haviam começado a aparecer no mundo pós-colonial (por exemplo, em 1972, Idi Amin, de Uganda, expulsou indianos do país – uma política que remonta aos levantes anti-indianos de 1945 e 1949 em Kampala e Jinja; em 1969, a Malásia experimentou terríveis levantes antichineses, resultado de sentimentos chauvinistas dentro do movimento de liberdade da Malásia dos anos 1940). Fora do chauvinismo, havia também uma fantasia cultural sobre aqueles que permaneceram tradicionais, intocados pela modernidade e, portanto, autenticamente nacionais.[14] Diop, por exemplo, trouxe uma ilustração à conferência:

> O mesmo pastor fulah cujo conhecimento da flora e fauna locais surpreendem por sua precisão, provavelmente se junta a seus com-

---

[14] Mesmo aqueles que às vezes promoviam a ideia rejeitavam suas conclusões: "Como um asiático ou africano", escreveu Al-e Ahmad, "devo preservar meus modos, cultura, música, religião e assim por diante intactos, como uma relíquia desenterrada, para que os cavalheiros os encontrem e escavem, para que possam exibi-los em um museu e dizer: 'Sim, outro exemplo de vida primitiva'" (Ahmad, 1984, p. 34). Como Diop disse ao seu público em Paris, "Nossa herança não pode prestar o serviço que deveria se for codificada e mumificada no interesse dos museus e dos curiosos da Europa. Os clássicos de um povo devem receber uma nova realidade e, portanto, devem ser repensados e reinterpretados por cada geração. Assim deveria ser com os nossos" (Diop, 1956, p. 16).

panheiros em disputas poéticas que proporcionam um espetáculo encantador. Além disso, ele tem uma compreensão apaixonada da história de seu povo, um amor lúcido e bem fundado pelos heróis de seu passado, um conhecimento sólido dos clássicos de sua cultura e uma familiaridade natural com as condições e as leis econômicas que governam sua existência. (Diop, 1956, p. 12)

Este pastor singular, onipresente, é uma fantasia perigosa. Comunidades que se recusaram a abandonar seus modos de vida fora do exercício pleno da economia de mercado e dos apetrechos da sociedade de consumo geravam uma dose dupla de romantismo e ostracismo. Esses "tribais" tornaram-se objetos de fascínio nacional ao mesmo tempo que suas terras se tornaram áreas para a extração predatória de matérias-primas. Seja na região amazônica seja no sul de Bihar, nos planaltos da América Central ou nas planícies da África Central, regimes nacionalistas romantizaram os "tribais" e os despossuíram (ou então os confinaram em reservas eufemisticamente chamadas de parques nacionais).[15] Trabalhadores culturais que operaram com uma noção dicotômica de cultura não conduziram a crítica necessária dos estereótipos coloniais. Frequentemente habitavam neles, não para insultar, mas para celebrar. Os "tribais", ou os camponeses rurais, seriam um símbolo da nação, mas eles não habitariam a nação. Eles permaneceram fora dela, seja para serem confinados ou convertidos, mas não para serem considerados cidadãos plenos.

Césaire se afastou do caráter antinômico desta análise, mesmo que apenas parcialmente, pois as culturas, disse ele, são poderosas e têm "bastante poder gerador para se adaptar às condições do moderno mundo" (Césaire, 1956, p. 207). Os britânicos despejaram chá na Índia depois que não puderam mais absorver as exportações chinesas; dentro de uma geração, o chá se tornou a bebida básica do subcontinente. Os debates em Paris ocorreram em francês.

---

[15] Para a história do Brasil, veja Linda Rabben (1998). Para a história indiana, ver Archana Prasad (2003). Sobre a América Central, ver Richard Adams e Santiago Bastos (2003). Sobre o caso da Namíbia, ver Robert Gordon (1992).

Esses exemplos simples nos mostram que as dicotomias não são estáticas, e que os mundos culturais estão vivos para absorção, mudança e dinamismo. No entanto, não se pode dar muito valor à flexibilidade da cultura, porque os altos muros de privilégio e poder fazem algumas culturas *parecerem* mortas. Uma civilização precisa "se sentir" viva, e é essa vivacidade subjetiva que dá "o poder de *deixar o passado para trás*". Sociedades colonizadas se tornam vivas e, portanto, estão prontas para serem remodeladas somente pelas agruras de uma importante convulsão social, como a luta anticolonial. Césaire traz dois exemplos disso: o primeiro da Tunísia, onde o governo nacionalizou as propriedades Habu e aboliu a poligamia; e o segundo da Índia, que o governo nacionalista abalou o estatuto tradicional das mulheres. Em ambos os casos, o poder colonial não esteve ao lado da justiça, enquanto o regime nacionalista havia começado a criar uma mudança cultural (Césaire, 1956, p. 197). Para desenvolver a formulação de Césaire sobre as culturas, "justapostas, mas não harmonizadas", ou ainda trazidas à vida pela luta, vamos olhar mais de perto os três principais processos sociais do mundo moderno (nacionalismo, democracia e racionalismo).

Em geral, os Estados do Terceiro Mundo rejeitaram a ideia de nacionalismo que emergiu da história da Europa – onde as várias burguesias construíram seu nacionalismo para criar discretas fronteiras e mercados em torno do que elas viam como marcadores culturais comuns, como linguagem, história e raça.[16] O Terceiro Mundo, da Indonésia à Guatemala, adotou a ideia de multiplicidade (o lema da Indonésia é *"Bhinneka Tunggal Ika"* ou "Unidade na Diversidade", uma abordagem pluralista da diferença; a solução da Guatemala estava na promoção da mestiçagem, ou cultura híbrida – são abordagens diferentes para a

---

[16] "Nada poderia estar mais longe da verdade do que tal suposição. O nacionalismo não é o que parece e, acima de tudo, não é o que parece a si mesmo" (Gellner, 1983, p. 56).

multiplicidade, o que não significa que eles sempre acomodaram suas populações minoritárias).[17] Os novos Estados adotaram uma perspectiva multinacional, sabendo muito bem que seus países eram culturalmente diversos. Esta era uma medida *prática*; muitos dos novos Estados cresceram em sociedades culturalmente mistas que não poderiam ser facilmente homogeneizadas. Certamente, a maioria deles adotou uma ou duas línguas nacionais, mas eles tiveram que forçosamente reconhecer a existência e muitas vezes apoiar a persistência de vários idiomas. Algumas vezes, a tentativa de suprimir uma ou mais comunidades culturais levou a movimentos separatistas, como entre os karen, na Birmânia, ou os ashanti, em Gana. A tendência geral, no entanto, era aceitar que não se podia replicar o que Kemal Ataturk fez na Turquia: tirar a

---

[17] Em 1963, o antropólogo Clifford Geertz observou: "Multiétnica, geralmente multilinguística e às vezes multirracial, as populações dos novos Estados tendem a considerar a imediata, concreta e para eles inerentemente significativa classificação implícita em tal diversidade 'natural' como o conteúdo substancial de sua individualidade. Subordinar essas identificações específicas e familiares em favor de um compromisso generalizado com uma ordem civil abrangente e um tanto estranha é arriscar uma perda de definição como uma pessoa autônoma, seja por absorção em uma massa culturalmente indiferenciada ou, o que é mesmo pior, por meio de uma dominação por alguma outra comunidade étnica, racial ou linguística rival que é capaz de imbuir essa ordem com o temperamento de sua própria personalidade. Mas, ao mesmo tempo, todos, exceto os membros menos iluminados de tais sociedades, são pelo menos vagamente cientes – e seus líderes estão perfeitamente cientes – de que as possibilidades de reforma social e progresso material que eles tão intensamente desejam e são tão determinados a alcançar se baseiam com peso crescente sobre o fato de serem incluídos em um sistema político razoavelmente grande, independente, poderoso e bem-organizado. A insistência no reconhecimento como alguém que é visível e importante e a vontade de ser moderno e dinâmico, portanto, tendem a divergir, e muito do processo político nos novos Estados gira em torno de um esforço heroico para mantê-los alinhados". Dos intelectuais do Terceiro Mundo, não percebemos a angústia de Geertz, de que o multinacionalismo, o regionalismo ou o terceiro-mundismo significarão uma perda de subjetividade. (Geertz, 1973, p. 258-259).

complexidade e impor a uniformidade (de fato, a luta dos curdos na Turquia mostra que mesmo aí a estratégia falhou).

A mudança para o multinacionalismo foi pragmática, mas também *baseada em princípios*. Na conferência de fundação da Unesco em 1945, o delegado cubano Luis Perez falou melancolicamente sobre as políticas nacionais de educação baseadas em um *ethos* multinacional. Segundo ele, "A diversidade, em vez da uniformidade, deve ser encorajada, pois seria um desastre para o mundo suprimir as diferenças e as tendências renovadoras em matéria de educação" (citado em Unesco, 1945, p. 49). Os regimes coloniais haviam tentado dividir suas populações sujeitadas a fim de melhor governá-las. Na Índia, eles coroaram "príncipes" e elevaram certas castas; no Iraque, promoveram xeiques; e nas terras árabes e na África, os líderes coloniais designaram alguns líderes tribais e alimentaram "instintos" tribais (Dirks, 2001; Leach, 1940; Asad, 1973; Mandani, 1996). Contra isso, políticos e intelectuais nacionalistas encontraram a base histórica para o pluralismo político, por exemplo, na identificação de "culturas compostas" e sincretismo entre as culturas *populares*.[18] Ou seja, o Estado multinacional precisaria tanto *evocar* essa dinâmica histórica de comunhão quanto *produzi-la* por meio da adoção de uma política oficial da diversidade na religião (secularismo), nas relações raciais (antirracismo) e na linguagem (multilinguismo). A perspectiva multinacional questionava a afirmação racista de que as nações mais escuras só podiam ser primárias, de que o sangue e os costumes reduziam a imaginação de certas pessoas. Elas só poderiam estar ligadas por relações de parentesco e por crenças comuns, não por um nacionalismo republicano cujo *locus* era anticolonial e populista.

Nesse domínio, pelo menos, os movimentos nacionalistas do Terceiro Mundo absorveram a ideia de nacionalismo e a digeriram

---

[18] Sobre a cultura da composição, ver Chand (1963); Kabir (1946). Kabir tornou-se ministro da Educação da Índia independente.

de acordo com os ritmos e demandas de suas várias histórias. Fanon, que havia aprendido sobre regeneração cultural na Argélia, desenvolveu a segunda vertente do programa cultural de Césaire nos termos da ideia de nacionalismo. Como Césaire, Fanon argumentou que o período de luta nacionalista permitiu ao povo repensar as formas feudais legitimadas pelo colonialismo. Essas lutas de libertação, ao contrário das de conquista, não sentiam necessidade de se justificar com base em conceitos biológicos grosseiros. O poder colonial tenta mobilizar todas as ideias racistas para quebrar o moral do nacionalismo, mas, a cada tentativa, a superioridade imputada do colonizador era diminuída. O povo, antes contido, agora determinava o ritmo da mudança. "Aqueles que antes eram imóveis, os covardes congênitos, aqueles seres preguiçosos que sempre foram tidos como inferiores, se protegem e emergem completos. O governante colonial não entende o que aconteceu. "O fim do racismo começa com esta falha repentina de compreensão". Finalmente, o fim do colonialismo significa que a "cultura rígida e espasmódica do ocupante é libertada" e se abre para a cultura do colonizado. "As duas culturas podem se confrontar, enriquecer uma à outra". Em vez de se voltar para dentro, longe da Europa ou de qualquer outro lugar, Fanon afirma, a cultura nacionalista explorará outras culturas como recursos (Fanon, 1956, p. 131). Na luta está a libertação – ou, pelo menos, o processo de luta nacional dá energia à cultura nacional, que agora é capaz de ganhar vida e crescer. Fanon exagera na falta de racismo ou de mobilização de noções biológicas nos movimentos de libertação nacional. Orgulho nacional ou patriotismo muitas vezes escorregaram para a linguagem feia do racismo ou da exclusão. Mas se o que Fanon descobriu não é uma regra fundamental; é, ao menos, uma tendência (como propõe Diop, 1956, p. 15).

Para seus proponentes, a noção de multinacionalismo era um conceito idealista. Eles esperavam que os povos se respeitassem mutuamente (diversidade) e que, uma vez que seus mundos culturais já se sobrepunham, entrecruzassem, eles necessitariam tolerar distinções (cultura composta). Mais do que isso, a expectativa do projeto nacional era que a construção de mercados e instituições educacionais impedisse que as diferenças dominassem a vida social. Uma unidade abrangente (uma identidade nacional) iria suplantar (mas não subverter) as outras identidades sociais. A identificação com o projeto nacional poderia ser mais importante do que as identidades sedimentadas que foram herdadas. Havia um problema não reconhecido dentro desse valioso projeto liberal: ele tinha um elenco majoritário. É fácil para a maioria demográfica em uma sociedade pedir a suspensão da identidade, cujas características culturais de qualquer maneira se infiltrariam na cultura da nação – por exemplo, quais feriados religiosos deveriam ser reconhecidos pelo Estado, qual idioma deveria ser promovido, ou qual versão de uma história contestada deve ser recontada. A cultura não é um jogo de soma zero, e os historiadores seriam capazes de escrever histórias concorrentes, de forma que esse problema não é inerente à construção das nações. Para as comunidades minoritárias que já se sentiam sitiadas, era mais difícil desconsiderar voluntariamente o significado social de suas identidades. A ideia multinacional tinha uma grande atração para eles, em parte porque *não* era majoritarismo, mas também apresentava problemas porque não havia chegado a um acordo com o majoritarismo acidental da cultura nacional.

Para produzir ou evocar o *ethos* do multinacionalismo, o Estado-nação teve que reunir uma história e uma estética. Na maioria dos países, os mandatários coloniais já haviam reunido arquivos de seu domínio e daqueles que os precedeu, bem como museus e bibliotecas que coletavam o registro material e simbólico da sociedade nativa. Agora, era tarefa da intelectualidade nacionalista estudar esses arquivos, aumentá-los e reinterpretá-los sob uma nova luz. A maioria das novas nações criou uma série de instituições para formular, elaborar e disseminar a história, a arte e, de fato, a autopercepção da nação. A Sahitya Akademi, da Índia, a Autoridade Pública para o Livro, do Egito, e o Conselho Nacional de Pesquisa, de Gana, exemplificam a tentativa da nova nação de criar instituições nacionais importantes e decentemente financiadas para o desenvolvimento cultural. A criação do cânone cultural veio com sua disseminação por meio de bibliotecas móveis, campanhas de alfabetização, grupos de teatro, cinema-móvel e rádio.

Cânones tinham que ser criados, mas qual seria seu traço constitutivo? Dado o amplo compromisso com a multiplicidade, a nova nação teve que proteger o cânone do chauvinismo. Teve que promover a ideia da cultura composta ou uma tendência inerente ao sincretismo. Claro, um elemento de defesa insinua-se na narrativa, o que é um mau presságio para os valores liberais que, de outra forma, tornam-se parte constitutiva da iniciativa. Por exemplo, Césaire oferece um breve resumo das contribuições das nações mais escuras para a humanidade, "a saber, a invenção da aritmética e da geometria pelos egípcios. A saber, a descoberta da astronomia pelos assírios. A saber, o nascimento da química entre os árabes" (Césaire, 2000, p. 69-70). Apesar da ânsia de demonstrar o valor do mundo colonizado, ainda se vislumbra a catolicidade de Césaire, pois ele não joga água apenas no moinho do Atlântico Negro, mas também no dos árabes, assírios e outros.

O cânone nacional tinha que incluir as práticas culturais e esperanças de todas as comunidades dentro de uma nação, e tinha que incluir as interconexões culturais com os mundos culturais de outros Estados-nação. Na conferência de fundação da Unesco, em 1945, os delegados concordaram: "Nossos filhos não devem mais ser ensinados a pensar em termos apenas da glória de seu próprio país; eles devem pensar em seu país como sendo nada mais do que uma unidade dedicada ao serviço do conjunto maior de um Estado mundial" (citado em Unesco, 1945, p. 33).[19] Na Conferência de Solidariedade dos Povos Afro-Asiáticos de 1958, Chu

---

[19] Havia uma necessidade reconhecida, novamente em Bandung e em outros lugares, de reviver a longa história de contato pessoa a pessoa que era comum no mundo antigo (Prashad, 2001 [capítulo 1]).

Tu-Nan, da China, apresentou um relatório sobre intercâmbio cultural, no qual detalhou muitas das conexões entre a África e a Ásia, desde o contato egípcio-mesopotâmico no Mundo Antigo até os primeiros modernos navios chineses que viajaram para a África. Ele descreveu o trânsito atrozmente difícil de racionalistas budistas e árabes, que viajaram do Mediterrâneo à Malásia, da Índia ao Japão. Em seguida, falou da Rota da Seda que, "como uma fita colorida, une a vida cultural dos chineses e dos povos do Oriente Próximo e do Oriente Médio" (Afro-Asian Peoples' Solidarity Conference, 1958, p. 192). A artéria cultural não movia apenas pessoas e bens, mas também sementes e animais, flores e frutas, ideias e sonhos.

Em Bandung, os intelectuais e líderes nacionalistas do Terceiro Mundo queriam reiniciar essa dinâmica, mas "não por qualquer sentimento de exclusividade ou rivalidade com outros grupos de nações e outras civilizações e culturas". A motivação tinha que ser a "tradição milenar de tolerância e universalidade", cujo propósito seria "enriquecer sua própria cultura e também ajudar na promoção da paz e compreensão mundial" (Kahin, 1956, p. 79-80). A seção na qual essa discussão ocorreu foi significativamente chamada de "Cooperação cultural", não pureza cultural ou apresentação cultural. Para tanto, as nações afro-asiáticas realizaram várias conferências de escritores afro-asiáticos (Nova Délhi, 1957; Tashkent, 1958; Cairo, 1962; e Beirute, 1967) e várias Semanas de Cinema Asiático (a primeira em Beijing, em 1957). Paralelamente a essas reuniões, os escritores publicaram *Lotus*, a revista do Movimento dos Escritores Afro-Asiáticos, e selecionaram uma história por ano para o Prêmio Lotus.[20] Na América Latina, a criação em 1959 da Casa de Las Américas, em Havana, sob a administração

---

[20] O melhor da obra *Lótus* foi reunido nos dois volumes de *Afro-Asian Short Stories: An Anthology* (1973). A coleção incluía 41 histórias de países como Quênia (James Ngugi e Grace Ogot), África do Sul (Alex La Guma), Malásia (Tan Kong Peng), Japão (Dazai Osamu), Índia (Mulk Raj Anand), Iraque (Fouad Tokarly) e Palestina (Emil Habibi).

da revolucionária cubana Haydee Santamaria, proporcionou um local para artistas latino-americanos semelhante às conferências culturais afro-asiáticas.

Um dos caminhos a seguir, observou o delegado indiano Rajkumari Amrit Kaur na conferência da Unesco, era a tradução de livros, clássicos e modernos, para todos os idiomas. Esse desejo de buscar apreciação internacional para heranças culturais ilustra o melhor do nacionalismo do Terceiro Mundo. A cultura de uma nação precisava estar viva e ser complementada com os recursos culturais de outra. As conexões forneceram o oxigênio para a cultura. Sahitya Akademi, da Índia, por exemplo, não apenas traduziu romances de uma língua indiana para outra, mas também traduziu romances e coleções de contos de outras partes do mundo.[21] Havia alguns favoritos no Terceiro Mundo: os poemas de Pablo Neruda, os romances de Mulk Raj Anand e contos de Lu Xun. A lista de livros difundidos em vários idiomas tem um elenco decididamente masculino. Poucos livros inovadores escritos por mulheres encontraram tradutores até a década de 1970: *La trampa*, de Magda Portal (Peru, 1954), *Le soif*, de Assia Djebar (Argélia, 1957) e *The Sun Shines Over the Sankan River*, de Ding Ling (China, 1947, que ganhou popularidade no Segundo Mundo depois de ganhar o Prêmio Stalin). Portal não só escreveu o maravilhoso *La trampa*, mas também foi cofundadora, com Haya de la Torre, do Partido Apra, bem como autora de tratados feministas socialistas pouco conhecidos, como *Hacia la mujer*

---

[21] Os soviéticos desempenharam um papel crucial aqui, porque as Edições Progresso traduziram não apenas livros russos em uma variedade de idiomas não europeus, mas também traduziram trabalhos do urdu para o árabe e do coreano para o suaíli. Quando criança, eu devorava as histórias infantis da Progresso, distribuídas em edições baratas, mas ricamente ilustradas — elas tinham contos populares russos, africanos, asiáticos e de outros povos em boas edições. Na década de 1970, a Progresso também publicou uma série chamada "Problemas do Terceiro Mundo", que incluía livros de autores russos e de outros autores sobre os dilemas que as novas nações começaram a enfrentar. Para outra visão disso, veja Pankaj Mishra (2006).

nueva e *El aprismo y la mujer*, 1933 (Reedy, 2000). A crítica de Al-e Ahmad de 1961 ao imperialismo cultural atingia os iranianos por seu interesse nas "notícias do Prêmio Nobel, do novo papa, de Françoise Sagan, do Festival de Cinema de Cannes, da última peça da Broadway, do último filme de Hollywood". Mas essa crítica não era internista. Em vez disso, ele perguntou: "Que notícias você vê de nossa parte do mundo? Do Oriente, em termos mais amplos? Da Índia, Japão, China?" (Ahmad, 1984, p. 63). Além disso, como seu nacionalismo não era voltado para dentro, ele traduziu a obra das letras francesas e russas para o farsi, incluindo autores como Fiódor Dostoiévski, Eugène Ionesco, André Gide, Jean-Paul Sartre e Albert Camus. Al-e Ahmad também escreveu descrições elegíacas de suas viagens aos Estados Unidos, à União Soviética, à Arábia Saudita e, curiosamente, à Israel.

Os Estados do Terceiro Mundo incorporaram a ideia de nacionalismo sem muito esforço. Eles produziram uma nova versão do pertencimento nacional, permitindo assim que a ideia do multinacionalismo tivesse uma relação orgânica com os novos Estados. A absorção da democracia e da alfabetização, dois conceitos aliados, entrou na gramática social do Terceiro Mundo com a mesma facilidade. No âmbito ideológico, todos os Estados do Terceiro Mundo adotaram a ideia de democracia como fundamental para si próprios (mesmo os Estados antidemocráticos se justificavam com a linguagem da democracia).[22] A reivindicação de atraso cultural justificava o domínio colonial, de modo que os movimentos nacionais geralmente defendiam o autogoverno com base na maturidade cultural.[23] A questão do direito de voto

---

[22] Em alguns contextos, a tentativa de aclimatar a democracia levou à sua suspensão em seu próprio nome (o melhor exemplo é da lógica elaborada por Julius Nyerere, que argumentou que um sistema multipartidário fragmentaria uma Tanzânia unida).

[23] "A árvore da liberdade cresceria [na Índia], se plantada? A declaração dos direitos se traduziria em sânscrito? *Bramin, Chetree, Bice, Sooder* e *Hallochore* [os quatro primeiros sendo os *varnas* textuais dos Vedas, o último sendo um

era, portanto, passível de ser debatida: todos teriam direito a voto, independentemente de alfabetização e estatuto social. A maioria das novas nações não precisava de um movimento de sufrágio, porque *ipso facto* a população poderia votar. Apesar disso, no entanto, a questão do direito ao voto (e da democracia liberal em geral) colocou a questão da alfabetização em primeiro plano.

Na conferência do Cairo de 1958, o delegado sudanês Mohamed Ahmed Mahgoub anunciou: "Todos os indivíduos maiores de idade [devem] gozar do direito de eleger e serem eleitos para o parlamento sem quaisquer reservas" (citado em Afro-Asian Peoples' Solidarity Conference, 1958, p. 135). As pessoas devem ter o direito de voto, independente de seu nível de educação formal, mas o Estado deve promover a educação formal a fim de elevar a alfabetização cultural e política da população. A demanda pela palavra, pela alfabetização, veio envolvida com a vitória do voto, do direito ao voto. O analfabetismo não é uma decorrência da estupidez da população, mas da falta de oportunidades. A educação tinha que ser fornecida. A Unesco e outras agências internacionais sustentaram que as campanhas de alfabetização deveriam ser combinadas com campanhas em massa por justiça social (Unesco, 1947).[24] As pessoas eram motivadas por campanhas que abordavam suas queixas cotidianas e, nesse tipo de campa-

---

termo persa para se referir aos trabalhadores do saneamento] se reúnem em terreno igual? Se não, você pode encontrar alguma dificuldade em entregá-los a si mesmos" (Bentham, 1962, p. 4).

[24] A Conferência de Mulheres Afro-Asiáticas no Cairo recomendou uma série de abordagens para a erradicação do analfabetismo, e muitas delas entraram na vida dos movimentos do Terceiro Mundo. As iniciativas mais importantes incluíram a concessão de bolsas para a criação de bibliotecas, a produção de livros educativos populares e a educação de adultos. Esses movimentos, no entanto, não funcionariam se a sala de aula tratasse os alunos como receptáculos passivos para um currículo orientado principalmente para ambientes urbanos. Os materiais para as aulas deveriam ser "compatíveis com as condições de vida e trabalho", e a luta contra o analfabetismo deveria fazer parte de um "movimento popular maior auxiliado pelas organizações populares" (Afro-Asian Women's Conference, 1961, p. 30).

nha, as novas nações integravam o projeto de alfabetização. Em outras palavras, a articulação da democracia e da alfabetização dentro dessa forma de nacionalismo anticolonial não era simplesmente sobre o direito ao voto; sempre foi também (e às vezes apenas) sobre o desenvolvimento social. Em 1965, Teerã sediou a Conferência Mundial de Ministros da Educação para a Erradicação do Analfabetismo, que prometeu continuar a vinculação entre campanhas de alfabetização e projetos de desenvolvimento socioeconômico específicos.[25] Naquele mesmo ano, sob pressão dos Estados industriais desenvolvidos, a Unesco mudou suas estratégias de financiamento de campanhas massivas para um foco na formação mais estritamente educacional. Apesar disso, uma combinação de estratégias inovadoras dentro das novas nações e os esforços da Unesco reduziram drasticamente o analfabetismo em todo o planeta; segundo a organização, em 1950, dois em cada três homens e uma em cada três mulheres do mundo eram capazes de ler, enquanto, enquanto em 1995, 80% dos homens e 70% das mulheres estavam no mundo das letras.

Havia um imperativo adicional para a educação e a alfabetização, que era a necessidade, reconhecida por importantes intelectuais como Al-e Ahmad e Césaire, de que suas sociedades vivenciassem o Iluminismo. A racionalidade e o racionalismo podem ter tido raízes em muitas sociedades, mas a Europa certamente teve o desenvolvimento intelectual mais proeminente. Da ciência de si à ciência da natureza, a vida intelectual europeia foi inundada de ceticismo por verdades preconcebidas (incluindo a religião) e criou meios empíricos e teóricos para compreender

---

[25] O documentário de 1996 de Shabnam Virmani, *When women unite: the story of an uprising*, é sobre as mulheres em Andhra Pradesh que se organizam em um círculo de alfabetização e começam uma campanha estadual contra as bebidas alcoólicas. É um excelente documento sobre a força das campanhas de alfabetização contemporâneas vinculadas aos movimentos de reforma político-social. Igualmente impressionante é a "campanha de alfabetização total" no distrito Ernakulam de Kerala. Veja Tharakan (1990) e Parishad (1991).

o mundo (para um formidável relato, ver Israel, 2001). Al-e Ahmad e outros reconheceram isso, e sabiam que suas próprias sociedades não podiam se dar ao luxo de ignorar o surgimento do racionalismo no mundo. Em uma linha defensiva, muitos deles, incluindo Césaire, como vimos, mostraram que o crescimento do racionalismo na Europa teve uma linhagem que vinha do mundo mais escuro (por exemplo, não poderia haver matemática sem a contribuição indiana e árabe; ou que os chineses inventaram independentemente explosivos e muitos processos químicos). Uma versão crua dessa atitude defensiva afirmava que cada mundo cultural (e neste terreno, religioso) tinha sua própria ciência, de modo que havia uma ciência islâmica, uma ciência cristã, uma ciência hindu e assim por diante.[26] Pior ainda era a visão de que a ciência moderna não era nem mais nem menos que a ciência antiga (em outras palavras, tal tendência invalidava o progresso). O Iluminismo desafiava a intelectualidade do Terceiro Mundo a se envolver com ele, em vez de permitir a questão de se isso deveria ser feito. Al-e Ahmad chamou esse compromisso de *rushanfekri*, um modo de viver que não inculca "obediência cega ou medo do sobrenatural", mas, em vez disso, insiste que o indivíduo social tem a capacidade de "escolher, ser livre e responsável" (ver Vahdat, 2002, p. 19-20).[27]

Em termos de pesquisa científica e tecnologia, os regimes nas novas nações adotaram a herança científica do Iluminismo sem qualquer discussão sobre suas implicações culturais. Isso

---

[26] O melhor alerta empírico contra essa tendência está em Hoodbhoy (1991). A melhor rejeição filosófica está em Nanda (2003).

[27] Trata-se de seu *Dar Khedmat va Khianat Rushanfekran* [*Sobre os serviços e as traições dos intelectuais*], uma obra que se baseia na estrutura e nos conceitos do trabalho de Antonio Gramsci sobre intelectuais orgânicos (ver Vahdat, 2002, p. 19-20). Um iraniano contemporâneo continua a busca de Al-e Ahmad, mesmo que sua direção esteja muito mais impregnada de uma reverência ao Islã canônico do que a de Al-e Ahmad (que estava mais interessado no Islã esotérico e suas raízes folclóricas). Ver Soroush (2000).

era insuficiente. "A história destinou o mundo a ser vítima da máquina", observou Al-e Ahmad, e então a pergunta a se fazer é: "como enfrentar a máquina e a tecnologia"? (Ahmad, 1984, p. 30). Qual é a melhor maneira da máquina habilitar o *rushanfekri*, ou iluminação, de acordo com a história cultural do Irã ou de outro lugar? Quando Césaire falava da justaposição e não da harmonia da cultura europeia com as culturas nativas, podia-se pensar na máquina. Al-e Ahmad advertiu, como muitos outros, que a máquina não era neutra. O colonialismo introduziu a máquina em espaços cuja própria história cultural não os havia preparado para esse novo dispositivo e, além disso, a máquina e a mecanização foram instrumentos de transformação cultural. Uma máquina está imbuída de formas culturais; o trator, por exemplo, muda a relação dos fazendeiros com seus campos, entre si e com o lugar do arado em seu mundo cosmológico. O trator não deixaria as outras relações sociais inalteradas. O trator carrega consigo a revolução cultural dos séculos passados que transformou os campos europeus em fábricas, liquidou as pequenas fazendas em favor dos grandes agronegócios e reduziu o agricultor familiar a lavrador.

Além disso, um questionamento insuficiente do papel da cultura de um lugar e do pensamento científico significava que havia pouca preocupação com as ecologias locais, com sua capacidade de produzir certos cultivos e melhorar a irrigação de maneiras específicas. O conhecimento local era o acúmulo histórico de sabedoria sobre os terrenos e capacidades locais. O fato de hierarquias sociais de casta e clã terem surgido com essas enciclopédias de localidade não significava que não se pudesse aprender muito com essas tradições para produção democrática. A maioria dos novos Estados também experimentou meios de organização comunais e não industriais – das aldeias autossuficientes de Gandhi aos coletivos Ujamma da Tanzânia, em todo o Terceiro Mundo os regimes experimentaram diferentes formas de organização socioeconômica e cultural que recusaram a máquina de uma maneira ou outra. Esses foram, apenas em alguns lugares, a exceção ou mesmo, para o cínico, a vitrine. Eles levantaram questões importantes de sustentabilidade e equidade, dos direitos do cidadão ao progresso acima do direito do progresso sobre o cidadão. A maior parte da ordem social adotou a tecnologia avançada e cresceu em torno dela, e muitas vezes ignorou esses avisos.

Al-e Ahmad e seus contemporâneos (incluindo Ali Shariati, que se inspirou tanto em Al-e Ahmad quanto em Herbert Marcuse) só podiam dizer que o dilema era o que fazer com a máquina. Depois de levantar a questão, Al-e Ahmad terminou com um lamento:

> A máquina deveria nos servir naturalmente como um trampolim, para que possamos subir nela e pular ainda mais longe com seu impulso. É preciso ter a máquina, é preciso construí-la. Mas não se deve permanecer cativo dela; não se deve cair em sua armadilha. A máquina é um meio, não um fim. O fim é abolir a pobreza e colocar o bem-estar material e espiritual ao alcance de todos. (Ahmad, 1984, p. 79)

No momento seguinte, Al-e Ahmad alertou sobre a capacidade da máquina de subordinar a vida cotidiana (o que Shariati chamou de "maquinismo"): "Conformidade no local de trabalho leva à conformidade no partido e no sindicato, e isso por si só leva à conformidade nos quartéis; isto é, às máquinas de guerra". As raízes do militarismo fascista estão na linha de montagem, a menos que a forma como a máquina opera seja reconstruída de forma decisiva (citado em Rejali, 1994, p. 140). Se a máquina domina a vida, a cultura está à sua mercê e tudo terá que obedecer aos seus comandos. A máquina deve ser domesticada, deve se tornar parte do tecido da cultura dinâmica de um lugar. O capitalista e teórico da modernização, filósofo libanês e ex-presidente da Assembleia Geral da ONU, Charles Malik, disse uma vez:

> Estradas, represas, eficiência e o sorriso dos governantes – isso é tudo o que importa; mas espírito, liberdade, alegria, felicidade, verdade, homem – isso nunca entra na mente. Um mundo de

técnicos perfeitos é o objetivo, não um mundo de seres humanos, muito menos de seres divinos. (Malik, 1963, p. 79)

Para assumir o controle da cultura, era preciso assumir o controle da máquina, e "se desenvolver" quer dizer fazê-lo tanto econômica quanto culturalmente.

Nacionalismo, democracia e racionalismo: a raiz do dilema intelectual do Terceiro Mundo era como criar um novo ser nas novas nações. Cada uma de suas sociedades tinha amplos recursos para preencher esse ser, mas também reconheciam a necessidade de articular uma nova relação com o "Ocidente". Al-e Ahmad não pedia o retorno a alguma cultura iraniana imaculada ou mesmo o Islã como base única para a subjetividade do novo iraniano.[28] Sua afeição pelo xiismo[29] popular significava que ele buscava uma nova personalidade iraniana em seus recursos culturais. Em 1969, ano em que Al-e Ahmad morreu (ou foi morto pelo serviço de inteligência do xá, o Savak), sua esposa, Simin Daneshvar, publicou um romance notável, *Savushun* (Daneshvar, 1990).[30] Passado na década de 1940, o romance traça a história de Zari, uma mulher que lutou contra o imperialismo, as desigualdades agrárias e a asfixia familiar. O romance leva o nome de um herói folclórico (do *Shahnama* [*O livro dos reis*]) que é traído por seu povo e morto por estrangeiros. Essa foi uma parte do alcance de Daneshvar no folclore; a outra estava em sua busca pela salvação nacional. Se os vários agentes sociais foram paralisados pelo imperialismo e pela independência, Zari, como outros, esperou a vinda de um Mahdi, o último profeta. Para pessoas como Daneshvar e Al-e Ahmad, o novo Mahdi seria um movimento popular reconstruído. Em

---

[28] Ele teve o destino de ser associado, após sua morte, à Revolução Iraniana, e então começou a ser visto por alguns como um dos progenitores intelectuais do regime islâmico. Ver Moghadam (1989, p. 429) e Boroujerdi (1992).
[29] Um dos ramos do Islamismo. (N. E.)
[30] Uma tradução alternativa é *A persian requiem* (Daneshvar, 1991).

1966, Forugh Farrokhzad evocou esse anseio em "Alguém que não é como qualquer outro":

> Eu tive um sonho no qual alguém estava chegando.
> Eu sonhei com uma estrela vermelha,
> E minhas pálpebras continuam se mexendo
> E meus sapatos continuam batendo em atenção
> E eu posso ficar cego
> Se eu estiver mentindo.
> Eu sonhei com aquela estrela vermelha
> Quando eu não estava dormindo,
> Alguém está chegando,
> Alguém está chegando,
> Alguém melhor.
>
> Alguém está chegando,
> Alguém está chegando,
> Alguém que está conosco em seu coração,
> está conosco em sua respiração,
> está conosco em sua voz,
> Alguém cuja vinda
> Não pode ser interrompida
> E algemado e jogado na prisão
> Alguém que nasceu sob
> As roupas antigas de Yahya,
> E dia após dia fica cada vez maior,
> Alguém da chuva,
> Do som da chuva espirrando,
> Entre as petúnias sussurrantes,
> Alguém está vindo do céu
> Na Praça Tupkhaneh na noite dos fogos de artifício
> Para estender a toalha de mesa
> E dividir o pão
> E distribuir Pepsi
> E dividir Melli Park
> E distribuir o xarope para coqueluche
> E distribuir os recibos no dia da inscrição
> E dar a todos os números da sala de espera do hospital
> E distribuir as botas de borracha
> E distribuir os ingressos do filme de Fardin
> E dar os vestidos da filha de Sayyed Javad

> E dar tudo o que não vende
> E até nos dar a nossa parte.
> Eu tive um sonho.
> (Farrokhzad, 1987, p. 65-68)

A tragédia desse belo anseio é que ele desloca o *trabalho* que precisa ser feito para a criação deste novo Mahdi para o destino. Em 1968, Tomas Gutierrez Alea lançou seu magistral *Memórias do subdesenvolvimento*. No filme, Sergio Corrieri Hernandez fez o papel de um burguês desolado que, apesar de sua simpatia pelo radicalismo, tem dificuldade em se inserir na revolução. Esse era o dilema de Farrokhzad, Daneshvar, Al-e Ahmad e outros. Corrieri não teve esse problema. Ele continuou a atuar, mas também trabalhou por quase duas décadas no teatro rural Escambray. Chegou ao Comitê Central do Partido Comunista cubano e assumiu o trabalho de solidariedade internacional, ao mesmo tempo que trabalhava entre jovens militantes do teatro para forjar uma nova forma de ser cubano. Corrieri também ansiava pela vinda de um Mahdi chamado revolução, e empenhou sua vida na tentativa de construir esse alguém.

Belgrado
A Conferência do Movimento Não Alinhado em 1961

Brijuni foi a Yalta do Terceiro Mundo.

Na Conferência de Yalta, em fevereiro de 1945, os três grandes (Stalin, Roosevelt e Churchill) conspiraram sobre a divisão da Europa em antecipação à queda da máquina de guerra nazista. Cada uma das grandes potências, concordaram os Aliados, consolidaria suas "esferas de influência", seja sobre a Polônia (URSS) ou sobre a Grécia (Estados Unidos e Reino Unido). A trama de Yalta se espalhou para o resto do mundo, pois pressagiou uma atitude entre os três grandes de que cada Estado-nação do planeta tinha que se alinhar com um ou outro bloco. Neutralidade ou não alinhamento eram impensáveis.

Em Brijuni, um belo arquipélago no norte do Mar Adriático, os outros três grandes (Nasser, Nehru e Tito) se reuniram em meados de julho de 1956 para discutir as consequências do conceito de esferas de influência e sua visão própria de uma força não alinhada em oposição à lógica de Yalta. No passado, Brijuni era frequentado pelas celebridades do Império Austro--Húngaro como um retiro, mas agora o local funcionava como espaço de conferências para a República Federal da Iugoslávia. Tito hospedou seus dois amigos, Nasser e Nehru. O trio passou três dias discutindo, mas também descansou e se conheceu. Eles revisaram os desenvolvimentos da política internacional, avaliaram os efeitos da Conferência de Bandung de 1955 e começaram a formular a agenda para a conferência de fundação do que se tornaria o Movimento Não Alinhado (MNA), a ser realizada em Belgrado, em 1961. Durante esta breve cúpula, o termo "coexistência" foi cogitado, como tinha acontecido nos últimos anos em cúpulas em todo o Terceiro Mundo. Entendida como um termo para aqueles países que não queriam se juntar a uma ou outra das superpotências em seus blocos, a coexistência pacífica tinha um amplo apelo entre os governantes das novas nações. Tinha um significado negativo, pois se referia aos Estados que não queriam se aliar à URSS ou aos Estados Unidos. Também tinha um significado positivo, pois indicava um princípio para as relações internacionais que recusava a força bruta em favor do desenvolvimento mútuo. A retórica excedeu as políticas. O MNA produziu todos os tipos de conceitos (coexistência pacífica e coexistência ativa sendo exemplos). Buscava basear as relações internacionais na moral, e não em termos de política de poder ou interesse nacional. Esse foi o desafio e a ruína do movimento.

Para o Terceiro Mundo, a coexistência pacífica seria o principal conceito para a organização dos Estados em um mundo com armas nucleares. Por causa do poder militar esmagador da Otan e do Pacto de Varsóvia, bem como do capital financeiro, e por causa da falta de uma reconstrução social genuína dentro de seus próprios Estados, a maioria das lideranças do Terceiro Mundo adotaria apenas a aura do termo. A coexistência pacífica permitiu que as novas nações escapassem do peso do mundo bipolar, mas não levaria necessariamente à uma reorganização dos próprios Estados ou de suas próprias aspirações regionais. As potências atlânticas distorceram o termo a partir dos anos 1940, enquanto os soviéticos o adotaram a partir de 1955; essa diferença permitiu que os últimos ganhassem alguma vantagem às custas dos primeiros nos corredores do recém-criado MNA (mas, por vezes, também às custas dos partidos comunistas em países do Terceiro Mundo). Os praticantes da coexistência pacífica não queriam ameaçar mudanças entre os Estados, então mudaram sua agenda para o fórum da ONU. A ONU e sua democratização tornaram-se os objetivos imediatos do MNA, que, portanto, descartou qualquer tentativa de derrubar, mesmo que de forma sutil, ambas as superpotências. Se Yalta pressagiava a divisão do mundo, Brijuni e Belgrado prenunciavam a criação de uma associação que buscaria mais espaço para as nações mais escuras – mas não necessariamente para a reconstrução do mundo à sua imagem.

Todos os três líderes – Nasser, Nehru e Tito – tinham sido vitoriosos em seus impulsos anticoloniais, mas foram as peculiaridades do anfitrião que impressionaram muito os outros dois. Nascido na Croácia, Tito trabalhou como sindicalista, lutou na Primeira Guerra Mundial, participou da Revolução Bolchevique, lutou no Exército Vermelho, ingressou no Partido Comunista da Iugoslávia, liderou o Batalhão Dimitrov na Guerra Civil Espanhola, voltou à Iugoslávia, travou uma guerra de guerrilha com seus *partisans* contra os fascistas e, finalmente, em março de 1945, tornou-se o primeiro-ministro da Federação das Repúblicas Socialistas da Bósnia-Herzegovina, Croácia, Macedônia, Montenegro, Sérvia e Eslovênia. Na reunião de Brijuni, ele já havia vivido várias vidas. Com Nasser e Nehru, Tito estava pronto para começar outra, como fundador do MNA. Em 1956, a Iugoslávia havia se afastado um pouco da URSS e, portanto, mesmo que permanecesse formalmente dentro do campo socialista, não via seu futuro como um satélite soviético.

Ao mesmo tempo que a Revolução Bolchevique tirou a Rússia da Primeira Guerra Mundial em uma ação anti-imperialista (o novo governo revelou a correspondência imperialista oculta dos regimes europeus), o Estado soviético sob Stalin teve uma abordagem muito mais cautelosa em relação aos novos Estados pós-coloniais. A União Soviética foi castigada pela guerra. Seu presidente, Mikhail Kalinin, advertiu o Partido Comunista, em agosto de 1945, que "os perigos do cerco capitalista [à URSS] não haviam desaparecido com a Alemanha hitlerista". Na avaliação de Kalinin, a URSS não podia se dar ao luxo de descansar nem de contrariar diretamente as hordas que se reuniam em suas fronteiras. Nesse sentido, a liderança da URSS ofereceu duas teses contrárias: que qualquer enfrentamento entre os Estados Unidos e a URSS era "perfeitamente viável" (como Stalin colocou em dezembro de 1946), e que os Estados Unidos e seus aliados eram "imperialistas vorazes" (Claudin, 1975, p. 390-391) que estavam à beira da derrota pela maré do socialismo (como disse Andrei Zhdanov em setembro de 1947, na conferência de fundação do Cominform). A teoria dos dois campos de Zhdanov privilegiou os partidos comunistas nacionais ao mesmo tempo que os comissários da URSS faziam acordos com as forças burguesas dentro dos Estados pós-coloniais, às custas dos comunistas locais. Essa vacilação se manifestou na ambiguidade quanto à posição soviética em relação ao Terceiro Mundo e à coexistência pacífica. Após a morte de Stalin, a nova liderança guiada por Khrushchev e Bulganin adotou a coexistência pacífica e prometeu seu apoio aos regimes nacionalistas burgueses (muitas vezes contra os comunistas domésticos). A situação pouco clara sugeria que a URSS parecia mais interessada em defender seus próprios interesses nacionais do que os dos partidos comunistas nacionais aos quais prometia fidelidade através da retórica.

Essa, de qualquer modo, tinha sido a experiência da Iugoslávia. Enquanto os *partisans* de Tito derrotavam as forças fascistas, eles também deram as boas-vindas ao Exército Vermelho na Iugoslávia. A desconfiança em relação ao comportamento do Exército Vermelho e a falta de apoio na invasão de Trieste pelos Estados Unidos e pelo Reino Unido (1945) levaram à seguinte avaliação de Tito: "Não queremos depender de ninguém. Não queremos ser uma pequena mudança; não queremos nos envolver em nenhuma política de esferas de influência" (citado em Fejtö, 1969, p. 85-86). Os pacotes de ajuda soviética que favoreciam Moscou em vez de Belgrado e a reticência de Stalin em permitir uma federação perene da Iugoslávia e da Bulgária em 1947 levaram à recusa final dos comunistas iugoslavos em se tornarem um satélite soviético em 1948. Expulsa do Cominform, a Iugoslávia aderiu à visão do Partido Comunista italiano de que cada partido nacional deveria ser independente de Moscou, embora devesse ter fortes laços fraternos com o bloco socialista.[1] Como os soviéticos e os iugoslavos entraram em confronto, os aviões dos EUA violaram o espaço aéreo da Iugoslávia (21 vezes nos primeiros três meses de 1948). Isolados, os iugoslavos se voltaram para os novos Estados pós-coloniais em busca de ajuda ideológica e material.[2]

Uma viagem à Índia (1954-1955) e ao Egito (1955) permitiu que Tito testasse as águas para algum tipo de aliança entre países que não eram superpotências.[3] As armas iugoslavas foram para o Egito e a Birmânia, e seus votos na ONU foram para o Congo e Angola – usando tudo o que podia para facilitar um relacionamento com as nações mais escuras. Talvez a melhor indicação disso esteja nos laços da Iugoslávia com a FLN da Argélia. Em 1953-1954, o governo iugoslavo fez contato com a FLN no Cairo e começou a canalizar todos os tipos de assistência (incluindo

---

[1] O secretário-geral do Partido Comunista Italiano, Palmiro Togliatti, expôs a posição de seu partido em 1956 como "policentrismo" ou "vias nacionais para o socialismo" (VII Congresso del PCI, 1956, p. 45). Moscou continuou sendo um importante centro do movimento, mas, como afirmou Togliatti, cada Partido Comunista nacional desenvolveria sua estratégia e tática com base em sua análise, e não na de Moscou. Isso está muito longe do manifesto eurocomunista de 1976, no qual os partidos da Europa Ocidental anunciaram: "Moscou já foi nossa Roma, mas não mais. Agora não reconhecemos nenhum centro orientador, nenhuma disciplina internacional" (Claudin, 1978, p. 54).

[2] Os iugoslavos aceitaram capital de investimento e ajuda estrangeira dos Estados da Europa Ocidental e dos Estados Unidos. Em julho de 1949, Tito justificou essa infusão: "Quando vendemos nosso cobre para comprar máquinas, não vendemos nossa consciência, apenas nosso cobre" (citado em Claudin, 1975, p. 509).

[3] Como Bandung era uma conferência da África e da Ásia, a Iugoslávia não pôde comparecer, mas a cúpula de Brijuni permitiu que Nasser e Nehru se unissem a Tito na criação de uma estrutura que ultrapassasse os continentes e incluísse aqueles com uma visão do Terceiro Mundo. Além disso, do ponto de vista da Europa, a região que se tornou a Iugoslávia era tratada como selvagem e inferior, algo semelhante ao resto do Terceiro Mundo. Talvez esse legado tenha algo a ver com as boas-vindas simpáticas concedidas à Iugoslávia nas fileiras do Terceiro Mundo (Wolff, 1994).

cobertura na ONU) desde o início do levante da FLN, em novembro de 1954.[4]

Se a Iugoslávia se viu na geladeira entre as superpotências, o mesmo aconteceu com o Egito e a Índia. Nenhum deles tinha qualquer objeção, a princípio, ao sistema defendido pelos Estados Unidos e Europa; Nehru e Nasser eram pessoalmente atraídos pelos ideais da URSS, mas nenhum deles tinha qualquer predisposição especial para sujeitar seu país a seus ideais rígidos e à sua política externa nada santa.[5] Os Estados Unidos e as potências europeias, no entanto, alienaram o Egito e a Índia, países outrora receptivos. O secretário de Estado Dulles viajou ao Egito e à Índia em 1953. No sul da Ásia, Dulles considerou Nehru "totalmente impraticável", enquanto apreciava as "qualidades marciais e religiosas dos paquistaneses". Embora a visita de Nehru aos Estados Unidos, em 1949, tenha corrido bem, e embora o regime de Nehru tenha assinado o pacto da Commonwealth[6] – dominada pelo Reino Unido – naquele ano, no início de 1950 ficou claro que a Índia não se subordinaria aos interesses dos EUA. Dulles

---

[4] De fato, quando o primeiro presidente da Argélia, Ahmed Ben Bella, viajou para Belgrado em 1964, ele agradeceu ao governo de Tito porque mesmo "como um pequeno país, no entanto, contribui para a resolução dos problemas mundiais" e porque sua versão de socialismo é "a melhor de todas, porque dá atenção à democracia e harmoniza o socialismo com a democracia" (Rubinstein, 1970, p. 88).

[5] O reconhecimento apressado de Israel pela URSS em 1948 e sua posição temerária em relação às reivindicações da Índia na Caxemira isolaram-na ainda mais da classe dominante no Egito e na Índia.

[6] Iniciada como Comunidade Britânica das Nações, foi proposta em 1917 como forma de reposicionar a Inglaterra em relação aos países que estavam sob sua esfera de influência, principalmente as suas colônias, que começavam a reivindicar independência. Posteriormente passou a ser conhecida como Comunidade das Nações, atualmente é uma organização que engloba 54 nações, somando 2,5 bilhões de pessoas, quase todas ex-colônias britânicas. Os membros partilham de valores e objetivos estabelecidos na Declaração de Singapura e seu objetivo declarado é promover a integração entre as ex-colônias, promovendo benefícios, facilidades comerciais, assistência educacional e alinhamento político. (N. E.)

e o regime dos EUA queriam se unir a algum dos Estados do sul da Ásia em uma aliança para isolar e cercar não apenas a URSS, mas também a China comunista. Quando a Índia de Nehru não concordou, Dulles fechou com um Paquistão predisposto, cujo general Ayub Khan assinou um acordo de armas com os Estados Unidos – e isso culminaria finalmente no Pacto de Bagdá de 1955, uma aliança do Irã, Iraque, Paquistão, Turquia e Reino Unido, intermediada pelos Estados Unidos (McMohan, 1994; Kux, 1992).

Nas terras árabes, Dulles não conseguiu compreender o profundo sentimento antibritânico do regime de Nasser (e do grosso da população). Quando tentou convencer Nasser de que os soviéticos representavam a verdadeira ameaça à liberdade egípcia, Nasser respondeu: "A população do Egito acharia louco qualquer um que dissesse isso" (Little, 2002, p. 166-167), porque era evidente que o principal problema era a Grã-Bretanha. Dulles levou a questão a seus superiores em Washington. A coexistência pacífica e o não alinhamento o irritaram. Na verdade, Dulles se recusou a usar o último termo, favorecendo a palavra "neutralismo": uma vez que o termo indicava que esses Estados queriam ficar de fora do conflito principal, Dulles sentiu que era "uma concepção imoral e míope" (Kolko, 1988, p. 62).[7] Apesar de seu desprezo, os líderes do Terceiro Mundo não se enquadravam nessa apreciação. Embora ninguém propusesse que o Terceiro Mundo deveria lidar com o conflito nas linhas do neutralismo suíço, a maioria deles trabalhou duro para enfatizar a necessidade de se optar por sair do conflito bipolar e ainda encontrar uma maneira de mover uma agenda alternativa; eles não adotaram uma postura passiva.[8] Para Dulles,

---

[7] A literatura oficial dos EUA errou consistentemente na análise do movimento de não alinhamento, sempre pronta para imputar as piores motivações ao Estados que se reuniram pela paz (Holcombe, 1960; Allen, 1966).

[8] O discurso de abertura de Sukarno na Conferência do MNA de 1961 abordou esse ponto diretamente: "O não alinhamento não é neutralidade. Que não haja confusão quanto a isso. Não, o não alinhamento não é neutralidade. Não é a atitude hipócrita do homem que se mantém indiferente – 'uma praga em

que havia absorvido a teoria dos dois campos de Zhdanov, tudo isso era acadêmico. Se um Estado não estivesse subordinado aos interesses dos Estados Unidos e à sua ordem global, então ele havia se entregado à URSS e ao comunismo.

Enquanto Nasser e Nehru se preparavam para deixar Brijuni, eles ouviram a notícia de que o governo dos EUA havia decidido voltar atrás em sua promessa de US$ 200 milhões como parte do financiamento para a alta barragem de Aswan no Egito, orçada em US$ 1,3 bilhão. A barragem era crucial para os planos egípcios, já que os Oficiais Livres esperavam que ela ajudasse o lento setor agrícola egípcio, uma área que precisava de reparação imediata para a república reter o apoio do campesinato *fellahin*. Para obter fundos de investimento, Nasser tentou jogar as potências atlânticas contra os soviéticos.[9] Além desses projetos produtivos, Nasser

---

ambas as casas'. Política de não alinhamento não é uma política de buscar uma posição neutra em caso de guerra; política de não alinhamento não é uma política de neutralidade sem cor própria; estar não alinhado não significa se tornar um Estado-tampão entre os dois blocos gigantes. O não alinhamento é a devoção ativa à elevada causa da independência, da paz duradoura, a justiça social e a liberdade de ser livre. É a determinação de servir a esta causa; é congruente com a consciência social do homem" (citado em The Conference of Heads..., 1961, p. 27). A ideia de não alinhados ou não comprometidos foi bem apresentada em 1950 na 5ª Sessão das Nações Unidas pelo Ministro das Relações Exteriores da Iugoslávia, Edvard Kardelj: "Os povos da Iugoslávia não podem aceitar a suposição de que a humanidade deve hoje escolher entre o domínio de uma grande potência ou outra. Consideramos que há outro caminho, o difícil, mas necessário caminho da luta democrática para um mundo de nações livres e iguais, pelas relações democráticas entre as nações, contra a interferência estrangeira nos assuntos internos das pessoas e pela cooperação pacífica geral das nações com base na igualdade" (Rubinstein, 1970, p. 29). Não alinhamento para o grupo do MNA não era um conceito jurídico, mas um espaço político e moral (Nord, 1974, p. 58-59).

9   Para obter a própria represa, Nasser jogou com os vários poderes financeiros, mas se contentou com as ofertas comprometidas dos Estados Unidos e do Banco Mundial. O secretário do Exterior britânico, Harold MacMillan, percebeu que Nasser queria "induzir tanto o Ocidente quanto os soviéticos a aumentar a oferta um do outro" (MacMillan, 1969, p. 635).

também enfrentou os dois principais blocos na venda de armas. Os Estados Unidos tinham uma oferta menos atraente: entre suas rígidas restrições, o governo dos Estados Unidos oferecia apenas certos tipos de armas, queria que fossem acompanhados por uma missão de assistência militar dos Estados Unidos e exigia que a ajuda em armas dos Estados Unidos fosse usada para comprar equipamentos estadunidenses a custos mais elevados (uma forma elegante de subsidiar as empresas de armas dos EUA). Tudo isso sendo impossível para o Egito, Nasser comprou armas da Tchecoslováquia. Além disso, Nasser recusou-se a aderir ao Pacto de Bagdá e pressionou os ingleses a remover sua base militar de Suez. Não é de admirar que Dulles desprezasse o regime nasserita.

"Nossa briga com o Egito", observou um assessor de Dulles, "não é que ele esteja seguindo um curso 'neutro' ao recusar alinhar-se com o Oriente ou com o Ocidente" – o que era uma fixação do próprio Dulles. Em vez disso, "Nasser não é guiado por considerações da 'Guerra Fria', mas por sua própria visão da preponderância egípcia, primeiro no mundo árabe, depois na África e depois no mundo muçulmano como um todo" (citado em Little, 2002, p. 171).[10] A única primazia ou preponderância que seria apoiada pela tripulação de Dulles era a dos Estados Unidos. Em 1947, a equipe de planejamento de políticas do Departamento de Estado escreveu: "Buscar menos do que um poder preponderante seria optar pela derrota. O poder preponderante deve ser o objeto da política dos EUA" (citado em Leffler, 1992, p. 18-19). "Como são arrogantes essas pessoas", disse Nehru sobre o governo dos EUA. "Esta não é uma retirada de dinheiro", respondeu Nasser. "É um ataque ao regime" (citado em Brands, 1989, p. 273). Quando Nasser voltou ao Cairo, decidiu levantar fundos para Aswan com a nacionalização do Canal de Suez, em si um símbolo de abuso colonial por meio do uso de mão de obra egípcia quase gratuita para construir a hidrovia privada crucial

---

[10] Para mais sobre o assunto, consultar Aronson (1986, p. 256) e Hoopes (1973).

para as potências imperiais. As taxas do canal, Nasser acreditava, levantariam capital suficiente para financiar os planos dos Oficiais Livres. Quando a força anglo-franco-israelense invadiu o Egito em retaliação, Tito e Nehru vieram em ajuda do Egito. As condições objetivas do mundo bipolar e as ligações subjetivas entre esses três poderes foram confirmadas pelos eventos de Aswan e Suez.

Na conferência de Brijuni, os três observaram que as condições do mundo os deixavam com poucas opções e uma grande necessidade de paciência. O comunicado final observou que, "enquanto esses medos e apreensões dominam o mundo, nenhuma base sólida para a paz pode ser estabelecida. Ao mesmo tempo, é difícil remover rapidamente esses medos e apreensões, e passos graduais terão que ser dados para sua eliminação. Cada passo ajuda a diminuir as tensões e, portanto, é bem-vindo" (Tito, Nasser, Nehru, 1956, p. 52-53). Um desses passos graduais seria convocar todas as novas nações com ideias semelhantes que não quisessem se juntar nem aos soviéticos nem às potências atlânticas. Eles foram ao trabalho.[11] Em 1961, os outros três grandes deram as boas-vindas aos representantes de 22 Estados da África, Ásia, América Latina e Europa a Belgrado para criar o MNA, uma instituição cuja força cresceu de conferência em conferência, dentro e fora da ONU, e tem peso ainda hoje.[12]

---

[11] Como prelúdio da reunião de Belgrado, Tito fez uma longa viagem pela África libertada durante o ano de 1961. No parlamento de Gana, Tito homenageou os representantes como sendo a antítese dos fascistas e governantes coloniais que haviam dominado o mundo. "Milhões de pessoas comuns entraram no palco da história", disse ele, e "não permitirão que um punhado de pessoas irresponsáveis e beligerantes joguem com seu destino" (Tito, 1963, p. 345). Há ainda dois importantes documentos sobre a viagem de Tito: Tito (1961); Milicevic (1961).

[12] Depois de Belgrado, as Conferências de Chefes de Estado do MNA foram realizadas nas seguintes cidades: Cairo (1964), Lusaka (1970), Argel (1973), Colombo (1976), Havana (1979), Nova Delhi (1983), Harare (1986), Belgrado (1989), Jacarta (1992), Cartagena das Índias (1995), Durban (1998) e Kuala Lumpur (2003). Também houve outras conferências de chanceleres e representantes de escalões inferiores ao longo dos anos.

A natureza dos regimes que participaram da reunião do MNA reflete suas limitações. Com sua ostentação, vieram os monarcas, incluindo o imperador Haile Selassie, da Etiópia, e o príncipe Norodom Sihanouk, do Camboja. O fato de governarem autocraticamente sobre suas populações parecia aceitável para as repúblicas (afinal, a Índia ingressara na Commonwealth em 1948 e aceitara o papel titular do monarca britânico como seu chefe). Entre os republicanos, estavam chefes de partidos nacionalistas burgueses, líderes de golpes de Estado e representantes de movimentos nacionalistas de massa. U Nu, da Birmânia, e Ben Youssef, da Argélia, ficaram ombro a ombro com Sukarno, da Indonésia, Mobido Keita, do Mali, e Nkrumah, de Gana, que por sua vez sentaram ao lado de Srimavo Bandarnaike, do Sri Lanka, e Osvaldo Dorticos Torrado, de Cuba. Muitos desses líderes (como Nasser e Nehru) eram populares em seus países de origem e, mesmo tendo a autoridade de seus vários órgãos representativos (parlamentos e gabinetes), tinham personalidades que não toleravam delegações.[13] Eles vieram para agir, mas não podiam. Era um grupo heterogêneo, e sua diversidade política absoluta tornava quase impossível uma postura ideologicamente coerente e unificada.[14] O MNA continuaria sendo uma plataforma

---

[13] Há muitas imperfeições na vida dos três gigantes, e muito se escreveu sobre a tendência autoritária de Tito e a distorção da democracia interna no partido. Para um relato analítico do antigo aliado de Tito e depois crítico veemente, ver Djilas (1980). Quase o mesmo foi dito de Nehru e Nasser (ver Aburish, 2004).

[14] Essa diversidade política impossibilitou o MNA de se tornar um bloco no sentido convencional. Em uma avaliação da história do MNA em antecipação à Segunda Conferência do MNA no Cairo, o ex-representante da Iugoslávia nas Nações Unidas, Miso Pavicevic, escreveu: "Tem sido repetido muitas vezes que a Conferência de Belgrado não foi realizada com a intenção de formar um terceiro bloco ou ainda menos um clube exclusivo. O objetivo da Conferência de Belgrado e da política dos países não alinhados sempre foi diminuir a área de conflito do bloco e construir um mundo de convivência pacífica e ativa. Um número cada vez maior de países está adotando a política formulada na Conferência de Belgrado, o que é um resultado notável e uma

política, uma sub-organização da ONU, mas só seria capaz de agir em conjunto em duas grandes questões: defender o desarmamento nuclear global e democratizar a ONU.

Em agosto, duas semanas antes da abertura da conferência de Belgrado, os alemães orientais ergueram um muro em Berlim para evitar uma fuga de cérebros (em 1960, quase 300 dentistas, 700 médicos e 3 mil engenheiros fugiram da República Democrática Alemã para o Primeiro Mundo). As tropas se moveram, e o povo previu o derramamento de sangue. Um dia antes da abertura da conferência, a URSS testou uma bomba de 50 megatoneladas (chamada "Ivan"). U Nu alertou o MNA que os "dois blocos de poder [estavam] preparados para arriscar uma guerra por Berlim" (citado em The Conference of Heads..., 1961, p. 69) e que este evento, como tantos outros (como a invasão da Baía dos Porcos, em abril de 1961), poderia precipitar o conflito (nuclear) final. Os ingleses (1952) e os franceses (1960) aderiram ao clube nuclear e, apesar da existência da Aiea (1957), as potências tinham pouco interesse na contenção, apenas na não proliferação. Em 1954, Nehru pediu uma proibição formal de testes, mas sua sugestão foi rejeitada. Os Estados do Terceiro Mundo foram ao plenário da ONU em várias ocasiões para pedir o desarmamento total, mas sem sucesso. Posteriormente, em 1° de outubro de 1960, Gana, Índia, Indonésia, República Árabe Unida e Iugoslávia, as nações centrais do MNA, propuseram uma resolução da ONU que instava os Estados Unidos e a URSS a renovarem as negociações então suspensas sobre assuntos nucleares. Em junho de 1961, as duas potências se encontraram em Viena, mas nenhuma teve estômago para se afastar de seus arsenais nucleares.[15]

---

prova contundente da vitalidade e da justeza dessa política. A fundamentação de bloco é estranha à própria natureza da política dos países não alinhados, e assim é qualquer tentativa de encerrá-lo dentro de limites estreitos, que devem ser superados pela vida" (Pavicevic, 1964, p. 5).

[15] Não foi até essa pressão combinada do Terceiro Mundo e a tensão da crise dos mísseis cubanos de 1962 que os dois países começaram a realizar seriamente

Em Belgrado, um líder após o outro das nações mais escuras falou contra a lógica do nuclearismo. Mas, apesar de sua grandiloquência, reconheceram que tinham pouca influência sobre as quatro potências nucleares (que se posicionaram uma contra a outra nos dois lados, o Atlântico contra Moscou). Tudo o que restou foi a conversa sobre a "grande força moral" do MNA (The Conference of Heads..., 1961, [Haile Selassie] p. 87; [Nkrumah] p. 99; [resolução final] p. 254-255). Essa análise da força moral do MNA no mundo bipolar levou a um resultado político direto: o MNA despachou quatro de seus representantes mais importantes para Moscou e Washington. Eles carregaram um "Apelo pela Paz" para acabar com sua obstinação e avançar em direção ao desarmamento nuclear. Nehru e Nkrumah foram para o leste, e Sukarno e Keita foram para o oeste com a mesma carta (redigida por Nehru): "Estamos convencidos de que, devotados como são à paz mundial [Khrushchev e Kennedy], seus esforços por meio de negociações persistentes levarão a uma forma de sair do impasse atual e permitir que o mundo e a humanidade trabalhem e vivam para a prosperidade e a paz" (The Conference of Heads..., 1961, p. 264). A postura de grandiloquência da conferência foi substituída por súplicas. O fato de Moscou e Washington terem feito promessas vazias em troca fornece uma medida do valor limitado dos apelos morais em uma era nuclear.

---

as inspeções, uma construção de confiança que levou em grande parte ao Tratado de Não Proliferação de Armas Nucleares de 1968. O tratado forneceu o fundamento para a maior parte dos acordos de desarmamento nuclear que se seguiram. Para muitos no Terceiro Mundo, a obstinação dos EUA na questão nuclear fez de tudo para azedar seu senso da superpotência. O plano Baruch de 1946 parecia ser um estratagema para permitir que os Estados Unidos preservassem seu domínio tecnológico e militar. Além disso, quando a URSS votou na 15ª Sessão das Nações Unidas (1960) contra os testes nucleares, e quando declarou uma moratória unilateral dos testes em 1985, os Estados Unidos não responderam na mesma moeda. Na realidade, em 18 de setembro de 1959, quando a URSS submeteu um memorando à 14ª Sessão das Nações Unidas a favor do desarmamento total, o resto da elite nuclear o leu em silêncio.

Se uma simples súplica fosse recebida com condescendência e arquivada, então algo diferente deveria ser tentado. O caminho relativo era agitar por mais democracia nas instituições da ONU, particularmente no todo-poderoso Conselho de Segurança. Como a maioria das instituições, a ONU carregou as marcas idiossincráticas de sua história. Na sua formação, as Américas forneciam o maior número de membros porque a África e a Ásia permaneceram sob o domínio da Europa. À medida que as nações africanas e asiáticas conquistaram a independência e a adesão às Nações Unidas, sua presença não reformulou automaticamente as regras originais para pertencimento aos comitês. Muito mais importante do que essas questões, entretanto, era a questão do Conselho de Segurança. Os Estados Unidos, o Reino Unido, a URSS, a França e a República da China (Formosa, mais tarde renomeada Taiwan) transformaram seu poder de fato após a Segunda Guerra Mundial em um poder *de jure* dentro da ONU.[16] Eles tomaram os assentos no Conselho de Segurança e no Conselho de Tutela em caráter perpétuo e dominaram os cargos de liderança nos órgãos auxiliares da ONU. No Conselho de Segurança, apenas esses poderes tinham assentos permanentes, com poder de veto sobre as decisões da populosa Assembleia Geral.[17]

---

[16] Os assentos permanentes e o poder de veto nada tinham a ver com armas nucleares. Em 1945, apenas os Estados Unidos tinham capacidade nuclear, mas logo depois a URSS, a Inglaterra e a França se juntaram a ele. Quando a República Popular da China substituiu Taiwan nas Nações Unidas (e no Conselho de Segurança) em 1971, ela tinha uma bomba nuclear (tendo-a testado em 1964). Como se viu, então, os cinco membros do Conselho de Segurança são potências nucleares, embora não fosse essa a situação quando o Terceiro Mundo exigiu a expansão do conselho. Depois que a Índia testou armas nucleares em 1974, não foi convidada para o clube. A vantagem histórica, não a capacidade nuclear, deu aos membros do Conselho de Segurança poder de veto sobre os assuntos mundiais.

[17] No final de 1954, Tito disse ao Parlamento indiano: "Até agora, as Nações Unidas não conseguiram resolver muitas questões de importância internacional principalmente por causa de falhas organizacionais, como o direito de veto no Conselho de Segurança, e assim por diante, e novamente porque a

A desvantagem estrutural da ONU para o Terceiro Mundo poderia ter levado ao cinismo sobre o valor do organismo internacional. Em Belgrado, U Nu expressou esse medo: "Achamos que seria um dia nebuloso para o mundo, e especialmente para os países menores, se a ONU sofresse o mesmo destino da Liga das Nações" (citado em The Conference of Heads..., 1961, p. 70). Então, por que a ONU deveria ser salva, e por que o Terceiro Mundo deveria dar sua energia para a democratização da ONU? No final de 1948, o Ministro das Relações Exteriores da Iugoslávia, Edvard Kardelj, escreveu: "Apesar das grandes fraquezas [da ONU], esta organização é útil e pode servir como um sério obstáculo para aqueles que estão empenhados em seus próprios objetivos egoístas em empurrar a humanidade em direção à catástrofe de uma nova guerra mundial" (Rubinstein, 1970, p. 10).[18] Os Estados africanos, asiáticos e latino-americanos apresentaram projetos de resolução para levar a democracia às Nações Unidas em 1957, mas foi somente em 1959 e 1960 que a Assembleia Geral ouviu debates sobre

---

tendência para a divisão em blocos é evidente na Organização desde o início, o que tem dificultado o bom funcionamento desta instituição internacional" (Tito, 1963, p. 162).

[18] Em 1964, Josip Djerdja, do Ministério das Relações Exteriores da Iugoslávia, ofereceu uma análise simpática e crítica do papel das Nações Unidas para o MNA: "[As reuniões regulares de representantes do MAN nas Nações Unidas] devem ser vistas como o embrião de um procedimento consultivo necessário e constante que possibilitaria aos países não alinhados uma cooperação mais eficaz na expansão constante do campo de atividade rumo à paz e ao progresso. Os países não alinhados identificaram novamente sua atividade com os esforços das Nações Unidas que em um mundo mais justo e pacífico deve atuar como um regulador da cooperação equitativa e um instrumento de desenvolvimento geral em um mundo que é diverso, mas que também deve ser libertado do perigo das diferenças e diversidades que servem de motivo ou causa de atrito e antagonismo. A democratização das Nações Unidas e um movimento para algumas correções necessárias nos mecanismos da organização mundial e em sua Carta, pontos que recebem destaque no programa do Cairo, não passam de uma indicação de que os países não alinhados aguardam com sóbria confiança os dias em que a ONU assumirá este importante papel" (Djerdja, 1964, p. 2-3).

o tema. Da Guiné ao Paquistão, os delegados refletiram sobre a necessidade da ONU despertar para a história, alterar sua estrutura no momento em que um grande número de novas nações estavam tomando seus assentos como países soberanos, repensar os poderes de veto das potências coloniais e nucleares e fazê-lo no espírito de justiça, não de caridade. Em 1963, as nações mais escuras propuseram que o tamanho do Conselho de Segurança e do Conselho Econômico e Social fosse ampliado, com atenção especial para a representação das duas áreas sub-representadas da África e da Ásia (Resoluções da Assembleia Geral da ONU de 1990 [XVIII], 1991 [XVIII] e 1992 [XVIII]). A Resolução de 1991 aumentou o número de membros *não permanentes* para dez, sendo cinco da África e da Ásia, dois da América Latina, um da Europa Oriental e dois da Europa Ocidental; estes não teriam poder de veto. Portanto, embora os Estados do MNA tentassem trazer democracia às Nações Unidas, e mesmo que fossem capazes de expandir os vários órgãos e levantar suas vozes sobre a cabala de Estados que dominam seu processo, eles fizeram pouco progresso. O sistema, em certo sentido, os havia cercado. No entanto, a ONU forneceu um fórum crucial para o Terceiro Mundo levantar questões sobre a barbárie colonial e usar a Assembleia Geral como meio para divulgar perante o mundo atrocidades anteriormente ocultadas.

Talvez o melhor resumo das conquistas do MNA nos seus primeiros três anos de existência venha de Amílcar Cabral, líder do PAIGC. Cabral viajou para o segundo encontro do MNA no Cairo (1964), dois anos depois de seu partido ter adotado a luta armada contra o regime colonial português. O PAIGC não estava sozinho na questão das armas. Mais ao sul, em Angola, o Movimento Popular de Libertação da Angola (MPLA) pegou em armas contra os portugueses, enquanto um ano mais tarde, a Frente de Libertação de Moçambique (Frelimo) começou suas atividades de guerrilha. O MNA apoiou os três movimentos, com uma promessa, em 1964, de "oferecer todo tipo de apoio [aos] lutadores pela liberdade nos territórios sob o colonialismo português".¹⁹ Cabral reconheceu que, embora a luta do PAIGC fosse também a luta "pela coexistência pacífica e pela paz", "para coexistir é preciso antes de tudo existir, então os imperialistas e os colonialistas devem ser forçados a recuar para que possamos dar uma contribuição à civilização humana, com base no trabalho, na personalidade dinâmica e na cultura de nossos povos" (Cabral, 1969, p. 55). Em seu estudo do socialismo e da guerra, o maior teórico da coexistência pacífica, Edvard Kardelj, fez uma distinção entre as guerras dos poderosos e as guerras dos fracos. A primeira deveria ser condenada a todo custo, enquanto a última poderia ser defendida a depender do contexto. Em todos os momentos, os Estados tinham que ser "a favor da paz em abstrato e contra a guerra em abstrato" (Kardelj, 1960, p. 148).²⁰ Há uma diferença entre a luta armada para expulsar o colonialismo e a atitude insensata da guerra nuclear, bem como da criação de um estado de guerra. O último é uma violação da coexistência pacífica, enquanto a primeira é uma necessidade para tal. Até mesmo o NAM, portanto, poderia apelar para o caminho da luta armada.

O principal impulso estratégico do MNA foi para a democratização da ONU e sua recriação enquanto um instrumento de justiça. Cabral argumentou que a ONU no início de 1960 eram "um gigante com as mãos atadas", e com sua "estrutura renovada, suas instituições democratizadas e sua voz fortalecida para incluir

---

[19] O presidente de Cuba, Osvaldo Dorticos, que participou das reuniões de 1961 e 1964 do MAN, expressou sua alegria em relação a esta formulação do MNA, "deixando claro que o não alinhamento é não é o mesmo que neutralidade, mas que significa apenas não participar de algum bloco militar" (citado em Dominguez, 1989, p. 222).

[20] A defesa de Kardelj da intervenção soviética na Hungria parte dessa teoria, mas não segue suas próprias suposições até o fim. Enquanto seu livro questiona a intervenção de um poder mais forte em um mais fraco quando outras soluções se apresentam, em seu discurso à Assembleia Popular Federal, ele defende a intervenção com o fundamento de que qualquer atraso teria aumentado o sofrimento da classe trabalhadora húngara. Ele, entretanto, chamou a intervenção de "mal menor", e não de bem maior (Kardelj, 1956).

aquelas centenas de milhões de seres humanos, ela pode servir plenamente à nobre causa da liberdade, fraternidade, progresso e felicidade para a humanidade" (Cabral, 1969, p. 53).[21] No início de dezembro de 1964, Che Guevara levou a seguinte mensagem ao plenário da Assembleia Geral da ONU:

> Gostaríamos de despertar esta Assembleia. O imperialismo quer convertê-la em um torneio de oratória inútil em vez de resolver os graves problemas do mundo. Devemos impedi-los de fazer isso. [...] Como marxistas, sustentamos que a coexistência pacífica não inclui a coexistência entre exploradores e explorados, entre opressores e oprimidos. (Citado em The Halperin, 1981, p. 118-119)

Poucos no Terceiro Mundo negariam as palavras de Guevara, mesmo que muitos dos políticos mais velhos insistissem em um tom mais moderado.[22] De fato, após a segunda conferência do NAM, no Cairo, o Terceiro Mundo viveu um período de infla-

---

[21] Cabral não estava sozinho. Aqui estão alguns outros afirmando o mesmo ponto: "Hoje, em todo o continente da África, de Argel à Cidade do Cabo, de Lobito a Lusaka, os Lutadores da Liberdade da África estão em pé de guerra e entregarão suas vidas em vez de suas armas na luta pela liquidação total do colonialismo. Dispositivos constitucionais prolongados projetados para derrotar a obtenção da liberdade e da independência não serão mais tolerados" (Nkrumah, 1961, p. 103). "Estou certo de que, como o povo cubano, todos os outros povos aqui representados que foram vítimas de agressões imperialistas e colonialistas desejam viver em paz com os países agressores. Não é um mero capricho que nos leva a nos opor a eles. Estamos sendo forçados a pegar em armas e batalhar, e nenhum governo que deseja manter a dignidade e a soberania de sua nação pode recusar o desafio" (Dorticos, 1961, p. 128). "A eliminação das relações coloniais e das tentativas neocolonialistas de preservar a substância do colonialismo em circunstâncias alteradas é hoje igualmente vantajosa para os povos coloniais e os povos das metrópoles. O apoio total aos povos e países que lutam contra a dominação colonial por seus direitos fundamentais é, ao mesmo tempo, um dos pré-requisitos básicos para uma erradicação efetiva das fontes de guerra e dos perigos que ameaçam a paz mundial" (Tito, 1961, p. 161).

[22] Nehru, no encontro do MNA de 1961, observou que "devemos abordar [as potências nucleares] de forma amigável, de forma a conquistá-las e não apenas para denunciá-las, irritá-las e dificultar ainda mais o seguimento do caminho que indicamos a eles" (citado em The Conference of Heads..., 1961, p. 115).

mada oratória, notadamente na Conferência Tricontinental de Havana (1966). Do início dos anos 1960 ao final dos anos 1970, a denúncia retórica do imperialismo atingiu seu apogeu, mesmo quando o Terceiro Mundo começou a perder sua voz.

Havana
A Conferência Tricontinental em 1966

Entre Bandung e Belgrado, um grupo de revolucionários endurecidos foi às montanhas de Cuba para colocar à prova sua inexperiência militar. Liderados pelo carismático Fidel Castro, esses lutadores da libertação nacional sofreram derrotas precoces e ficaram quase totalmente isolados dos principais partidos políticos de Havana. Sua persistência, generosidade para com os que os cercavam e seu elã conquistaram aliados entre as classes oprimidas. De Sierra Maestra, sua boa energia entusiasmou estudantes a atacar o Palácio Presidencial em Havana, grupos de mulheres a encher as ruas de Havana com grandes manifestações e organizações de trabalhadores a realizar uma greve geral contra o regime de Fulgencio Batista, o ditador apoiado pelos EUA e zelador da riqueza de Cuba para a máfia baseada em Las Vegas e Miami. Em fins de 1958, dois anos após o início da insurgência, o regime de Batista evaporou. Batista deixou a ilha com seu cúmplice, o gangster Meyer Lansky. O pequeno grupo de Fidel entrou em Havana e assumiu o comando do Estado em colapso.

O governo dos EUA não ficou satisfeito com essa reviravolta. Castro alinhou-se ao nacionalismo do Terceiro Mundo. Em seu discurso no tribunal, em 1953 (*A história me absolverá*), Castro convocou os cubanos a cumprirem seu dever de reviver a Constituição de Cuba de 1940. Petições e apelações judiciais não funcionavam no regime de Batista. Castro disse: "Ensinaram-nos [...] que a liberdade não se mendiga, mas se conquista com o fio da espada" (citado cf. Castro, 2011, p. 100). Os Estados Unidos tinham um péssimo histórico na relação com movimentos anti-imperialistas e de libertação nacional na América Central e no

Caribe. Os Exércitos e aliados dos Estados Unidos estavam propensos a se opor a esses movimentos, a assassinar seus líderes e entregar armas a seus oponentes monarquistas ou oligárquicos. Entre 1900 e 1933, militares dos EUA intervieram para destruir as esperanças nacionais do povo de Cuba (quatro vezes), República Dominicana (quatro vezes, incluindo uma ocupação de 8 anos), Guatemala (uma vez), Haiti (duas vezes, incluindo uma ocupação de 19 anos), Honduras (sete vezes), Nicarágua (duas vezes) e Panamá (seis vezes). Em 1954, o governo dos EUA interveio para derrubar o governo democraticamente eleito de Jacobo Arbenz Guzmán na Guatemala. O novo governo guatemalteco havia se comprometido com o programa de libertação nacional de ampla reforma agrária e nacionalização dos setores estratégicos da economia, mas pouco antes de poder decretar sua reforma agrária e nacionalizar a United Fruit Company, de propriedade dos Rockefeller, os fuzileiros navais dos EUA chegaram. Em seguida, em 1959, quando um golpe de direita levou François "Papa Doc" Duvalier ao poder no Haiti, os Estados Unidos armaram seus *tonton macoutes*,[1] que trouxeram terror ao povo haitiano.[2] O governo de Castro tinha todos os motivos para desconfiar do colosso do norte.

Um ano após o início da Revolução Cubana, o então presidente dos EUA, Eisenhower, ordenou que seu governo iniciasse operações secretas contra Cuba. Castro não sabia disso, mas deve ter suspeitado, dada a recusa de Eisenhower em vê-lo quando viajou a Washington para discursar na Associação de Editores de Jornais, em março de 1959 (Eisenhower, 1965, p. 523). Temeroso de que Washington pudesse fazer em Cuba o que tinha feito recentemente na Guatemala, os cubanos foram à Moscou em meados

---

[1] Do vocabulário crioulo haitiano, significa "bichos-papão", e era o termo utilizado para se referir aos membros da milícia paramilitar da ditadura haitiana. (N. E.)
[2] A narrativa mais convencional dessas intervenções está disponível em Kinzer (2006).

de 1960 para garantir a promessa de que a URSS "[utilizará] todos os meios à sua disposição para impedir uma intervenção armada dos Estados Unidos contra Cuba" (Domínguez, 1989, p. 84). Apesar da distensão e da coexistência pacífica, a realidade do intervencionismo levou os cubanos a se refugiarem em um dos dois maiores campos. Ameaçada pelos Estados Unidos, Cuba ficou com os soviéticos.

 O guarda-chuva nuclear soviético, no entanto, nada fez para deter os militares americanos no Vietnã. Em fevereiro de 1965, a Força Aérea dos EUA começou a bombardear o Vietnã do Norte e, entre 1964-1965, o governo dos EUA ou ajudou diretamente ou deu luz verde a golpes de Estado na Bolívia, Brasil, Congo, Grécia e Indonésia. Os soviéticos não puderam evitar nada disso. Para Castro, parte do problema residia na nova doutrina desenvolvida pelo projeto do Terceiro Mundo e adotada pelos soviéticos, o "estranho conceito de coexistência pacífica para alguns e guerra para outros" (Halperin, 1981, p. 163). Castro esperava que o MNA e a URSS fizessem algo concreto pelo Vietnã, assim como por outros povos colonizados. Essa expectativa e impaciência marcam os debates políticos no Terceiro Mundo de meados da década de 1960 até o final da década de 1970. É neste período que a luta armada será revivida não apenas como uma tática do anticolonialismo, mas, significativamente, como *uma estratégia em si*.

 Se Mao, da China, liderou uma luta armada prolongada contra o exército japonês e os Exércitos das antigas classes sociais da China, ele o fez porque as condições concretas exigiam tal estratégia. A coluna chinesa, como era conhecida, começou a ser considerada um modelo a ser adotado sem muita preocupação com as condições concretas da China. A teoria cubana do foco (centro insurrecional) e a teoria da violência revolucionária de Fanon, assim como a teoria da "guerra popular" de Lin Biao, recorreram a essa impaciência (Debray, 1971; Fanon, 1965; Biao, 1965). Militantes e organizações de libertação nacional inundaram as reuniões do Terceiro Mundo neste período e exigiram ação armada contra o imperialismo. Eles confrontavam os delegados soviéticos e se recusavam a levar em conta qualquer consideração sobre as limitações do sentimento popular anti-imperialista nos países a serem libertados pelo fuzil. Alguns dos militantes adotaram a crítica da teoria dos dois campos para sugerir que tanto os Estados Unidos quanto a URSS eram imperialistas, e a única força capaz de enfrentá-los era a libertação nacional armada. As razões específicas do sucesso das revoluções chinesa e cubana tornaram-se menos importantes do que a imitação de seu método. Parecia irrelevante que os chineses tivessem levado décadas e os cubanos, alguns anos, e que os chineses tivessem tido que lutar em um enorme território enquanto os cubanos estavam em uma ilha. Os militantes deixaram de lado a teoria e o debate em favor da tática da insurreição, com a luta armada como meio de tomar e manter o poder. A luta de massas e o papel central de um partido não deveriam deter o avanço da guerra revolucionária.

O ponto alto dos militantes foi um encontro de 1966, a Primeira Conferência de Solidariedade dos Povos da África, Ásia e América Latina, realizada em Havana. A conferência seguiu a linhagem das reuniões de Bandung e do MNA com duas diferenças principais. Em primeiro lugar, reuniu regimes de libertação nacional e movimentos dos três continentes (por isso foi chamada de Conferência Tricontinental).[3] Em segundo lugar, embora houvesse

---

[3] Os delegados latino-americanos estiveram em Bruxelas em 1927. Cuba esteve presente no encontro do MNA em 1961. Cuba também foi uma grande apoiadora da Guerra da Argélia (Gleijeses, 2002). Em abril de 1961, a Quarta Sessão do Conselho de Solidariedade dos Povos Afro-asiáticos em Bandung deu as boas-vindas à primeira delegação latino-americana a um encontro afro-asiático. Os cubanos que vieram para Bandung se uniram por uma resolução para condenar a agressão dos EUA na ilha da Baía dos Porcos. Depois, em dezembro, os cubanos viajaram para Gaza (Palestina), onde o Comitê Executivo da Organização para a Solidariedade dos Povos Afro-asiáticos decidiu sediar uma conferência dos três continentes – medida impulsionada por Cuba. Em seguida, os cubanos foram à Cidade do México para participar da Primeira Conferência Latino-americana de Soberania Nacional, Eman-

amplo acordo sobre os problemas no mundo, havia graves divergências sobre a estratégia para enfrentar os dilemas do mundo.[4] Sentindo uma fraqueza das forças progressistas, alguns queriam seguir a linha da coexistência pacífica enquanto construíam as instituições da ONU. Outros queriam passar imediatamente à ação, para confrontar o imperialismo no campo de batalha e por meio de pequenos atos de violência revolucionária ou terrorismo. No centro do debate estava o Vietnã. A discussão sobre como fornecer solidariedade genuína ao Vietnã ajudou a dar foco à disputa mais amorfa sobre a estratégia política para os vários movimentos de libertação, para a Tricontinental e para o MNA.

Em 1966, a guerra do Vietnã havia se tornado diabólica. Meio milhão de soldados estadunidenses não conseguiram derrotar os militantes vietnamitas, e o bombardeio aéreo criou ressentimento e uma oposição resiliente entre a população. Como resultado do Vietnã, as potências do Terceiro Mundo se desfizeram da maioria de suas ilusões sobre as potências atlânticas. Das principais lideranças de Bandung e Belgrado, Nehru agora estava morto, Sukarno fora derrubado por um golpe patrocinado pelos EUA, U Nu estava em prisão domiciliar em Rangoon e Nasser havia sufocado os últimos resquícios de democracia no Egito. Aqueles que haviam assumido o comando da dinâmica do Terceiro Mundo, como Castro, Houari Boumédiène, da Argélia, Kenneth Kaunda, da Zâmbia e Michael Manley, da Jamaica, tinham pouca paciência com o Primeiro Mundo. Para eles, seus ideais haviam sido comprometidos. Qualquer súplica aos Estados Unidos ou a seus principais aliados seria inútil.

---

cipação Econômica e Paz (1961), que aprovou uma declaração em nome da Tricontinental. Finalmente, em Moshi (Tanzânia), a Terceira Conferência de Solidariedade dos Povos Afro-asiáticos em 1963 escolheu Havana como sede da Tricontinental a pedido da delegação cubana.

4   Houve acordo em todas as questões usuais: a análise do imperialismo, colonialismo, subdesenvolvimento, nacionalização, discriminação racial e desenvolvimento cultural (First Solidarity Conference..., 1966, p. 148-155).

Na Tricontinental, Castro vociferou contra a guerra e os deploráveis ataques, mas "em vez de ganhar terreno", observou ele, os Exércitos dos EUA "perderam terreno" (First Solidarity Conference..., 1966, p. 166). A extraordinária resistência dos vietnamitas chocou o Terceiro Mundo. Uma coisa era uma força de guerrilha mal armada derrubar o regime de Batista ou combater as forças coloniais portuguesas, mas era uma questão totalmente diferente um exército camponês enfrentar o ataque frontal e total da máquina de guerra dos Estados Unidos. Nada foi mais fascinante para os 513 delegados de 83 grupos de três continentes do que as apresentações de Nguyen Van Tien, da Frente de Libertação Nacional do Vietnã do Sul, e Tran Danh Tuyen, do governo do Vietnã do Norte. Se o Vietnã vencesse, seria uma vitória para a libertação nacional global (The Tricontinental Conference..., 1966, p. 21; First Solidarity Conference..., 1966, p. 129).[5] A Tricontinental se comprometeu com a solidariedade aos vietnamitas e esperava ansiosamente por sua vitória.

Essas promessas, no entanto, tinham o potencial para cair no vazio. Guevara não compareceu à Tricontinental. Ele havia deixado Cuba em direção à África, onde começou a explorar a possibilidade de ingressar em movimentos revolucionários no Congo. Em uma mensagem à Tricontinental, Che fez a pergunta mais difícil de todas: Qual é o valor da solidariedade quando as armas imperialistas não foram contestadas?

> A solidariedade do mundo progressista para com o povo do Vietnã se assemelha à amarga ironia que o estímulo da plebe significava para os gladiadores do circo romano. Não se trata de desejar êxitos

---

[5] Eisenhower conhecia bem o valor do Vietnã para os planos geoestratégicos do governo dos EUA: "O que você acha que causou a derrubada do presidente Sukarno na Indonésia? O que você acha que determinou o novo Estado federativo da Malásia a se agarrar à sua independência, apesar de toda a pressão de fora e de dentro? Bem, eu poderia te dizer uma coisa: a presença de 450 mil soldados americanos no Vietnã do Sul teve muito a ver com isso" (citado em Neale, 2003, p. 72).

ao agredido, mas de compartilhar sua própria sorte; acompanhá-lo na morte ou na vitória. (Guevara, 1985, p. 116)⁶

Para prestar solidariedade genuína aos vietnamitas, argumentou Che, as forças revolucionárias nos três continentes precisavam criar "um segundo ou terceiro Vietnã, ou o segundo e terceiro Vietnã do mundo". Como Neruda cantou em 1967, "quem apagará a crueldade oculta no sangue inocente?" A fúria de Che eclipsou a elegia de Neruda:

> Como poderíamos olhar o futuro luminoso e próximo, se dois, três, muitos Vietnãs florescessem na superfície do globo, com a sua cota de morte e suas tragédias imensas, com o seu heroísmo cotidiano, com seus repetidos golpes ao imperialismo, com a obrigação que impõe a este de dispersar suas forças, sob o embate do ódio crescente dos povos do mundo! (Guevara, 1985, p. 213)⁷

Na reunião de Havana, Castro se encontrou com o chefe do Partido Comunista boliviano, Mario Monje, que concordou em hospedar Che e apoiar sua tentativa de criar um Vietnã na Bolívia (James, 1969, p. 188). Che trocou a África pela Bolívia, começou a organizar um foco de luta, mas perdeu o apoio do Partido Comunista de Monje e, portanto, ficou isolado. Sua tentativa de criar um segundo Vietnã terminou com seu sacrifício pessoal, em 1967, em nome do anti-imperialismo. O próprio fracasso de Che, contudo, não invalidou sua crítica. Qual o custo da solidariedade?

---

6   Che Guevara, "Mensagem à Tricontinental", originalmente publicado pela Secretaria Executiva da Organização de Solidariedade dos Povos da África, Ásia e América Latina, Havana, 16 de abril de 1967 (Guevara, 1985, p. 202). A declaração de Che seguiu-se a um discurso de Castro em 1962: "É dever de todo revolucionário fazer a revolução. Na América e no mundo, sabe-se que a revolução será vitoriosa, mas é um comportamento revolucionário impróprio sentar-se à porta de alguém esperando que o cadáver do imperialismo passe" (citado em Domínguez, 1989, p. 116). [Citado cf. Guevara, 2020, p. 30. (N. E.)]
7   Citado cf. Guevara, 2020, p. 44. (N. E.)

A URSS e a China desempenharam um papel crítico nos assuntos mundiais porque restringiram a busca das potências atlânticas pela supremacia. O Conselho de Segurança da ONU permitiu que soviéticos e chineses ameaçassem exercer o poder de veto ou condenassem as ações das potências atlânticas. O que frustrou os líderes do Terceiro Mundo foi a falta de qualquer outro tipo de resposta e, na verdade e por vezes, uma reação hostil dos soviéticos e dos chineses à militância no Terceiro Mundo. A URSS poderia ameaçar com violência os Estados Unidos ou então invadir um aliado dos EUA para pedir paz no Sudeste Asiático? Desde 1955, os soviéticos haviam adotado a teoria da coexistência pacífica. Isso significava que eles poderiam oferecer apoio moral e material para intensificar a luta de classes onde considerassem importante, mas não exportariam a revolução pelas armas (os soviéticos defenderam a invasão da Hungria em 1956 como seu dever revolucionário de ajudar os regimes comunistas sob ameaça de golpes contrarrevolucionários).[8] A China poderia invadir Taiwan para fazer o mesmo? Os chineses já haviam tentado fazê-lo em 1958, mas tiveram que recuar quando os Estados Unidos enviaram sua Sétima Frota com armas nucleares. Apesar de toda a retórica sobre a exportação da revolução mundial, os chineses não podiam sustentar a oposição aos Estados Unidos e outras potências atlânticas em um grande conflito. Em uma declaração de 1964 sobre o Congo, Mao observou que cada vez que os Estados Unidos invadissem um país, isso seria vantajoso para a revolução mundial. Os Estados Unidos intervieram no Vietnã, Laos, Camboja, Cuba, Alemanha, Japão, Coreia e América Latina. "Ele fez o papel de agressor em todos os lugares. O imperialismo dos EUA passou dos limites. Onde quer que cometa agressão, coloca um novo laço em volta do pescoço. É cercado círculo por círculo pelos povos de todo o mundo" (Tse-tung, 1967, p. 14). As potências imperialistas tinham uma tendência inerente de travar

---

[8] A posição soviética é explicada em Herbert Aptheker (1957).

guerras de conquista e subjugação e, ao fazê-lo, confrontavam o tenaz desejo popular por liberdade e independência. Apesar da disputa entre chineses e soviéticos, ambos seguiram a mesma política de dar apoio verbal e material aos seus aliados e à luta de classes, sem entrar, eles próprios, em hostilidades internacionais (Kimche, 1973, p. 201-202). A guerra nuclear tornou impossível a guerra direta entre os dois primeiros mundos. Cabia agora às potências não nucleares controlar os tentáculos do imperialismo.

Os Estados do MNA e o próprio MNA não tinham os meios para ingressar na Guerra do Vietnã. O MNA não podia enviar seus exércitos a Hanói, mesmo com a afirmação, na Segunda Conferência do MNA, no Cairo (1964), de que as guerras de libertação nacional são defensáveis, que são o principal meio de cumprir as "aspirações naturais" dos povos que estão sendo colonizados por potências que relutavam em transferir a soberania, e que "o processo de libertação é irresistível e irreversível" (Singham e Hume, 1986, p. 92). O MNA havia apoiado a luta argelina em 1961 e saudou a vitória dos argelinos em 1962. Também apoiou os principais movimentos de libertação na África portuguesa (Moçambique, Angola e Cabo Verde) (Chaliand, 1969; Anderson, 1963). Era suficiente apoiar as guerras de libertação nacional quando estas estavam distantes, mas muito mais difícil de tomar uma posição de princípio sobre a derrubada armada de um governo reconhecido. Muitos dos Estados do MNA já haviam começado a vivenciar a luta armada internamente. As classes dominantes desses Estados detinham as rédeas do poder estatal e o empunhavam contra seus críticos internos. Era muito mais fácil reclamar das intervenções dos EUA e das debilitadas colônias portuguesas do que validar universalmente a tática da luta armada, especialmente se tais lutas emergissem no interior de um Estado-membro do MNA.

Nehru e Sukarno haviam sido implacáveis contra os movimentos comunistas em seus próprios países e eram incapazes de um enfrentamento genuíno ao capital financeiro. Como Nehru e Sukarno, Nkrumah, de Gana, se valeu da força de uma luta triunfante pela liberdade e tinha repulsa a qualquer oposição. Sua Lei de Detenção Preventiva e o uso do aparato estatal contra os trabalhadores ferroviários em 1961 levaram inexoravelmente à criação de um Estado de partido único em 1964, com Nkrumah na posição de *Osagyefo*, ou Redentor. Ao contrário de Nehru e Sukarno, no entanto, Nkrumah tentou desvincular Gana da economia capitalista global e buscou sua própria versão do socialismo africano. Em 1965, Nkrumah publicou *Neocolonialismo: último estágio do imperialismo*, um livro que previu seu próprio fim. "Um Estado dominado pelo neocolonialismo", observou ele, "não é senhor de seu próprio destino" (Nkrumah 1966, p. x). A popularidade de Nkrumah despencou com os preços mundiais do cacau e, em 1966, a CIA encorajou sua oposição a dar um golpe contra ele. Nkrumah refugiou-se em Conakry, Guiné, onde estudou a situação do Terceiro Mundo e chegou à conclusão de que a única maneira de fazer uma revolução no mundo bipolar seria por meio de uma luta de guerrilha prolongada. Até aquele momento, o Terceiro Mundo usava argumentos fundamentados para atingir seus objetivos. Os apelos não eram suficientes, afirmou Nkrumah, mesmo quando eloquentes. O sucesso só poderia ser "alcançado por ações" e, embora essas ações trouxessem a ameaça de uma guerra total, "muitas vezes é sua ausência que constitui a ameaça à paz" (Nkrumah, 1966, p. 258).

Nkrumah escreveu em um de seus manuais para a guerra revolucionária: "o tempo está se esgotando. Devemos agir agora. Os militantes pela liberdade que já operam em muitas partes da África não devem mais ter que suportar todo o peso de uma luta continental contra um inimigo continental" (Nkrumah, 1968, p. 42). Essas não eram declarações enganosas. Em 1961, o Umkhonto we Sizwe,[9] da África do Sul, iniciou sua violenta trajetória. Na

---

[9] Termo em isiZulu que significa "Lança da Nação", designava o braço armado do movimento e partido político sul-africano Conselho Nacional Africano. Também conhecido pela sigla MK, foi criado quando as saídas pela não

África "portuguesa", o MPLA, a Frelimo e o PAIGC travavam uma guerra em grande escala contra uma força colonial enfraquecida. A Zimbabue African People's Union [União do Povo Africano do Zimbábue, Zapu] e a Organização do Povo do Sudoeste Africano começaram a guerra de guerrilha em 1966. A visão de Nkrumah da guerra revolucionária havia se tornado uma realidade em partes da África. Ele argumentou que toda a África deveria se juntar a esta luta, não apenas para derrubar os mandatários coloniais, mas também como um instrumento para radicalizar as massas e criar um grande levante social.

Na Conferência Tricontinental, o companheiro de luta de Nkrumah, Cabral, do PAIGC, abriu seu discurso com a afirmação: "não é gritando nem atirando palavras feias faladas ou escritas contra o imperialismo que vamos conseguir liquidá-lo. Para nós, o pior ou o melhor mal que se pode dizer do imperialismo, qualquer que seja a sua forma, é pegar em armas e lutar" (Cabral, 1972, p. 91).[10] Para Cabral, como para Nkrumah, o colonialismo e o neocolonialismo são duas formas de imperialismo, ambas negando "o processo histórico do povo dominado por meio da usurpação violenta da liberdade do processo de desenvolvimento das forças produtivas nacionais" (Cabral, 1972, p. 102).[11]

> Se aceitarmos o princípio de que a luta de libertação nacional é uma revolução, e que ela não acaba no momento em que se iça a bandeira e se toca o hino nacional, veremos que não há nem pode haver libertação nacional sem o uso da violência libertadora, por

---

violência, preferidas pelo CNA, começaram a explicitar seus limites, tendo como principal marco o Massacre de Sharpeville, quando o governo esmagou uma manifestação pacífica contrária aos passes (documento de autorização de circulação de pessoas vigente no *apartheid*), resultando em 69 mortos. (N. E.)

[10] Cabral e Fanon são bastante distintos dos grupos revolucionários que se inspiram em George Sorel e seu objetivo político: causar medo no seio do império. Cabral e Fanon investem menos na psique das forças imperiais e mais nos colonizados. [Citado cf. Cabral, 1980, p. 23. (N. E.)]

[11] Citado cf. Cabral, 1980, p. 33. (N. E.)

parte das forças nacionalistas, para responder à violência criminosa dos agentes do imperialismo. (Cabral, 1972, p. 107)[12]

Em 1956, Cabral fundou o PAIGC, que atuou por todas as vias legais contra o domínio português. Quando as forças coloniais massacraram 50 estivadores, em 1959, nas docas de Pijiguiti, no porto de Bissau, a população guineense aderiu ao PAIGC. O partido aderiu à via armada somente em 1962, quando garantiu o apoio da maioria da população. A guerra sangrenta durou uma década e uma das vítimas foi o próprio Cabral (alvejado por um camarada descontente). O PAIGC triunfou em 1974, quando a junta portuguesa se desintegrou. Um uso flexível de táticas baseadas em um programa estratégico anti-imperialista guiou o PAIGC. A organização havia seguido o caminho legal e havia conseguido recrutar a maior parte da população; somente quando teve essa retaguarda das massas, e somente quando as classes dominantes começaram a estreitar seu espaço de ação, recorreram às armas. Isso é o que distinguia o PAIGC de muitos dos outros grupos que faziam uso da luta armada, muitos dos quais tinham uma abordagem da política mais tragicamente simbólica do que materialista.[13]

A Tricontinental não fez grandes esforços para promover guerras revolucionárias ou atos violentos, nem os condenou abertamente. No entanto, ofereceu o seu apoio às guerras em curso porque, afirmava a resolução final, os imperialistas não dão ouvidos aos povos explorados, que "devem recorrer às formas mais enérgicas de luta, das quais a luta armada é uma das fases mais avançadas, para alcançar a vitória final" (First Solidarity Conference..., 1966, p. 63). Essa declaração em nome da luta armada trouxe coragem àqueles em meio a grandes batalhas em "guerras limitadas", mas

---

[12] Citado cf. Cabral, 1980, p. 37. (N. E.)
[13] Quase a mesma trajetória do PAIGC marcou a Organização de Libertação da Palestina, formada em 1964, mas não quanto ao caminho armado antes da derrota dos exércitos árabes na Guerra dos Seis Dias (1967).

não levou a nenhum aumento dramático da militância no Terceiro Mundo. Após a vitória da Argélia pela luta armada, em 1962, o próximo grande sucesso veio em 1974, quando os revolucionários derrubaram o regime ditatorial de Selassie. Enquanto o continente africano começava a definhar sob dívidas e políticas impostas pelo FMI, um movimento popular na Etiópia suprimiu a monarquia, entronizou um governo de esquerda e imediatamente teve que buscar ajuda militar de Cuba e da URSS contra uma invasão das Forças Armadas da Somália, apoiada por sauditas e estadunidenses. Antes que o mundo pudesse entender o que aconteceu em Adis Abeba, uma junta militar progressista derrubou a ditadura fascista em Lisboa. Seis movimentos revolucionários africanos aproveitaram a turbulência de 1974 e declararam a independência de seus países (Angola, Moçambique, Guiné-Bissau, Cabo Verde, São Tomé e, oportunamente, Zimbábue).[14] Após anos de guerrilha, auxiliados pelos cubanos em Angola, os revolucionários obtiveram a vitória com as armas. No entanto, a vitória nessas colônias veio em grande parte devido à fraqueza do Estado português, agora abalado por reformas políticas internas e instabilidade econômica. Assim, a luta armada na África teve sucesso apenas em áreas onde o opressor colonial foi severamente enfraquecido por outros fatores; a guerra desempenhou um papel importante, mas não decisivo, no processo. O sucesso africano certamente encorajou a luta armada revolucionária em todo o mundo. Mas a joia da coroa da luta armada anticolonial veio em 1975, com a conclusão das guerras revolucionárias no sudeste da Ásia (Vietnã, Laos e Camboja) contra um adversário considerável, os Estados Unidos. O "Vietnã" e a luta armada de libertação nacional promovida na Tricontinental encorajaram movimentos revolucionários na América do Sul e Central a enfrentarem com as armas a tirania de suas elites domésticas e seus

---

14   A vitória da Frelimo em Moçambique deu um impulso à luta da Zanu e da União do Povo Africano do Zimbabue (Zapu, na sigla em inglês) através da fronteira na Rodésia para derrubar o fantoche da África do Sul.

patrocinadores estadunidenses; Colômbia, El Salvador, Guatemala, Nicarágua, Peru e Uruguai, entre outros, seguiram o caminho da luta armada na década de 1980 e depois.[15]

Uma década depois da Tricontinental, em 1979, o MNA reuniu-se em Havana para sua sexta cúpula. A luta armada havia se tornado menos significativa para a agenda do Terceiro Mundo, com a vitória do Vietnã sobre os Estados Unidos e a derrota dos portugueses na África. Os cubanos haviam sido ativos com seu apoio na África, principalmente nas lutas antiportuguesas, mas também no Chifre da África, e isso continuou, apesar do embaraço de alguns Estados expresso na reunião de 1978 da Organização da Unidade Africana, em Cartum. A mudança chinesa do confronto com os Estados Unidos para a colaboração direta na política externa também embotou o maoísmo internacional, para não falar das derrotas militares enfrentadas pelos maoístas na Índia e em outros lugares. Noventa e três países participaram da conferência, onde ouviram o político mais velho do Terceiro Mundo, Julius Nyerere, da Tanzânia, fazer um lembrete de que embora o MNA fosse "um movimento progressista, não era um movimento de Estados progressistas". Em outras palavras, os vários países do MNA tinham suas próprias agendas, seu próprio senso de mudança histórica e suas próprias estratégias de transformação social. O desenvolvimento interno desses países tinha algo a ver com a dinâmica geral do MNA, mas a própria agenda do MNA não poderia ser reduzida à de seus Estados constituintes (Singham e Hume, 1986, p. 219). Nyerere apelou para a abordagem da grande tenda para o Terceiro Mundo, para ser menos ideológica na entrada, ao mesmo tempo que as próprias reuniões pudessem ser um lugar que levasse as nações a ter posições mais definidas. Melhor manter discussões em torno de posições políticas concretas,

---

[15] O culto às armas produziu pouca liberdade tangível para o Terceiro Mundo e, de fato, como veremos no próximo capítulo, facilitou ditaduras de líderes malignos que se disfarçaram de militantes para se defenderem dos opositores aos seus governos.

ou então programas políticos, do que expulsar pessoas com base em sua retórica revolucionária insuficiente. E Nyerere devia saber disso, sendo o líder de um movimento que não era apenas eclético, mas também inovador. Quaisquer que sejam as limitações da luta da Tanzânia – e abordarei isso no próximo capítulo –, poucos poderiam negar sua inventividade.

Entre os anos 1950 e 1970, o Terceiro Mundo formou uma força política única fora do confronto atômico entre Estados Unidos, Reino Unido e França *versus* URSS. Apesar de muitos desacordos táticos e estratégicos sobre como lidar com o colonialismo e o imperialismo, o Terceiro Mundo tinha um programa político central em torno dos valores do desarmamento, da soberania nacional, da integridade econômica e da diversidade cultural.

Em cada reunião, os líderes e representantes do Terceiro Mundo expunham teses para suas lutas, mas havia uma que raramente era discutida. Na Tricontinental, Cabral levantaria este ponto – ainda que não houvesse conseguido que os delegados o abordassem longamente –, tendo dito aos quadros de seu partido em 1965: "Não esconda nada das massas do nosso povo. Não diga mentiras. Exponha mentiras sempre que lhe forem contadas. Não mascare dificuldades, erros, fracassos. Não prometa vitórias fáceis" (Cabral, 1972, p. 89). Em Havana, Cabral disse:

> um tipo de luta, quanto a nós fundamental, não está mencionado expressamente nessa Agenda, embora tenhamos a certeza de que está presente no espírito dos que a elaboraram. Queremos referir-nos à luta contra as nossas fraquezas [...]. Ela é a expressão das contradições internas da realidade econômica, social e cultural (portanto, histórica) de cada um dos nossos países. Estamos convencidos de que qualquer revolução, nacional ou social, que não tenha como base fundamental o conhecimento adequado dessa realidade, corre fortes riscos de insucesso, se não estiver votada ao fracasso. (Cabral, 1972, p. 91-92)[16]

---

[16] Citado cf. Cabral, 1980, p. 24.

O Terceiro Mundo tinha imensas fraqueza internas que, à exceção de Cabral, não seriam abordadas nas reuniões de Bruxelas até Havana. Essas corroeram a comunidade imaginada do Terceiro Mundo e acabaram participando da dizimação de sua agenda.

Quem teria pensado que em meados do século XX as nações mais escuras se reuniriam em Cuba, outrora o quintal da plutocracia, para celebrar sua vontade de lutar e sua vontade de vencer? Que pensamento audacioso: que aqueles que estavam fadados a trabalhar por obrigação agora estavam dispostos a trabalhar em prol de si mesmos! Por conta de Havana, todas as potências do antigo império firmaram uma santa aliança para demolir o vírus do nacionalismo anticolonial do Terceiro Mundo; enquanto John Bull[17] e os gaullistas tremiam com seu destino em um mundo dominado por aqueles que um dia governaram, o Tio Sam apoiou e ao mesmo tempo colocou em prática artimanhas para manter as coisas o mais próximo possível do passado. Do outro lado da Cortina de Ferro, os herdeiros do Tio Joe[18] viram uma promessa nos movimentos do Terceiro Mundo, e mesmo enquanto ofereciam ajuda, o faziam com todas as tentativas de dirigir o navio da história, em vez de compartilhar o leme. A direção era um anátema para as nações mais escuras, que há muito recebiam ordens sobre o que fazer. Era hora de se entregar ao futuro.

No entanto, e apesar de todo o entusiasmo, as restrições às novas nações eram enormes. Elas começaram seu período de independência com imensos fardos fiscais, embora possuíssem matérias-primas consideráveis e outros recursos naturais. Embora tivessem populações com experiência em todos os aspectos da vida social, os sistemas educacionais coloniais os privaram de talento científico e tecnológico (que tiveram de cultivar em uma geração).

---

[17] Personagem criado em 1712 para representar o Reino da Grã-Bretanha. (N. E.)

[18] Apelido utilizado por Churchill e Roosevelt para se referir a Josef Stalin. (N. E.)

Enquanto os mundos culturais das nações pós-coloniais tinham vastos recursos para a alma e o espírito das pessoas, a matriz colonial de inferioridade e a divisão cultural haviam tido uma influência marcante. Por fim, o fato de os líderes do novo Terceiro Mundo terem que responder às velhas classes sociais entrincheiradas significava que o horizonte de mudança social era circunscrito. A "fraqueza" mencionada por Cabral reside aí, e provavelmente em muito mais, e é dessa fraqueza que vou tratar agora.

Parte 2 – Armadilhas

Argel
Os perigos de um Estado autoritário

Em julho de 1962, os argelinos expulsaram os franceses. A FLN chegou ao poder e um de seus fundadores, Ahmed Ben Bella, tornou-se o presidente da nação. O caminho de Ben Bella para o poder não foi fácil. Nascido em uma modesta propriedade rural em uma pequena cidade na fronteira com o Marrocos, Ben Bella teve uma infância sem intercorrências. Ele se juntou ao Exército francês, lutou bravamente na Segunda Guerra Mundial (fato pelo qual foi elogiado pessoalmente pelo general Charles de Gaulle) e voltou para a Argélia. Em 8 de maio de 1945, Dia do Armistício na Europa, as forças francesas massacraram milhares de pessoas que se reuniram para uma manifestação pacífica na cidade de Sétif. Este massacre levou Ben Bella à política. Depois de uma tentativa na estreita esfera eleitoral, ele tomou o caminho da luta armada. Entusiasmado com o nacionalismo de Messali Hadj (que estivera nas reuniões de 1927 em Bruxelas), Ben Bella juntou-se ao Movimento pelo Triunfo das Liberdades Democráticas (MTLD) de Hadj. Mas, impaciente com seu tom moderado, Ben Bella criou a Organização Especial, o braço armado do MTLD. Algumas ações precipitadas levaram à prisão de Ben Bella. Quando foi libertado, juntou-se a oito outros experientes revolucionários (com idade média de 32 anos) para criar a FLN. Nenhum dos nove líderes principais veio da riqueza ou da pobreza extrema, sendo principalmente filhos de artesãos ou da classe média. Alguns eram árabes, outros cabilas (berberes). Em 1954, enquanto se reuniam para discutir estratégia, ouviram que o exército francês havia sido derrotado em Dien Bien Phu (Indochina). Isso os encorajou e, em 1º de novembro de 1954, convocaram seu exército clandestino à revolta. Esta foi a primeira salva da Guerra da Independência da Argélia.

A ação armada tende a reduzir a ambiguidade. Não há espaço para posições complexas, porque uma guerra de libertação pode ter apenas dois lados em um campo de batalha. Três meses após o ataque inicial, as autoridades coloniais em toda a Argélia notaram uma mudança no sentimento popular e o surgimento de uma nova retórica confiante sobre a independência.[1]

A jogada da FLN teve sucesso político, ainda que o custo militar tenha sido enorme. Durante a guerra, de 1954 a 1962, entre 300 mil e 1 milhão de pessoas perderam a vida. Foi um preço alto a pagar. Todas as facções da Argélia, mesmo os liberais, seguiram a FLN. Eles queriam se libertar da autocracia francesa e estavam dispostos a se subordinar à FLN e sua ala militar para tirar os franceses de lá. O partidarismo dentro da luta de libertação argelina foi momentaneamente suspenso. A FLN era uma frente, não um partido, e convidava todos os argelinos a aderir. O Partido Comunista aderiu em 1955, assim como os liberais moderados dirigidos por Ferhat Abbas. Abbas, que tentou melhorar a linha armada da FLN, disse a um entrevistador: "Meu papel, hoje, é ficar de lado em prol dos chefes da resistência armada. Os métodos que defendi nos últimos 15 anos – cooperação, discussão, persuasão – se mostraram ineficazes; isso eu reconheço" (citado em Behr, 1961, p. 86). A FLN não toleraria nenhuma neutralidade.[2]

---

[1] Harbi (1954, p. 34); Horne (1977, p. 101-102); Amrane (1991); Humbaraci (1966). Estes textos fundamentam boa parte de minha exposição sobre a FLN e a Guerra de Independência da Argélia.

[2] A organização de Hadj resistiu, enfrentou as armas da FLN e se dissolveu. O próprio Hadj foi para o exílio na França (Harbi, 1980). Dediquei muito da minha narrativa aos escritos de Mohammed Harbi, figura importante na FLN e membro do primeiro gabinete de Ben Bella. Quando Ben Bella foi deposto em 1965, Harbi foi preso. Ele escapou em 1971 e depois foi para o exílio na França em 1973. Mais uma história útil de Harbi é a obra em coautoria com Benjamin Stora (Harbi e Stora, 2004). A ideia de a FLN não ser um partido

Os franceses responderam brutalmente e criaram as condições para que todas as forças aderissem à FLN. Quando a guerra chegou à cidade de Argel, em outubro de 1956, a Federação Sindical galvanizou o apoio aos militantes de Casbah, assim como o anteriormente vacilante Partido Comunista da Argélia. E entre essas forças estava um jovem médico chamado Frantz Fanon. Nascido na ilha caribenha da Martinica, Fanon graduou-se em psiquiatria na França, e foi trabalhar em um hospital argelino. Já político, ele agora expressava suas simpatias pela FLN. Antes de partir para a Argélia, ele publicou *Pele negra, máscaras brancas* (1952), um diagnóstico marcante do efeito do racismo sobre a pessoa de cor. O livro concedeu a Fanon um lugar na discussão planetária do racismo e do anticolonialismo – por exemplo, na conferência Présence Africaine de 1956 sobre cultura negra, realizada em Paris. Fanon manteve contato com essas correntes enquanto trabalhava como chefe da psiquiatria do Hospital Blida-Joinville, na Argélia, a partir de 1953. Diante dos corpos das vítimas do colonialismo francês, notadamente daqueles que haviam sido torturados, Fanon se demitiu do hospital em 1956. Para ele,

> se a psiquiatria é a técnica médica que visa permitir que o homem não seja mais um estranho ao seu meio, devo afirmar que o árabe, permanentemente alienado em seu país, vive em um estado de despersonalização absoluta. [...] Os acontecimentos na Argélia são a consequência lógica de uma tentativa frustrada de descerebrar um povo. (Fanon, 1967, p. 53)

Fanon documentou as atrocidades para a mídia francesa e para a da FLN, *El Moudjahid*. O livro mais influente de Fanon, *Os condenados da Terra* (1961), saiu logo após sua morte. Ele tinha 36 anos.

Os condenados da Terra é uma coletânea de ensaios escritos por Fanon ao longo de dez meses (um deles foi um discurso no

---

é de David Macey (2000, p. 258) e do integrante do MTLD e posteriormente da FLN Mabrouk Belhocine (Quandt, 1969, p. 213).

Segundo Congresso de Artistas e Escritores Negros, em 1959, em Roma). Já diagnosticado com uma doença fatal, Fanon ditou o livro às pressas para sua esposa – livro que ficaria marcado por generalidades e formulações imprecisas, bem como pela falta de pesquisa e clareza conceitual. Ainda assim, está repleto de percepções e análises corajosas. O prefácio de Sartre tornou mais preciso um conjunto de argumentos já bastante afiados, e o comentário de Sartre de que, no livro de Fanon, "o Terceiro Mundo *se* encontra e fala *consigo mesmo* por meio de *sua* voz" (Sartre, 1963, p. 10), deu ao texto ainda mais relevância. Fanon defendeu o direito dos movimentos de libertação nacional de adotarem a luta armada, como os movimentos o fariam na Tricontinental de Havana em 1966. Sua defesa, entretanto, não era tática ou mesmo estratégica; ele sustentava que a violência é necessária para levar uma sociedade colonizada à liberdade e remodelar a subserviência dos colonizados para que eles possam ser verdadeiramente libertados pelo ato de *tomar* sua liberdade. Esta seção – os dois primeiros capítulos – definiu o livro de Fanon. Porém, embora seja sem dúvida de imensa significância, não deve ofuscar o capítulo de Fanon sobre as limitações do projeto de libertação nacional, uma vez que este assume o poder do Estado.

Esse capítulo, "Desventuras da consciência nacional", foi escrito antes da vitória da FLN. Foi uma nota de advertência para os camaradas de Fanon. Os imperativos disciplinares de uma luta armada e a necessidade de criar um campo de batalha ideológico e militar simples podem se espraiar para a construção do Estado e distorcer a dinâmica igualitária da libertação nacional. O povo argelino reconheceu que nada poderia avançar sem uma cidadania enérgica e, de fato, nas áreas sob o controle da FLN, essa autogestão e planejamento coletivo começaram a se manifestar. Fanon havia escrito anteriormente que "Em cada *wilaya* [distrito da FLN] traça-se planos cadastrais, estuda-se projetos de construção de escolas, busca-se reconversões econômicas" (Fanon, 1967, p. 114). A liberdade viria da combinação da energia espontânea do povo e dos canais disciplinados do governo. Uma mulher que participou ativamente na luta observou que a FLN já tinha uma organização superior, e que o "enorme aparato que nossos líderes montaram rapidamente se apoia em bases sólidas e comprovadas como a confiança, devoção, participação e até heroísmo de nossa população civil". Ela ansiava pelo momento em que as mulheres argelinas, assim como os homens, "participassem da reconstrução de nosso país" (Lazreg, 1994, p. 123). Mas a FLN falhou com as legiões de apoiadores anticoloniais que queriam um papel na criação de uma nova Argélia. O estatuto da FLN não apoiava totalmente a energia do povo; desejava desmobilizar esse entusiasmo. A "nação" do Terceiro Mundo não cumpriu plenamente sua promessa de democracia radical, onde cada pessoa seria constituída pelo Estado como um cidadão, e onde cada cidadão, por sua vez, agiria por meio do Estado para construir uma sociedade, economia e cultura nacionais. Da Índia ao Egito, de Gana à Indonésia – as grandes legiões do Terceiro Mundo extraíram sua imensa força da mobilização popular, mas nenhum desses Estados permitiu que as pessoas que criaram a plataforma pela liberdade tivessem uma parte igual em seu projeto de construção. Claro, a construção da nova nação exigiria o trabalho do povo, mas esse trabalho veio com orientação de cima, e não com a coparticipação do povo na elaboração do plano nacional ou na divisão do excedente nacional. O povo tinha que agir não para liderar, mas para receber ordens, e o Estado, a figura paterna, protegeria seus súditos "feminizados".[3]

As grandes falhas no projeto de libertação nacional vieram do pressuposto de que o poder político poderia ser centralizado no Estado, que o partido de libertação nacional deveria dominar o Estado e que o povo poderia ser *desmobilizado* após sua contribuição para a luta de libertação. Movimentos de libertação nacional como a FLN dividiram o movimento em duas cate-

---

[3] Para uma análise contemporânea do chamado estado masculino, veja Iris Marion Young (2003, p. 1-25) e Amina Mama (1997).

gorias: o povo e o partido, e seria este último quem conduziria o trabalho para o primeiro. Havia pouca análise de classe e pouco reconhecimento de que haveria classes antagônicas ao projeto do Terceiro Mundo. O partido dos trabalhadores, não simplesmente o povo, precisaria criar estruturas democráticas não apenas para socializar a produção (o que eles tentaram), mas também para socializar a tomada de decisões. Sem este último, o Estado seria vulnerável à contrarrevolução das velhas classes sociais proprietárias e ao descontentamento daqueles em cujo nome governava. Fanon identificou esse problema antes de a FLN chegar ao poder, e suas ideias nos ajudam a navegar por uma das principais falhas do projeto do Terceiro Mundo: a falta de uma efetiva democracia socializada.[4]

Um indício do problema surgiu alguns meses após a tomada do poder pela FLN. De julho a setembro de 1962, os membros da FLN lutaram entre si. O povo gritava "*Baraket*, chega!", mas foi só quando o coronel Houari Boumédiène entrou em Argel e entregou as rédeas do poder a Ben Bella que as armas silenciaram. Ben Bella centralizou o poder. A Constituição de 1963 da Argélia aboliu todos os partidos políticos, exceto a FLN, e elevou o presidente da FLN ao único formulador da política estatal. A energia da Revolução Argelina estava agora personificada no presidente, que naquele momento era Ben Bella. A Carta de Argel de 1964 defendeu a abolição dos partidos que não a FLN. "O sistema multipartidário permite que todos os interesses particulares se organizem em diferentes grupos de pressão. Isso frustra o interesse geral, isto é, o interesse dos trabalhadores" e, portanto, em nome dos trabalhadores, deveria haver apenas um partido, o "partido de

---

[4] "Libertação nacional e consciência nacional", escreve Fanon, "em vez de serem a cristalização abrangente das esperanças mais íntimas de todo o povo, em vez de serem o resultado imediato e mais óbvio da mobilização do povo, serão em qualquer caso apenas uma concha vazia, uma caricatura crua e frágil do que poderiam ter sido" (Fanon, 1963, p. 148).

vanguarda" (FLN, 1964, p. 104-107).[5] Em novembro de 1962, o regime reprimiu o Partido Comunista da Argélia, que estava de acordo com a agenda socialista da FLN, e logo perseguiu o Partido da Revolução Socialista, chefiado pelo ex-líder da FLN, Mohammed Boudiaf; a liderança de ambos os partidos definhou na prisão. A FLN reduziu suas próprias fileiras para 100 mil "militantes" que seriam "os melhores, sejam eles quais fossem", disse Ben Bella. "Por 'melhor' quero dizer aquele que é o mais dinâmico, que tem a maior lealdade, que dá o exemplo, que de alguma forma não tem outro interesse que o partido" (citado em Jackson, 1977, p. 108). Quando Ferhat Abbas foi expulso da FLN em 1963, depois de se opor à falta de debate sobre a estrutura da Constituição, ele disse ao parlamento: "Para mim, o Partido [FLN] não existe! O Partido não existe, e não há outros militantes da FLN além dos que estão nesta Assembleia, na administração, no exército. O dia em que um partido for democraticamente constituído, vou aplaudir com as duas mãos" (citado em Quandt, 1968, p. 194).[6]

---

[5] Peguei emprestado algumas das traduções de Robert Malley (1996). Jomo Kenyatta, do Quênia, também defendeu um estado de partido único, mas ofereceu uma advertência crucial. Kenyatta observou que o número de partidos que cada um tem em um país não determina a natureza do regime; isto é, os sistemas bipartidários podem produzir regimes tirânicos e não democráticos, enquanto os Estados unipartidários podem ser democráticos. A principal inovação da era moderna não é o sistema democrático bipartidário, mas o "partido de massas", no qual a legitimidade política é extraída não simplesmente de uma abstração do povo, mas da ação de todos os dias do povo para produzir o trabalho do Estado e suas regras (Gertzel, Goldschmidt e Rothchild, 1969, p. 113). "Em um certo número de países subdesenvolvidos", escreveu Fanon, "o jogo parlamentar é falso desde o início. Impotente economicamente, incapaz de realizar a existência de relações sociais coerentes e apoiando-se no princípio de sua dominação como classe, a burguesia escolhe a solução que lhe parece mais fácil, a do partido único" (Fanon, 1963, p. 164).

[6] Fanon também previu isso: o "dar e receber fecundo de baixo para cima e de cima para baixo que cria e garante a democracia em um partido" desaparece. O partido se torna uma "tela" para a liderança se esconder e, enquanto o partido continua, a "vida partidária" é suspensa. As pessoas são enviadas "de volta às suas cavernas" (Fanon, 1963, p. 170; 183).

Como a Constituição já havia dotado o presidente de poderes ilimitados, o poder do partido estava essencialmente com seu chefe – o presidente. A "lealdade" dos militantes então empossava não apenas ao partido, mas ao presidente. Não havia separação de poderes, nenhuma supervisão do presidente por parte do judiciário ou do parlamento, e pouca necessidade de responder a alguém por nomeações para a burocracia (Borella, 1964; Jackson, 1977 [cap. 5]). O presidente podia governar por decreto – uma estrutura que estimulava um golpe de Estado, porque isso por si poderia mudar as rédeas do governo em uma sociedade que havia sido substancialmente despolitizada. A questão não era pessoal, porque a maioria dos estudiosos e veteranos da FLN concordam que o caráter de Ben Bella não era particularmente dado ao "culto da personalidade", nem era ideologicamente predisposto a isso.[7] Quando Ben Bella prendeu Boudiaf, um de seus companheiros mais próximos na FLN, Hocine Ait Ahmed comandou um protesto na Assembleia Nacional. Embora concordasse com os objetivos da revolução, disse Ait Ahmed, ele achava que o Estado de Ben Bella havia reduzido a nação à "política dos *zaims* [clãs]", ou ao nível das velhas classes sociais. Poucas coisas na estrutura institucional da sociedade foram alteradas, então Ait Ahmed voltou às colinas de Kabyle para liderar uma insurreição contra o Estado. Deve-se dizer, entretanto, que o próprio Ait Ahmed não tinha clareza quanto à relação entre o Estado e o partido, e o Estado e o povo. Ele às vezes clamava por um "partido revolucionário de vanguarda" e às vezes por um "sistema multipartidário" (Ottaway e Ottaway, (1970, p. 94-95).[8] O problema havia sido identificado (centralização política), mas pessoas como Ait Ahmed conheciam

---

[7] Uma leitura é a de que "Ben Bella se move como se estivesse sozinho. Ele está concentrado em sua própria perspectiva e parece pouco ciente do que as pessoas estão dizendo sobre ele" (Horne, 1977, p. 540). Outra é a de que ele nunca mandou erguer estátuas em sua homenagem, e ele não deu o seu nome às ruas (Ottaway e Ottaway, 1970, p. 81-82).

[8] Para uma reação entusiasta ao regime de Ben Bella, ver Daniel Guerin (1973).

muito bem o poder do imperialismo para introduzi-lo em uma sociedade civil fraca. Essa contradição, mais do que qualquer intenção diabólica, foi o que frequentemente levou muitos Estados do Terceiro Mundo à reprodução de estruturas estatais autoritárias. Ben Bella e a FLN centralizaram o poder político para socializar a produção. Essa foi a escolha feita por este regime e muitos outros Estados do Terceiro Mundo que tenderam ao socialismo. A FLN teve de agir rapidamente, porque a sociedade que herdou dos franceses havia sido devastada.[9] A guerra de sete anos e meio e o longo período de domínio colonial (1830-1962) esgotaram a sociedade argelina. A FLN herdou a terra desidratada, ou seja, ainda rica em nutrientes e com potencial, mas em ruínas na superfície. A riqueza da Argélia foi espoliada pelo Primeiro Mundo e restava quase nada. Poucas fábricas, poucas escolas e poucos hospitais – os emblemas da modernidade –foram construídos em torno da manutenção colonial da "tradição". Neste reino de necessidade, o Terceiro Mundo teve que criar suas esperanças. Dos 12 milhões de argelinos, 4,5 milhões viviam na pobreza e 2 milhões foram encerrados em campos de concentração, de onde saíram em busca de rebanhos abandonados e terras devastadas. Com a partida dos franceses, o cerne do corpo burocrático do país também partiu, o que significou que o Estado colapsou momentaneamente. A FLN teve que assumir rapidamente o controle da situação, criar instituições que funcionassem e ajudar a resolver o deslocamento massivo que resultou tanto do colonialismo quanto da luta anticolonial. A tarefa não era fácil.

Em março de 1963, o governo de Ben Bella promulgou um conjunto de leis conhecido como Decretos de Março. Estes foram criados conjuntamente a partir de discussões com um grupo de

---

[9] Quando o governo francês decidiu se retirar da Argélia em 1962, a grande população de colonos franceses decidiu pegar o que pudesse carregar ou destruir o resto. A organização Exército Secreto bombardeou estabelecimentos industriais e mercantis na Argélia urbana, enquanto o exército se retirava das áreas rurais com uma estratégia de terra arrasada.

trotskistas europeus e árabes (incluindo o egípcio Luftallah Solliman, o marroquino Mohammed Tahiri e o argelino Mohammed Harbi) que privilegiavam a autogestão operária. Os decretos declaravam qualquer propriedade ociosa como propriedade coletiva legítima, legalizavam a autogestão dos trabalhadores nas fazendas e nas fábricas e proibiam a especulação. Os trabalhadores já haviam confiscado as fábricas vazias e o campesinato já havia se apossado de 3 milhões de hectares de terras nobres deixadas pelos colonos franceses. O novo governo institucionalizou a inventividade dos trabalhadores e dos agricultores. Até aí tudo bem, mas então o Estado passou a cometer alguns erros. Embora não tenha designado nenhum papel para o Estado nessas novas instituições, também tentou eliminar a principal federação sindical, a Union Generale des Travailleurs Algeriens [Sindicato Geral dos Trabalhadores Argelinos] (UGTA) com 200 mil membros, que liderou a ocupação de fábricas. Ben Bella queria que a UGTA fosse "autônoma dentro do partido", em vez de uma central sindical realmente autônoma, sobretudo porque a FLN e o Estado ainda não eram fortes o suficiente para enfrentar a UGTA politicamente (Ottaway e Ottaway, 1970, p. 57). Os arquitetos dos esquemas de autogestão tinham boas ideias, mas não eram eles os melhores para executar e supervisionar o projeto de autogestão. Ben Bella nomeou seu antigo companheiro da época do MTLD, Ali Mahsas, ministro da Reforma Agrária. Mahsas não era um defensor da autogestão; ele queria que os programas estivessem sob controle do Estado. Em abril de 1963, o governo de Ben Bella anunciou outro conjunto de decretos que forçava as fazendas a obter crédito de uma agência estatal e comercializar seus produtos por meio dessa mesma agência. Em janeiro de 1964, as fábricas haviam sido colocadas sob o controle do Ministério da Economia Nacional (Ottaway e Ottaway, 1970, p. 63-64; Entelis, 1986, p. 141; Thomas Blair, 1970). A Carta da Revolução Argelina de 1964 endossou as contradições: saudava a necessidade de nacionalizar os meios de produção ao mesmo tempo que argumentava que tudo que não fosse autogestão dos trabalhadores era "formalismo burocrático" (FLN, 1964, p. 44-45; p. 63).

Os intelectuais que planejaram o esquema de autogestão não haviam considerado seriamente a falta de formação política. A FLN produziu uma grande mudança social durante a guerra, mas não se valeu dela em tempos de paz. A tentativa dos comissários políticos de subordinar todas as instituições independentes (como os sindicatos e todos os partidos políticos) ao Estado e utilizá-lo como braço institucional do partido sufocou qualquer tentativa de transformação social. O campesinato argelino estava mobilizado para a guerra e deixou de lado suas várias divisões étnicas e de clãs a serviço da revolução. Quando foi desmobilizado, perdeu-se a oportunidade de formação política a partir da experiência do trabalho necessária à criação de uma nova sociedade. Os camponeses, observou um livro simpático à FLN, "não se mostraram tão revolucionários como durante a guerra da independência. Não se agitaram para obter uma reforma agrária ou para obrigar o governo a dar mais atenção aos seus problemas". Em vez disso, o campesinato retornou para suas aldeias e para os mundos sociais de onde vieram.

> O número de novas mesquitas é apenas um indicativo de que os camponeses, após o interlúdio da guerra, voltaram aos seus velhos hábitos e valores. [...] Na ausência de qualquer liderança do partido ou do governo, os camponeses caíram novamente sob a influência das autoridades tradicionais – *marahouts* [homens santos], *imames* [prelados islâmicos] e chefes de aldeias e anciãos. (Ottaway e Ottaway, 1970, p. 41)

Esta foi uma das principais consequências da falta de democracia socializada.[10] Grupos como o al-Qiyam [Valores], dirigido

---

[10] Quase a mesma história poderia ser contada sobre a Revolução Mexicana. A Revolução Mexicana que eclodiu em 1910 voltou-se para a construção nacional na administração de seis anos do general Lázaro Cárdenas del Río (1934-1940). O regime de Cárdenas contou com o apoio maciço dos camponeses à revolução para forçar a reforma agrária contra a aristocracia fundiária. A *hacienda*

por Hashemi Tidjani, trabalhariam neste terreno para criar a base social para a explosão islâmica que ocorreu na década de 1980 (a história é recontada em Laremont, 2000; Derradji, 2002). O domínio francês não criou uma classe considerável de argelinos com conhecimentos técnicos desenvolvidos. Aqueles que aderiram ao Estado colonial não mereciam a confiança da FLN. E a FLN não tinha pessoas suficientemente formadas para assumir a gestão de instituições técnicas complexas. A falta desse pessoal significava que a FLN dependia dos membros da pequena burguesia e da burguesia que não fugiram para a França em 1962. Um censo de abril de 1963 mostrou que os cidadãos franceses e argelinos do período colonial francês detinham 43% dos cargos de planejamento e tomada de decisão, e 77% dos cargos gerenciais (Chaliand, 1964, p. 89; Ottaway e Ottaway, 1970, p. 84).

---

deu lugar aos *ejidos*, as terras comunais que ganharam o apoio de capital do Banco Nacional de Credito Ejidal. Embora poucos discutam que a política de Cárdenas prejudicou o poder dos grandes proprietários de terras, a maioria dos historiadores contemporâneos questiona a eficácia da democracia implantada pelo regime (Becker, 1996; Fallaw, 2001). Em 1938, o governo de Cárdenas expropriou os recursos petrolíferos do México e formou uma empresa nacional, a Pemex, para garantir que os recursos da nação beneficiassem seu povo e não o monopólio de conglomerados de petróleo. Em 1938, os aliados políticos de Cárdenas formaram o Partido de la Revolución Mexicana, mas em 1946 os novos governadores do Estado renomearam apropriadamente o partido, Partido Revolucionário Institucional. De fato, enquanto a agenda de justiça social do cardenismo continuava a fornecer retórica para o regime, a "estrutura corporativista que se formou durante o *sexênio* de Cardenas tornou-se pouco mais do que canais burocráticos de controle político" (Barry, 1995, p. 25). As grandes corporações dominaram a agricultura e eclipsaram os *ejidos*, enquanto a Pemex se tornou um instrumento da elite industrial em vez de uma promotora da libertação nacional. A era Cárdenas no México não é a única: é notavelmente semelhante aos desenvolvimentos durante as presidências de Getúlio Vargas no Brasil (1930-45) e de Juan Perón na Argentina (1946-1955), que nacionalizaram setores-chave da economia e tentaram realizar reformas agrárias. Sua abordagem mandarim para a "reforma" e sua reticência em relação à devolução do poder levaram à sua queda, seja nas mãos de militares muito mais conservadores, seja para seus ex-aliados que não apoiaram nem mesmo sua agenda de reforma social moderada.

Em 1959, o Estado contratou 63 mil funcionários públicos, já em 1964, o Estado tinha 100 mil funcionários em seu quadro de servidores.[11] O tesouro foi esvaziado em função dos salários dos funcionários públicos: 2,9 bilhões de dinares foram para pagar seus salários, enquanto apenas 2,4 bilhões de dinares foram para o desenvolvimento econômico (Ottaway e Ottaway, 1974, p. 85). O aparato de Estado inchou, assim como o militar, e estes se tornaram a principal fonte de demanda na economia argelina (à medida que o Estado nacionalizava mais e mais setores da economia, esse papel se intensificou). O papel central do Estado e a insinuação da burguesia em suas fileiras levaram à criação de uma relação parasitária entre o Estado e a burguesia. A intimidade entre o Estado e essa classe dominante (e na Argélia, certamente clãs mais que outras) permitiu grande liberdade ao Banco Central e a Alfândega, cuja independência mostra que enquanto o Estado de libertação nacional era capaz de restringir a democracia para a classe trabalhadora e o campesinato, e falar em seu nome, ele permitia que a burguesia e suas instituições tivessem uma autonomia relativa.

A burguesia nacional não conquistou o partido de libertação nacional – a FLN, neste caso –, nem mesmo o novo Estado. Na luta anticolonialista, o partido passou a imagem de estar acima das classes e defender todo o povo. Por conta desse papel, atraiu a classe trabalhadora e o campesinato, bem como a classe que trabalhava em funções burocráticas do Estado, além de alguns elementos da classe mercantil e industrial. Fora algumas exceções (como a Índia), os comerciantes e pequenos industriais não eram autônomos em relação ao Estado; na verdade, eles dependiam dele – seja para contratos governamentais, por meio de licenças para operar suas empresas, seja pelo espaço criado para eles por meio

---

[11] Quase o mesmo tipo de coisa ocorreu no Egito, onde o número de burocratas aumentou mais de 60% na década de 1960 e suas rendas aumentaram mais de 200% (Abdel-Fadil, 1975, p. 49; Mabro e Radwan, 1976, p. 239).

do regime tarifário do Estado nacional. Os partidos de libertação nacional que chegaram ao poder sem uma análise de classe bem apurada abriram-se à pressão das novas e confiantes classes mercantis e industriais, cuja própria posição foi grandemente reforçada pela agenda da libertação nacional para a criação doméstica da indústria, para a criação de uma economia nacional. Embora o partido de libertação nacional permanecesse em grande parte atado à elite burocrática-administrativa-intelectual (às vezes militar), ele construiu laços estreitos com a classe industrial.[12] Projetos do tipo substituição de importações abriram algum espaço para reformas institucionais e projetos de desenvolvimento social, mas, na maioria dos casos, eles simplesmente protegeram os industriais internos que não tinham nenhum compromisso de longo prazo com a agenda do Terceiro Mundo.

Alguns dos Estados de libertação nacional, como a Argélia, prometeram seguir uma agenda social bastante radical – de reforma agrária e de autogestão nas fábricas. A lista das reformas, no entanto, é menos importante do que *o caráter do governo*: o Estado devolveria o poder ao povo, iria mobilizá-lo para as ações do Estado, ou então iria desmobilizar o movimento de libertação nacional e prometer a criação das mudanças burocraticamente? Neste último caso, então, o Estado ditaria os rumos ao povo que havia sonhado, enquanto lutava, em ser parceiro na construção nacional. Quando o Estado de libertação nacional adotou burocraticamente o "desenvolvimento", ele tendeu a imitar a abordagem de agências internacionais como o Banco Mundial, em vez das aspirações e esperanças do povo que havia dado poder ao novo Estado em primeiro lugar. Houve pouca discussão sobre como trazer as visões do campesinato, de homens e mulheres, dos povos

---

[12] Fanon é contraditório aqui. Mais adiante, ele diria: "O partido único é a forma moderna da ditadura da burguesia, desmascarada, sem pintura, sem escrúpulos e cínica" (Fanon, 1963, p. 165), ao passo que observou anteriormente que as pressões da burguesia são apenas uma parte da razão para o partido de libertação nacional mudar para a solução de partido único.

marginalizados, para o centro do debate nacional sobre prioridades, ou sobre como abordar as diferenças nas relações de poder entre homens e mulheres, pessoas do campo e da cidade, gente alfabetizada e analfabeta. O projeto de libertação nacional tinha uma tendência para uma análise de base natural dos direitos políticos: se o poder colonial for removido, se o Estado for controlado pelas forças de libertação nacional, se essas forças produzirem um modelo econômico decente, então o povo será livre.[13] A Constituição de 1964 da Revolução da Argélia antecipou esse problema, pois alertou a nação sobre a direção de partido único. Um sistema de partido único poderia

> levar a uma ditadura pequeno-burguesa, ou à formação de uma classe burocrática que usa o aparelho do Estado como instrumento para satisfazer seus interesses pessoais, ou, finalmente, a um regime de ditadura pessoal que reduz o partido a uma simples polícia política.

Se durante o período da luta armada, a Carta continuava, era aceitável pensar em unidade política, isso "deve ser reconsiderado à luz dos objetivos e perspectivas da revolução socialista. Tal união agora está desatualizada" (FLN, 1964, p. 105). Claro que esse ponto não foi revisitado.

A Argélia seguiu uma tradição já estabelecida e defendida em grande parte da África pós-colonial independente se governada por regimes de "direita" ou de "esquerda" – Guiné (1958), Congo (1960), Costa do Marfim (1961), Tanzânia (1963), Malawi (1963) e Quênia (1964). Os defensores do "Estado de partido único" argumentaram que os partidos rivais "geralmente têm pouco interesse pela grande maioria do povo". A ideia de "política nacional" é central para o ponto de vista de libertação nacional do Estado

---

[13] Essa "naturalidade" foi bem reconhecida por uma lutadora argelina, uma mulher que se sentiu traída por sua revolução: "Achávamos que ganharíamos nossos direitos. Achamos que naturalmente eles seriam reconhecidos mais tarde" (Lazreg, 1994, p. 140).

de partido único. Dividir o Estado em facções eliminaria a ideia de que a luta pela liberdade havia unido o povo com um interesse: criar uma nação contra o imperialismo. Não se podia permitir que divisões sociais e de classes perturbassem a "unidade fundamental da nação". Permitir a existência de partidos rivais seria permitir que "um punhado de indivíduos" "coloquem nossa nação em perigo e reduzam a cinzas o esforço de milhões" (Nyerere, 1967, p. 312). Permitir a dissidência poderia, além disso, abrir a porta para a influência das forças imperiais, que adotariam representantes dentro do país para desestabilizá-lo. A visão unipartidária é calcada no medo do povo, medo de que qualquer devolução de poder leve a uma atividade antinacional ou cause uma dissensão fundamental onde deveria haver uma suposta unidade. Muitos políticos da libertação nacional, tendo crescido com a crença de que seu partido representava toda a população, negaram os interesses diferentes e muitas vezes mutuamente excludentes que dilaceram o tecido social. Tanto os industriais quanto os trabalhadores se beneficiaram de altas tarifas para evitar o colapso de uma fábrica doméstica, mas ambos não se beneficiaram igualmente; os trabalhadores tiveram que trabalhar sob um regime de exploração que permaneceu, apesar das tarifas. Quando o movimento de libertação nacional mandou seu povo para casa, perdeu sua imensa base de poder. Um Estado que agia burocraticamente sobre uma população tinha uma tendência inerente de depender de fontes tradicionais e enrijecidas de poder e controle social. Formas mais antigas de associação voltaram ao primeiro plano, como a lealdade tribal e de classe. Essas bases de poder tornaram-se indispensáveis para as eleições ou para a implementação da agenda de desenvolvimento do Estado. O Estado de libertação nacional que surgiu como instrumento do poder popular agora recorreu aos próprios agentes que muitas vezes não o haviam apoiado para pôr suas políticas em prática.

O problema da burocratização e do partido único foi um grande tema de debate no Vietnã, justamente quando os argelinos conquistaram sua liberdade. No Segundo Congresso do Partido dos Trabalhadores do Vietnã, em 1961, Ho Chi Minh alertou seu partido e sua nação sobre a tendência à burocratização e ao mandonismo, pois a atitude burocrática "mostra gosto pelo tapete vermelho, divórcio das massas populares e relutância em aprender com as experiências das massas", enquanto o mandonismo não permitia que as pessoas "trabalhassem por sua própria iniciativa e compromisso e usassem a compulsão para fazer tarefas inexplicáveis" (Minh, 1961, p. 255).[14] Nas nações mais escuras, entre os comunistas que fugiam ao estereótipo há uma extensa literatura baseada na experiência prática do que os vietnamitas chamam de "domínio coletivo" ("*lam chu tap the*"). Os belos ensaios de Che sobre voluntariado e moralidade comunista surgiram e geraram os "conselhos de trabalho" que continuam a ser uma característica da vida social cubana. Os discursos de Cabral sobre o dever do comunista tratam do problema. Um ano após a libertação da Guiné-Bissau do domínio português, o governo de Cabral convidou o renomado educador brasileiro Paulo Freire para visitar o país,

---

[14] Os comunistas do Terceiro Mundo também foram educados por uma longa tradição dentro do marxismo, que começou praticamente quando os bolcheviques enfrentaram os problemas da burocratização dentro da União Soviética. Na conferência de 1922 do Partido Comunista, Lenin fez um comentário contundente sobre o distanciamento gradual do partido-estado da população. "A tarefa", disse ele nesta conferência polêmica, cujo principal tópico de discussão foi a Nova Política Econômica, "é aprender a organizar o trabalho adequadamente, não ficar para trás, remover atritos ao longo do tempo, não separar a administração da política. Pois nossa administração e nossa política repousam na capacidade de toda a vanguarda de manter contato com toda a massa do proletariado e com toda a massa do campesinato. Se alguém esquecer disso [a importância do contato com as massas] e ficar totalmente absorvido na administração, o resultado será desastroso" (Lenin, 1971, p. 263-309). Tais questões eram comuns no tipo de comunismo de conselho operário dos anos 1920 – e provocaram as obras de Antonio Gramsci – e o movimento do conselho operário alemão (embora aqui os trabalhadores altamente qualificados predominassem sobre o resto). Para o caso italiano, consultar Paolo Spriano (1975). Sobre o exemplo alemão, ver Sergio Bologna (1972, p. 4-27).

estudar seu sistema educacional e prestar assistência na construção de uma pedagogia popular para a criação de uma sociedade não burocrática.[15] Isso se deu em um contexto de um país castigado e devastado pela guerra, mas ainda assim em busca do princípio de um Estado popular. A resiliência da população fortaleceu a exigência de que o partido não recorresse ao mandonismo e ao burocratismo, mas criasse gradativamente os mecanismos para governo popular.[16] Definir a tarefa era uma coisa, mas ser capaz de superar o problema de habilidade técnica e de hierarquia de classe era outra.

Porque o Estado de libertação nacional desaponta a população, escreveu Fanon em 1961, "as massas [começam] a ficar de mau humor; elas se afastam desta nação na qual não têm lugar e começam a perder o interesse por ela" (Fanon, 1963, p. 169). Na Argélia, por outro lado, alguns setores das massas voltaram sua ira contra o regime. A Frente das Forças Socialistas de Ahmed Ait tentou assassinar Ben Bella em 31 de maio de 1964. Em junho de 1964, a UGTA, a principal central sindical, começou a se impor. Trabalhadores sindicais fizeram greve em nome da nacionalização e contra seu papel limitado na política. Greves em todo o espectro industrial paralisaram o país. As manobras dos trabalhadores e do recém-militante UGTA, bem como o início do desânimo entre o povo, levaram Ben Bella e seu núcleo na FLN a tentar uma correção de rota. Ben Bella entrou em contato com a UGTA em seu segundo congresso, em março de 1965; mais tarde, ele retomou suas relações com os comunistas argelinos. A UGTA foi totalmente revitalizada e estava pronta para desempenhar um papel importante e democratizador na sociedade argelina. Ao lado, estava a União Nacional das Mulheres Argelinas, cujo comício do

---

[15] O livro *Cartas à Guiné-Bissau* (Paulo Freire, 1978) reúne cartas perspicazes para o comissário de Estado para Educação e Cultura do país, Mario Cabral.
[16] Os ensaios e discursos de Le Duan sobre este tema foram reunidos em Duan (1980).

Dia Internacional da Mulher em 8 de março de 1965 atraiu 10 mil mulheres, e a Juventude da Frente de Libertação Nacional, que havia atingido seu pico de 50 mil membros depois de começar a se organizar em abril de 1964 (Ottaway e Ottaway, 1970, p. 127). O interregno autocrático de Ben Bella parecia estar em declínio, já que a democratização social implícita no experimento de libertação nacional parecia estar no horizonte. E então o exército se moveu.

Houari Boumédiène, cujo comando sobre o Exército havia dado a presidência a Ben Bella, agora havia retirado seu apoio. Em 19 de junho de 1965, no momento em que Ben Bella recebia o Prêmio Lenin, os oficiais do Exército argelino invadiram sua casa e o colocaram sob prisão. Boumédiène assumiu o comando do Estado e os militares se tornaram o principal pilar do regime. Embora Boumédiène tenha argumentado que havia assumido o poder em reação ao culto à personalidade de Ben Bella, a razão que melhor explica esse golpe é a reaproximação entre Ben Bella e a esquerda organizada. A tendência à democracia socializada ia contra o caráter cuidadosamente forjado do Estado do Terceiro Mundo. Boumédiène compreendeu que o socialismo do Terceiro Mundo, ao contrário do comunismo, não podia sustentar o afastamento da burguesia nacional e do Exército. Seu Exército de Libertação, que entrou em Argel em 1962, já não existia em 1965. Nesse ínterim, havia absorvido o corpo de oficiais do Exército francês da Argélia e assumido o caráter da burguesia nacional. Este novo elemento – o oficialato – teve uma forte influência nos eventos em torno da deposição de Ben Bella.[17]

---

[17] A militante sul-africana Ruth First descreveu a absorção dos corpos armados com o sentido do que se perdeu com a vitória deste remanescente colonial sob o comando do venerado Boumedienne: "No exato momento da vitória da independência da Argélia, após sete anos de guerra estafante, as próprias forças que forneciam a dinâmica da revolução da Argélia foram deslocadas. As forças do interior, libertadas por uma guerra de guerrilha que poderia ter conduzido a uma genuína mobilização popular por um novo sistema político, foram ultrapassadas, ou mesmo suprimidas, por uma estrutura armada alta-

Boumédiène deu continuidade a boa parte da ampla política econômica da era Ben Bella: a nacionalização da indústria (particularmente o setor de petróleo, agora consolidado na Sonatrach). A autogestão foi totalmente absorvida pela estrutura do Estado, e a indústria ganhou prioridade sobre a agricultura (Durand, 1994). Os militares desempenharam um papel mais importante na sociedade, o que significava que também tinham uma demanda maior no orçamento. Tudo isso foi financiado principalmente pelas substanciais reservas de petróleo e gás natural da Argélia. Isso ajudou a manter um tesouro saudável – enquanto os preços do petróleo e do gás se mantiveram altos. O Estado dominava a sociedade e governava em nome do socialismo. A classe que dominava este Estado, entretanto, como havia sido advertido na Carta de 1964, era a burguesia parasitária (e seu setor auxiliar nas Forças Armadas). Boumédiène tinha a visão de um Estado "solícito", que atendia às necessidades de uma população respeitosa e aquiescente. Para Boumédiène, o Estado deve estender sua autoridade a toda a sociedade da mesma forma que "o sistema vascular leva e dá vida às extremidades distantes [do corpo humano]". Os inimigos do regime eram como "intrusos que penetraram no corpo da revolução". Eles eram uma "excrescência", uma "gangrena" que precisava ser extirpada (citado em Malley, 1996, p. 152). Boumédiène, portanto, reprimiu a esquerda, particularmente a UGTA – que praticamente desapareceu – e o Partido Comunista.[18]

---

mente centralizada, autoritária e burocrática. A partir dessa época, a política de independência argelina deixou de ser camponesa, como a revolta rural que sustentou a guerra; nem foi conduzida principalmente pelos trabalhadores, estudantes e militantes intelectuais das cidades, que em grandes manifestações de rua e na Batalha de Argel jogaram seu peso em favor da FLN em face do terrorismo das forças de segurança. A questão tornou-se uma dinâmica de disputas de grupos de elite, entre eles o corpo de oficiais profissionais de carreira do exército, manipulando para obter vantagens políticas e econômicas" (First, 1970, p. 95).

[18] Após o golpe, os comunistas se fundiram com o núcleo à esquerda da FLN para criar o Partido de Vanguarda Socialista da Argélia. Um velho veterano da

Em certo sentido, Boumédiène estava mais próximo do tipo de abordagem seguida pela maioria dos Estados do Terceiro Mundo do que Ben Bella.

A personalidade de Boumédiène não permitiu o enaltecimento, mas ele adornou o Estado com os emblemas da luta pela liberdade. Um culto à personalidade cresceu em torno da Guerra da Independência e da FLN. O projeto de libertação nacional fracassado, advertiu Fanon, pede "ao povo que volte ao passado e se embriague com a lembrança da época que o levou à independência" (Fanon, 1963, p. 169). A nostalgia é um meio de evitar a alienação total da população em relação ao Estado. O nacionalismo é reduzido a "edifícios grandiosos na capital", marchas e procissões, estátuas imensas aos líderes e outras decorações semelhantes para celebrar uma luta que está inacabada aos olhos da população. Se os Estados europeus e estadunidense tinham memoriais fúnebres em um lugar estratégico para homenagear os soldados desconhecidos que morreram para proteger as liberdades das repúblicas, os Estados anticoloniais do Terceiro Mundo frequentemente honravam o sacrifício de incontáveis milhões na luta pela libertação. No entanto, os murais de pessoas anônimas surgiram no contexto de grandes retratos e estátuas dos líderes dos partidos de libertação nacional. Os líderes que substituíam os movimentos se agarravam ao capital político da luta de libertação. Os fracassos da liderança não levavam imediatamente à desilusão porque, apesar de tudo, a associação popular desses líderes com a audácia da libertação nacional lhes permitiu uma grande liberdade. A nostalgia, então, tinha um propósito político, e não era simplesmente a esperança

---

FLN, El Hachemi Cherif, que veio da região cabila de Djurdjura, o liderou. O partido trabalhou ilegalmente até 1989. Em 1993, foi rebatizado de Ettehadi e, em 1999, se dividiu em Movimento Democrático e Socialista e Partido Argelino para o Socialismo e a Democracia. Eles são bastante ineficazes, embora mantenham uma vigília solitária contra a ascensão do neoliberalismo e do fundamentalismo islâmico.

melancólica de uma liderança cega ou a esperança ingênua de uma população traída.

O personagem que promove a nostalgia – muitas vezes, o único que pode fazê-lo – é o herói da luta de libertação nacional que se tornou o chefe de Estado. Esse líder "representa o poder moral", o poder da luta, mas, ao fazê-lo no contexto da traição dessa luta, "o líder pacifica o povo" (Fanon, 1963, p. 166; 168). Já que esse líder é agora a folha de figueira[19] diante da exploração descarada conduzida pelos ricos emergentes, ele se torna "o presidente geral daquela companhia de aproveitadores, impacientes por seu lucro, que constitui a burguesia nacional" (Fanon, 1963, p. 166). No final dos anos 1960, a Argélia havia passado de uma tentativa de criar um Estado socialista para um capitalismo de Estado, com uma confiante burguesia parasitária lado a lado dos braços fortes dos militares.

Se Ben Bella tivesse enfrentado o Exército antes, seu regime poderia ter durado menos tempo. Nesse ínterim, o governo argelino promoveu uma agenda socialista considerável, parte da qual teve de ser seguida pelo governo militar de Boumédiène. A Argélia continuou a ser um ator do MNA, principalmente porque sua própria política externa a mantinha à margem de qualquer acordo com os Estados Unidos e a URSS. Em 1973, a Argélia sediou a quarta Cúpula dos Não-Alinhados, a maior até então. Nessa cúpula, Boumédiène demandou a construção de uma Nova Ordem Econômica Internacional (Noei). Ele argumentou que o não alinhamento tinha de receber um novo significado, em que a libertação econômica tinha de ser primordial e as questões políticas deveriam ser secundárias. Os direitos políticos dentro de uma nação podem ser sublimados, desde que os governantes tenham uma agenda econômica que enfrente o capitalismo. Essa visão encontrou poucos detratores, principalmente porque, à época da

---

[19] Referência à imagem bíblica da folha que cobria a nudez de Adão e Eva. (N. E.)

cúpula em Argel, vários líderes do Terceiro Mundo chegaram com uniformes militares ou com designações militares antes de seus nomes. Sem uma insistência na mobilização popular, a forma de Estado adotada pelo Terceiro Mundo poderia ser melhor governada pelos militares. Do golpe até o fim do crescimento econômico dependente do petróleo, os militares dominaram o país (após a morte de Boumédiène, outro militar, Chadli Bendjedid, ocupou o cargo até 1992).

A desmobilização da população levou quase inexoravelmente a golpes e governos militares dentro do Terceiro Mundo. Onde os militares não derrubaram o governo civil, a incapacidade dos Estados de romper com as fronteiras coloniais e outros dilemas levaram a um corpo militar fortalecido. Mais dinheiro para as armas significava menos para investimentos sociais e, portanto, para uma agenda esvaziada de aumento do salário mínimo, de melhoria das relações agrícolas e outras relações sociais e de melhores preços para as mercadorias exportadas. O principal ator social que continua a exigir essa agenda dentro das limitações do regime do Terceiro Mundo eram os comunistas, e foi a mão fortalecida dos militares que muitas vezes exorcizou a esquerda (ajudados pela CIA e ignorados pela URSS). Trataremos da história mais ampla dessas tragédias nas seções a seguir, à medida que avançamos do golpe militar em La Paz, na Bolívia, ao massacre dos comunistas no arquipélago indonésio, à guerra de fronteira entre Índia e China e, finalmente, à redução da agenda política e econômica do Terceiro Mundo à Opep e às aldeias *ujamaa* da Tanzânia. O imperialismo neocolonial persistia, e os países do Terceiro Mundo permaneceram escravos de lógicas econômicas e políticas que deserdaram a maioria deles. O povo queria o enredo formal da liberdade em vez da independência da bandeira (os tanzanianos chamavam isso de *uhuru wa hendera*). Eles tiveram que se contentar com reformas moderadas e nostalgia ou com "serem desaparecidos".

La Paz
Liberado do quartel

Em maio de 1963, em uma conferência de comandantes da Força Aérea de todas as Américas, um oficial dos EUA levantou-se para fazer um brinde ao governo boliviano:

> Os oficiais e militares bolivianos me mostraram as prioridades e necessidades do país logo após minha chegada. Sua intenção é boa e deve ser elogiada. Acredito que agora há uma maior consciência, um maior reconhecimento, do papel construtivo muito importante que está sendo desempenhado pelos militares no desenvolvimento da Bolívia, bem como a enorme importância que eles estão desempenhando no controle dos elementos subversivos. (Kirkland, 2003, p. 110)

Teodoro Moscono, coordenador da Aliança para o Progresso, o guarda-chuva anticomunista do governo Kennedy para a região, recebeu louvores como resposta do general Rene Barrientos, oficial de carreira da Força Aérea boliviana que tinha um relacionamento próximo com os militares dos EUA (havia servido como adido aéreo nos Estados Unidos, na década de 1950). Barrientos garantiu aos militares estadunidenses que a Bolívia trabalharia "sob a Aliança para o Progresso e seu programa de ação cívica para ajudar a garantir a estabilidade interna e combater o comunismo" (Kirkland, 2003, p. 110).

O mais estranho sobre essa interação é que Barrientos representava oficialmente o governo do Movimento Nacionalista Revolucionário (MNR), o partido revolucionário de esquerda que estava no poder desde a triunfante rebelião armada de 1952. O que um governo nacionalista de esquerda estava fazendo em tal proximidade com o governo dos EUA, em uma época em que este último havia se comprometido a apagar o comunismo no mundo e o primeiro havia adotado uma plataforma que era comunista, exceto pela ausência da foice e do martelo?

Desde a invasão espanhola da América do Sul até o presente, a pequena Bolívia tem sido importante para a Europa. No período espanhol, a Bolívia funcionou como tesouro da Europa. Os espanhóis tomaram a montanha de 4 mil metros de Potosi e daí extraíram o que parecia ser uma reserva inesgotável de prata. Mais de 550 concessões saíram dos 94 veios de prata que os espanhóis descobriram. A corrida da prata para a Europa criou a "revolução de preços do século XVI" (Vilar, 1991; 1971, p. 59-71). Em meados do século XIX, a importância das minas de prata foi substituída pela das minas de estanho. O boliviano Simón Ituri Patino tornou-se o "rei do estanho", cultivou uma oligarquia de estanho (La Rosca), mudou-se para a Europa e governou o país por meio de seus mandatários e do fuzil. O estanho extraído das minas de Patino saiu da Bolívia e foi para Liverpool, na Inglaterra, para ser fundido em uma instalação cuja propriedade majoritária era de Patino, que lucrava enormemente do início ao fim (Hillman, 2002, p. 40-72; Contreras, 1993). Os mineiros de estanho tiveram um papel político inexpressivo em 100 anos de Bolívia "independente" (Galeano, 1978, p. 163).[1]

Em 1951, o MNR, ativo há uma década, venceu uma eleição importante, mas como ameaçava diretamente o poder de La Rosca e seus aliados de classe, os militares intervieram e revogaram a eleição. Um ano depois, o MNR voltou ao poder com um golpe popular, em que as milícias dos camponeses e mineiros de estanho subjugaram os militares e tomaram conta do país. O líder do MNR, Victor Paz Estenssoro, tornou-se presidente e imediatamente implementou reformas substanciais em nome da base do partido

---

[1] Para um excelente estudo dos mineiros de estanho da Bolívia, ver June Nash (1993). Para um estudo notável das relações entre os camponeses e os mineiros, consulte Silvia Rivera Cusicanqui (1987).

e, portanto, da maioria da população. Três meses depois de chegar ao poder, o MNR abriu o sufrágio a todos, homens e mulheres, alfabetizados e analfabetos. Apenas 6,6% da população (205 mil pessoas) votaram na eleição de 1951, mas na época da eleição de 1956, mais de 30% da população (1.127.000) registrou-se para exercer seu recente direito ao voto. Mesmo que as mulheres do MNR não pudessem dobrar o patriarcado boliviano, suas organizações – o Movimento Maria Barzola e os Comandos Femininos – conquistaram uma vitória substancial para as mulheres com o direito ao voto, muito antes do Brasil, Chile, México ou Peru (Ardaya, 1992; Whitehead, 2003, p. 32). A reforma eleitoral teve efeitos muito depois do enfraquecimento da revolução promovida pelas reformas econômicas de 1952, e mesmo durante a ditadura militar de 1964 (considerada ainda mais ilegítima, porque as pessoas já haviam garantido o direito ao voto).

As duas reformas econômicas mais substanciais foram a nacionalização das minas de estanho e a reforma agrária. O regime do MNR devia seu poder às duas classes sociais que atuavam nesses setores: os mineiros e os camponeses. Em outubro de 1952, o presidente Paz viajou para Siglo XX, a mina onde trabalhava a maior parte dos trabalhadores militantes da Federação Sindical de Trabalhadores Mineiros da Bolívia, para anunciar a nacionalização das reservas de estanho. A mudança teve um efeito simbólico, porque a Bolívia agora parecia recuperar seus recursos; o fato é que a qualidade do estanho já havia começado a declinar na década de 1940, nenhuma nova fonte havia sido encontrada desde 1927 e a economia boliviana ainda precisava exportar estanho "bruto" para ser processado em outro lugar. A nacionalização por si só mostrou que o MNR tinha em seu centro os interesses do povo boliviano, mas foi uma manobra insuficiente contra o domínio avassalador do capital externo sobre o destino dos mineiros.

A segunda reforma veio em 1953, quando o MNR conduziu uma redistribuição de terras bastante extensa em nome da mão de obra sem-terra, os camponeses. Os 6% dos proprietários de terras que possuíam mais de mil hectares, os *hacendados*, controlavam 92% das terras e não tinham mais que 1,5% dessas terras sendo cultivadas (Klein, 2003, p. 232; Dunkerley, 1984; Kohl, 1982, p. 238-259). Essa elite latifundiária dependia da força bruta para obter a mão de obra, majoritariamente ameríndia, para trabalhar. O Decreto de Reforma Agrária do MNR (3 de agosto de 1953) confiscou grandes porções dos latifúndios e os transferiu para as *comunidades* camponesas para serem trabalhadas pelo campesinato ameríndio em sua maior parte. As melhores terras, as terras com a agricultura mais intensiva em capital, não entraram no grupo comunal e, portanto, as terras que as comunidades obtinham eram frequentemente inferiores. Parte disso ocorreu porque o regime revolucionário não incorporou os dirigentes camponeses mais experientes, muitos dos quais haviam sido cruciais não apenas para a revolução, mas também para a agitação social nas áreas agrícolas desde meados de 1940.[2]

Apesar dos descaminhos da revolução, a Bolívia, no início da década de 1950, estava no mesmo tipo de agitação social que a Argélia estaria uma década depois. Por alguns anos, a Bolívia trilhou um caminho desconhecido para a maioria dos países do Terceiro Mundo, por isso é especialmente importante considerá--lo aqui. De 1952 até o final da década de 1950, o MNR tentou desmantelar os militares e entregar o poder das armas às milícias dos camponeses, aos mineiros de estanho e aos *grupos de honor* do próprio MNR. Sua experiência de 1951 com os militares levou o MNR a fechar o Colégio Militar, exonerar um quinto do corpo de oficiais, cortar drasticamente as despesas do Exército (de 22%, em 1952, para 7%, em 1957) e até mesmo considerar a completa eliminação das Forças Armadas.[3] A falta de uma autoridade central na Bolívia, ou então a efetiva devolução do poder às organizações

---

[2] Sobre levantes pré-revolucionários na agricultura, ver Laura Gotkowitz (2003, p. 164-182). Sobre o desprezo pelos radicais rurais, veja Kohl (1982).
[3] Os detalhes estão em William Brill (1967); Kirkland (2003, p. 103-104).

populares, levou o Departamento de Estado dos EUA a avaliar, em 1957, que "todo o complexo de ilegalidade, combinado com a aparente falta de vontade ou incapacidade do governo de controlá--lo, gerava um grau considerável de anarquia no país" (Kirkland, 2003, p. 104). A "anarquia" para os Estados Unidos equivalia à democracia popular para os bolivianos.

O governo dos Estados Unidos não interveio na Bolívia como fez com tanta ferocidade na Guatemala, quando seu presidente, Jacobo Arbenz Guzmán, tentou dar uma configuração socialista à relação entre o Estado e a sociedade (Gleijeses, 1991). A diferença entre a Guatemala e a Bolívia talvez esteja no papel das empresas estadunidenses na economia de cada país. Na Guatemala, a United Fruit Company possuía vastas extensões de terra e as operava como uma imensa fábrica agrícola. A reforma agrária do governo Arbenz ameaçava diretamente as propriedades da United Fruit. Na Bolívia, as companhias dos EUA não eram donas das minas de estanho. Desde 1946, as empresas estadunidenses compravam metade do estanho da Bolívia e um "enxame" de especialistas invadiu o país, que rapidamente se tornou uma grande mina de estanho aos olhos do governo dos EUA, que via seu homólogo boliviano como um governo desprezível (Lehman, 1999). O estanho da Bolívia chegaria aos Estados Unidos independente de quem fosse o proprietário das minas, embora uma estrutura genuinamente socializada e nacionalista pudesse tentar obter uma preço melhor para seus principais interessados, os mineiros. No entanto, não havia urgência para enfrentar as reformas bolivianas, porque elas não afetavam a estrutura básica de dominação dos EUA no curto prazo.

Em vez de tentar derrubar o MNR, o governo dos EUA iniciou um processo de duas etapas para minar o radicalismo da revolução. Os dois estágios foram unidos na Aliança para o Progresso do presidente Kennedy. Em 1961, o governo Kennedy forneceu US$ 20 bilhões aos Estados da América do Sul e Central para o desenvolvimento econômico *e* assistência militar. Em março, Kennedy recebeu os líderes da

América do Sul e Central na Casa Branca com um discurso sobre a aliança, no qual observou: "A nova geração de líderes militares tem mostrado uma consciência crescente de que os exércitos não podem apenas defender seus países – eles podem, como aprendemos por meio de nosso próprio corpo de engenheiros, ajudar a construí-los" (Kennedy, 1961). O governo dos EUA, em outras palavras, via os militares como uma instituição robusta para o "desenvolvimento". Os Estados Unidos já haviam canalizado grandes quantias para reconstruir o Exército boliviano e logo aumentaram os fundos astronomicamente (de US$ 1,4 milhão, em 1962, para US$ 4,1 milhões, em 1963). Uma liderança do Exército, frustrada com os cortes e o rebaixamento geral de seu *status* no país, recorreu aos Estados Unidos. Em 1960, um general sênior disse ao embaixador dos EUA e ao adido militar que 90% dos oficiais e soldados tinham fortes pontos de vista anticomunistas (Kirkland, 2003, p. 108). Os militares colocaram-se a serviço do governo estadunidense e esperaram sinal verde para um golpe (Lehman, 1999; Dunkerley, 1984).

De fato, quando o Exército boliviano, liderado por Barrientos, deu seu *golpe* em 1964, recebeu um incentivo substancial do adido dos EUA, coronel Edward Fox (conhecido também como "Raposa dos Andes" ou "Zorro dos Andes"). Embora isso seja incontestável, o que muitas vezes é omitido da história é que o MNR, no final da década de 1950, já havia começado a fortalecer as Forças Armadas e havia deixado de depender de seus aliados centrais para ter apoio popular. O presidente Paz veio do lado mais conservador, embora nacionalista, do MNR – não do lado mais socialista do sindicato mineiro, como seu vice-presidente, Juan Lechín. Para reprimir o elemento pró-Castro e pró-comunista no MNR, Paz começou a desmantelar os movimentos sociais de massas e a se voltar ao apoio às instituições do antigo regime (a igreja e os militares) e também para os fundos de ajuda governamental dos EUA. O desejo de Paz de concentrar o poder nas mãos de sua camarilha levou à saída de setores do MNR e ao afastamento dos mineiros de estanho por causa da remoção de Lechín de sua chapa para as eleições de

1964. Em julho de 1962, Paz encorajou os militares a reprimir as milícias civis e, no final do ano, o corpo militar renovado havia recuperado terreno contra os camponeses e os mineiros de estanho. A base de poder da revolução foi desmobilizada e desarmada. O medo que a liderança do MNR tinha pela esquerda levou-o aos braços dos Estados Unidos e das classes sociais conservadoras que se opunham fundamentalmente à agenda do Terceiro Mundo. O governo dos EUA não moldou sozinho o golpe de 1964; deu apoio internacional aos generais cujo poder aumentou como resultado dos fundos estadunidenses, e corroeu o pacto entre os movimentos sociais da revolução e o governo que havia assumido o poder em seu nome. A reunião de 1963 no Panamá, portanto, foi simplesmente uma indicação do golpe que viria logo depois.

O golpe de 1964 foi bem-preparado pelos militares bolivianos e pelo governo dos EUA, e foi facilitado pela fraqueza ideológica da ala ligada a Paz no MNR, que estava mais entusiasmada com a ordem do que com a mudança social radical. Os eventos na Bolívia reproduziram aqueles de outras nações mais escuras, desde o golpe de 1954 ocorrido em seu vizinho Paraguai, liderado pelo general Alfredo Stroessner, até o golpe de 1957 na distante Tailândia, liderado pelo chefe do exército Sarit Tanarat. Do final da Segunda Guerra Mundial até o início da década de 1970, um pesquisador estimou que pelo menos 200 golpes de Estado ocorreram na África e na Ásia, bem como na América Central e do Sul (Kennedy, 1974 [apêndice A]).[4] Em seu livro premonitório, Fanon havia alertado sobre o aspecto estrutural do papel dos militares nas ex-colônias:

> É preciso evitar transformar o exército num corpo autônomo que cedo ou tarde, ocioso e sem missão, se meta a 'fazer política' e a ameaçar o poder. Os generais de salão, à força de frequentarem as

---

[4] Gavin Kennedy tende a incluir toda e qualquer incidência, incluindo tentativas de golpe que são, como ele diz, "duvidosas" e outras que são anunciadas por regimes para suas "necessidades de propaganda" (Kennedy, 1974, p. 337). No entanto, seu retrato é uma indicação útil da incidência e das reivindicações de golpes nas nações mais escuras.

antecâmaras do poder, sonham com pronunciamentos. (Fanon, 1963, p. 202)[5]

Onde todas as outras instituições foram atingidas pelo colonialismo e neocolonialismo, os militares se destacaram como eficientes e disciplinados. A burocracia é muitas vezes mal treinada e propensa à corrupção, enquanto os partidos políticos são frequentemente, mesmo na América do Sul, melhores na luta pela liberdade ou na criação de manifestos do que na governança. Nesta situação, e com a desmobilização e desarmamento generalizados da população, os militares são óbvios protagonistas da ordem social.

Fanon tem uma receita para prevenir o golpe. "O único meio de escapar a isso é politizar o exército, isto é, nacionalizá-lo. Da mesma forma há urgência em multiplicar as milícias" (Fanon, 1963, p. 202).[6] De fato, Estados do Terceiro Mundo que não desarmaram a população, e que criaram milícias de cidadãos e mantiveram a população numa mobilização política geral, não sucumbiram a golpes ou à intervenção fácil do imperialismo. O caso clássico é a Cuba revolucionária. Pouco depois de o grupo de Castro assumir o poder em Cuba, a direção da revolução manteve o nível de participação popular nas atividades revolucionárias como parte da ordem de governo. Para defender a nação, o governo cubano transformou o Exército e o complementou com as Milícias de Tropas Territoriais, as Milícias Revolucionárias Nacionais, os vários batalhões das milícias regionais (como a Milícia de Cienfuegos), a Associação dos Rebeldes Pioneiros, o Exército Juvenil do Trabalho e grupos menores, como as Brigadas Conrado Benitez e o Pelotão Feminino de Mariana Grajales.[7] Essas milícias não apenas forneceram defesa nacional crucial durante invasões como a da Baía dos Porcos, mas

---

[5] Citado cf. Fanon, 1968, p. 165.
[6] Citado cf. Fanon, 1968, p. 165-166.
[7] O curta de Guillermo Centeno, de 1984, sobre as mulheres no exército territorial, *Mama se va a la Guerra*, fornece uma boa e irônica visão do que "defesa civil" significava nos anos 1980. Para uma visão geral do pelotão Mariana Grajales antes da revolução, consulte Tete Puebla (2003).

também participaram de operações agrícolas (a saber, o Exército Juvenil) e campanhas de alfabetização (a saber, as Brigadas Conrado Benitez). Horas depois de o povo cubano derrotar a invasão da Baía dos Porcos, em abril de 1961, Castro deu uma explicação de quatro horas na televisão: "O imperialismo examina a geografia, analisa o número de canhões, de aviões, de tanques, as posições. O revolucionário examina a composição social da população. Os imperialistas não dão a mínima para o que a população pensa ou sente" (citado em Wyden, 1979, p. 295).

Seguindo o exemplo de Cuba, a Guiné mobilizou setores da população em brigadas cívicas e milícias populares (1966), a Tanzânia criou o Serviço Nacional (1964-1966) e a Líbia criou a Força de Resistência Popular (1971). Essas milícias trabalharam contra golpes militares, mas em alguns casos também permitiram que o Estado de partido único sufocasse qualquer dissidência na população. Este é um problema perene da mobilização popular, quando os órgãos do povo sufocam a dissidência na sociedade civil em nome do progresso nacional ou da democracia. Não há solução fácil para o problema da mobilização popular e dissidência, particularmente quando as forças do imperialismo se posicionam contra a libertação nacional – na verdade, quando se comprometem a derrubar as novas nações. A dissidência pode ser institucionalizada, ou o espaço para a dissidência só é produzido pela atitude do Estado? A dissidência é uma liberdade fundamental, não apenas por sua utilidade política (não afasta partes da população), mas também porque a dissidência pode conter sugestões e críticas úteis que, caso contrário, são silenciadas pela câmara de ressonância do governo. Os regimes que defendiam a mobilização popular não deram a devida atenção à importância da dissidência e, mesmo tendo pontos de vista progressistas, não promoviam instituições democráticas.[8]

---

[8] A grande anomalia é a Índia, onde os militares permaneceram fortes e não fecharam o parlamento. Em 1975, a primeira-ministra indiana, Indira Gandhi,

A maioria das novas nações que desmobilizaram e desarmaram suas populações foi vítima de intervenção militar, muitas vezes dirigida pela pressão imperialista. O governo dos Estados Unidos, no início da década de 1950, começou a assumir a responsabilidade pelos interesses corporativos contra as tentativas das novas nações de nacionalizar a produção. O golpe arquitetado pelos EUA no Irã (1953) é um dos primeiros exemplos desse papel planetário assumido por Washington. Considerando que a evidência do envolvimento dos EUA não é clara na maioria dos golpes no Terceiro Mundo, as pegadas da CIA e da inteligência militar dos EUA foram claramente documentadas nos golpes na República Dominicana (1963), Equador (1963), Brasil (1964), Indonésia (1965), Congo (1965), Grécia (1967), Camboja (1970), Bolívia novamente em 1971 e, mais notoriamente, Chile (1973).[9] Esta é a lista curta e incontroversa. Por que o governo estadunidense, o campeão da democracia, iniciava regimes militares em lugares onde esses governos recorriam à brutalidade contra a nação? Em 1959, o Pentágono encomendou à Rand Corporation, um *think tank* sem fins lucrativos, um estudo sobre o papel dos militares no Terceiro Mundo, e esse relatório ajudou o Comitê Draper, do presidente Eisenhower, a formular a agenda para o programa de assistência militar dos EUA. Tanto a Rand quanto o Comitê Draper concordaram que os militares nos trópicos forneceriam habilidades técnicas e burocráticas para a construção estatal e que, apesar de suas deficiências, os militares nas "áreas subdesenvol-

---

suspendeu a Constituição para declarar o estado de emergência, mas protestos generalizados ao longo de dois anos levaram à revogação dessas medidas. Os militares ficaram de fora deste conflito. O livro de Apurba Kundu (1998) desenvolve a visão de que os altos escalões militares indianos são avessos a golpes porque internalizaram a ideia de um corpo de oficiais profissional. Este é um argumento útil, embora limitado pelo exemplo do Paquistão, que tinha o mesmo tipo de cultura profissional e resultados opostos.

[9] O melhor dos resumos pode ser encontrado em William Blum (1995).

vidas" deveriam ser apoiados pelo governo dos Estados Unidos (Institute for Defense Analysis, 8/4/1959).

Intelectuais do *establishment*, como o cientista político Samuel P. Huntington, criaram um subcampo acadêmico denominado "modernização militar" (Kolko, 1988, p. 133).[10] Huntington, que lecionou na Universidade de Harvard, foi consultor regular da CIA durante a década de 1960 e do círculo de pessoas do alto escalão do governo, como McGeorge Bundy (também professor de Harvard e assistente especial de Kennedy e Johnson para segurança nacional) e Robert McNamara (secretário de Defesa). *A ordem política em uma sociedade em mudança*, de Huntington (1968), forneceu o melhor relato da modernização militar. Huntington desempenhou um papel central na Comissão Trilateral. Fundada em 1973 por representantes das classes dominantes da Ásia, Europa e América do Norte, a Comissão Trilateral era da opinião de que as elites mundiais tinham de estar "mais preocupadas com a estrutura geral da ordem do que com a administração de cada empreendimento regional" (citado em Crozier, Huntington, Watanuki, 1975). Huntington foi coautor do estudo de 1975, *The crisis of democracy*. Ao mesmo tempo que trabalhava para a Trilateral, Huntington aconselhava os militares brasileiros.[11] No final da década de 1970, Huntington passou a ser o coordenador de Segurança Nacional do Conselho Nacional de Segurança dos EUA. Ele esteve perto do poder desde então. Em seu influente estudo de 1968 sobre "modernização política", Huntington ar-

---

[10] Um dos teóricos mais importantes dessa tendência foi Morris Janowitz, que trabalhou no Comitê da Universidade de Chicago para o Estudo Comparativo de Novas Nações. Sua obra clássica é *The military in the political development of new nations* (Janowitz, 1964), que ele reescreveu e expandiu como *Military institutions and coercion in the developing nations* (Janowitz, 1977). Outro trabalho significativo neste campo é de John Johnson, *The role of the military in underdeveloped countries* (Johnson, 1962).

[11] Sobre isso, ver Thomas Skidmore (1988). Citação retirada de Michael Crozier, Samuel P. Huntington e Joji Watanuki (1975, p. 166-168). Sobre a era da Trilateral, ver Stephen Gill (1991).

gumentou que a democracia liberal nos trópicos poderia "servir para perpetuar a estrutura social arcaica" (Huntington, 1968, p. 136). O Estado precisava concentrar o poder político como um prelúdio para o desenvolvimento econômico e, portanto, não havia instituição social melhor para governar nessas partes do que os militares.[12] A sofisticada análise de Huntington espelhava um documento político de 1962 do Conselho de Segurança Nacional:

> Uma mudança provocada pela força por elementos não comunistas pode ser preferível à deterioração prolongada da eficácia do governo. É política dos EUA, quando é do interesse dos EUA, tornar os militares e a polícia locais defensores da democracia e agentes para levar adiante o processo de desenvolvimento. (National Security Council, 1962; Kolko, 1988, p. 133)

A contrainsurgência, os golpes e o apoio aos ditadores militares mais brutais poderiam ser levados a cabo não apenas por razões de "estabilidade" corporativa, mas sim para o desenvolvimento, *para o bem do povo do país agora governado pelos militares.*

Poucos seriam capazes de defender essa linha de análise, olhando em retrospecto – o rescaldo do Congo de Mobutu, da Indonésia de Suharto ou do Chile de Pinochet dificilmente valida a promessa de modernização militar. Quando Mobutu Sese Seko fugiu, após mais de três décadas de poder apoiado pelos EUA, ele deixou para trás uma dívida nacional de cerca de US$ 5 bilhões – um bilhão a menos do que ele havia depositado secretamente em suas contas em vários bancos suíços. Haji Mohammed Suharto, o baluarte da estabilidade, saqueou o Tesouro indonésio em um volume que pode chegar a US$ 35 bilhões durante as três décadas seu governo (Transparency International, 2004, p. 13). Em vez de modernização, temos "acumulação primitiva" para um pequeno círculo de membros da família do governante. Poucos consegui-

---

[12] Nesse ponto, Huntington permaneceu consistente, porque apresentou praticamente o mesmo argumento para o papel dos militares dos EUA em sua própria história (Huntington, 1959).

riam defender esses ditadores da acusação de que cometeram atos horríveis de violação rotineira contra indivíduos e o corpo político. Eles não usaram a instituição do Exército para criar a base para os direitos modernos. Ao contrário, eles usaram o Exército para mutilar a população e governar pelo medo.

Equador e Guatemala oferecem dois exemplos úteis das limitações da teoria da modernização militar do Pentágono. Em ambos os casos, o Pentágono apoiou os governantes militares. Uma vez que nenhum dos governantes poderia aderir totalmente à linha do Pentágono sem risco de completa alienação de seus povos, eles tiveram que ser depostos por um governante alternativo, ou então por um movimento constitucional vindo de baixo que traduzia a postura das tentativas de modernização do Pentágono. Em 1958, o "exuberante reacionário" general Miguel Ydigoras Fuentes tomou as rédeas para comandar a ditadura militar da Guatemala. Ydigoras seguiu de perto os ditames da Aliança para o Progresso, criou a Ley de Transformación Agraria, que usou a retórica da reforma agrária para voltar atrás nas experiências sociais do regime nacionalista de Arbenz e fez tudo o que pôde para incluir os militares estadunidenses nos planos futuros da Guatemala (o país forneceu a base para a invasão da Baía dos Porcos). Quando os levantes populares estouraram, em março de 1962, Ydigoras utilizou os militares guatemaltecos, armados e treinados pelos EUA, e deu as boas-vindas ao estabelecimento de uma base permanente dos EUA, com tropas de Porto Rico e do México. Com o crescimento da resistência contra Ydigoras, no entanto, os Estados Unidos o abandonaram, em 1963, pelo coronel Enrique Peralta Azurdia (Dunkerley, 1988, p. 439-443). Os ditadores vêm e vão, mas a forma de ditadura permaneceu. A Guatemala mostra que nenhuma das promessas de modernização militar, como a criação de instituições políticas e do Estado de Direito, teve alta prioridade para o governo dos EUA.

A história do Equador, assim como a da Guatemala, ilustra como, apesar do governo de uma junta militar apoiada pelos Estados Unidos, o povo continuou a lutar e conquistou um regime constitucional. Em 1963, o triunvirato militar recém-instalado baniu o "comunismo", para grande alegria dos incentivadores dos militares, a agência local da CIA que elaborou rapidamente um plano de desenvolvimento nacional e o enviou à Aliança para o Progresso para obter fundos para o desenvolvimento prometido pela teoria da modernização militar. Um ano depois, a junta seguiu a lógica dos regimes de libertação nacional e aboliu o sistema feudal de posse da terra (*huasipungo*), mas aquilo que implementou não beneficiou os trabalhadores sem-terra, em grande parte ameríndios. Tudo isso trazia em si a promessa de modernização militar, exceto que o povo não suportaria que seus direitos básicos fossem destruídos pela teoria do desenvolvimento social de Washington nas chamadas áreas subdesenvolvidas.[13] O anticomunismo da junta significava que ela perseguia os sindicatos e as universidades, ambas instituições significativas para o povo. Quando a junta tentou conter as importações para estabilizar a balança de pagamentos, os comerciantes juntaram-se aos estudantes e aos sindicatos para mandar o Exército de volta ao quartel. Um regime constitucional ressurgiu em 1968, e mesmo sem ter feito muito pelo povo do Equador (o país sofreu outro golpe em 1970), o fracasso dos militares de se comprometer com a realidade do povo ilustrou a lacuna fundamental na tese da modernização militar: a de que as pessoas queriam participar na criação de sua sociedade, não apenas ser espectadores das ações dos militares. As instituições que não eram "do interesse dos EUA", como grupos de estudantes e trabalhadores, desempenhavam um papel importante na ordem social e as pessoas não permitiam que fossem desmanteladas (Fitch, 1977; Needler, 1964).

A literatura progressista convencional sobre golpes nos trópicos tende a considerar que o ator principal nestes processos é a

---

[13] O livro de Steve Striffler (2002) poderia ser lido de tal forma que as reformas de 1964 *produziram* um nível mais alto de consciência camponesa e, assim, minaram a própria junta que criou as reformas em primeiro lugar.

CIA ou os Estados Unidos, ou então a URSS (cuja participação na tradição golpista é, de fato, notadamente limitada). As nações mais escuras seriam peões no tabuleiro que os Estados Unidos e a URSS moviam em seu jogo mortal de xadrez planetário. Tal visão pressupõe que o povo tem um papel limitado na construção de sua própria história, que são apenas números propensos a serem misturados segundo a vontade de El Norte. De fato, a CIA e os fundos governamentais dos Estados Unidos desempenham um papel considerável não apenas em vários golpes, mas também na economia política do Terceiro Mundo em geral. No entanto, as intervenções externas são apenas uma parte nesta história. Cada golpe tem sua própria razão, e é difícil fazer uma generalização com base em algum tipo de modelo de golpe do Terceiro Mundo. Uma generalização sem observar os detalhes específicos de cada golpe, ou de uma sucessão de golpes (como os cinco em Gana, de 1966 a 1981), não nos dirá muito. Analisar um golpe ou uma intervenção militar requer uma avaliação das lutas dentro de uma sociedade, da dinâmica de classe, das interações regionais, da história dos conflitos étnicos e outras relações semelhantes. Aqueles que atuam ao lado dos militares dos EUA, como Barrientos da Bolívia ou Suharto da Indonésia, são emblemas de certos fragmentos de classe que têm motivos internos para *usar* o governo dos EUA para seus fins. Eles não são passivos e inocentes, simplesmente manobrados pelo "imperialismo ocidental". Os Barrientos, Mobutus e Suhartos do mundo, e as classes que eles defendem, fazem parte do conjunto do imperialismo, ainda que como subcontratados.[14]

---

14 Embora haja uma imensa diversidade de razões e lógicas para cada golpe, quero me concentrar em dois grupos de golpes: aqueles que são conduzidos por uma liderança militar incomodada por incursões civis em sua autoridade, e aqueles que são conduzidos pelos escalões mais baixos dentro dos militares contra a relação da oligarquia ou monarquia domésticas com o imperialismo. Uma situação adicional importante que vou ignorar aqui, mas que merece menção, é quando um grupo regional ou clã dentro das forças armadas conduz um golpe em nome do clã ou região contra o resto da nação; o exemplo

O livro de Huntington de 1968 sobre os militares e as "sociedades em mudança" expõe uma teoria para compreender a persistência de golpes nos trópicos. De forma inteligente, Huntington entra em conflito com as interpretações convencionais mais comuns do golpe de Estado ao observar que "as causas mais importantes da intervenção militar na política não são militares, mas políticas, e refletem não as características sociais e organizacionais da instituição militar, mas a estrutura política e institucional da sociedade" (Huntington, 1968, p. 194).[15] A estrutura do desenvolvimento social será então um indicador da natureza do golpe, afirma Huntington, e, portanto, o golpe não seria sempre reacionário ou não liberal:

> À medida que a sociedade muda, também muda o papel dos militares. No mundo da oligarquia, o soldado é um radical; no mundo da classe média, ele é um participante e árbitro; à medida que a sociedade de massas surge no horizonte, ele se torna o guardião conservador da ordem existente. (Huntington, 1968, p. 221)

Para Huntington e muitos da escola da teoria da modernização, o principal agente da história é a classe média; uma sociedade com uma classe média é, portanto, a ideal. Qualquer coisa a menos soa como monarquia, e qualquer coisa a mais é o comunismo. O pior de todos os resultados é o comunismo e, portanto, às vezes, oligarquias ou mesmo monarquias podem ser toleradas se isso significar que uma classe média pode eventualmente florescer. No Terceiro Mundo das décadas de 1950 e 1960, Huntington aponta, o absolutismo pode ser o caminho a seguir, porque "a necessidade primária que seus países enfrentam é a acumulação e concentração de poder, não sua dispersão" (Huntington, 1968, p. 137).

---

clássico aqui são os dois golpes de 1966 (no Burundi e na Nigéria, onde as aristocracias Tutsi e Ibo dominaram, respectivamente).

15 Para uma ênfase exagerada em razões intramilitares para a ocorrência de golpes, veja William Thompson (1973).

O que é tão significativo na análise de Huntington é que ele vê uma correlação entre o caráter do regime militar e o nível de "mobilização das classes mais baixas para a política" (Huntington, 1968, p. 220).[16] O medo das classes mais baixas contagiou o *establishment* dos EUA. Em um discurso perante a American Society of Newspaper Editors [Sociedade Americana de Editores de Jornais], em 1996, o então secretário de Defesa, Robert McNamara, observou que a

> onda de desenvolvimento arrebatadora, particularmente em toda a metade sul do globo, não tem paralelo na história. Ela transformou áreas tradicionalmente apáticas do mundo em caldeirões fervilhantes de mudança. [...] Dada a certa conexão entre a estagnação econômica e a incidência da violência, os anos que se avizinham para as nações da metade sul do globo estão repletos de violência. (McNamara, 1966, p. 880-881)

Com esta avaliação das nações mais escuras, não é de admirar que os Estados Unidos tenham apoiado os golpes militares.

Em 1970, após uma década de golpes na África, a militante e intelectual sul-africana Ruth First publicou seu monumental – mas agora esquecido – estudo sobre golpes no continente, *The barrel of a gun*. Desde jovem integrou a resistência ao *apartheid* em seu país natal e esteve na linha de frente do Congresso Nacional Africano e do Partido Comunista. Excluída da política diversas vezes pelo governo, First sofreu nas prisões da África do Sul, notavelmente, por 117 dias em 1963 (First, 1988). No meio dessa luta, inclusive como *partisan* da luta clandestina, ao lado de seu marido, Joe Slovo, e com Nelson Mandela, First escreveu um estudo incisivo

---

[16] Mais uma vez, Huntington não faz distinção entre Estados democráticos liberais e Estados de libertação nacional. Em um importante ensaio da década de 1970, ele observou que o Primeiro Mundo sofria de "excesso de democracia". Ele apresenta o exército como um exemplo de instituição que deve ser deixada de fora das demandas democráticas e sugere que há muito a ser aprendido com ele para o sistema político mais amplo (Crozier, Huntington e Watanuki, 1975, p. 113-114).

sobre a repressão no Sudoeste da África pelo governo do *apartheid* (First, 1963). Esgotada, ela fugiu para Londres para um breve exílio, embora tenha aproveitado para visitar o restante do continente africano e reunir o material para sua obra sobre o golpe. O que a incomodou foi que grandes partes da África, ao norte do Limpopo, haviam se livrado do jugo do colonialismo para depois serem vítimas de ditaduras militares. Seu livro não oferece uma análise do papel funcional dos militares no Terceiro Mundo, mas sobre o papel que os militares desempenharam na dinâmica de classe interna das novas nações e como as nações africanas poderiam evitar enveredar pela via da ditadura. Incapaz de ficar longe da luta, First voltou à África, em Moçambique, onde um esquadrão da morte sul-africano a assassinou em 17 de agosto de 1982.[17]

Um lugar em que First encontraria um ponto comum com Huntington seria no descrédito de ambos pela teoria de que os golpes são a forma de política para os povos menos desenvolvidos – ou que o golpe está impresso na personalidade política da cultura das nações mais escuras. A literatura sobre a América do Sul e Central frequentemente sugere que o caudilho é central para a região ao sul do Rio Grande por causa da forma de machismo particular da cultura "latina". Ou então ouvimos que os árabes, africanos e sociedades tribais em geral são incapazes de serem democráticos e ávidos por um líder.[18] Ao contrário destes argumentos reducionistas, First, como Huntington, traz uma "teoria geral do poder em Estados recém-independentes que explica por que eles são tão vulneráveis à intervenção do exército na política" (First, 1970, p. ix). Ela observa que "a capacidade da logística do golpe e a audácia e arrogância dos golpistas são igualados pela inanidade

---

[17] Uma seleção da obra de Ruth First está disponível em Don Pinnock (1997).
[18] O debate sobre o caudilho está bem representado em Hugh Hamill (1992). Nesta coleção, *The Public Man* de Glen Dealy (1992) oferece a explicação cultural, enquanto em *Caudillo Politics: A Structural Analysis*, de Eric Wolf e Edward Hansen (1992), os autores fornecem a visão que eu aceito. Uma crítica paciente à noção de "líder tribal" está em Talal Asad (1975).

de seus objetivos, pelo menos tantos quanto decidem declará-los" (First, 1970, p. 5). Os governantes militares, educados na ordem hierárquica e na ação eficiente, ficam incomodados com a bagunça da política, então afirmam estar acima dela. Na verdade, eles não podem fazer isso, e, de fato, sua postura de estar acima do político e governar em nome da "nação" é quase idêntica à do partido de libertação nacional que cria um Estado de partido único. "No início, é suficiente para [os golpistas] anunciar que eles governam para a nação", escreve First. "O poder está nas mãos daqueles que controlam os meios de violência. Encontra-se no cano de uma arma, disparada ou silenciosa" (First, 1970, p. 6).

Como o Exército consegue conduzir um golpe com tanta facilidade? A teoria de Huntington é que o "desenvolvimento lento" ou a falta de instituições políticas e a "rápida mobilização de novos grupos para a política" produz o golpe (Huntington, 1968, p. 4). A modernização leva à instabilidade, que resulta em violência, que puxa os militares para o governo. First aborda o golpe do ângulo oposto. Golpes ocorrem não apenas onde novas classes sociais entraram na política, mas onde essa politização foi sufocada ou suprimida. Em Estados onde o movimento de libertação nacional foi desmobilizado ou então onde não há nenhum movimento de libertação nacional na memória recente, o golpe ocorre com muito mais facilidade. Sem organização popular e instituições populares, conduzir um golpe significa que uma facção armada pode assumir o controle de outra sem muita necessidade de obter legitimidade das massas da população; um golpe como este, para tomar emprestada a descrição de Marx dos "Estados asiáticos", deixa os "elementos econômicos fundamentais da sociedade", e a maior parte da população, "intocados pelas tempestades que explodem nas regiões nebulosas da política" (Marx, 1976, p. 479).

Como Huntington, First reconhece que há uma série de golpes militares que não mudam nada substancial na estrutura da vida social, mas apenas a administração. Essas são "revoluções palacianas ou políticas, não sociais". Além desses, existem outros golpes que são significativos, onde o Exército opera para defender o legado da libertação nacional. Aqui, o Exército atua como um "concorrente pelo poder". Os oficiais "se identificam com o governo que assumiu o cargo com a independência" e, portanto, estão sentimental e estruturalmente predispostos a seu governo, independentemente de suas ações. Os "pais fundadores"[19] são tolerados por suas ações e esses líderes políticos tratam com carinho a alta liderança militar em troca. No entanto, os oficiais dos baixos escalões, frequentemente mais jovens, não têm essa lealdade emocional ou de classe. Eles "questionam o histórico de tal governo e defendem outros aspirantes". O sucesso dos oficiais subalternos, argumenta First, está em sua capacidade de "formular estratégias alternativas e instrumentos sociais correspondentes" (First, 1970, p. 217-218). A distinção de First em termos de geração de oficiais é válida, embora ignore a importância de o país ter tido uma luta de descolonização de massas ou não. Para o Terceiro Mundo, isso é uma variável crucial. Partindo de First, e acrescentando a questão da luta de massas, quero distinguir entre pelo menos dois tipos de golpes: os *golpes de generais* e os *golpes de coronéis*.

Todos os golpes são estruturalmente reacionários, porque adornam os militares com o papel solitário para a mudança social e expulsam as massas de um papel ativo na construção de um Estado-nação. Alguns golpes são, no entanto, mais reacionários do que outros. Aqueles realizados em países que tiveram uma luta de libertação nacional (para expulsar um governante colonial) ou uma vitória eleitoral contra os oligarcas tendem a ser reacionários. Os militares frequentemente tomam o poder para reverter os ganhos da libertação nacional, para frustrar a agenda do Terceiro Mundo. Os generais costumam liderar esses golpes, e é por isso

---

[19] Este termo faz referência à Guerra de Independência dos EUA, em 1776, contra a monarquia britânica. Os pais fundadores dos EUA é uma designação às lideranças políticas da época que participaram do processo de independência. (N. E.)

que os chamarei de golpes dos generais. Os militares desses países argumentam que devem proteger o patrimônio da nação dos comunistas ou de outras forças de esquerda que desejam gerar, a seu ver, desordem social. Para a base, os generais dizem que o governo revolucionário queria reduzir o papel dos militares na vida social – uma afirmação que é verdade nos primeiros anos da construção nacional no Terceiro Mundo. A ressentida chefia militar da Argélia (1965), Daomé (1965), Gana (1966), Togo (1967), Uganda (1971) e Chade (1975) derrubou o governo apenas com esta alegação. O Paquistão também fornece um exemplo útil. Em outubro de 1958, o general Ayub Khan destituiu a liderança civil e pretendeu conduzir o Paquistão à era moderna com reforma agrária. Ele prometeu permanecer no poder por um curto período para dar estabilidade à nação. Dez anos depois, um grande movimento social o removeu do cargo. Outro general, Yahya Khan, assumiu o comando, e o governo dos generais continua até hoje. A agenda principal desses golpes é reverter as reformas sociais dos Estados do Terceiro Mundo, não para garantir o retorno da monarquia (porque quase nenhum dos golpes dos generais é restaurador), mas para que a liderança militar e a oligarquia possam preservar seu reinado sobre a sociedade. A ofensiva do general Augusto Pinochet, em 1973, no Chile é um exemplo bem desenvolvido desse tipo de golpe.

Pinochet agiu com total apoio do governo dos EUA, e com as bênçãos da oligarquia rural e industrial chilena.[20] O Exército matou cerca de 4 mil chilenos (incluindo o então presidente socia-

---

[20] A pegada dos EUA está bem documentada em Peter Kornbluh (2003), e foi objeto de debate entre Kenneth Maxwell (Conselho de Relações Exteriores) e William D. Rogers (vice-presidente da Kissinger Associates). O debate foi conduzido em 2003-2004. Maxwell, diretor de Assuntos Latino-Americanos do conselho, renunciou quando o *Foreign Affairs*, o jornal do conselho, recusou-se a permitir que ele respondesse às negativas de Rogers, associado de longa data de Henry Kissinger, quanto ao envolvimento dos EUA e da mão pesada de Kissinger nas relações chilenas (Sherman, 21/6/ 2004).

lista, Salvador Allende), destruiu os principais partidos políticos da esquerda, exilou muitos de seus líderes e espalhou o medo por meio da Direção de Inteligência Nacional (Dina). O Banco Mundial e o Banco Interamericano, entre outras instituições, recusaram-se a conceder crédito ao Chile durante as experiências de Allende; sua agenda de reforma social havia provocado a ira da elite. Por isso, os democratas-cristãos que falavam em nome dessa elite saudaram o golpe de Pinochet. Pinochet prometeu proteger os privilégios do passado para aqueles que o poeta chileno Pablo Neruda chamou de "uma quadrilha de novos-ricos com escudo, com polícia e com prisões" (Neruda, 1991, p. 161).[21] O fato de Allende ter nacionalizado a American Anaconda Copper, a ITT e Kennecott levou Nixon a autorizar o uso de US$ 10 milhões para "fazer a economia gritar" (U.S. Senate Select Intelligence Committee, 1975, p. 277). Quando Pinochet chegou ao poder, os Estados Unidos fizeram o possível para reparar todas as relações desgastadas entre as empresas transnacionais e a burocracia chilena. A gigante das telecomunicações ITT exigiu US$ 95 milhões como compensação pelos atos de Allende. A junta de Pinochet deu a eles US$ 235 milhões. Em 1975, o Chile deu as boas-vindas ao economista Milton Friedman, que defendia "tratamento de choque" e austeridade para aumentar as taxas de crescimento. O golpe de general promovido por Pinochet restaurou o domínio da oligarquia e das corporações transnacionais, para grande satisfação do governo dos EUA.

Para Estados onde não há movimento de libertação nacional, e onde não há esperança de reforma social, o golpe de Estado é frequentemente o meio para as classes sociais ressentidas que se encontram no interior dos meios militares chegarem ao poder não tanto como militares, mas pela sua classe. Estes são os golpes dos coronéis. Para o Terceiro Mundo, a forma exemplar desse golpe

---

[21] Citado cf. Neruda, 1979, p. 173. (N. E.)

é a derrubada egípcia da monarquia em 1952.²² Nominalmente liderada pelo general Mohamed Naguib, a revolução logo caiu nas mãos de seus arquitetos, os Oficiais Livres, comandados pelo coronel Nasser. Em seu primeiro discurso, em 1º de maio (1963), Nasser expôs sua visão da revolução de 1952 como "empreendida para os trabalhadores, para dissolver as diferenças entre as classes, para estabelecer a justiça social, para o estabelecimento de uma vida democrática saudável, para abolir o feudalismo, para abolir a monarquia e o controle do capital sobre o governo e para abolir o colonialismo" (Farag, 2000). Esta, em suma, era a visão do "Socialismo Árabe" de Nasser. Inspirados pelo Egito, oficiais mais jovens do Exército iraquiano formaram o Movimento dos Oficiais Livres. Dirigidos pelo brigadeiro Abd al-Karim Qasim e pelo coronel Abd al-Salam'Arif, os Oficiais Livres derrubaram a monarquia hachemita em 1958. Onze anos depois, no continente africano, um adido do Corpo de Sinalizadores,²³ o coronel Muammar Qaddafi, derrubou a monarquia em outro golpe de Oficiais Livres na Líbia, enquanto o coronel Jaafar al-Nimeiri liderou os Oficiais Livres para superar o caos que se abateu sobre o sistema político no Sudão. Os pais de Nimeiri e Nasser eram escriturários no serviço postal, e todos os quatro coronéis vieram de famílias trabalhadoras. Os propósitos de Qaddafi para o golpe poderiam ser estendido a todos eles, e de fato dizem respeito aos coronéis e escalões inferiores em todo o Terceiro Mundo que realizaram golpes semelhantes: "Nossas almas estavam em revolta contra o atraso que envolve nosso país e sua terra, cujos

---

[22] Certamente, o Egito tinha uma forte tradição de reforma social que remontava ao governo do imigrante albanês Mohammad Ali, no início do século XIX. Todos os esforços de seu regime caíram por terra antes do estrangulamento imposto no Egito pelos ingleses liderados pelo Lorde Palmerston. Os ingleses promoveram o débil controle otomano sobre a região, em vez de um forte Estado egípcio, já que o primeiro permitiria que eles não apenas dominassem a região, mas também controlassem as vias navegáveis para a Índia, China e África Oriental (Afaf Lutfi al-Sayyid Marsot, 1985, p. 54-75).

[23] Dentro da estrutura do Exército estadunidense, é o setor responsável por gerenciar as comunicações e apoiar os sistemas de informação. (N. E.)

melhores dons e riquezas se perdiam pela pilhagem e contra o isolamento imposto ao nosso povo na vã tentativa de afastá-lo do caminho do povo árabe e de sua maior causa" (citado em First, 1974, p. 102). A última variante do golpe dos coronéis vem do coronel Hugo Chávez, da Venezuela, em 1999.[24]

Os golpes dos coronéis sucumbiram às suas raízes autoritárias na cultura militar. No Egito, por exemplo, Nasser agiu contra toda a oposição ao seu regime logo após uma tentativa frustrada de assassinato contra ele, em 1954, levada a cabo pela Ikhwan al-Muslimin (a Irmandade Muçulmana). Inicialmente, Nasser enviou suas Forças Armadas contra a Irmandade Muçulmana, mas em 1955 ele começou a liquidar a Frente Revolucionária Unida (uma frente única com Irmandade Muçulmana, Partido Wafd nacionalista e comunistas, criada em fevereiro de 1953). Os ataques de Nasser contra todo o espectro político enfraqueceram o espaço da política para criar o que se tornou, na prática, uma ditadura militar. Enquanto o vice de Nasser, Anwar es-Sadat, continuava a ser o elo com a Irmandade Muçulmana, os comunistas receberam um tratamento especialmente brutal – a repressão de abril de 1957 desmoralizou o partido, que efetivamente se dissolveu alguns anos depois para se remodelar como um aliado nasserita quando Nasser formou uma aliança estreita com a URSS. Parte da razão para essa diferença de tratamento era que a Irmandade Muçulmana, na década de 1950, tinha um número considerável de seguidores, enquanto o Partido Comunista do Egito não havia crescido na mesma proporção. Era mais fácil de destruir e, dada a pressão da URSS sobre ele, mais fácil de torná-lo mais flexível. Na verdade, o próprio Nasser parecia bastante indiferente em relação ao Partido Comunista Egípcio; antes de sua visita à URSS, em 1955, Nasser observou: "Nada

---

[24] Para uma avaliação útil do chavismo, ver Richard Gott (2000). Para análises menos entusiastas, consulte Margarita Lopez-Maya e Luis Lander (2000, p. 21-23); Steve Ellner e Daniel Hellinger (2003).

nos impede de fortalecer nossos laços econômicos com a Rússia, mesmo se prendermos os comunistas em casa e os levarmos a julgamento" (citado em Laqueur, 1959, p. 219).[25] A repressão aos partidos comunistas no Iraque, Paquistão e Sudão seguiu o modelo egípcio, enquanto os quatro Estados mergulhavam na noite escura da ditadura.

Mesmo que os golpes de coronéis venham com a promessa de grande potencial, eles só podem entregar momentaneamente o aparato administrativo a oficiais enérgicos. Os soldados, como disse First, "mantêm a situação enquanto novos amálgamas de poder interno são organizados" (First, 1970, p. 462). Os soldados não podem fazer nenhum bem permanente. Eles só podem adiar soluções. À medida que o Estado de libertação nacional se afasta da mobilização popular, começa a cultivar as elites domésticas em nome do desenvolvimento nacional e talvez se abra à intervenção do imperialismo, perde o ímpeto da luta de libertação nacional. Na pior das hipóteses, os militares intervêm para preservar o *status quo* ou recuperar o passado. Na melhor das hipóteses, os militares rejeitam a administração civil para romper a confortável aliança dos líderes revolucionários, da burguesia doméstica e do imperialismo. No entanto, os militares no poder, como mostra First, independentemente de suas motivações, *congelam o processo político e reduzem a capacidade dos movimentos sociais de mover o processo histórico em uma direção progressista*. Nada de bom vem de uma ditadura militar.

Neruda compôs seu *Canto geral* enquanto fugia de um governo chileno que ele havia condenado por trair seu povo na década de 1940. Na obra, ele ofereceu uma passagem lírica intitulada [Canto VI-IX] "Os Ditadores":

---

[25] O próprio Nasser havia escrito um tratado profundamente anticomunista cujas opiniões permaneceram com ele até seu fim em 1970, *Nahnu wa'al'Iraq wa' al-shuy u'iyah* (1959); Said K. Aburish (2004, p. 98).

Ficou um aroma entre os canaviais:
uma mescla de sangue e corpo, uma penetrante
pétala nauseabunda.
Entre os coqueiros as tumbas estão cheias
de ossos demolidos, de estertores calados.
O delicado sátrapa conversa
com taças, pescoços e cordões de ouro.
O pequeno palácio brilha como um relógio
e os rápidos risos enluvados
atravessam às vezes os corredores
e se reúnem às vozes mortas
e às bocas azuis frescamente enterradas.
O pranto está escondido como uma planta
cuja semente cai sem cessar sobre o chão
e faz crescer sem luz suas grandes folhas cegas.
O ódio se formou escama por escama,
golpe por golpe, na água terrível do pântano,
como um focinho cheio de lodo e silêncio.
(Neruda, 1991, p. 206-207)[26]

---

[26] Citado cf. Neruda, 1979, p. 222-223. (N. E.)

Bali
Morte dos comunistas

A raiva de Neruda pela traição das aspirações populares veio com um profundo sentimento de esperança de que o povo, organizado por comunistas e outros, prevalecesse. Quando o comunismo chegou às nações mais escuras na década de 1920, ele atraiu adeptos que haviam se ressentido com os fracassos do nacionalismo constitucional e do terrorismo revolucionário, assim como do império. Intelectuais e camponeses de diferentes lugares, mas com igual intensidade, refugiaram-se na nova ideologia, incorporaram-na em suas várias versões domésticas de liberdade e igualdade e costuraram bandeiras vermelhas para suas manifestações. A repressão veio assim que eles hastearam suas bandeiras. O Império soube imediatamente que o comunismo significaria sua ruína. Não parou para negociar com os comunistas; queria apenas aniquilá-los. Neruda canta a formação do Partido Comunista do Chile na década de 1920, da fundação do partido por gente como Luis Emilio Recabarren aos massacres de seus membros pela oligarquia. E então, em "Recabarren", Neruda explode:

> Quanta coisa se passou desde então.
> Quanto sangue sobre sangue,
> quantas lutas sobre a terra.
> Horas de esplêndida conquista,
> triunfos conquistados gota a gota,
> ruas amargas, derrotadas,
> zonas escuras como túneis,
> traições que pareciam
> cortar a vida com seu fio,

> repressões armadas de ódio,
> coroadas militarmente.
>
> A terra parecia afundar.
>
> Mas a luta permanece.
> (Neruda, 1991, p. 139-140)[1]

Enquanto Neruda se escondia das autoridades nas fronteiras do Chile, do outro lado do Oceano Pacífico os comunistas na Indonésia enfrentavam seu primeiro grande banho de sangue, em Madiun, no leste de Java. Insatisfeito com as negociações nacionalistas com os holandeses, o Partido Comunista Indonésio instou uma revolta popular contra os holandeses e a nova burguesia emergente na Indonésia. Derrotado em batalhas de rua em Surakanta, o PKI (e os trotskistas) se reagruparam em Madiun, onde enfrentaram toda a força dos militares. O exército matou muitos dos dirigentes do PKI, prendeu cerca de 36 mil pessoas e reduziu o partido a uma relativa insignificância. A "aventura de 1948" terminou rapidamente. A ascensão do presidente Sukarno ao poder veio com o sangue dos comunistas em suas mãos. Sua queda, em 1956, seria acompanhada pelo assassinato de 1 ou talvez 2 milhões de comunistas e simpatizantes.

Sukarno não era um adepto do comunismo e ficou incomodado com a criação do PKI em 1920. No entanto, em 1926, ele escreveu um livro importante que apontava para a cooperação entre o islamismo, o marxismo e o nacionalismo, as três principais correntes para o Movimento de Liberdade da Indonésia para Sukarno (Sukarno, 1970). Em 1960, o presidente criou uma estrutura ideológica para seu partido nacionalista e para as novas instituições nacionais: Nasakom inspirou-se no nacionalismo (NAS), na religião (A, *agama*, a palavra em sânscrito para religião, que Sukarno empregou como forma de atrair o hinduísmo,

---

[1] Citado cf. Neruda, 1979, p. 147.

uma religião minoritária importante para a rede da Indonésia) e no comunismo (KOM). A agenda para a construção nacional, Sukarno reconheceu, precisava do PKI, que além de um programa digno do projeto de Sukarno tinha também quadros experientes e disciplinados. À medida que Sukarno avançava para a esquerda, o PKI tornou-se uma base fundamental para ele.

Em 1951, o PKI havia se recuperado suficientemente da aventura de 1948 a ponto de poder escolher um grupo de jovens líderes para revitalizar o partido. Entre o quarteto de líderes estava Dipa Nusantara Aidit, que argumentou que o partido não poderia ter qualquer influência se não crescesse. Como resultado, o PKI decidiu que seus padrões de associação não deveriam ser muito idealistas ou inalcançáveis, porque "a partir de uma grande quantidade é muito mais possível obter maior qualidade" (Mortimer, 1974, p. 49). O PKI cresceu rapidamente; em 1965, 3,5 milhões de pessoas eram membros do partido. Para abordar todos os aspectos da vida indonésia, o PKI reviveu suas organizações de massa. Em 1965, a Juventude do Povo [Pemuda Rakyat] ostentava 3 milhões de membros, enquanto a Gerakan Wanita Indonesia [Movimento de Mulheres da Indonesia, Gerwani] tinha 1,5 milhão. Somando esses membros aos da federação sindical [Sentral Organisasi Buruh], da liga cultural [Lembaga Kebudayaan Rakyat], da frente camponesa [Barisan Tani Indonésia] e da associação de pesquisadores [Himpunan Sarjana Indonésia], o partido contava com a lealdade de mais de 20 milhões de indonésios, em um país de 110 milhões. O PKI tinha uma presença significativa no arquipélago, com a sua maior taxa de crescimento na ilha de Bali (Mortimer, 1974, p. 366-367).

Apesar desse crescimento massivo, o PKI, sob o comando de Aidit, não fez qualquer movimento para assumir o poder estatal. Os sindicatos assumiram o controle de empresas holandesas no final de 1957, mas isso foi o mais longe que eles puderam ir. Em 1957-1958, em Sumatra e Sulawesi, os militares e a ala direita uniram-se para criar áreas livres e prender quadros do PKI. Em vez de usar isso como uma oportunidade para fazer uma ofensiva às velhas classes sociais e militares, a direção do PKI depositou sua fé em Sukarno. Aidit seguiu uma análise já bem elaborada entre os marxistas de todo o Terceiro Mundo: que uma sociedade relativamente não industrial não pode ter uma revolução proletária e, portanto, o Partido Comunista deve trabalhar ao lado de setores progressistas da burguesia para criar o capitalismo democrático. Quando as condições da indústria estiverem mais desenvolvidas, os comunistas podem chegar ao poder de Estado. Esta foi a posição dominante articulada pela União Soviética e pelos chineses, que apoiaram os partidos comunistas enquanto mantiveram uma aliança com o setor progressista da burguesia nacional. Com base nessa premissa, Aidit articulou uma estratégia de quatro partes: ampliar o partido e suas organizações de massa, restringir ou conquistar os setores progressistas da elite nacional, "utilizar" o movimento de Sukarno para a esquerda e neutralizar as Forças Armadas (Mortimer, 1974, p. 372). O PKI conseguiu crescer e estabelecer uma conexão com Sukarno, mas não foi capaz de se insinuar na imaginação da elite nacional ou de promover uma divisão nas Forças Armadas.

O PKI desenvolveu células de membros do partido dentro das Forças Armadas. Em 1955, cerca de 30% desse efetivo era próximo ao PKI (principalmente entre os soldados, mas não do corpo de oficiais). Em resposta às rebeliões de Sumatra e Sulawesi (apoiadas pela CIA), Sukarno impôs a lei marcial (de março de 1957 a maio de 1963) para tentar manter o corpo de oficiais ao seu lado. Ele conseguiu reforçar o papel do Exército, que recebeu US$ 20 milhões do governo dos EUA para um programa de assistência militar atualizado.[2] O Exército recuperou seu espaço, apesar dos esforços do PKI para mandá-lo de volta ao quartel.[3]

---

[2] Em 1958, um memorando do Estado-maior dos EUA defendeu esse pagamento aos militares com base em sua análise de que esta seria "a única força não comunista [...] com capacidade de obstruir o [...] PKI" (Scott, 1985, p. 239-264).

[3] De fato, Sukarno deu as boas-vindas a uma grande delegação das Forças Armadas em seu gabinete, em 1959, enquanto praticamente fechava o PKI

Irresoluto, Sukarno levou a Indonésia para a década de 1960 com um Exército forte e um Partido Comunista forte, em seu próprio experimento de Democracia Guiada, ávido pela lealdade disciplinada do primeiro e pelo programa econômico do segundo. O PKI de Aidit percebeu que o crescimento do poder militar precisava ser combatido nas ruas e nos *kampungs* (aldeias). No início de maio de 1965, o Politburo[4] do PKI convocou a criação de "ações populares revolucionárias de massa vindas de baixo" para apoiar as "ações revolucionárias de massa dos órgãos do Estado de cima". Aidit queria criar uma "quinta força", formada por trabalhadores e camponeses armados. O partido organizou um campo de treinamento em Lubang Buaja para a ala jovem do PKI. A defesa armada da Nasakom tinha que ser conduzida pelo PKI, ou então o Estado penderia para os militares e as velhas classes sociais.

Em 1965, o ano para se viver perigosamente, o Exército fingiu que esta quinta força havia começado uma rebelião. Ele derrubou Sukarno e instalou o general Suharto. Até aqui, pouco distingue o caso indonésio do da maior parte dos golpes de Estado nas nações já combalidas. Mas a direção da história da Indonésia dá uma guinada desagradável. Em setembro de 1959, Sukarno afirmou, profeticamente, no sexto congresso do PKI: "Vocês são meus parentes de sangue, são meus irmãos e, se morrerem, serei eu o perdedor" (citado em Mortimer, 1974, p. 79). Invocar a morte significou ter visto o futuro, pois o Exército de Suharto atiçou todas as forças sociais anticomunistas, além dele próprio, sobre o PKI, seus membros nas frentes de massa e seus simpatizantes, ou

---

(Mortimer, 1974, p. 110). Para análises úteis do ponto de vista da modernização militar do Exército indonésio, ver Guy Pauker (1964) e Daniel Lev (1963-1964, p. 349-364).

4   Nos partidos comunistas, o Politburo é a instância da direção partidária competente para tomar decisões em nome do Comitê Central, sendo parte deste. Do russo, significa literalmente "Escritório Político". Um equivalente seria o que se conhece em outras formas de partido como Direção Executiva. (N. E.)

sobre qualquer um que estivesse à esquerda. Entre 1965 e 1966, entre 100 mil e 2 milhões de pessoas morreram por conta da Nova Ordem de Suharto.[5] Aidit tentou fugir para Yogyakarta, mas foi preso e morto. O novo regime considerou o massacre como expressão da raiva de uma população reprimida pelo comunismo e por Sukarno. Suharto rejeitou toda a culpabilidade e zombou de qualquer sugestão de que seus militares tivessem algo a ver com o genocídio.

A ilha de Bali perdeu cerca de 8% de sua população, ou 100 mil pessoas, no ataque ao PKI em 1965-1966.[6] Agora Bali é vista simplesmente como um paraíso turístico planetário, perturbado apenas pelas explosões de bombas de outubro de 2002.[7] Pode-se passear pela ilha hoje sem sequer saber que, em dezembro de 1965, depois de enviarem muitos militantes do PKI para o túmulo em Java, o Resimen Para Komando Angkatan Darat [Regimento de Paracomandos do Exército] chegou a Bali para iniciar o massacre. Perto do Bali Beach Hotel, os comandos começaram a matar, enquanto outros enviavam aldeias inteiras para fortalezas anticomunistas, onde os assassinatos eram cometidos com maior agilidade (Robinson, 1995, p. 297-303).[8] As aldeias desaparecidas transformaram o campo, que mais tarde apareceria "esburacado com as ruínas enegrecidas de antigos assentamentos" (Vickers, 1989, p. 170). Na aldeia de Kesiman, o Exército e seus aliados mataram 500 pessoas e prenderam outras 300 de uma popula-

---

[5] Os números talvez nunca sejam estabelecidos de forma definitiva. Um extenso levantamento aparece em Robert Cribb (1990) e Hermawan Sulistyo (1997, p. 52-54).
[6] Temos a sorte de ter uma excelente monografia sobre os eventos em Bali, que apresenta uma história ao longo do tempo dos vários conflitos na ilha, mas dá o devido crédito às forças extraordinárias que levaram ao massacre (Robinson, 1995). Para um resumo útil sobre Kesiman, um vilarejo em Bali, consultar Leslie Dwyer e Degung Santikarma (2003).
[7] Para uma excelente análise sobre a construção da imagem de Bali, ver Adrian Vickers (1989).
[8] Para o relato de uma testemunha ocular, ver John Hughes (1968).

ção total de 4 mil. Questionados sobre os acontecimentos anos depois, os sobreviventes se lembraram "do auge do terror como uma época em que as ruas estavam cheias de partes de corpos, vísceras e sangue, e os rios estavam inundados com o fedor da morte" (Dwyer e Santikarma, 2003, p. 295).

O verdadeiro massacre veio das mãos do Exército e dos ativistas de direita, principalmente de partidos políticos teocráticos. Eles tinham listas de nomes de militantes e organizadores do PKI e de suas organizações afiliadas. Eles usaram essas listas para encontrar as vítimas para execução. Embora os governos dos EUA e australianos não tenham instigado nem conduzido o massacre, ambos encorajaram o expurgo, engordaram as listas de comunistas para o Exército, financiaram os paracomandos e apoiaram o esforço da mídia para culpar os comunistas por todo o genocídio.[9] Relatórios das atrocidades começaram a se acumular na sala de documentos da embaixada dos EUA em Jacarta, com um resumo enviado por telegrama ao Departamento de Estado em Foggy Bottom, contendo esta descrição dos eventos em Atjeh:

> o fervor muçulmano em Atjeh aparentemente colocou todos, exceto alguns poucos militantes do PKI, fora de ação. Decapitaram-se ativistas do PKI e suas cabeças foram colocadas em estacas ao longo da estrada. Há relatos de corpos de vítimas integrantes do PKI jogados em rios ou no mar pois os atjehneses se recusavam a 'contaminar o solo de Atjeh'. (Department of State, 2001, p. 338-339)

Algumas semanas depois, a embaixada reportou que:

> o Exército, com a ajuda da IP-KI [Liga dos Defensores da Independência da Indonésia, um grupo integralmente ligado ao Exército], organizações de juventude e outros elementos anticomunistas continuaram o esforço sistemático para destruir o PKI no norte

---

[9] Ver, por exemplo, Seth S. King (1965, p. 4). Para mais detalhes, consultar Robinson (1995 [capítulo 11]). A dissertação de Iwan Gardono Sudjatmiko sugere que a estratégia do PKI levou ao massacre – uma conclusão semelhante à fornecida à mídia pela embaixada dos EUA em Jacarta, mas não confirmada pelo contexto mais amplo do genocídio (Sudjatmiko, 1992).

de Sumatra, com relatos de assassinatos em massa. (Department of State, 2001, p. 338-339)

Notícias chegavam de Bali confirmando que, com 80 mil mortos, "não havia fim à vista" (Department of State, 2001, p. 338-339). Para minimizar o papel do Exército, apoiado pelos EUA, e do regime da Nova Ordem, a embaixada observou: "Muitos dos assassinatos que estão ocorrendo sob um disfarce político são, na verdade, motivados por vinganças pessoais e de clã" (Department of State, 2001, p. 338-339). O Departamento de Estado dos Estados Unidos reconheceu, na década de 1990, que seus agentes deram listas de membros do PKI ao regime da Nova Ordem e que pouco fez para deter a violência (Department of State, 201, p. 386-387). A avaliação do historiador Geoffrey Robinson é que, "mesmo que não seja possível estabelecer definitivamente a extensão da cumplicidade dos EUA, pode ser demonstrado que a política dos EUA contribuiu substancialmente para a tomada do poder pelos militares sob Suharto e para o massacre que se seguiu" (Robinson, 1995, p. 282).[10] Robinson deixou de fora os governos australiano e britânico, que desempenharam papéis importantes na liquidação do PKI (Easter, 2004; 2005).

O genocídio produziu pouca indignação em todo o mundo. Quando ficou claro o que o Exército havia começado a fazer em Java e Sumatra, a ONU considerou mais importante estimular, em abstrato, "todos os governos a fazerem esforços especiais durante a Década de Desenvolvimento da ONU para promover o respeito e a observância de direitos humanos e liberdades fundamentais" (United Nations, 1965).[11] É certo que Sukarno havia retirado a

---

[10] Em 1959, o estudioso da modernização militar, Guy Pauker, apresentou os militares indonésios como um exemplo de uma força considerável que os Estados Unidos deveriam encorajar como um antídoto para o comunismo. A análise de Pauker forneceu o plano para o golpe de Suharto (Pauker, 1959, p. 325-345).

[11] Em 1º de abril de 2004, o Centro de Recursos Legais da Ásia (Hong Kong) fez uma petição às Nações Unidas para que esta agisse em relação aos massacres de

Indonésia da ONU alguns meses antes do golpe, mas quando Suharto solicitou a reentrada, em 1966, a Assembleia Geral deu as boas-vindas ao ditador sem qualquer condenação pública. Pequenos grupos de esquerda, na Europa e nos Estados Unidos, organizaram vigílias e divulgaram declarações, mas a grande mídia fez vista grossa. Com 100 mil pessoas detidas como prisioneiros políticos da Nova Ordem, o exilado de esquerda Carmel Budiardjo chegou a Londres e fundou a Tapol, uma organização para ajudar a libertar esses prisioneiros. A Tapol trabalhou com Bertrand Russell e sua fundação para divulgar a escala da atrocidade, mas poucos ouviram.[12] Os governos do Primeiro Mundo já haviam se comprometido a criticar a URSS e o "comunismo" acima de tudo; certamente não viriam em defesa dos comunistas contra um "fator de estabilidade" que logo se tornaria seu grande aliado. Ninguém compilou o *Livro negro do anticomunismo*.[13]

Moscou e Beijing permaneceram mudas. Desde a década de 1920, a URSS tinha uma relação ambígua com os partidos comunistas das nações mais escuras. Por um lado, a URSS havia sido o único Estado que deu enorme apoio ideológico, diplomático e material a muitas lutas pela independência. As primeiras reuniões

---

1965-1966. Sua petição começa com o seguinte parágrafo: "Incrivelmente, até o momento, a comunidade internacional não conseguiu lidar com o massacre de pelo menos meio milhão de pessoas na Indonésia orquestrado pelo general Suharto durante sua ascensão ao poder, em 1965-1966. Ao passo que as vítimas dos atentados à bomba em Bali, em 2002, em sua maioria não indonésios, encontraram algum grau de justiça em poucos meses, quase quatro décadas depois, os sobreviventes desse crime massivo contra a humanidade ainda não foram reconhecidos". Nada resultou da petição até agora.

[12] No décimo aniversário do massacre, Malcolm Caldwell editou *Ten Years's Military Terror in Indonesia* para a *Bertrand Russell Peace Foundation* (Caldwell, 1975) – no mesmo momento em que o Exército indonésio recebeu sinal verde de Washington para invadir a ilha do Timor Leste.

[13] Referência crítica à controversa obra *O livro negro do comunismo: crimes terror e repressão*, publicado originalmente na França, em 1997, por um grupo de professores anticomunistas que fazem um suposto inventário da repressão política nos regimes socialistas. (N. E.)

do Comintern, a publicação de todos os tratados imperialistas sobre a dominação colonial pelo novo governo, o Congresso de Baku de 1920, a reunião da Liga Contra o Imperialismo em 1928 em Bruxelas e muitos outros eventos e episódios assinalam a imensa contribuição da URSS para o crescimento da luta social e política no nascente Terceiro Mundo. Do início da década de 1920 a 1935, o Comintern exortou os comunistas das nações mais escuras a manter alguma distância entre sua atividade e a dos grupos nacionalistas em suas regiões. Na China, porém, o Comintern forçou os comunistas a uma aliança com o Kuomintang nacionalista, que terminou no desastroso massacre de 1928, em Shangai. O espaço concedido pelo Comintern resultou na criação de centenas de partidos comunistas nos três continentes, da Nicarágua à África do Sul e Indonésia. Na América do Sul, os partidos comunistas que cresceram mais rápido (na Argentina, Chile e Uruguai) envolveram os partidos socialistas e tornaram-se herdeiros de seu aparato organizacional. Em outros lugares, os comunistas tiveram que começar do zero, muitas vezes em terrenos que não tinham classe trabalhadora industrial e apenas uma história limitada de luta socialista (como no Vietnã).

No sétimo congresso do Comintern, em 1935, os comunistas soviéticos reagiram ao desenvolvimento do fascismo na Europa dizendo aos partidos comunistas que trabalhassem em uma "frente popular" com todas as forças sociais patrióticas. O Comintern pediu aos partidos comunistas que formassem uma coalizão com todas as outras forças antifascistas, a fim de ampliar seu âmbito, trabalhando em conjunto com outras classes e incluindo setores da burguesia. Embora a estratégia do Comintern tenha se desenvolvido a partir do fracasso do Partido Comunista alemão em impedir a ascensão nazista ao poder em 1933, essa experiência passou a dominar o trabalho dos comunistas em ambientes muito diferentes. Além disso, conforme a URSS mudava suas próprias alianças internacionais – primeiro com um pacto com os nazistas em 1939, depois com os aliados contra os nazistas em 1941 –, os partidos comunistas na periferia tiveram que se apressar para encontrar razões para suas próprias oscilações turbulentas. Embora a ideia de uma frente popular (e de uma frente única) tenha desempenhado um papel importante na melhora em relação ao aventureirismo dos comunistas da década de 1920, não levou necessariamente os comunistas das nações mais escuras a aproveitar a oportunidade para expandir sua base. Os partidos fizeram alianças oportunistas com as forças nacionalistas, muitas vezes com o incentivo de Moscou, e usaram este lugar como uma forma de exercer – em vez de construir – poder. A URSS estimulou os partidos comunistas locais a hibernar ou então a fazer alianças com abomináveis forças políticas em nome da unidade, muitas vezes porque essas forças queriam estabelecer uma ligação por conveniência com a URSS contra as depredações do imperialismo. Com o advento da Guerra Fria, no final da década de 1940, a linha de colaboração de classe enfraqueceu substancialmente os partidos comunistas no Terceiro mundo, e eles se tornaram presas fáceis para o ataque da CIA e dos regimes nacionalistas.[14]

Em Moscou e Beijing, não havia unanimidade teórica sobre a questão das alianças e da revolução. Os debates ocorreram em muitas linhas. Uma posição argumentou que cada sociedade deve primeiro desenvolver sua indústria nacional, e só então, quando seus meios de produção estiverem bem estabelecidos, seu proletariado poderá superar a burguesia moralmente prostrada. Tal visão reconhecia que a história deve se mover em etapas, e somente depois que uma dada sociedade tenha passado da etapa feudal para a capitalista, uma transição para o socialismo seria possível. Uma opinião contrária sugeria que, pelo modo como as nações mais escuras haviam sido mantidas em situação de dependência perma-

---

[14] A tendência geral do Comintern é abordada na obra de Fernando Claudin, *A crise do movimento comunista* (São Paulo: Expressão Popular, 2013 [1976]) Estudos regionais incluem Manuel Caballero (1986) e as obras de Hakim Adi (1997); Apollon Davidson, Irina Filatova, Valentin Gorodnov e Sheridan Johns (ed.) (2003); Irina Yurieva Morozova (2002); e Cheah Boon Kheng (1992).

nente, seria impossível para elas se desenvolverem em sociedades capitalistas. Esperar que a burguesia nacional fosse capaz de criar uma sociedade capitalista em oposição a essas novas nações seria quixotesco. Portanto, os comunistas tinham que tomar o poder, desvincular o novo Estado do capital internacional e acelerar o desenvolvimento do país através dos estágios. Na China, Liu Shao-ch'i articulou a visão "etapista", enquanto Lin Biao adotou a abordagem da "revolução ininterrupta". Divisões semelhantes se manifestaram em Moscou e em outros lugares.

Independentemente dos debates, na década de 1960, tanto Moscou quanto Beijing produziram conceitos que validaram a aliança comunista com as forças democráticas burguesas. Em 1960, a URSS publicizou seu conceito, o Estado nacional democrático, que se referia aos Estados de libertação nacional não comunistas que surgiram no Terceiro Mundo. Esses Estados governavam de acordo com sua própria variante de socialismo (socialismo árabe, socialismo africano, Nasakom) (Shinn, 1963, p. 177-189). Beijing propôs a teoria da nova democracia: uma coalizão de quatro classes (o proletariado, o campesinato, a pequena burguesia e os capitalistas nacionais) se uniria contra o imperialismo para desenvolver o país em direção ao socialismo. O Partido Comunista dirigiria essas classes, que desenvolveriam o capitalismo para acelerar as taxas de crescimento e a transição para o socialismo (Maitan, 1976, p. 312-317). Tanto Moscou quanto Beijing, portanto, guiaram os comunistas das nações mais escuras a fazer concessões à burguesia nacional. Eles tiveram que trabalhar em "frentes democráticas nacionais" e criar a base para uma futura transição socialista.[15]

---

[15] Roger Kanet (1974) avalia as teorias dos anos 1960. Há uma visão de que os soviéticos propuseram a abordagem colaboracionista de classes, enquanto os chineses persistiram com a abordagem mais radical. Sobre o papel chinês, ver Chen Jian (2001). Isso não é corroborado pelos fatos, que mostram que tanto Moscou quanto Beijing trabalharam deslocados de uma contradição estratégica real.

Os conceitos de Estado nacional democrático e de nova democracia permitiram que Moscou e Beijing aceitassem regimes não comunistas e movimentos de libertação nacional como suficientes para o mundo não industrial. O conflito entre Moscou e Beijing também aumentou sua falta de critérios na busca de alianças. O desenvolvimento do comunismo tornou-se quase secundário em relação à promoção de frentes democráticas nacionais. Nessa linha de análise, a URSS e a República Popular da China deram talvez mais apoio aos líderes nacionais democráticos que pregavam o socialismo e tinham o controle de um Estado do que aos emergentes partidos comunistas que haviam organizado as classes exploradas e outras em um movimento para mudar a base da produção social. O Egito de Nasser, o Iraque de Qasim, a Argélia de Boumédiène, a Índia de Indira Gandhi, a Birmânia de Ne Win, a Guiné de Sekou Touré, o Paquistão de Ayub Khan e o Mali de Modibo Keita se tornaram parte dos Estados mais favorecidos pela URSS e pela República Popular da China, embora a maioria desses líderes tenha suprimido seus partidos comunistas locais.

No início dos anos 1960, os três maiores partidos comunistas (fora de um Estado comunista) na Ásia, África e terras árabes eram o PKI da Indonésia, o al-Hizb al-Shuyu'i al-Sudani, Partido Comunista do Sudão (PCS) e o Partido Comunista Iraquiano (PCI), respectivamente. Esses partidos tinham o respeito de vastos setores de suas sociedades e controlavam importantes organizações populares (incluindo sindicatos, ligas femininas e associações de jovens). Em uma década, esses três partidos foram devastados quando a burguesia nacional (com a ajuda dos Estados Unidos e também com os olhos cegos de Moscou e Beijing) convocou os militares a sair dos quartéis para exterminá-los. Se a URSS e a República Popular da China tivessem tomado uma posição firme em qualquer um desses casos, eles poderiam ter encorajado os comunistas em outros lugares para continuar seu trabalho. Em vez disso, o silêncio amedrontou os comunistas e os levou a alianças com forças políticas que queriam usá-los e destruí-los.

Os comunistas eram úteis. Sukarno precisava do PKI por seu programa e seus quadros. Quando o Brigadeiro Qasim derrubou a monarquia iraquiana (1958) e o coronel Jaafar al--Nimeiri rejeitou uma junta militar corrupta no Sudão (1969), ambos se apoiaram nos fortes partidos comunistas para ampliar seu poder. Um golpe militar tem pouca base institucional para legitimidade – as pessoas podem respeitar os líderes individuais ou suas camarilhas por sua honestidade e desejar-lhes o bem, mas esses líderes ou camarilhas têm apenas as instituições das Forças Armadas para ajudar a dar legitimidade ao golpe. Além disso, a maior parte das facções militares chega ao poder sem um programa detalhado, uma vez que o corpo do Exército tem pouca experiência em política. No caso do Iraque e do Sudão, os líderes se aliaram aos comunistas tanto por sua capacidade de alcançar o mundo social dos iraquianos e sudaneses quanto para tomar emprestado seus programas elaborados para a mudança social. Qasim não compartilhava pessoalmente das opiniões dos comunistas, mas sabia que seu golpe definharia sem eles. Em 1958, todos os partidos políticos haviam absorvido o programa social do PCI, uma prova de sua relevância e probidade. Até o Baath, que não era afeito ao comunismo, adotou elementos do programa do PCI. Quando o PCI aproveitou a abertura para reavivar suas organizações então proscritas, como os Partidários da Paz, a Liga para a Defesa dos Direitos da Mulher (*al-Rabita*) e a Liga da Juventude Iraquiana, o partido cresceu para mais de 25 mil membros em número de quadros, com um número adicional de membros de frentes de massa de um milhão (cerca de um quinto da população total do Iraque) (Tripp, 2000, p. 156-57).[16]

---

[16] O PCI já havia dissolvido sua ala militar, o Sindicato dos Soldados e Oficiais, antes do golpe, por sugestão dos Oficiais Livres. Mais tarde, isso se mostraria um erro fatal, embora tenha sido um passo útil na construção de confiança para a nova república (Batatu, 1978, p. 792-794).

O crescimento do PCI e seu poder social aterrorizou a ditadura de Qasim. Pouco depois de Qasim chegar ao poder, o fundador do Baath, Michel 'Aflaq, visitou Bagdá, vindo de Damasco, para opor seu partido ao PCI. "Nós representamos o espírito árabe contra o comunismo materialista", disse ele aos iraquianos. "O comunismo é ocidental e estranho a tudo o que é árabe" (citado em Al-Khalil, 1989, p. 191; 226).[17] O Baath tinha apenas 300 membros no Iraque e cresceria para apenas 3 mil no início dos anos 1960. Em maio de 1959, Husain ar-Radi, o primeiro-secretário do PCI, entrou em uma reunião do Politburo e argumentou que havia chegado o momento de o partido agir para tomar o poder. Ele foi derrotado na votação. Os soviéticos haviam enviado um emissário com uma mensagem para não provocar Qasim (Batatu, 1978, p. 903). O Baath tomou a iniciativa; os Estados Unidos apoiaram. O PCI defendeu o regime militar nacionalista quando o Baath tentou um golpe, em outubro de 1959. Rapidamente, o PCI assumiu o Ministério da Defesa e a rede de comunicações. Meio milhão de comunistas e seus aliados encheram as ruas. Isso aterrorizou os coronéis, que começaram a dizimar o PCI, seus únicos defensores organizados. Qasim ignorou o Baath, mesmo depois de tentarem assassiná-lo no final de 1959 (em atentado liderado pelo jovem Saddam Hussein). O caminho havia sido preparado e o Baath acabou tomando o Estado em 1963.[18] A janela para o futuro havia se fechado.

Em 1968, Hussein assumiu o poder. A URSS tornou-se um grande aliado de seu governo, que cultivou a divisão no desgas-

---

[17] O confidente de Nasser, Muhammed Heikal, também escreveu que o comunismo não era condizente com o mundo árabe. Mesmo alguns comunistas promoveram essa visão, como por exemplo o líder comunista sírio Khaled Bakdash, que observou, nos anos 1950, que ele era não apenas "acima de tudo um nacionalista árabe", mas que a Síria permaneceria "nacionalista árabe e nada mais" (citado em Laqueur, 1959, p. 300).

[18] A liderança do Baath foi bastante aberta sobre como o partido chegou ao poder "em um trem americano" (Batatu, 1978, p. 985-986).

tado PCI. Quando Hussein fez uma aliança com a URSS, uma facção pró-soviética do PCI lhe deu as mãos. O grupo anti-Baath, a facção do PCI conhecida por Liderança Central e comandada por 'Aziz al-Hajj, sentiu a ira da milícia do Baath, o Jihaz Haneen. A URSS, enquanto isso, forneceu ao Iraque um dos cinco reatores nucleares que construiu nas nações feridas, recebeu mais estudantes iraquianos do que de qualquer outro Estado do Terceiro Mundo e forneceu considerável assistência militar e industrial em troca de petróleo. A fração do PCI que permaneceu no governo possibilitou o tratado de amizade do Iraque com a URSS em 1972, mas à medida que Hussein aumentava seu domínio sobre o país, ele começou uma campanha contra o próprio PCI. Em 1978, Hussein mandou prender os membros "leais" do partido, executou muitos de seus quadros e usou a supressão do PCI para enviar uma forte mensagem ao seu próprio Baath: toda lealdade devia ser ao seu regime, e não a uma ideologia ou a outro partido. A campanha de Hussein contra o PCI levou ao aumento de sua estima entre os legisladores de Washington, cuja aliança com Hussein começou em 1983. O restante dos quadros do PCI fugiu para o exterior ou então permaneceu no Iraque para continuar a luta, especialmente nas regiões curdas (por muito tempo, bastião da esquerda). Os comunistas que permaneceram clandestinamente no país lutaram contra o Baath e contrabandearam para o exterior documentos sobre as atrocidades cometidas pelo regime de Hussein contra os iraquianos.[19]

No Sudão, Nimeiri chegou ao poder com uma agenda nasserita, e ele, assim como Qasim, não poderia governar sem o PCS. Após o golpe, ele baniu todos os partidos políticos, mas permitiu que o PCS continuasse suas atividades. Fundado em 1944, o PCS era o único partido político com dimensão nacional porque, ao

---

[19] Apresentei exemplos da intransigência soviética, mas poderia muito bem ter detalhado a história de Beijing e dos paquistaneses. Para uma análise pontual sobre este tema, ver Tariq Ali (1970, p. 43-55).

contrário dos partidos sectários e racialistas, recrutava igualmente no norte e no sul, tanto cristãos como muçulmanos. Nimeiri precisava do PCS. Com a fórmula típica, Nimeiri primeiro foi atrás de seu flanco direito. Em 1970, ele começou um ataque ao reacionário Partido Umma, liderado por Sadiq al-Mahdi. Quando esse partido foi substancialmente pacificado, Nimeiri voltou sua atenção para o PCS. A repressão brutal ao PCS levou os comunistas a tentar um golpe de Estado ao lado dos oficiais do Exército partidários dele. O regime de Nimeiri prendeu a direção do partido, executou a maioria deles (incluindo Abdel al-Khaliq Mahjub, Joseph Garang e Ahmed El Sheikh) e estimulou seus seguidores a "destruir qualquer um que afirme que existe um Partido Comunista Sudanês. Destruam este partido" (Gresh, 1989, p. 393-409; Warburg, 1978). Quando as notícias dos acontecimentos no Sudão chegaram à direção soviética, esta tentou negociar asilo político para os líderes do PCS com o governo de Nimeiri, bem como com os egípcios e com os líbios. Após a recusa, a URSS não deu continuidade ao assunto. Não é que Moscou não sentia nada por seus camaradas nos trópicos, mas sim que a sorte dos partidos comunistas no Terceiro Mundo ficou em segundo lugar na estratégia traçada pela URSS e pela República Popular da China. Quando o regime de Nimeiri executou os líderes do PCS, apesar da solicitação da URSS, Moscou recompensou o ditador com tratados econômicos e políticos, bem como com um lugar de honra como delegado no 24º Congresso do Partido Comunista da URSS, no final de 1971. A URSS negociou um acordo para criar frentes nacionais, na Síria (1972) e no Iraque (1973), assim os partidos comunistas em ambos os países entrariam no governo como minoria – na verdade, em uma posição de segundo escalão e com poucos direitos para conduzir uma organização política.

A repressão levou muitos comunistas às armas. No Iraque, 12 militantes, incluindo Khalid Ahmed Zaki, da Frente Popular para a Luta Armada, tentaram uma insurgência quixotesca nos pântanos do sul do país, em 1968, mas terminaram sendo assassinados a tiros pelo Exército iraquiano. Eles agiram com uma década de atraso, momento em que a análise de ar-Radi se tornou anacrônica. O momento revolucionário havia passado (Ali, 2003, p. 89-101). A opção de Zaki pelas armas veio como parte da guinada geral de muitos partidos comunistas em direção ao maoísmo. Um preceito elementar do maoísmo foi ignorado por muitos desses movimentos: eles não levaram em conta se haviam construído apoio de massa suficiente ou se havia um movimento de massa suficientemente mobilizado para se juntar à sua pequena empreitada armada. Na região de Kwilu, no Congo, Pierre Mulele, ministro do governo deposto de Lumumba, pegou em armas contra o regime de Mobutu, mas embora sua insurgência tenha durado alguns anos, também não conseguiu avançar (Martens, 1993).[20] Na Índia, em 1967, um grupo dissidente do Partido Comunista da Índia (marxista), que havia rompido com o Partido Comunista da Índia pró-soviético em 1964, iniciou a luta armada em várias partes do país, para sofrer, da mesma forma, derrotas imensas. Na Indonésia, o PKI conduziu uma autocrítica à linha Aidit por sua colaboração com Sukarno e iniciou uma campanha de guerrilha, de estilo maoísta, em Java e nas ilhas externas, como Kalimantan. O PKI conseguiu manter alguns bolsões de apoio e sua estratégia de guerrilha rendeu alguns frutos menores, mas, no geral, foi efetivamente eliminado como um sério candidato ao poder do Estado (Utrecht, 1975). Na América do Sul, o maoísmo veio na forma do castrismo, quando militantes de esquerda entraram na luta armada contra o Estado, da Argentina à Venezuela. Como afirmou o ativista político francês Regis Debray, em 1965, somente a luta armada, conduzida por militantes bem formados, pode destruir o aparato de Estado burguês – uma condição prévia para uma revolução triunfante que não seria destruída por um

---

[20] A esposa de Mulele, Abo Leonie, conta como os guerrilheiros tratavam mal as mulheres. Os ideais do socialismo tiveram apenas uma leve presença no levante (Martens, 1995).

golpe militar (Debray, 1971, p. 72). Nenhum país sul-americano conseguiu estender o castrismo de forma bem sucedida, e mesmo quando estes processos sofreram fracassos desastrosos e uma geração de militantes pereceu pelas armas da Polícia, a estratégia permaneceu viva. Os militares usurparam o controle da dinâmica histórica, destruíram uma geração de militantes e aproveitaram a situação para fomentar uma década de regime militar. A impotência, que já é um fato social em grande parte das nações feridas, surge do cano de uma arma.[21]

Com a queda de Sukarno, nenhuma manifestação significativa de protesto veio de Nova Délhi, Belgrado, Rangoon, Cairo ou Accra. Rejeições tépidas da violência vieram de seus ministérios das Relações Exteriores, mas não muito mais do que isso. Sukarno, da Indonésia, havia desempenhado um papel crucial na criação da plataforma política do Terceiro Mundo, e Bandung fora seu centro. No entanto, houve silêncio. A morte pessoal ou política dos cinco principais líderes da tendência progressista em Bandung revela muito sobre o colapso da solidariedade: Nehru morreu em 1964, tanto U Nu quanto Nkrumah haviam sido recém depostos por golpes militares, o papel de Nasser foi enfraquecido pelo colapso de sua República Árabe Unida, e Tito iniciou uma inteligente reaproximação com a URSS. Nehru, U Nu e Nasser tinham relações

---

[21] A estratégia maoísta rendeu dividendos na Colômbia. O Partido Comunista colombiano foi devastado nas décadas de 1940 e 1950, e sua retaguarda se tornou o alvo da elite do país e do governo dos EUA. Quando perseguidos, em 1964, menos de 50 comunistas sob o comando de Manuel Marulanda Velez foram para as florestas perto de Marquetalia e iniciaram uma guerra de guerrilha sob o nome de Forças Armadas Revolucionárias da Colômbia (Farc). Quatro décadas depois, sua guerra continua. Em outros lugares, os comunistas que pegaram em armas tiveram menos sucesso (embora o atual imbróglio das Forças Armadas Revolucionárias da Colômbia dificilmente seja um modelo de sucesso). Na vizinha Venezuela, as forças de esquerda se reagruparam no campo, como o Partido da Revolução Venezuelana, sob a liderança de Douglas Bravo e Ali Rodriquez (chefe da Petroleos de Venezuela, a companhia de petróleo do país), e continuaram uma luta armada além de se infiltrar nas Forças Armadas (o irmão de Hugo Chávez, Adan, foi um importante militante do partido).

controversas com os partidos comunistas de seus países. Em 1959, Nehru usou seus poderes constitucionais máximos para depor um governo estadual comunista em Kerala; U Nu havia se mantido a uma distância segura do Partido Comunista da Birmânia durante seu curto reinado; e o Partido Comunista Egípcio se dissolveu em 1965, pedindo a seus membros que cooperassem com o governo de Nasser (Lenczowski, 1971, p. 88).[22] Os regimes do Terceiro Mundo tinham pouca consideração por seus partidos comunistas locais, e na medida em que esse desdém não tivesse impacto em suas relações com Moscou ou Beijing, eles não tinham obrigação de se posicionar contra as atrocidades cometidas pelo Exército indonésio, pelo governo marroquino (contra a União Nacional de Forças Populares e o assassinato de seu líder, Ben Baraka, nas ruas de Paris, em 1965) e pelo Exército congolês (contra o Movimento Nacional Congolês e o assassinato de seu líder, Lumumba, em 1961, com a conivência belga).

Tanto o Sudão quanto o Iraque continuaram sendo membros bem-vindos do Terceiro Mundo e do MNA. Ambos os países, assim como a Indonésia, continuaram formalmente a apoiar os objetivos de política externa do Terceiro Mundo. De fato, a Indonésia chegou até mesmo a aderir formalmente aos princípios de Bandung, e isso foi bastante útil para o país nas reuniões do Terceiro Mundo.[23] Durante

---

[22] Essas entradas no governo funcionaram como vitrines para os partidos comunistas, em vez de oportunidades de exercer poder genuíno (Saivetz e Woody, 1985, p. 50).

[23] O primeiro decreto do Congresso do Povo da Indonésia em 1966 continha os seguintes princípios: "A Indonésia deve renunciar a sua adesão a qualquer bloco ou pacto militar; os problemas asiáticos devem ser resolvidos pelos próprios asiáticos, incluindo a questão do Vietnã; a resolução da ONU sobre descolonização não foi totalmente aplicada. A Indonésia deve sempre apoiar todas as lutas pela independência, seja ela qual for; o fortalecimento da solidariedade afro-asiática deve ser *parte principal* da política externa independente e ativa da Indonésia, uma política que é anti-imperialista e anticolonialista; as organizações afro-asiáticas, como a organização islâmica afro-asiática, devem ser fortalecidas. Isso está em conformidade com a firme política da Indonésia de respeitar e aplicar os dez princípios de Bandung" (Kimche, 1973, p. 230).

o genocídio, a – surpreendentemente – chamada Frente Pancasila incentivou o Exército e ajudou a conduzir o assassinato em massa (Robinson, 1995, p. 298). A Pancasila de Suharto se parecia apenas formalmente com a Panchsheel[24] de Bandung – pois os cinco pontos do general do Exército incluíam itens conservadores como "crença no único Deus supremo", "a unidade da Indonésia" e "democracia liderada pela sabedoria da deliberação entre representantes". O Panchsheel original não se referia a Deus, nem à sabedoria dos representantes, o que poderia ser outra maneira de dizer que o povo deveria se submeter aos seus superiores.[25] Quando a Nova Ordem de Suharto falava de unidade, é possível que já tivesse a ideia de invadir o Timor-Leste (em 1975) – uma anexação baseada na noção de unidade do Exército, não do povo indonésio ou dos timorenses.

Na reunião de 1977 do MNA, em Nova Délhi, o representante do Sudão manteve os delegados paralisados com uma apresentação sobre a necessidade de reestruturar a ONU para que fosse mais democrática e, assim, apoiasse a Nova Ordem Econômica Internacional. O delegado do Iraque apresentou o segundo de dois documentos de trabalho depois dos sudaneses, este sobre a necessidade de ter uma estrutura mais eficiente do MNA, com melhor coordenação por meio de um secretariado (Singhjam e Hune, 1986, p. 173). Nem o Iraque, nem o Sudão, nem a Indonésia foram retirados da sala – seus *pogroms* contra os comunistas, em cada caso, eram classificados como sacrossantos "assuntos internos" de cada país. As principais potências do Terceiro Mundo aceitaram a Indonésia, o Sudão, o Iraque e outros simplesmente porque aderiram aos princípios básicos do não alinhamento e porque compartilhavam uma análise econômica internacional semelhante.

---

[24] Trata-se de um jogo de palavras com o Tratado de Panschsheel, de Bandung, que estabelecia os princípios da coexistência pacífica. (N. E.)
[25] A tentativa do Partido Golkar de Suharto de dominar a imaginação política do povo indonésio está documentada em Hans Antlov (1995).

A destruição da esquerda teve um enorme impacto no Terceiro Mundo. As classes sociais mais conservadoras, até mesmo reacionárias, alcançaram o domínio sobre a plataforma política criada em Bandung. Como um complemento dos regimes militares, as forças políticas que surgiram rejeitaram o nacionalismo anticolonial ecumênico da esquerda e dos liberais por um nacionalismo cultural cruel que enfatizou o racialismo, a religião e a hierarquia. Estes se refugiaram em uma visão manufaturada de "tradição" – afirmavam ser os verdadeiros porta-vozes da cultura autêntica de suas regiões, em oposição à influência "moderna" ou "ocidental" da esquerda progressista. O mito de Bali como paraíso e dos árabes como puritanos, ou hindus como hierárquicos ou africanos como tribais – todas essas visões da tradição emergiram com muita força das velhas classes sociais, como uma forma de combater a esquerda e, uma vez que esta foi vencida, de afirmar que eles eram os representantes autênticos de sua civilização. "O mito de Bali", argumenta o historiador Robinson, por exemplo, "ajudou a falsificar a história de uma forma que serviu às pessoas no poder ao mesmo tempo que silenciava aqueles que sofreram injustiças" (Robinson, 1995, p. 306-307).

Alguns funcionários do governo dos EUA que se encontravam nesses locais lamentaram a relação confortável de seu país com oligarquias e militares contra os comunistas. Por exemplo, o vice-embaixador dos EUA na Guatemala na década de 1950, Bill Krieg, observou que as forças reacionárias eram "vagabundos de primeira ordem", que "queriam dinheiro, eram parasitas do palácio", enquanto os comunistas "podiam trabalhar, tinham um senso de direção, ideias, sabiam para onde queriam ir". Eles eram "honestos, muito comprometidos. Esta era a tragédia: as únicas pessoas comprometidas com o trabalho duro eram aquelas que, por definição, eram nossos piores inimigos" (citado em Gleijes, 1991, p. 193). A CIA e as velhas classes sociais esmagaram a esquerda em muitas partes das nações mais escuras, reavivaram as velhas classes sociais, e mais tarde – muito mais tarde – descobriram que haviam criado um monstro que não podiam controlar.

Tawang
Guerra mais suja

Na madrugada de 20 de outubro de 1962, as colinas da cordilheira Thag La foram alvo de uma série de explosões. O Exército de Libertação Popular (ELP) chinês iniciou uma guerra com a Índia, há muito esperada, que seguiu por todo um mês, com o ELP invadindo o território indiano através de sua longa fronteira com a China. O brigadeiro John S. Dalvi, das Forças Armadas indianas, estava com seu batalhão de vanguarda perto da cordilheira, onde havia sido alocado vários meses antes em antecipação à uma marcha indiana contra as forças chinesas. "Quando as primeiras salvas de balas passaram acima de nós", escreveu Dalvi mais tarde, "houve alguns minutos de choque petrificante. O contraste com a tranquilidade que havia permanecido até então tornou-o duplamente impressionante. A proximidade das duas forças fez com que parecesse um ato de traição" (Dalvi, 1969, p. 264). Em dois dias, o ataque chinês não apenas fez as forças indianas retrocederem, mas também interrompeu sua retirada através das passagens de alta altitude que levariam os indianos de volta a posições fortificadas. Os chineses capturaram Dalvi e entraram na cidade principal da Brigada 7, Tawang, onde não encontraram oposição. Mesmo com a guerra continuando por um mês, o ELP liquidou a defesa indiana em poucos dias.[1]

---

[1] O livro de Neville Maxwell (1970), *India's China War*, foi indispensável para meu breve comentário sobre a guerra. Maxwell está mais inclinado à visão chinesa sobre a disputa de fronteira e a guerra (mais ainda em sua curta monografia [Maxwell, 1999], *China's "aggression" of 1962*). Estou menos interessado nas razões da guerra do que no fato da guerra em si.

Em 1954, os dois países assinaram os Cinco Princípios da Coexistência Pacífica, a Panchsheel, que exigia compreensão mútua e cooperação em todas as questões. Em Bandung, Nehru e Zhou En Lai ficaram lado a lado para proclamar uma nova Ásia. O discurso de encerramento de Nehru proclamou esse novo "espírito da Ásia hoje". Esta é a Ásia que é "dinâmica; a Ásia é cheia de vida. A Ásia pode cometer erros, e cometeu erros no passado, mas não importa, desde que haja vida nela. Podemos avançar se houver vida, mas se não houver vida, todas as nossas palavras certas, nossas ações corretas não serão válidas e tudo o que alcançamos será perdido" (citado em Kahin, 1956, p. 73). A poesia metafísica de Nehru soava estranho próxima à franqueza prática de Zhou. Quando questionado sobre o expansionismo chinês, Zhou observou: "Estamos prontos para impedir que nosso governo e povo ultrapassem um só passo de nossa fronteira. Se tais coisas acontecerem, gostaríamos de admitir nosso erro" (Kahin, 1956, p. 59).

A República Popular da China tinha fronteiras comuns com muitos países, mas havia disputas de fronteira com quatro deles: Birmânia, Índia, Paquistão e a URSS. Em 1920, o Manifesto Karakhan da URSS repudiou os tratados entre o regime tsarista e o Império Manchu, com a afirmação de que a República Soviética "renuncia a todas as anexações do território chinês, a todas as concessões na China e devolve à China gratuitamente e para sempre tudo o que vorazmente lhe foi tirado pelo governo do tsar e pela burguesia russa" (citado em Maxwell, 1999, p. 282). No final da década de 1950, a URSS rescindiria essa declaração e exigiria o território que havia abdicado anteriormente. A ruptura viria apenas de uma questão territorial. A disputa de fronteira proporcionou uma ocasião para continuar o debate teórico sino-soviético pela via militar. No entanto, e por pelo menos duas décadas, quando a instabilidade assolou a China, a declaração soviética forneceu a janela para um modo alternativo de relações internacionais – onde as vantagens do passado imperial não determinariam o estado das relações entre Estados contíguos no presente.

A iniciativa soviética de 1920 representa um movimento incomum nas relações interestatais, mas não é o único modelo para resoluções de fronteiras pós-coloniais. A China tinha uma fronteira pouco clara com a Birmânia, onde mais de 70 mil milhas na região de Wa permaneceram em disputa até 1956. O conflito se intensificou de tal maneira em 1955 que o Exército birmanês travou um grande confronto com o ELP no estado de Wa, onde os birmaneses estavam, ao mesmo tempo, conduzindo operações contra o Exército do Kuomintang. A confusão na fronteira sino--birmanesa poderia facilmente ter levado à guerra, como aconteceu no setor sino-indiano. Mesmo assim, o primeiro-ministro birmanês e líder em Bandung, U Nu, foi a Beijing, forçou os chineses a sentar-se à mesa e negociou sua abordagem à disputa e à fronteira real. Tanto os birmaneses quanto os chineses rejeitaram as fronteiras britânicas, ao mesmo tempo que consideraram essas linhas mais antigas como guias para seu novo território. A China absorveu algumas aldeias no estado Kachin, enquanto a Birmânia teria controle dos territórios estabelecidos no Tratado de Namwan[2] (Whittam, 1961, p. 174-183; Sola, 1990). Embora o acordo tenha iniciado um processo que terminou em 1960 com uma declaração formal das fronteiras, dentro da Birmânia os povos Kachin se rebelaram no ano seguinte por não terem sido consultados sobre o acordo, e por não desejarem fazer parte da China.[3] Apesar de todo o debate sobre autodeterminação, nem U Nu nem Zhou haviam levado em conta as opiniões daqueles que

---

[2] Os territórios do Tratado de Namwan são uma área de 220 km² que pertencia à China e foi arrendada de "forma perpétua" para a Birmânia britânica em 1897 pela dinastia Qing. Em 1948, a República da China e, mais tarde, a República Popular da China rejeitaram o arrendamento. Após uma série de negociações, em 1960, a China e a Birmânia assinaram o Acordo de Fronteira sino-birmanesa em que esta área seria incorporada à Birmânia, em troca da transferência de Panghung e Panglao para a China. (N. E.)

[3] O trabalho de 1954 do antropólogo Edmund Leach (1954) apresenta um quadro vívido da identidade fluida dos povos kachin.

ambos haviam posto aleatoriamente de um lado ou do outro da nova fronteira internacional. Houve conflito, mas este não ocorreu entre os Estados.[4]

Os valores demonstrados nas negociações sino-birmanesas foram consagrados em Bandung e Belgrado. O oitavo princípio do comunicado de Bandung prometia aos países resolver disputas "por meios pacíficos" nos marcos da ONU (Kahin, 1956, p. 85). Embora esse princípio fosse sacrossanto na retórica e às vezes na prática, não podia ser sustentado em muitos casos. Índia e Paquistão travaram uma guerra de fronteira pela Caxemira antes mesmo que as tropas britânicas tivessem deixado o subcontinente, enquanto o Estado israelense e seus vizinhos árabes entraram em guerra quando o primeiro passou a existir. A República Popular da China ameaçou Formosa com uma invasão, enquanto Argélia e Marrocos (1960), bem como Mauritânia e Mali (1963), foram à guerra por causa das suas várias fronteiras em disputa. As guerras nas fronteiras forneceram uma grande desculpa para o crescimento dos militares em cada um desses Estados de libertação nacional, e mesmo aqueles que não sucumbiram a uma ditadura militar criaram um aparato militar imensamente poderoso que sufocou o lado da justiça social dos orçamentos nacionais. As disputas fronteiriças que resultam, em muitos casos, tanto de uma teoria inadequada de fronteira quanto de linhas traçadas por motivos coloniais forneceram aos militares pós-coloniais o pretexto para sua própria ascensão.

O ELP se fortaleceu na guerra contra a ocupação japonesa, na sua guerra civil contra o Kuomintang – que se estendeu da década de 1930 até a década de 1950 –, e em seu ataque a regiões

---

[4] A partir do final da década de 1960, o Partido Comunista da Birmânia se reuniu no nordeste, contou com o apoio chinês e continuou a perseguir o governo central. Em meados da década de 1980, a ajuda diminuiu. Em 1989, setores do Exército comunista assumiram o controle do Partido e assinaram um cessar-fogo com a junta birmanesa, o Conselho de Estado para Restauração da Lei e da Ordem (Lintner, 1990).

remotas como o Tibete, que continuou até o final da década de 1950. No momento em que o ELP penetrava em suas posições avançadas na linha que dividia a Índia e a China, já possuía melhores equipamentos e muito mais prontidão para a batalha do que o Exército indiano (Whitson e Huang, 1973; Jencks, 1982). Seguindo um dos preceitos de Bandung, o governo indiano tentou reduzir a importância, o tamanho e o compromisso financeiro com o Exército indiano. Em 1958, quando o Exército indiano obteve um aumento no orçamento para modernizar seus equipamentos e aumentar os salários dos soldados, o líder do Congresso, Acharya Kripalani, disse ao parlamento: "Acreditávamos que em uma Índia não violenta a última coisa que o governo pensaria seria um aumento no orçamento militar, mas lamento dizer, e acho que isso perturbaria a alma do pai da nação [Gandhi], que nos últimos anos tenha havido um aumento" (citado em Maxwell, 1970, p. 183).[5] O partido do Congresso de Nehru não gastou divisas internacionais com a importação de armas estrangeiras. As Forças Armadas teriam que se contentar com os resquícios dos britânicos e tudo o que pudesse ser produzido internamente. De 1951 a 1962, o tesouro indiano gastou menos em armas do que o governo britânico anterior ou os governos indianos que se seguiriam à guerra sino-indiana. Apesar da guerra com o Paquistão em 1947-1948, o governo indiano reduziu suas despesas militares para 2% de seu orçamento total e, mesmo com esse valor relativamente baixo, as Forças Armadas relataram economias em relação ao que havia sido designado (os detalhes estão em Thomas, 1986). Após a guerra, o governo indiano não colocaria limites para que suas Forças Armadas viessem a se tornar o maior importador mundial de armas na década de 1990.

---

[5] Em 1953, o historiador B. S. N. Murti apontou que a Índia precisava de um Exército para promover uma "psicologia da paz, mantendo suas Forças Armadas no nível mínimo compatível com seus requisitos básicos de defesa" (Murti, 1953, p. 35).

Por que o ELP invadiu a Índia em 1962? Uma resposta é que a Índia ameaçou invadir a China, e os chineses o fizeram preventivamente. Eles tiveram uma disputa de fronteira renhida, e ambos os lados começaram a invadir o território reivindicado por cada um deles.[6] Nem os chineses nem os indianos decidiram recuar de suas posições, pedir uma arbitragem ou criar uma zona desmilitarizada, que poderia ter vários quilômetros, como uma forma de aliviar as tensões. Ambos os governos potencializaram suas forças, exibiram-nas e criaram uma situação de guerra. Outra maneira de olhar para a guerra de fronteira sino-indiana é vê-la como uma ocorrência comum nos novos Estados pós-coloniais que, no que diz respeito às fronteiras, começaram a adotar uma noção mais "europeia" de nacionalismo do que seu formato anticolonial anterior. A própria ideia de nacionalismo que sustentou os movimentos anticoloniais seria questionada no processo de formação do Estado. Permanecer no nível dos detalhes do conflito sino-indiano de 1950-1962 nos daria informações sobre as razões pelas quais a guerra ocorreu, mas não nos contaria por si só sobre um problema mais amplo para os Estados pós-coloniais: a adoção de uma abordagem mística do nacionalismo alheia aos movimentos anticoloniais.

Os chineses construíram uma estrada no setor Aksai-Chin, reivindicado pela Índia, e justificaram isso não apenas pelo local sempre ter sido parte do Tibete (e, portanto, da China), mas como uma artéria crucial para unir as províncias chinesas do Tibete e de Sinjiang. Aksai-Chin é uma região árida, onde ninguém consegue

---

[6] O absurdo de tudo isso é que nenhum dos dois lados sabia muito sobre a área que disputavam. Os chineses queriam controlar uma área que conheciam como Wu Je, que os indianos chamavam de Barahoti. Em 18 de julho de 1955, os indianos enviaram uma nota aos chineses, dizendo: "Não sabemos a localização exata de Wu Je" (Ministry of External Affairs, 1962, [v. 1], p. 13). Em novembro de 1958, os chineses admitiram que "ainda não haviam feito um levantamento das fronteiras da China" (Ministry of External Affairs, 1962 [v. 3], p. 47).

sobreviver o ano todo. Em 1962, os Exércitos indiano e chinês estavam nos muitos postos de controle que pontilhavam a fronteira não marcada. Conflitos de fronteira em meados da década de 1950 resultaram na perda de algumas vidas, mas mesmo aqueles que não morreram passaram meses a fio nos duros postos avançados de alta altitude, onde poucos pisariam. Quando a neve ficava muito forte, o Exército abandonava o posto e, a cada primavera, voltava a subir para se certificar de que eram eles que recuperariam o local, e não o outro lado. Este jogo insano durou oito anos.

Enquanto isso, o Exército indiano se movimentou para postos avançados na região de Tawang, no nordeste da Índia, para áreas que antes eram reivindicadas pelos tibetanos. Diversas comunidades étnicas, para as quais a fronteira é um inconveniente, povoam a região de Tawang. As nações não têm fronteiras naturais, nem a maioria delas tem fronteiras históricas bem definidas. A tendência de ver montanhas ou rios como limites naturais do ponto de vista da segurança ou da facilidade de delineamento não é universalmente aceita, nem tem raízes antigas em todos os lugares (Wang, 1992; Embree, 1989). Antes que as montanhas pudessem ser escaladas ou os rios pudessem ser atravessados, esses fenômenos geográficos forneceram uma barreira para o movimento, mas uma vez que os humanos aprenderam a superar esses obstáculos, eles deixaram de ser barreiras eficazes. Muitos Estados pré-modernos não apostaram muito no delineamento preciso da fronteira, e as pessoas que viviam nessas regiões se mudavam por causa do comércio e da peregrinação, com uma preocupação mínima com as sutilezas da lógica monárquica. Na verdade, as montanhas do Himalaia que se estendem nas fronteiras entre os atuais Estados da Birmânia, Nepal, Índia, China, Paquistão e Afeganistão são o lar de pessoas que vivem em grandes altitudes, cujas vidas dependem do trânsito pelas passagens nas montanhas em direção às planícies para comércio ou peregrinações religiosas. A fronteira não é do interesse dessas pessoas, porque em muitos casos ela não só prejudica o comércio ou o exercício de suas crenças, mas também divide um grupo linguístico ou uma comunidade étnica. As pessoas que se veem como parte de uma comunidade são afetadas por uma lógica que é contrária à sua própria história.

Em 1913, o governo britânico da Índia enviou dois agrimensores ao nordeste da Índia. Frederick Markham Bailey e Henry T. Morshead viajaram ao longo de uma rota de comércio bastante famosa que logo seria conhecida como a "Trilha Bailey" (Bailey e Morshead, 1914; Bailey, 1957). Bailey e Morshead descobriram que os comerciantes e seus iaques transportavam mercadorias das terras altas do Tibete para as planícies da Birmânia e da Índia, sem nenhuma preocupação com passaportes ou identificação, sem a sensação de que viviam no que já havia se tornado uma região de fronteira em disputa. Quando Christoph von Fürer-Haimendorf visitou a Trilha Bailey em 1944, como oficial especial do Departamento de Relações Exteriores da Índia, ele relatou que o povo da região, os Monpa, tinham uma relação indireta com o Tibete, China ou Índia (Fürer-Haimendorf, 1955). As fronteiras internacionais significavam pouco para eles porque seus ancestrais haviam aberto trilhas que criaram sua própria geografia, sua própria vida cotidiana e mapas espirituais. No cruzamento desta região de fronteira interconectada ficava Tawang, uma cidade dominada por um mosteiro (*gompa*) chamado Galden Namgyal Lhatse, construído entre 1643 e 1647. As circunstâncias do mosteiro iluminam a falta de importância que as fronteiras tinham para a vida das pessoas. Lodre Gyaltso, também conhecido como Merak Lama, permitiu que seu cavalo o levasse para onde quisesse. O cavalo parou e Merak Lama chamou o lugar de Tawang, "escolhido por um cavalo" (Sarkar, 1996). A história imita o *ashwamedha yagya* bramânico, o "sacrifício" de cavalos da antiga Índia védica, no qual um monarca permitia que um cavalo cavalgasse à vontade, e todo o terreno que percorresse seria do monarca. O impulso do cavalo determinou a fronteira dos reis védicos, enquanto o local de descanso do cavalo ao longo da fronteira difusa forneceu a Merak Lama o local para a construção de seu monastério.

Bailey e Morshead eram a equipe avançada de um Estado colonial que tinha uma abordagem clássica sobre a questão das fronteiras. As potências coloniais baseavam suas fronteiras naquilo que eram capazes de conquistar e protegiam essas fronteiras em termos de segurança em vez de qualquer outro princípio. A cartografia do Himalaia pelos britânicos tinha pouco que ver com as necessidades e desejos das pessoas que viviam nas montanhas; tinha tudo a ver com a criação de Estados-tampão para proteger o império britânico na Índia das ameaças dos russos tsaristas e dos chineses manchus. Em 1893, os britânicos criaram a linha Durand, que atravessava as terras natais dos falantes do pashtu para manter o Afeganistão como território de fronteira entre a Rússia e a Índia, assim como, em 1914, os britânicos criaram a Linha McMahon para dividir seus domínios indianos dos chineses (Edney, 1997). A segurança, como os britânicos a entendiam, era a razão principal para a forma como eles pensavam as fronteiras, e frequentemente eles assinavam acordos com outras partes (como o rei Abdul Rahman Khan, no Afeganistão, ou Ivan Chen, da "Ordem dos Chia Ho", e o Dalai Lama, para a fronteira Tibete-Índia), cuja própria legitimidade seria questionada mais tarde. Nos casos Durand e McMahon, os britânicos simplesmente traçaram uma linha que atendia às suas necessidades de segurança e conseguiram que ela fosse ratificada por outras partes que tinham pouca opção a não ser assinar.[7]

---

[7] A África Ocidental é um excelente exemplo de como as artimanhas do colonialismo separaram povos que falam línguas africanas semelhantes, mas que agora estão divididos de acordo com o legado europeu. No século XIV, Sundiata Keita estabeleceu o reino do Mali como sendo desde a costa do Atlântico até a atual Nigéria. Por causa da baixa densidade populacional do continente africano, os Estados tinham um interesse maior no controle do movimento da população do que no controle da terra; a terra permanecia ilimitada, enquanto as pessoas eram poucas (Herbst, 2000). Quando os portugueses chegaram à costa do império, algumas centenas de anos depois, estabeleceram fortes ao longo da costa para facilitar o comércio de mercadorias e, posteriormente, de pessoas (como na atual Guiné-Bissau e no que se tornaria o Cabo Verde). No

Na colônia, a fronteira fornecia segurança. Na Europa, a fronteira oferecia uma divisão entre uma nação e outra. Zonas indistintas entre os países foram redefinidas no século XIX à medida que as nações se tornavam independentes.[8] A tecnologia de fronteira (como o quadrante e o teodolito, bem como a cartografia de fronteira) forneceu os meios para as nações europeias emergentes produzirem mapas e marcadores territoriais bem elaborados

---

final dos anos 1600, os britânicos estabeleceram-se na foz do Rio Gâmbia (alguns estudiosos sugerem que o nome venha de câmbio, a palavra portuguesa para comércio/dinheiro). Em suas disputas com os franceses pela África Ocidental, os britânicos tomaram o rio e suas margens, enquanto os franceses controlaram a área ao redor do rio. O rio se torna a atual Gâmbia, uma fatia de uma nação esculpida na ex-colônia francesa do Senegal. Na Conferência de Berlim de 1885, as potências europeias e os Estados Unidos pactuaram suas respectivas "esferas de influência" no continente, com cada uma dessas potências se apossando de generosas extensões do continente baseadas não tanto no desenvolvimento histórico das regiões e mercados, mas na expectativa de recursos e sua proximidade com as costas (para transbordo). A lógica da história africana seria secundária à lógica do desenvolvimento capitalista nas nações mais pálidas. Quase metade das fronteiras traçadas pelos governantes coloniais no final do século XIX vinham em linhas retas – uma indicação de que a eficiência e a segurança coloniais tiveram um papel maior na criação da fronteira do que qualquer outra lógica (Barbour, 1961). A ação britânica sobre a Gâmbia negou ao Senegal o acesso ao rio que havia sido uma posse colonial britânica e agora é a tábua de salvação da economia baseada na produção de amendoins que o sustenta. Quando os preços do amendoim caíram, nas décadas de 1970 e 1980, os senegaleses e os gambianos começaram a falar em uma confederação, mas o "orgulho nacional" e as bases de poder entrincheiradas os impediram. Detalhes sobre as divisões linguísticas e culturais estão disponíveis em vários ensaios em A. I. Asiwaju (1985), como o de Ade Adefuye, "The Kakwa of Uganda and Sudan" e de Bawuro Barkindo, "The Mandara Astride, the Nigeria-Camaroon Boundary" e de onde obtive a maior parte das informações sobre a Senegâmbia, F. A. Renner, "Ethnic Affinity: Partition and political Integration in Senegambia".

[8] Por séculos, a região entre a Inglaterra e a Escócia era conhecida como "terra de ninguém", a "Terra Disputada" e as "liberdades". *Moss-troopers* e *freebooters* [grupos bandoleiros], clãs como os Armstrongs e Maxwells, disputaram a área fora do âmbito de um Estado estabelecido (MacDonald, 2000). Uma história semelhante pode ser contada sobre a fronteira entre a França e a Espanha (Sahlins, 1989).

para seu imaginário nacional. Essas novas tecnologias atenderam a uma demanda social: remover a nebulosidade da fronteira e unificar uma nação. A construção de fronteiras não era neutra, porque trazia consigo os valores do etnonacionalismo europeu. De meados do século XIX em diante, os Estados-nação europeus emergiram das monarquias e baronatos de épocas anteriores. A ideia que motivou muitos desses Estados-nação foi que eles tinham de conter dentro deles pessoas da mesma etnia ou raça – ou seja, que os franceses e os alemães são divididos não apenas pela língua e costumes, mas pela ancestralidade em seu sangue. Embora o nacionalismo seja de fato um fenômeno moderno, os nacionalistas avivaram suas demandas nacionais com histórias antigas de sua nação e, portanto, viram sua busca não como a produção de uma nação em um Estado, mas como a recuperação de uma nação sob um Estado. A nação sempre esteve lá, esperando que os nacionalistas a consolidassem.[9] A criação da tradição e a caracterização das nações reforçou a afirmação de que um povo, como o inglês ou o francês, tinha um desejo natural e uma necessidade de ser autogovernado (onde o "auto" tinha conotações raciais e não designava simplesmente uma unidade política).[10]

---

[9] A análise de Anthony Smith acredita piamente nas reivindicações dos nacionalistas europeus de unidade étnica como base para a ação política (Smith, 1998).

[10] Eric Hobsbawm está certo ao distinguir entre o nacionalismo "revolucionário-democrático" da Revolução Francesa e movimentos semelhantes do início do século XIX e o nacionalismo etnolinguístico muito posterior (Hobsbawm, 1990). Acredito, entretanto, que apesar do mister dos democratas revolucionários e dos liberais, os Estados que eles criaram com o decorrer do século tinham um elemento distintamente etnolinguístico. A construção da nação, que se seguiu às revoluções dos agitadores, teve uma dinâmica etnonacionalista. Para o período posterior, consultar Eugen Weber (1976). O Estado-nação europeu não teve como objetivo a criação de um Estado etnolinguístico, mas assumiu uma unidade *a priori* entre uma comunidade étnica e seu Estado étnico (o *Staatsvolk*, em alemão). Eu inverti a formulação errônea de Walker Connor, "uma nação é uma nação, é um Estado, é um grupo étnico, é um [...]" (Connor, 1978, p. 382). O problema da minoria étnica que se tornou dramático na Alemanha nazista já tinha suas sementes na ideia de etnona-

Os movimentos anticoloniais estavam cientes dessas raízes duais (de segurança e raciais) para a construção de fronteiras. Muitos deles sentiam grande preocupação com a ligação entre "dignidade nacional" e integridade territorial. Os Estados multinacionais tinham pouca necessidade de sensibilidades chauvinistas sobre onde o Estado começava ou terminava. Dentro do país, a divisão da terra era frequentemente conduzida em linhas que não privilegiavam as divisões raciais ou religiosas; na Índia, por exemplo, os Estados internos foram divididos de acordo com a linguagem (que pode ser aprendida e, portanto, não é derivada ontologicamente) (Karat, 1973). Uma fronteira rígida incomodaria aqueles que viviam na zona que a abrangia e, na maioria dos casos, o clima ou terreno severo na região de fronteira tornava sua fortificação desnecessária e impossível. Quando Soong Ch'ing-ling (Madame Sun Yat-sen) viajou para a Índia em 1956, como vice-presidenta da China, ela garantiu à audiência nacional na Rádio All-India que "amigos podem viver longe uns dos outros, mas a amizade não conhece barreiras" (Ch'ing-ling, 1956, p. 21). No final de 1958, Nehru escreveu a Zhou para deixar de lado o "pequeno problema de fronteira" e se concentrar em questões maiores. Zhou respondeu que a questão fronteiriça menor "não deve afetar o desenvolvimento das relações amigáveis sino-indianas.

---

cionalismo; a maioria dos Estados-nação europeus tinha sua própria versão da "Questão Judaica", entre outros dilemas sobre as minorias. Além disso, as regiões fronteiriças entre as chamadas nações homogêneas tornaram-se locais de disputa não em termos de segurança ou recursos, mas com base na etnia: a disputa franco-alemã sobre a Alsácia-Lorena, a disputa tcheco-alemã sobre os Sudetos e a disputa austro-húngara-italiana sobre a região Trieste-Trentino-Dalmácia são exemplos de grandes dilemas de fronteira. O dilema da fronteira italiana fornece uma categoria importante para análise: o irredentismo. Em 1878, o partido político irredentista surgiu nas terras fronteiriças ao lado do Império Austro-Húngaro para exigir que a Itália reivindicasse sua "terra não resgatada" (*terra irredenta*), para resgatar as fronteiras "nominais" da nação italiana (o movimento que gerou, a Itália Irredenta, empurrou a Itália para a Primeira Guerra Mundial) (Chazan, 1991).

Essa pequena questão pode ser resolvida" (Ministry of External Affairs, 1962, p. 49). As fronteiras eram uma questão pragmática, não de princípios.

Essas ideias nobres sobre internacionalismo e respeito mútuo pela soberania (a base da Panchsheela) não podiam resistir a pressões ideológicas e culturais mais antigas. Na China, o poder daquilo que alguns comunistas chamavam de "chauvinismo Han" ou "grande hanismo" era forte. O relatório político de Liu Shao-chi no oitavo Congresso Nacional do Partido Comunista da China (setembro de 1956) advertiu os dirigentes a não serem vítimas da ideia de que o povo han seria o melhor e que os outros seriam inferiores, de que apenas os han poderiam assumir o comando das comunidades minoritárias (chamadas de "nacionalidades") e fazer seu trabalho por elas.[11] Em julho de 1957, Zhou compareceu ao Congresso Nacional do Povo para advertir os delegados contra o "chauvinismo das grandes nações". "A China é um grande país socialista", disse ele, "então devemos perceber que os países nacionalistas, cujos sistemas sociais são diferentes do nosso, podem ter receios e temores em relação à China". Essas declarações ofereceram uma alternativa ao vírus do chauvinismo e fetichismo territorial que havia se tornado aparente no Tibete e em Formosa.[12]

Se correntes de etnonacionalismo surgiram dentro e ao redor do internacionalismo mais amplo do comunismo chinês, infiltrações semelhantes quebraram as barreiras do internacionalismo secular nehruviano. À medida que a disputa de fronteira se tornava cada vez mais renhida, partidos políticos marginais da direita intransigente definiam os termos do debate. O líder do Partido Swatantra disse ao parlamento indiano que os chineses estavam "sujando nossa pátria mãe com seus dedos cancerosos" (Maxwell,

---

[11] Essa crítica dá continuidade ao consistente argumento desenvolvido em Lui Shao-Chi (1952).

[12] No Tibete, o debate grassou na década de 1950, com Fan Ming, vice-secretário do Comitê de Trabalho do Partido Comunista Chinês no Tibete, liderando a luta contra o chauvinismo han (Shakya, 1999, p. 167).

1970, p. 169).¹³ Quando Zhou visitou Délhi em 1960, Nehru ficou ao lado dele e disse: "Nem um centímetro de solo indiano será cedido para a China". Ao passo que Nehru tinha clareza que a disputa girava em torno de "três quilômetros de território", sua firmeza vinha da necessidade de defender "o prestígio e a dignidade nacionais" (citado em Maxwell, 1970, p. 117).

A redução da dignidade ao território teve dois efeitos importantes. Primeiro, permitiu que o chauvinismo anteriormente subterrâneo desfilasse em público. Na Índia, a direita inexpressiva assumiu o papel principal como defensora não apenas da fronteira, mas também da cultura ancestral da Índia (que seria retratada por essas forças como hindu). Tendências contra minorias étnicas ou religiosas que de outra forma não teriam espaço na vasta expansão da libertação nacional secular inserida na esfera pública, assim como as próprias instituições culturais do Estado, começaram a imaginar a história do Estado em termos etnoculturais, em vez de anti-imperialistas. Dos ricos recursos do passado, os líderes estatais extraíram elementos para criar os símbolos e mitos das novas nações; a moeda carregava esses emblemas, assim como as canções nacionais e os livros de história. O anti-imperialismo permaneceu parte da agenda, mas agora começou a dividir o tablado com uma ideologia que o contradizia: que a *nação* sempre esteve lá, que os movimentos de liberdade apenas a devolveram ao seu devido lugar, e não que a nação foi produzida pelos movimentos de libertação nacional. A guerra encorajou o chauvinismo.

Em segundo lugar, a defesa da fronteira e a conversa sobre uma solução militar para um problema histórico e político teriam

---

[13] As opiniões do líder do Swatantra tinham uma linhagem respeitável na prática nacionalista indiana. Em 1936, Gandhi inaugurou o templo Bharat Mata (Mãe Índia) nos arredores de Varanasi. Em vez de adorar um deus purânico neste templo, as pessoas eram incentivadas a adorar um grande mapa da Índia e suas regiões. O templo em si não é significativo. É um curioso exemplo do que é muito mais comum: a frequente invocação pelo governo da nova nação da ideia de integridade nacional e da santidade da fronteira.

um impacto orçamentário adverso na construção do Estado. Uma instituição militar aprimorada consumiu os orçamentos e descarrilhou a agenda de desenvolvimento social do Estado. O dinheiro gasto com os militares não cria um efeito multiplicador sobre o resto da economia *em termos de desenvolvimento social*.[14] De fato, os gastos militares no Terceiro Mundo distorcem a promessa econômica nacional de reverter a drenagem imperial e criar uma economia nacional cujo incentivo é a equidade social. Em vez disso, o gasto militar drena capital para a produção dos meios de destruição, começa a desperdiçar divisas preciosas na importação de tecnologia militar e destrói a cooperação regional. Uma das principais alavancas para revirar o projeto do Terceiro Mundo é a militarização (Luckham, 1979).

Após a guerra de 1962, o governo indiano aumentou a porcentagem do orçamento dedicado às armas de uma média de 2% (entre 1951 e 1961) para uma média de 4% do Produto Interno Bruto da Índia (um quarto das despesas do governo central). A participação militar nas finanças do Estado elevou a estatura do ministro da Defesa no gabinete[15] e na política estatal. O desenvolvimento social tinha de entrar na fila atrás da segurança (que fora reduzida à defesa militar) nos assuntos de Estado. O estudo do presidente do Banco Mundial, Robert McNamara, sobre os gastos militares nas nações mais escuras descobriu que os Estados

---

[14] Emile Benoit aponta que os gastos militares criam, em países anteriormente colonizados, um ambiente para ajuda externa – mas isso não é o mesmo que gastos militares produzindo crescimento econômico ou desenvolvimento social (Benoit, 1973). Uma versão atualizada desta tese está em Michael J. Mueller e H. Sonmez Atesoglu (1990, p. 19-27). Visto que este artigo usa os Estados Unidos como sua base empírica, a tese é alterada; está mais relacionado ao keynesianismo militar do que ao desenvolvimento militar. Para argumentos úteis sobre o efeito negativo dos gastos militares no mundo anteriormente colonizado, consultar Jürgen Brauer e J. Paul Dunne (2002). Ver também J. Paul Dunne (1996); J. Paul Dunne e Nadir Mohammed (1995, p. 331-343); Malcolm Knight, Norman Loayza e Delano Villaneuva (1996).

[15] Nos países parlamentaristas, um sinônimo para "governo". (N. E.)

quintuplicaram despesas nesta área entre 1960 e 1988; os gastos militares aumentaram duas vezes mais que a taxa de renda *per capita* (McNamara, 1992). À medida que o precioso capital foi para as Forças Armadas, a taxa de poupança nessas sociedades diminuiu, de forma que essas sociedades começaram a ver uma redução drástica nos gastos sociais (educação, saúde e bem-estar infantil) em oposição aos gastos militares (Deger e Smith, 1983, p. 335-353).[16] Além do desvio de capital de investimento, os militares recorreram aos escassos recursos humanos e materiais – as pessoas portavam armas, faziam pesquisas científicas para fins militares e matérias-primas como cromo, cobalto, manganês, aço, urânio e outros materiais semelhantes foram transferidos do uso civil para o militar.[17] Em 1982, a ONU apresentou a difícil escolha de que o mundo poderia "perseguir a corrida armamentista" ou então poderia "mover-se conscientemente e com velocidade deliberada em direção a um desenvolvimento social e econômico mais estável e equilibrado". Mas, a ONU advertiu: "não é possível as duas coisas" (United Nations, 1982, p. 154).[18]

À medida que os Estados do Terceiro Mundo desviavam suas divisas para a importação de armas, desenvolveram relações estreitas com a Otan e o Pacto de Varsóvia. Os principais fabricantes e exportadores de armas vinham do Atlântico ou do bloco soviético, e os Estados do Terceiro Mundo criaram relações especiais para ter acesso a esses produtores. Frequentemente, arranjos militares eram elaborados para permitir a transferência de tecnologia para as

---

[16] As novas nações que mais gastam com a guerra, de acordo com o *Relatório de Desenvolvimento Humano* de 2000, permanecem na parte inferior da tabela para os indicadores de desenvolvimento humano. A ligação entre gastos sociais e militares é feita à exaustão em Ruth Sivard *et al.* (1996).

[17] Sobre os materiais brutos, ver Helge Hveem (1986).

[18] De acordo com o Programa de Desenvolvimento das Nações Unidas, seria necessária apenas uma fração dos gastos militares mundiais, de mais de US$ 800 bilhões, para resolver os problemas de educação (cerca de 0,7% das despesas militares), água e saneamento (1,1%) e saúde básica, bem como nutrição (1,9%).

nações mais escuras. Para reparos e treinamento, conselheiros dos blocos Atlântico e Soviético faziam viagens frequentes ao Terceiro Mundo – até mesmo para Estados que formalmente se comprometeram com o não alinhamento. Em 1973, a União Soviética foi à Assembleia Geral da ONU com a resolução de reduzir os gastos militares globais em 10% e colocar esse dinheiro em um fundo de desenvolvimento social no Terceiro Mundo. Com todas as indicações de que as potências atlânticas vetariam a medida, a Assembleia Geral reescreveu a resolução para pedir ao secretário-geral que estudasse o assunto (Organização das Nações Unidas, 7/12/1973). Os governos mundiais não cooperaram eficazmente e a medida morreu onde começou. Toda tentativa de conter o comércio de armas ou reduzir o vasto aumento do orçamento militar global foi recebida com desdém ou incompreensão – a segurança e a defesa tornaram-se a realidade, enquanto o desenvolvimento social passou a ser visto como idealista.[19]

A guerra sino-indiana de 1962 interrompeu tragicamente a dinâmica do não alinhamento e, portanto, da plataforma política do Terceiro Mundo. Depois disso, a Índia, que assumiu um papel de liderança no grupo da ONU em questões de desarmamento e paz, ficou seriamente comprometida por seu próprio acúmulo

---

[19] Quando a literatura sobre a Guerra Fria escreve sobre o Terceiro Mundo como uma região *passiva* no conflito das superpotências, o que se perde é que com a mesma frequência é o mundo mais escuro que convida as grandes potências para seus próprios dilemas regionais e geopolíticos, que muitas vezes são motivados pelo fracasso *ativo* da agenda regional de libertação nacional. Embora seja geralmente verdade que as soluções regionais frequentemente adotadas pelos países tropicais fracassam, também há muitos casos de esforços bem concebidos que são minados pelo imperialismo. Um exemplo apropriado é a falta de consideração pela Organização de Cooperação de Shangai, formada em 2001 por Rússia, China, Cazaquistão, Tadjiquistão, Quirguistão e Uzbequistão para resolver a "instabilidade do Afeganistão". Aliados dos EUA e o Departamento de Estado dos EUA tentaram minar o processo que deu origem ao grupo de Shangai, principalmente porque isso significaria que os Estados Unidos teriam que ceder o poder na região à Rússia e à China – um resultado impensável para a estratégia de primazia dos Estados Unidos.

de armas. A política externa da China se desviou de Bandung para uma reaproximação com os Estados Unidos e suas alianças impossíveis com regimes ditatoriais. Quando a China iniciou seu novo relacionamento com os Estados Unidos, o governo chinês elogiou a junta militar grega (1972), tomou o lado do Paquistão contra a libertação de Bangladesh (1971), recebeu Nimeiri em Beijing após o massacre de seus comunistas pela ditadura (1971), enviou ajuda emergencial ao governo do Sri Lanka para derrotar a insurreição do partido de esquerda Lanka Samaja, e rapidamente reconheceu o golpe de Pinochet no Chile (expulsou o embaixador chileno na China quando ele se recusou a apoiar Pinochet) (Maitan, 1976 [cap. 13]). A guerra sino-indiana comprometeu a credibilidade da Índia e da China.[20]

---

[20] Se a guerra sino-indiana de 1962 demonstra uma tragédia, a guerra civil nigeriana de 1966-1967 é uma calamidade para o Terceiro Mundo. A expansão militar não ocorreu apenas por motivos de instabilidade transfronteiriça. Quando a ideia de nação começou a se afastar de suas origens de libertação nacional para uma que seria mais familiar no contexto europeu, a comunidade étnica dominante (frequentemente, também a classe dominante ou casta militar) exerceu seu poder sobre as minorias. Quando a Nigéria conquistou sua independência em 1960, encontrou-se unida contra a Grã-Bretanha, mas dividida pelo legado de divisão que havia sido fomentada pelos britânicos. Apesar do caráter multiétnico do país, as diferenças regionais dividem o movimento de libertação nacional. O norte do país, dominado pelos povos hausa, mas também lar de muitos ibo, apoiou o Congresso do Povo da Nigéria, enquanto o sul, principalmente iorubá, se juntou ao Grupo de Ação, e o Conselho Nacional para a Nigéria e os Camarões representou o ibo à oeste. Sem nenhum programa para lidar com as tensões entre as comunidades, o governo recaiu sobre um grupo de coronéis ibo em 1966, cujo mandato partidário em nome dos ibos reprimidos ameaçava a república. Um golpe liderado principalmente por oficiais militares hausa rapidamente levou a um contragolpe, quando o massacre dos ibos no norte do país começou. Enquanto milhares morriam e muitas centenas de milhares começaram a se mudar para a região predominantemente ibo do sudeste da Nigéria, a liderança se separou e proclamou a república independente de Biafra. Mas como Biafra tinha valiosos campos de petróleo e qualquer secessão prejudicaria a república da Nigéria, uma guerra civil estourou. Durante a guerra civil, o Exército se expandiu de meros 10 mil para 250 mil soldados. As receitas do petróleo do resto do país financiaram

Em 1966, o escritor indiano Rahi Masoom Raza publicou seu provocador romance, *Aadha Gaon* [*Metade de uma Vila*]. Passado em Gangauli, uma pequena cidade em Bihar nas margens do Ganges, longe da região da fronteira, a história de Raza leva o leitor ao período em que a divisão do subcontinente significou a migração em massa de hindus para a Índia e de muçulmanos para o Paquistão – 13 milhões de pessoas cruzaram a fronteira e 1 milhão de pessoas morreram no tumulto inevitável quando as duas linhas de migrantes forçados se encontraram (ou então quando as forças políticas de direita começaram um massacre entre si). Bem no interior do que se tornou a Índia, os residentes muçulmanos de Gangauli rejeitam qualquer ideia de que devem se desenraizar e ir para o Paquistão. "Não vou a lugar nenhum", disse Mighdad, "que vão embora aqueles que têm vergonha de seus búfalos. [...] Estou aqui, com meu solo e meus campos" (Raza, 1966, p. 219).[21] Alguns dos residentes de Gangauli pensaram que o Paquistão seria o novo nome de uma parte de sua aldeia, as áreas de maioria muçulmana seriam renomeadas e, se ainda não morassem lá, teriam que se mudar para este Paquistão. Tannu, irmão de Mighdad, luta contra um político que tenta convencer os muçulmanos a se mudarem para o Paquistão. Ele diz ao político que eles terão que "colher a safra do medo", porque introduziram diferenças firmes onde não eram tão marcantes. "Alá está em toda parte", diz ele, corajosamente, "então quão diferente é Gangauli

---

essa expansão e os militares tornaram-se os guardiões da riqueza do petróleo. O petróleo seria usado não para o desenvolvimento social, mas para a feroz máquina de guerra montada pelos generais para manter unido um país feito pela lógica colonial. A indústria militar francesa abastecia o Exército, enquanto o governo francês esperava ganhar uma posição na concessão de petróleo. Um milhão de pessoas morreram e muitas centenas de milhares sofreram com a fome causada pela guerra. A Nigéria absorveu Biafra rapidamente e, mesmo com o fim da guerra civil, o Exército, então o maior da África, não pôde ser desmantelado. Tornou-se um fato da vida, e tanto quanto o Exército indiano, uma criatura medonha (Amadi 1973; Oluleye, 1985; Saro-Wiwa, 1989).

21 Para uma análise detalhada, consultar Ravi Singh (2004).

de Meca". O político fica indignado com essa comparação, o que leva Tannu a esta tréplica: "Gangauli é minha cidade. Meca não é minha cidade. É minha casa, assim como a de Allah Mian é a Kaaba. [...] Coisas construídas sobre a base do medo e do ódio não podem dar certo" (Raza, 1966, p. 254-257). Raza escreveu este romance logo após a guerra da fronteira sino-indiana e enquanto a guerra indo-paquistanesa de 1965 sacudia o subcontinente. A safra do medo foi colhida não apenas na fronteira e nas mortes que tais guerras ocasionaram, mas também nas distorções geradas no tecido social da nação e na agenda econômica do Estado.

Caracas
Petróleo, o excremento do diabo

Em 14 de julho de 1936, a revista *Ahora* publicou um editorial em sua primeira página intitulado "Sembrar el petróleo". No ano anterior, o ditador de longa data da Venezuela, Juan Vicente Gomez, havia morrido. O futuro parecia aberto para o país. Arturo Uslar Pietri, conhecido na cena de Caracas por seu notável romance histórico (*Las lanzas coloradas*, 1931), foi o autor dessa passagem visionária: "Agora, toda a Venezuela é petróleo. Não petróleo semeado e transformado em colheitas e fábricas, como poderia e deveria ter sido; mas petróleo inundando e levando casas, plantas e gado em seu caminho" (citado em Morón, 1963, p. 199). O petróleo, a matéria-prima mais lucrativa encontrada nas nações mais escuras, trazia uma grande promessa. Como ouro preto, tinha a capacidade de financiar os sonhos social-democratas de populações que ficaram em letargia por muito tempo à sombra do império. No entanto, os enormes lucros obtidos com o petróleo não chegaram às massas; os beneficiários foram as petroleiras e a oligarquia.

Como se testando a tese de Uslar Pietri, em dezembro de 1936, os petroleiros dos campos de Maracaibo entraram em greve por melhores diárias, melhores moradias e paridade salarial entre venezuelanos e estrangeiros; o regime aliou-se às empresas petrolíferas para recusar as demandas, enviou a polícia e decretou um aumento medíocre, como uma migalha, do salário diário (Rabe, 1982, p. 49; Betancourt, 1979, p. 56-58). A indústria do petróleo criou um proletariado industrial, mas os números de trabalhadores permaneceram baixos nesta indústria de capital intensivo. Quando os trabalhadores do petróleo fizeram exigências aos seus raivosos proprietários, eles não obtiveram qualquer retorno. A gestão estrangeira (principalmente estadunidense) reciclava preconceitos que não atendiam às aspirações dos trabalhadores. O vice-presidente da Venezuelan Gulf, W. T. Wallace, sentiu que não havia necessidade de cuidar desses trabalhadores porque "a mente nativa" não pode "se adequar ao método de vida aceitável", e se os trabalhadores tentam tornar seu ambiente habitável, isso vem "não de um desejo real de se adequar às práticas americanas, mas de um desejo de tentar obter algo de graça" (citado em Ewell, 1984, p. 64).

Na década de 1950, a produção de petróleo dobrou e, entre 1948 e 1957, a indústria do petróleo gerou receitas de US$ 7 bilhões para o governo. Esse montante era "maior do que todo o total anterior da receita pública desde a colonização do país pela Espanha" (United Nations, 1960, p. 23). Esse dinheiro, mais uma enorme quantidade de capital de investimento estrangeiro, inundou o país. Ele foi destinado ao grande *boom* de construção na cidade de Caracas. As rodovias circundavam o vale, envolvendo prédios de apartamentos em estilo europeu e enormes galerias comerciais (incluindo a filial mais lucrativa do mundo da Sears and Roebuck). O ditador Marcos Pérez Jimenez (1952-1958) direcionou as receitas do petróleo para a reconstrução da Venezuela urbana. Os ricos criaram um paraíso no vale de Caracas, enquanto uma enorme migração começou a se instalar nas encostas. Esses não eram trabalhadores do petróleo, que tendiam a viver em residências das próprias empresas, próximas aos campos de petróleo no oeste do país. Os migrantes vieram em resposta à grande convulsão social na Venezuela, causada em grande parte pelo rápido crescimento econômico impulsionado pelos lucros do petróleo. O Produto Interno Bruto aumentou em intensos 95%, o que estimulou os negócios do setor de construção e as indústrias de serviços para os ricos. De 1950 a 1965, os anos de expansão do petróleo, a proporção de residentes rurais para urbanos cresceu de 48 para 66%. Os exércitos de Pérez Jimenez arrasaram as vilas urbanas improvisadas e construíram vastos conjuntos habitacionais públicos (*superblo-ques*). Quando o ditador foi derrubado, em 1958, seus sucessores abriram estes bairros para aplacar as aspirações dos camponeses sem terra, que inundaram as cidades. Como disse um estudioso: "A pressão era tão concentrada que hoje mais bairros remontam aos primeiros 24 meses após a revolução do que a qualquer outro período" (Ray, 1969, p. 6). Os bairros permaneceram um viveiro de ressentimento político e fermento cultural; de lá viria a energia para a revolução e a inquietação para o trabalho e a reconstrução.

O petróleo prometia salvação. Os poucos países que tinham petróleo suficiente para consumo interno e exportação ganharam quantias significativas de divisas. O petróleo tinha muito mais peso do que o cacau e o café, do que a bauxita e o minério de ferro. Força vital do capitalismo industrial do pós-guerra, o petróleo rendia bem para aqueles que o controlavam. A questão, desde o início, não era tanto o petróleo em si, mas o controle. Quem controlava o petróleo? Quando os inventores descobriram o que fazer com o ouro preto na década de 1850, os principais Estados coloniais (incluindo os Estados Unidos e a Rússia tsarista) rapidamente assumiram como missão tomar o controle desse importante recurso energético. Em 1850, os combustíveis fósseis supriam apenas 6% das necessidades mundiais de energia, enquanto humanos e animais forneciam o resto. Um século depois, a energia humana e animal havia caído para 6%, enquanto o uso de combustíveis fósseis respondia pelo restante. Em 1950, as principais corporações de energia se organizaram em sete conglomerados conhecidos como as Sete Irmãs: Exxon (ou Esso), Shell, BP, Golfo, Texaco, Mobil e Socal (ou Chevron).[1] Apesar de o petróleo ser um produto lucrativo, em seu estado bruto nada mais é do que uma matéria-prima. Remover o petróleo do solo exige um imenso desembolso de capital, tanto para exploração quanto para extração. Este investimento inicial de capital é a

---

[1] Para uma excelente introdução, ver Anthony Sampson (1975).

mão das Sete Irmãs que afaga e fere. Elas vieram para as terras petrolíferas nos primeiros anos e estabeleceram "concessões" para si próprias. Seus destinos estavam interligados. Em uma zona, a Exxon seria a principal parceira, e em outra a BP – elas operavam como um cartel e dominavam o fornecimento de petróleo bruto. As empresas não apenas controlavam o fornecimento de petróleo, mas também controlavam o transporte, o refinamento e a venda de petróleo em suas várias formas. Essas sete empresas, em 1950, controlavam 85% da produção de petróleo bruto no mundo fora do Canadá, China, URSS e Estados Unidos, e essas empresas agiam juntas como um cartel de empresas privadas para garantir os melhores preços do petróleo bruto e para controlar todo o mercado de petróleo.

Os regimes que governavam as terras petrolíferas poderiam ter usado o aluguel pago pelas empresas petrolíferas para aumentar o salário social – para expandir a educação pública, saúde, transporte e outras vias importantes para o progresso geral do povo. Em vez disso, a renda do petróleo foi para a expansão do consumo de luxo para a elite burocrático-gerencial ou monárquica – a oligarquia na Venezuela ou o clã Ibn Saud na Arábia Saudita – e para azeitar a máquina militar (a guerra do petróleo da Bolívia-Paraguai, 1932-1935, foi uma prévia da guerra civil nigeriana de 1967-1970).[2] Em 1966, os trabalhadores do petróleo em Lagunillas, Venezuela, refletiram que "o petróleo veio e se foi para nós daqui. Teria sido melhor para nós se essas máquinas nunca tivessem vindo" (Galeano, 1973, p. 184). Os lucros do petróleo não foram para o desenvolvimento social – um fracasso que corroeu a confiança da burguesia local em sua própria capacidade. O editorial de Uslar Pietri em 1936 refletia essa ansiedade e raiva, essa sensação de que,

---

[2] Nos Estados do Golfo, como a Arábia Saudita e vários outros emirados, os regimes não contrataram seus próprios habitantes para a indústria do petróleo, mas importaram trabalhadores temporários sem direitos políticos (Shah, 1995, p. 1.000-1.022; Longva, 1997).

apesar do petróleo e de suas receitas, o governo venezuelano não foi capaz de estender a mão aos aflitos.

Só em 1957, as Sete Irmãs ganharam US$ 828 milhões na Venezuela, cujo regime lhes permitia remeter todos os seus lucros ao exterior sem restrições. Como observou um banqueiro dos EUA: "Você tem a liberdade aqui para fazer o que quiser com seu dinheiro e, para mim, isso vale toda a liberdade política do mundo" (Rabe, 1982, p. 129). Os Estados Unidos apoiaram a junta que chegou ao poder na década de 1940, cujo objetivo era manter boas relações com o cartel do petróleo, em vez de buscar políticas de desenvolvimento social. Em 1950, o Departamento de Estado dos EUA observou que "todas as políticas dos Estados Unidos em relação à Venezuela são afetadas em maior ou menor grau pelo objetivo de garantir um suprimento adequado de petróleo para os Estados Unidos, especialmente em tempos de guerra" (citado em Rabe, 1982, p. 120). A riqueza do petróleo não foi, portanto, reinvestida para o desenvolvimento geral do país. A junta reverteu as reformas agrárias da década anterior, vendeu as terras para especuladores privados e levou a Venezuela a se tornar um importador líquido de grãos alimentícios (Powell, 1971, p. 87-94). No início da década de 1950, a Creole Petroleum (subsidiária da Exxon) fez uma pesquisa que confirmou seus piores temores: a maioria dos venezuelanos apoiava a nacionalização da indústria do petróleo (Rabe, 1982, p. 123). Até a junta teve que se preocupar com a queda dos preços do petróleo, pois essa era a principal fonte de suas receitas. Ela enviou uma delegação à Arábia Saudita e ao Irã para ver se as principais terras petrolíferas poderiam chegar a algum acordo sobre preços, mas eles não fizeram qualquer concessão. Os sauditas tinham uma rixa política com a Venezuela: esta última havia apoiado a criação de Israel.

Em 1958, o novo governo relativamente progressista liderado pela Ação Democrática (AD) manifestou interesse em recuperar uma parcela maior dos lucros do petróleo, até então absorvidos pelas Sete Irmãs. A Venezuela conseguiu aumentar sua participação no mercado mundial de petróleo por motivos insólitos. O México costumava ser um grande fornecedor mundial de petróleo (25%). Após a Revolução Mexicana (1911), o novo regime tentou controlar melhor os lucros do petróleo. As duas principais empresas, a Standard Oil, com sede nos EUA, e a Mexican Eagle, com sede na Grã-Bretanha, foram cautelosas com os ruídos nacionalistas na Cidade do México. Em 1934, após duas décadas de luta, o general que outrora protegera a região petrolífera, Lázaro Cárdenas, tornou-se presidente. Um oficial britânico compreendeu sua linha política, mas admirou sua probidade: "Suas inclinações à esquerda fazem dele o bicho-papão do capitalismo, mas, no todo, é lamentável que não haja mais homens de seu calibre na vida mexicana" (Yergin, 1991, p. 274-275). A Depressão, a superprodução de petróleo e o estrangulamento das Sete Irmãs levaram a uma queda nas receitas de países como o México. Em 1937, os trabalhadores da indústria de petróleo mexicana ameaçaram fazer greve contra suas condições de trabalho e de vida, bem como contra o declínio de seus salários. Cárdenas nomeou uma comissão para estudar a situação, e a comissão informou que os salários e as condições de trabalho precisavam ser melhorados, que gerentes e técnicos mexicanos teriam que substituir os estrangeiros e que as companhias petrolíferas haviam enganado o país. Em 1938, Cárdenas nacionalizou a indústria do petróleo.

Em retaliação, as Sete Irmãs boicotaram a compra de petróleo mexicano e a nova empresa nacional de petróleo, Pemex, fracassou. O então embaixador dos EUA, S. Josephus Daniels, previu que os mexicanos "se afogariam em seu próprio petróleo" (citado em Sampson, 1975, p. 85). As Sete Irmãs mudaram seu foco do México para a Venezuela. Sendo um cartel, elas se aliaram em seu ataque político ao México, enviaram uma mensagem às terras petrolíferas de que se opunham à nacionalização dos campos de petróleo e mudaram-se para outro local onde receberam tratamento mais vantajoso. Devido a essa mudança, a produção venezuelana de petróleo aumentou dramaticamente de 1943 em diante, de modo que, em 1957, o país sul-americano produzia um bilhão de barris de petróleo.

O regime da AD reavaliou a posição da Venezuela. O governo poderia taxar os lucros do petróleo. Antes dele seguir nessa direção, as Sete Irmãs reduziram o preço do petróleo. Elas enfrentaram a concorrência da venda de petróleo excedente pela URSS no mercado aberto, bem como a entrada de novas companhias petrolíferas fora do cartel (da Itália e do Japão). As Sete Irmãs também tiveram que lidar com as cotas dos EUA na importação de petróleo para estimular a produção nacional. Apesar de começarem a perder seu controle sobre o mercado de petróleo, o declínio ainda as deixou com mais de 72% de todo o mercado em 1960 (Penrose, 1968). Para mostrar sua força, as Sete Irmãs reduziram o preço do petróleo duas vezes entre fevereiro de 1959 e agosto de 1960 – elas poderiam distribuir suas perdas por barril capturando mais do volume de vendas, enquanto os impostos pagos às terras petrolíferas com base no preço do barril anunciado diminuíram imediatamente. O choque sofrido pelos regimes das terras petrolíferas levou muitos deles a reconsiderar a forma da economia internacional.

No final da década de 1940, Raul Prebisch queixou-se dos baixos preços obtidos pelos produtores de matéria-prima porque os cartéis privados controlavam os preços internacionais.[3] Inde-

---

3   Prebisch não estava sozinho. Em uma nota de 1942 sobre "O controle internacional de matérias-primas", John Maynard Keynes deplorou as "terríveis flutuações de preços que aprendemos a aceitar como normais". Em vez de permitir que isso continuasse, Keynes propôs um Programa Internacional de Controle de *mercadoria* para criar estoques reguladores e defender preços razoáveis. Esses preços deveriam ser tais que "proporcionem aos produtores um padrão de vida que esteja em relação razoável com o padrão geral dos países em que vive a maioria deles. É do interesse de todos os produtores que o preço de uma *mercadoria* não deve ser diminuído abaixo desse nível, e os consumidores não têm o direito de esperar que isso aconteça. O desejo de manter padrões de vida mais adequados para os produtores primários tem sido a mola mestra do movimento em direção a esquemas de regulamentação de *mercadoria* nos últimos anos, e eles podem ainda permanecer necessários para este propósito" (Keynes, 1980, p. 27-113).

pendentemente de a safra ser cacau, açúcar, borracha ou petróleo, a estrutura do cartel de bens primários não diferia muito. A Cepal e a Organização Afro-Asiática para Cooperação Econômica realizaram debates sobre a criação de cartéis públicos de bens primários como base de poder contra os cartéis corporativos privados. Eles queriam que os cartéis públicos conseguissem uma estabilização de preços para beneficiar os produtores de matérias-primas. O declínio do preço das matérias-primas ao longo do tempo significava que o Terceiro Mundo nunca seria capaz de ganhar o suficiente com a venda de matérias-primas para efetuar um desenvolvimento social significativo e um crescimento industrial. Muitos dos antigos Estados coloniais enfrentavam um problema: ou foram separados como produtores de uma única mercadoria ou então se desenvolveram como países com um único cultivar. Sem diversificação econômica, esses Estados também tinham menos poder do que o cartel corporativo privado. Eles tinham apenas um cultivar e, a menos que outros países que produziam o mesmo cultivar se unissem, eles tinham que aceitar quaisquer termos que o cartel corporativo privado oferecesse. Não poderia haver barganha e os preços permaneceriam abissalmente baixos.

Por causa do baixo nível de capital disponível nas nações mais escuras, os regimes tentaram fortalecer o único processo econômico que já havia sido aperfeiçoado: a cultura colonial. Os regimes do Terceiro Mundo dependiam do cultivar colonial único. Eles também tinham pouco capital para refinar e processar o cultivar para agregar algum valor antes da exportação. Em outras palavras, a matéria-prima frequentemente saía das antigas ferrovias e portos coloniais em sua forma mais bruta possível, e trazia um retorno medíocre à ex-colônia. A dependência de um cultivar único ou matéria-prima extraível (ou dois cultivares e bens extraídos) significava que o Estado de libertação nacional não poderia ser muito conflituoso com o único que compraria a mercadoria e a levaria aos lucrativos mercados do Primeiro Mundo. Como disse Nasser, do Egito, "os árabes sabem que seu petróleo precisa ir para o consumidor antes de ter qualquer valor" (citado em Citino, 2002, p. 153). Por fim, o baixo nível de capital no arsenal das nações mais escuras significava que elas davam condições "razoáveis" aos conglomerados transnacionais que trabalhavam no cartel privado e tinham fundos para explorar e escavar, cultivar e transportar. As concessões dadas a esses conglomerados significavam que o regime frequentemente perdia o controle sobre a produção e só seria capaz de restringir os gigantes por meio de licenças, aumento de impostos e outras irritações menores. A ampla soberania sobre os recursos e a força de trabalho há muito estava hipotecada para a injeção de capital, tão necessária na paisagem em ruínas das antigas colônias.

Em 1980, dos 115 "países em desenvolvimento", de acordo com a Unctad, pelo menos metade continuava dependente de uma mercadoria para mais de 50% de suas receitas de exportação. A maior parte desses países passou a depender das exportações de petróleo (United Nations, 1984 [tabela 4.3 D]).

A mercadoria mais comum na lista a seguir é o petróleo, embora na década de 1950 muitas dessas nações ainda não tivessem produzido petróleo às taxas que o fariam na década de 1980. Fazia sentido, então, que quando as Sete Irmãs brincavam com os preços no final da década de 1950, os regimes nas terras do petróleo tivessem de reagir. Se eles não fizessem nenhum movimento para desafiar as Sete Irmãs, seu sustento desapareceria.

Mais de 90%	Mais de 80%	Mais de 70%	Mais de 60%	Mais de 50%
Líbia (petróleo)	Trinidad e Tobago (petróleo)	Níger (urânio)	Ilhas Maurício (açúcar)	Etiópia (café)
Iraque (petróleo)	Gabão (petróleo)	Burundi (café)	México (petróleo)	Cuba (açúcar)
Nigéria (petróleo)	Mauritânia (petróleo)	Chade (algodão)	Egito (petróleo)	El Salvador (café)
Arábia Saudita (petróleo)	Irã (petróleo)	Fiji (açúcar)	Libéria (minério de ferro)	Cabo Verde (peixes)

Uganda (café)	Síria (petróleo)	Vanuatu (Óleos vegetais)	Seychelles (óleos vegetais)	Rep. Domincana (açúcar)	
Venezuela (petróleo)	Kuwait (petróleo)	Angola (petróleo)	Equador (petróleo)	Tunísia (petróleo)	
Catar (petróleo)	Tuvalu (óleos vegetais)	Ruanda (café)	Indonésia (petróleo)	Gana (cacau)	
Emirados Árabes Unidos (petróleo)	Zâmbia (cobre)	Congo (petróleo)	Suriname (alumínio)	Mali (cacau)	
Argélia (petróleo)	Maldivas (peixes)	Somália (animais)	Jamaica (alumínio)	Togo (fertilizante bruto)	
Bahrain (petróleo)	–	–	Brunei (petróleo)	–	
Iêmen (petróleo)	–	–	–	–	

Fonte: UNCTAD, *Handbook of International Trade and Development Statistics* (Geneva: United Nations, 1984), tabela 4.3D. Percentual que o principal produto ocupa nas receitas oriundas da exportação.

Em abril de 1959, o Egito de Nasser e a Liga Árabe sediaram o Primeiro Congresso Árabe do Petróleo, um encontro com a presença de representantes das nações árabes (exceto do Iraque, cujo líder, Qasim, teve um desacordo com Nasser), Venezuela e o Irã. O congresso se reuniu exatamente quando as Sete Irmãs reduziram o preço estabelecido para o petróleo do Oriente Médio. O representante da Venezuela, Juan Pablo Pérez Alfonzo, era um experiente político da AD. Pérez Alfonzo deixou sua marca política em 1943, durante um debate na Venezuela sobre as concessões de petróleo desfrutadas pelas Sete Irmãs. Ao mesmo tempo que o governo ganhou o direito de tributar os lucros do petróleo, também renovou as concessões das Sete Irmãs por mais 40 anos. Pérez Alfonzo e seus colegas da AD consideraram a Lei de Hidrocarbonetos uma traição. Em 1958, Pérez Alfonzo passou a integrar o governo da AD como ministro das Minas e Hidrocarbonetos. Ele liderou a acusação contra as Sete Irmãs, rendeu ao governo 60% das receitas do petróleo e estabeleceu a noção de que a Venezuela tinha soberania sobre seu subsolo, de modo que toda a indústria do petróleo era de utilidade pública

(Movimiento Politico Ruptura, 1977, p. 302-303). Em sua partida de Caracas para o Cairo, Pérez Alfonzo observou: "Nós, produtores, devemos tentar encontrar meios de colaborar para evitar a fixação arbitrária de preços" (citado em Terzian, 1985, p. 24). Pérez Alfonzo, que se recusava a viajar de carro ou usar luzes à noite, tinha uma noção mística das reservas de petróleo da Venezuela: o petróleo, que tinha um valor intrínseco, havia sido dado ao povo para a posteridade, e era dever dos guardiões do Estado garantir sua longevidade (essa é a tese em Alfonzo, 1971).[4] Suas atitudes e práticas pessoais em relação ao petróleo não vinham apenas de um motivo ecológico, mas principalmente de um nacionalista. As reservas tinham que ser guardadas para o futuro, não para si próprios. Por causa desse argumento idiossincrático, e por ser um seguidor próximo da teoria de Prebisch dos cartéis públicos de bens primários, Pérez Alfonzo tentou maximizar a vantagem momentânea dada à Venezuela pelas Sete Irmãs.

No Cairo, os produtores não fizeram nenhum grande progresso no controle de preços porque tudo o que estabeleceram foi um acordo informal para defender o preço do petróleo.[5] Franck Hendryk, conselheiro jurídico do governo saudita, apresentou um documento no congresso no qual argumentou que "uma nação produtora de petróleo, pela lei das nações civilizadas, pode claramente, em um caso adequado, modificar ou eliminar as disposições de concessões de petróleo que se tornaram substancialmente contrárias aos melhores interesses de seus cidadãos" (citado em Citino, 2002, p. 25). Essa declaração inflamada chocou os delegados, principalmente porque veio com as bênçãos do ministro do Petróleo saudita, 'Abdullah al-Tariqi. Devoto de Nasser, Tariqi era um plebeu que estudou engenharia nos Estados Unidos antes de retornar à Arábia Saudita. Com a brecha fornecida pelos elementos

---

[4] Para detalhes de sua vida, ver Eduardo Mayobre (2005).
[5] Para informações básicas sobre os congressos, consultar os três números anuais do Arab Petroleum Congress (1959-1961).

mais radicais da família real saudita (que eram conhecidos como os "Príncipes Livres"), Tariqi articulou uma agenda progressista para os lucros do petróleo saudita. Ele irritou a Arab American Oil Company (Aramco) com suas críticas ao controle econômico e político da Arábia Saudita e pressionou a monarquia com suas declarações sobre a necessidade de mais democracia na península ("Em breve, teremos uma Constituição", disse ele em abril de 1958, "este país em breve se tornará uma monarquia constitucional"). Não foi à toa que ele ficou conhecido como o "Xeique Vermelho" (citado em Terzian, 1985, p. 88-89; Duguid, 1970, p. 195-220).

O Xeique Vermelho se reuniu secretamente com Pérez Alfonzo para redigir um acordo paralelo à conferência, que mais tarde seria conhecido como Pacto de Maadi.[6] Embora o pacto não tivesse nenhuma resolução com caráter vinculante, ele criou a Comissão Consultiva do Petróleo, que se comprometeu a reunir-se anualmente e impulsionar um plano de cinco pontos: estabilizar os preços, integrar as operações da indústria para que as petrolíferas não se mudassem entre as terras petrolíferas, iniciar o refinamento de derivados de petróleo nas próprias nações mais escuras, estabelecer empresas nacionais de petróleo "que operariam lado a lado com empresas privadas existentes" e coordenar "a conservação, produção e exploração do petróleo" (Terzian, 1985, p. 27-28).[7] O Xeique e Pérez Alfonso não fizeram nenhum acordo formal, mas criaram a base do que se tornou o cartel dos produtores de petróleo.

A Exxon incitou os nacionalistas com outra redução de preço (desta vez, em 7% do preço estabelecido em mercado). Quando os produtores de petróleo se reuniram em Bagdá, em setembro de 1960, um mês após a redução, eles vieram com um propósito: formar um cartel público de produtores de petróleo. Após uma

---

[6] A relação especial entre os dois é muito bem elaborada em Abdullah Taraki (1983); *Academia Nacional de Ciencias Económicas* [Venezuela] (1990). Os dois homens foram apresentados pela dinâmica correspondente da *Petroleum Week*, Wanda Jablonski, em um pequeno iate clube nos subúrbios do Cairo.

[7] Ver também Abbas Alnasrawi (1991).

semana de deliberação, o grupo criou a Opep. Os cinco membros fundadores controlavam nominalmente – ou pelo menos produziam – 82% das exportações mundiais de petróleo bruto: Venezuela (30%), Kuwait (18%), Arábia Saudita (14%), Iraque (10%) e Irã (10%). A declaração de Pérez Alfonzo na abertura do evento lembrou aos delegados que o petróleo é "um recurso esgotável e não renovável", que "as reservas mundiais de petróleo bruto não continuariam a se expandir para sempre" e que, portanto, "nossos povos não podem deixar escapar, a uma taxa acelerada, sua única possibilidade para passar sem demora da pobreza ao bem-estar, da ignorância à cultura, da instabilidade e do medo à segurança e confiança" (citado em Terzian, 1985, p. 54). A exportação da única matéria-prima lucrativa nessas terras tinha de fornecer a base para o desenvolvimento e, se as lideranças dessas nações desperdiçassem essa oportunidade, ela estaria perdida para sempre. Os delegados receberam uma tarefa incrível de Pérez Alfonzo. Os delegados nasseritas presentes na sala já haviam lido algo assustadoramente semelhante na obra escrita por seu presidente, *The Philosophy of the Revolution* (1954), onde ele havia colocado o petróleo como um dos três pilares do socialismo árabe – sua riqueza ajudaria a nação a se consolidar. O petróleo, escreveu Nasser, era o "nervo vital da civilização, sem o qual todos os seus meios não podem existir" (Nasser, 1960, p. 61). Se os produtores de petróleo pudessem controlar as reservas, a Exxon não seria capaz de derrubar os preços e desperdiçar o capital necessário para a libertação das nações mais escuras.

A retórica altiva em torno da reunião de Bagdá produziu uma agenda escassa para o cartel público de bens primários. A primeira resolução da organização criticava severamente as Sete Irmãs por seu domínio da indústria e convocava os membros da Opep a "exigir que as empresas petrolíferas mantivessem seus preços estáveis e livres de qualquer flutuação desnecessária" (para todos os documentos públicos relevantes, ver Opec, 1990). Se a Opep não fizesse mais nada, teria ao menos sido capaz de evitar uma redução no preço do petróleo. Os exportadores de petróleo racionalizaram suas leis tributárias e resolveram todos os tipos de inconsistências sobre se os *royalties* deveriam ser incluídos nos lucros para tributação ou se a concessão deveria ser um pagamento direto. As Sete Irmãs recusaram-se a permitir que a concessão fosse um encargo adicional, porque queriam que fosse considerado um custo e não um crédito, ou seja, que fosse um adiantamento a ser deduzido do imposto geral. A Opep cedeu às Sete Irmãs neste ponto crucial, embora esta fosse uma questão levantada repetidamente nos fóruns da Opep (muitas vezes pelos elementos mais radicais dentro da organização). Quaisquer que sejam as limitações imediatas da Opep, doravante as Sete Irmãs e os países importadores de petróleo tiveram que reconhecer seu lugar nas discussões sobre o preço (e, portanto, sobre os totais de produção). Pérez Alfonzo deixou Bagdá otimista, declarando: "O espírito que animou nossas discussões é mais importante do que os resultados alcançados" (citado em Terzian, 1985, p. 54). Os principais jornais financeiros do mundo ignoraram a fundação da Opep, tratando-a como mais uma daquelas intermináveis conferências do Terceiro Mundo que não teriam valor no longo prazo.

A bravura da Opep – a ideia de que as nações mais escuras poderiam produzir um cartel para seus bens primários mais valiosos para garantir um preço decente – impactou o Terceiro Mundo. Vários fóruns políticos do Terceiro Mundo agora tentavam implementar uma agenda semelhante à da Opep, com vistas a criar vários cartéis públicos para as matérias-primas baratas, compradas em um mercado criado pelos cartéis transnacionais privados localizados principalmente no Primeiro Mundo (ou então, a preços estabelecidos por membros do Conselho de Assistência Econômica Mútua). Na reunião do MNA em Belgrado (1961), a questão foi discutida, e nos corredores da Unctad (de 1964), economistas e políticos redigiram e reformularam declarações e acordos sobre Programas Integrados de Bens Primários. A questão era: como criar um cartel para uma mercadoria não tão obviamente preciosa quanto o petróleo? Prebisch, na Unctad, defendia ardorosamente o cacau, enquanto outros criaram plataformas como o Conselho Intergovernamental dos Países Exportadores de Cobre e a Associação Internacional de Bauxita. Nenhum deles teve o impacto da Opep, e todos vacilaram na criação dos mecanismos para garantir preços e oferta estáveis. Quando se tratou da criação de um estoque regulador da mercadoria em questão, a Unctad não tinha fundos para comprar quantidades suficientes para regular o preço e garantir a estabilidade (Behrman, 1978). Uma grande decepção nesse processo foi o fato de os países da Opep não utilizarem seus enormes lucros oriundos do petróleo para a criação de tal fundo para ajudar a estabilizar outros bens primários (Prebisch, 1985). Não só as potências na Opep se recusaram a contribuir para um fundo global para estabilizar os preços das matérias-primas, como também tiveram um histórico ruim em suas contribuições de ajuda aos seus vizinhos e ao Terceiro Mundo em geral (apenas 6% de seus grandes lucros) (Ymadi, 1984; Shihata, 1982). Apesar de suas origens políticas, a Opep tornou-se apenas um cartel econômico, ao lutar para defender os preços do petróleo e pouco mais que isso. Certamente, a Opep desempenhou um papel enorme no aumento do preço do barril de petróleo (de US$ 3, em 1973, para US$ 36, em 1981), mas na reunião de Viena de 1999 as principais decisões foram tomadas muito antes de as potências se reunirem para uma formalidade de três horas que apenas ratificou as resoluções já elaboradas. A Opep agora é uma instituição vazia, com um nome de um leão.

Apesar da movimentação da Opep contra a ordem mundial internacional, os países exportadores de petróleo permaneceram relativamente impotentes, principalmente porque não destronaram as Sete Irmãs. Na verdade, a colaboração entre as Sete Irmãs e a Opep impediu o crescimento de empresas petrolíferas independentes no mercado mundial (como a Companhia Petrolífera Estatal Italiana, chefiada pelo combativo Enrico Mattei, e também o ministério estatal russo do Petróleo, Minnefteprom, assim como as empresas familiares com sede nos EUA, como a Getty e Hunt). Essas empresas poderiam ter ajudado a quebrar a asfixia do mercado pelas Sete Irmãs. O cartel público do petróleo trabalhou com o cartel privado para fechar o mercado. As Sete Irmãs se beneficiaram da Opep, assim como fizeram tudo o que estava ao seu alcance para miná-la. Por exemplo, eles começaram a explorar outras fontes de petróleo em lugares como o Norte da África e ao largo da costa do Atlântico para aumentar o abastecimento e reduzir o poder de barganha da Opep. Quando a oportunidade se apresentou, as Sete Irmãs negociaram com países individualmente e ofereceram-lhes acordos para contornar os tetos de preços da Opep. O presidente dos Estados Unidos, Eisenhower, entendeu claramente isso: "Os países do Oriente Médio na nova organização estavam preocupados que alguém pudesse desmantelar a organização oferecendo cinco centavos a mais por barril pelo petróleo de um dos países" (citado em Citino, 2002, p. 155). Isso aconteceu várias vezes no início da história da Opep.[8]

Uma abordagem que as nações do Terceiro Mundo adotaram em relação aos cartéis concessionários, como o das Sete Irmãs, foi nacionalizar a propriedade dos campos de petróleo, das plantações ou mesmo das refinarias – todas as instalações físicas da indústria que haviam sido arrendadas pelo Estado ou então que funcionavam dentro da autoridade do Estado. Nacionalizar esses ativos interrompeu o poder das Sete Irmãs e de outros cartéis privados, mas não derrubou seu poder planetário avassalador. De fato, a imensa pressão política sobre as terras petrolíferas para nacionalizar os ativos tornou tal movimento inevitável, de modo que, em pelo menos dois casos (Arábia Saudita e Kuwait),

---

[8] Por exemplo, quando as Sete Irmãs deram aos iranianos e sauditas uma redução de preço em 1964, ou quando os Estados Unidos reduziram sua cota de importação para beneficiar a Venezuela em 1967. Em 1960, logo após a criação da Opep, Tariqi esperava que a Opep impedisse "o *dumping* ou guerras de preços que poderiam resultar em um desastre para os países exportadores". Foi exatamente isso o que aconteceu (Rabe, 1982, p. 160).

as Sete Irmãs "voluntariamente" se retiraram da propriedade dos campos. A nacionalização dos campos de petróleo transferiu o poder local do cartel para a burguesia doméstica, que controlava ou tinha poder substancial sobre o Estado gerencial. Por exemplo, quando a Venezuela agiu contra as Sete Irmãs na década de 1960, um comentarista descreveu a transferência de poder desta forma:

> Um aparato de planejamento e complexos de indústria pesada estatais (uma usina siderúrgica e indústria de alumínio na província de Guayana; complexos petroquímicos no noroeste) foram estabelecidos. Isso expandiu e fortaleceu ainda mais a posição da burocracia como uma força social independente. Mas isso não deu a ela o controle do processo de desenvolvimento econômico como um todo. (Hein, 1980, p. 241-242)

O Estado venezuelano e a burguesia doméstica assumiram a extração do petróleo, mas não controlavam o processo. Eles ainda tiveram que cooperar com as Sete Irmãs, que continuaram a exercer enorme pressão sobre a indústria do petróleo. Em suma, a nacionalização de ativos econômicos de empresas transnacionais replicou os problemas da independência política do colonialismo; foi um avanço, mas criou uma ilusão de liberdade. As Sete Irmãs transferiram os fardos da extração para o Estado, enquanto continuavam a gozar dos frutos da indústria. Além disso, o novo poder do Estado sobre os campos e sua capacidade de negociar os preços e impostos com as Sete Irmãs o levaram a negociar em dois lados do ciclo das mercadorias: com os petroleiros, por salários mais baixos, e com as Sete Irmãs, por preços mais altos. Aumentar a receita das exportações e aumentar os cofres do Estado não pressagiava em si uma estratégia de geração de equidade.

Se os cartéis públicos e a estratégia de nacionalização de ativos nem sempre beneficiaram a classe trabalhadora tropical, deve-se dizer que a estratégia também não beneficiou os países que não tinham acesso aos produtos primários mais caros. Quando a Opep mantinha seu preço do petróleo, as nações mais escuras sem petróleo tinham uma conta de importação muito mais alta para a única fonte de energia que se tornou indispensável para o capitalismo contemporâneo. Embora os membros radicais da Opep, como a Líbia no início da década de 1970, exigissem preços diferenciados para as várias nações do mundo, a visão estritamente econômica da Opep excluía qualquer arranjo político desse tipo. A única vez que a Opep se entregou abertamente a uma batalha política foi pela defesa da Palestina, mas mesmo aqui não se pôde contar com a unidade árabe.[9] Em geral, os cartéis de bens primários nem sempre ajudaram o Terceiro Mundo ou prejudicaram os Estados industriais avançados: os primeiros frequentemente dominam a produção de certos bens primários, como *commodities* agrícolas cultivadas em fazendas industriais por megacorporações, enquanto os últimos frequentemente produzem bens manufaturados. Os altos preços do petróleo prejudicam os Estados do Terceiro Mundo que não têm reservas domésticas de petróleo, assim como qualquer cartel só ajudaria aqueles que têm a mercadoria protegida por ele, e não os outros. Embora a abordagem do cartel certamente encorajasse os Estados, não havia uma estratégia política geral para construir poder na totalidade do Terceiro Mundo.

A mais ousada demonstração de unidade da Opep foi durante o embargo de 1973. Uma derrota de Israel para os Exércitos árabes, em 1967, fortaleceu uma espécie de enfraquecida unidade árabe, enquanto o xá iraniano teve um incentivo doméstico para aumentar e modernizar suas forças militares e policiais com receitas do petróleo. O governo venezuelano, agora sob o comando dos conservadores, há muito desejava um aumento nas receitas

---

[9] Em 1972, o principal porta-voz do governo egípcio, Mohammed Heikal, disse que diante da relação confortável entre Israel e os Estados Unidos, as nações árabes deveriam usar o petróleo como arma. Os sauditas, no entanto, se recusaram a permitir isso. Durante a guerra árabe-israelense de 1973, quando a Organização para a Libertação da Palestina pediu a suspensão das exportações de petróleo bruto, a Opep hesitou e então ofereceu um aumento moderado de preço a pedido do Kuwait.

para manter seu fraco controle sobre uma sociedade cada vez mais empobrecida. O exemplo do aumento do petróleo veio em 1970 da Líbia. O novo Conselho do Comando Revolucionário, sob a direção de Gaddafi, aumentou o preço do petróleo líbio (cujas vantagens eram sua abundância, proximidade com a Europa, qualidade superior e controle pelo Estado líbio). Gaddafi declarou: "As pessoas que viveram 5 mil anos sem petróleo podem viver sem ele por muito mais décadas para conquistar seus direitos legítimos" (citado em Rabe, 1982, p. 180). Nem as potências atlânticas nem as Sete Irmãs puderam enfrentar o desafio de Gaddafi e cederam com um aumento "voluntário" de preços.

Quando a Opep aumentou o preço do petróleo, em outubro de 1973 – supostamente como uma arma política durante a guerra do Yom Kippur –, não o fez como um confronto ao imperialismo. Na verdade, apesar da retórica confrontacionista de Gaddafi e outros, a âncora saudita da Opep obteve vantagens para os EUA em uma demonstração de força intraimperialista. Em 1971, quando o presidente Nixon desvinculou o dólar do padrão-ouro, o governo pensou cuidadosamente sobre as estratégias para exercer poder sobre a economia global. Uma delas foi o aumento do preço do petróleo, o que, supôs o governo Nixon, faria pelo menos duas coisas pelos Estados Unidos: pressionaria imensamente os dois principais concorrentes econômicos (a Europa Ocidental e o Japão) e obteria lucros para as terras petrolíferas, que seriam, com toda probabilidade, canalizadas para instituições financeiras dos Estados Unidos uma vez que os Estados do Golfo não tinham capacidade produtiva adequada para absorver os lucros derivados do petróleo. A eliminação dos controles de capital na economia dos Estados Unidos, em 1974, facilitou ainda mais a canalização desses petrolucros (então mantidos quase exclusivamente em dólares) e, portanto, o aumento global do *status* do dólar como instrumento para uma "moeda forte" (Kubursi e Mansur, 1994; Spiro, 1999; Gowan, 1999, p. 21-22). Como os Estados petrolíferos mantinham suas principais reservas monetárias em dólares, cabia a eles ajudar a estabilizar a economia dos Estados Unidos (e trabalhar contra a desvalorização do dólar, que contribuiu para a desindustrialização dos Estados Unidos).[10] O aumento dos preços, em 1973, certamente melhorou a posição das terras petrolíferas momentaneamente, mas, no longo prazo, beneficiou o governo dos EUA e as principais empresas transnacionais que faziam negócios em dólares. Apesar das melhores intenções do cartel público, ao fim e ao cabo, ele não necessariamente incomodou ou confrontou a estrutura do imperialismo.

Em 1974, logo após o embargo do petróleo da Opep, a Assembleia Geral da ONU adotou um documento curioso, a Nova Ordem Econômica Internacional (Noei). O documento da Noei vinha sendo elaborado no Terceiro Mundo (notadamente, na Unctad) por pelo menos uma década e, em sua cúpula de Argel, em 1973, o MNA o adotou (Rothstein, 1979). Com base na melhor teoria da dependência, o MNA argumentou que, apesar da Década da ONU para o Desenvolvimento, a ordem internacional então existente, em vez de desenvolver as nações mais escuras, contribuiu para o seu subdesenvolvimento.[11]

A Noei veio da presença da Opep e da paralisia vivida pela Unctad. Por sorte, o presidente da Argélia, Boumédiène, que chefiou o MNA em 1973, era também o chefe de um país-membro

---

[10] Trabalhei alguns tópicos sobre esse assunto em Prashad, 2003.

[11] O documento final com 18 cláusulas previa, pelo menos, a criação de cartéis públicos ou associações de produtores, como a Opep, para transferir poder aos produtores de matéria-prima; a criação de acordos de bens primários para preços justos; um vínculo ou "indexação" dos preços de exportação de matérias-primas aos preços de produtos manufaturados importados; soberania sobre os recursos naturais e atividades econômicas, incluindo a nacionalização de ativos dentro do território do Estado; a transferência de mais ajuda (até 0,7% do produto nacional bruto dos Estados industriais avançados) e tecnologia; a redução de tarifas nos Estados industriais avançados que impedem a entrada relativamente livre de manufaturas das nações mais escuras; e a criação de um regime mundial de alimentação.

da Opep. Ele trouxe a experiência de um para apoiar a criação de uma política econômica para o outro. A Noei tinha uma série de pontos concretos para serem debatidos, mas o Terceiro Mundo não conseguiu nenhuma reação dos Estados industriais avançados. Em 1974, a Assembleia Geral da ONU aprovou a "Carta dos Direitos e Deveres Econômicos dos Estados", que se baseou na Noei em pontos como a nacionalização de ativos estrangeiros (Artigo 2), a criação de cartéis de matéria-prima (Artigos 3 e 5), a criação de "acordos multilaterais de bens primários" (Artigo 6), e a criação de um sistema para "promover termos de troca justos e equitativos" (Artigo 28). A maior parte dos artigos enfatizava que não deveria haver penalidade para o tipo de sistema econômico escolhido por um Estado, que cada um deles é juridicamente igual e que nenhum Estado deveria usar o poder econômico contra os interesses de outro povo. O melhor das motivações da Opep está nesta carta ainda vigente (United Nations, 1975, p. 50).

Os Estados industriais avançados rejeitaram fundamentalmente a abordagem da Noei e lutaram contra ela com todos os meios necessários, incluindo o desprezo. Na conferência de 1976 da Unctad, em Nairóbi, o secretário de Estado dos Estados Unidos, Henry Kissinger, foi direto: "Os Estados Unidos, melhor do que qualquer nação, poderiam sobreviver a um período de guerra econômica. Podemos resistir ao confronto e aos ataques retóricos se outras nações escolherem esse caminho. E podemos ignorar demandas irrealistas e demandas peremptórias" (citado em Stravianos, 1981, p. 798; Gilbert, 1996, p. 1-19).

Enquanto Kissinger proferia essas palavras – uma clara ameaça dos Estados industriais avançados, e dos Estados Unidos, em particular –, um idoso que ajudara a conformar a Opep escrevia uma triste carta para sua família. Após lamentar o fato de que a morte pairava sobre sua casa em Caracas, Pérez Alfonzo escreveu esta elegia para a Opep e a ideia de cartéis de bens primários em geral. Para ele, o petróleo era o excremento do diabo.

Eu sou um ecologista antes de tudo. Sempre fui um ecologista antes de tudo. Agora não estou mais interessado em petróleo. Vivo para minhas flores. A Opep, como grupo ecológico, realmente desapareceu. Ainda assim sinto que a Opep é um bom instrumento do Terceiro Mundo. Só não foi usado de maneira adequada. (Mayobre, 2005, p. 129; Terzian, 1985, p. 85; Alfonzo, 1976)

Ele viria a morrer dois anos depois.

Arusha
O socialismo com pressa

Em 1967, o presidente tanzaniano Julius Nyerere jogou uma "bomba" em uma cidade indescritível que funcionava como a porta de entrada para o fenômeno natural mais espetacular da África Oriental. Fundada em 1900 como uma cidade-guarnição, Arusha está situada na base do Monte Meru e nos arredores do Monte Kilimanjaro e da Planície Serengeti. Lá, no comitê executivo de sua União Nacional Africana do Tanganica (Unat), Nyerere revelou o que viria a ser conhecido como a Declaração de Arusha. A frase de abertura da declaração era: "a política da Unat é construir um Estado socialista"; isso incomodou os proprietários e administradores da maior parte dos recursos do país (incluindo as minas e a terra), tanto britânicos quanto tanzanianos. O anúncio do socialismo veio com o reconhecimento de que sua construção não seria fácil em um Estado anteriormente colonizado. Os regimes coloniais alemão e britânico depenaram a economia da África Oriental e deixaram para trás um aparato estatal projetado para explorar e não para libertar. As instituições do Estado e da burocracia civil vieram de uma cultura de hierarquia imperial, um valor bastante afastado do igualitarismo da libertação nacional (conforme ilustrado pela Declaração de Arusha da Unat e seu Código de Liderança, ou *Mwongozo*, de 1971). Cercado por pressões dos Estados industriais avançados, das classes aristocráticas rurais e das classes mercantis emergentes, o novo Estado tinha pouco tempo. As coisas tinham que mudar rapidamente. Mas o socialismo requer imaginação e tempo. Não pode ser feito com pressa. Criar o socialismo rapidamente sem apoio das massas e sem instituições que possam canalizar esse apoio levou muitos Estados do Terceiro Mundo ao desastre.

A Declaração de Arusha validou os princípios indissociáveis de liberdade e igualdade, direitos individuais e bem-estar coletivo.[1] O Estado tinha que eliminar a pobreza, a ignorância e as doenças. Isso era incontestável. Mas como deve o Estado proceder para o processo de eliminação? Qual é a forma de organização para a transformação da sociedade? Deveria ser um Estado centralizado e isolado, ou precisaria cultivar instituições democráticas (talvez locais) que pudessem aproveitar a energia, a engenhosidade e o entusiasmo de uma população recentemente libertada? A população da Tanzânia residia principalmente em áreas rurais e dependia da agricultura. Qualquer mudança institucional necessitaria abordar a agricultura e seu papel na sociedade e no mundo. Depois de muitos sobressaltos, o regime de Nyerere adotou a ideia da aldeia socialista (*ujamaa vijini*) como a principal forma de organização para a mudança rural; mas reconheceu que a reforma agrária era insuficiente. O regime de libertação nacional teve que resolver

---

[1] Os princípios são: "a) consolidar e manter a independência deste país e a liberdade de seu povo; b) salvaguardar a dignidade inerente do indivíduo, de acordo com a Declaração Universal dos Direitos Humanos; c) garantir que este país seja governado por um governo socialista democrático e do povo; d) cooperar com todos os partidos políticos na África engajados na libertação de toda a África; e) assegurar que o governo mobilize todos os recursos deste país rumo à eliminação da pobreza, ignorância e doença; f) zelar para que, sempre que possível, o próprio governo participe diretamente no desenvolvimento econômico do país; g) zelar para que o governo dê oportunidades iguais a todos os homens e mulheres, independentemente da raça, religião ou *status*; h) assegurar que o governo erradique todos os tipos de exploração, intimidação, discriminação, suborno e corrupção; i) assegurar que o governo exerça controle efetivo sobre os principais meios de produção e persiga políticas que facilitem o caminho para a propriedade coletiva dos recursos deste país; j) assegurar que o governo coopere com outros estados da África na concretização da unidade africana; k) assegurar que o governo trabalhe incansavelmente em prol da paz e segurança mundiais por meio da Organização das Nações Unidas" (Nyerere, 1968, p. 232-233).

algumas das principais demandas da população antes que seu capital político se esgotasse. Na Tanzânia, a produção no setor de subsistência foi de apenas 2% (enquanto o crescimento populacional foi de 3%). Embora a Tanzânia tivesse uma alta taxa de aumento na produção de alimentos, a Unat herdou uma situação de crise. A agricultura, em um mundo industrial, não poderia lidar sozinha com as aspirações e necessidades das pessoas. Os termos de troca internacionais tinham um viés desfavorável às mercadorias agrícolas. Visto que a Tanzânia rural (como as áreas rurais do mundo) requeria produtos industriais, seus habitantes tinham uma desvantagem. A Tanzânia precisava desenvolver um setor industrial para produzir bens de capital (maquinário, por exemplo) e para refinar e processar matérias-primas agrícolas (e produtos do extrativismo). As reformas agrícolas, portanto, precisavam vir no contexto de uma ampla reforma econômica.

Essa seria uma tarefa difícil para qualquer sociedade, e ainda mais para uma já prejudicada pelo domínio colonial. Essas mudanças exigiam vontade política e capital de investimento. A maior parte dos regimes de libertação nacional reconhecia os perigos da ajuda estrangeira e dos empréstimos comerciais de bancos dos Estados industriais avançados. Esse dinheiro tinha a tendência de prender a economia pós-colonial em um relacionamento dependente com as instituições do Primeiro Mundo (a ajuda soviética era limitada em comparação com o que estava disponível na Europa e nos Estados Unidos). "Sobrecarregar as pessoas com grandes empréstimos", observou a Declaração de Arusha, "cujo reembolso estará além de suas possibilidades, não é algo para ajudá-las, mas para fazê-las sofrer. É ainda pior quando os empréstimos que elas devem pagar não beneficiaram a maioria das pessoas, mas sim apenas uma pequena minoria" (Nyere, 1968, p. 240).[2] Em vez de ajuda externa ou empréstimos comerciais, os

---

[2] Na década de 1950, o grosso da ajuda foi para os países que faziam fronteira com a URSS e a China como um multiplicador de segurança, e não como

Estados de libertação nacional desenvolveram uma abordagem de três frentes para o desenvolvimento: a nacionalização dos pontos estratégicos da economia (finanças, infraestrutura, energia, extração de matérias-primas essenciais e produção de bens de capital), o desenvolvimento do setor agrícola e o incentivo à industrialização. O plano previa que o capital para a industrialização viesse da nacionalização das finanças e do aumento do excedente agrícola. A nacionalização colocou as decisões financeiras nas mãos do Estado, e não das corporações transnacionais, e interrompeu a hemorragia de capital. Quaisquer fundos que pudessem ser reunidos ajudavam a enfrentar o desafio principal da Tanzânia: impulsionar a economia rural e criar igualdade nas áreas rurais. Dado o tempo limitado para arquitetar a reforma agrícola e o crescimento industrial, o Estado de libertação nacional agiu rapidamente. Na Declaração de Arusha, Nyerere lamentou a lógica de que era preciso primeiro construir o capitalismo e depois o socialismo, porque o ato de fazer o primeiro produziria riqueza social, mas também esmagaria a dinâmica política de libertação nacional que proporcionou uma oportunidade para tal transformação. "O erro que estamos cometendo", escreveu ele, "é pensar que o desenvolvimento começa com as indústrias. É um erro porque não temos os meios para estabelecer muitas indústrias modernas em nosso país" (Nyerere, 1968, p. 241-242). Primeiro a mudança agrícola, depois o crescimento industrial.

A agenda do Terceiro Mundo, para Estados como Índia e Egito, não era socialista tanto quanto baseada no conceito de bem-estar. O Estado centralizava e nacionalizava os altos comandos da economia para garantir que suas classes dominantes ganhassem alguma participação em uma economia internacional

---

um meio para a libertação econômica dessas partes do mundo. Sobre a ajuda soviética, ver Elizabeth Valkenier (1983). A literatura sobre os problemas da ajuda é vasta: David Wall (1973); William Brown e Redvers Opie (1953); Sergei Shenin (2000); Teresa Hayter (1981).

complexa (que, de qualquer forma, pesava contra elas). Esses Estados se preocupavam com o bem-estar de seus cidadãos, como veremos a seguir, mas não se comprometeram com a criação de uma sociedade igualitária. A Tanzânia sob a Unat de Nyerere tentou algo mais do que o bem-estar social da Índia e do Egito. A Declaração de Arusha baseou-se nas experiências socialistas: havia uma insistência de que o Estado deveria criar equidade entre a população, e que essa equidade precisava ser trabalhada no nível da produção e não simplesmente do consumo.

O principal problema com o projeto Arusha-Unat, entretanto, não estava em seus objetivos, mas em sua implementação. Como a maior parte dos nacionalismos do Terceiro Mundo, o esquema Arusha-Unat não diferenciou a população. Como a maior parte da população da Tanzânia vivia em áreas rurais, a declaração exigia que o Estado "[prestasse] atenção ao camponês". As políticas que criou visavam o campesinato sem terra e, neste setor, o papel especial das mulheres na produção e reprodução agrícola.[3] A estratégia Arusha-Unat não conseguiu delinear como o mecanismo para a execução de suas políticas utilizaria os camponeses sem terra, especialmente as mulheres. Em vez disso, o Estado falava do povo e, no entanto, permanecia apartado dele. A Unat não selecionou aliados estratégicos de classe entre o campesinato e não construiu instituições que pudessem ser o veículo para a mudança social. Os sindicatos rurais para os camponeses sem terra não foram formados a serviço do programa *ujamaa*, de 1967, nem do programa de reformulação das vilas, de 1973-1975. O Estado concentrou-se nos camponeses e ignorou o papel crucial da força de trabalho organizada no setor "moderno" (estivadores, trabalhadores dos correios, mineradores de diamantes, ferroviários, trabalhadores das

---

[3] O Relatório Pearson observa a ênfase no campesinato sem-terra: Lester B. Pearson [presidente, Comissão de Desenvolvimento Internacional] (1969, p. 270). A Declaração de Arusha menciona a necessidade de reconhecer o trabalho de mulheres, que "trabalham mais do que qualquer outra pessoa na Tanzânia" (Nyerere, 1968, p. 245).

plantações de sisal e outros que lideraram uma série de greves entre 1958 e 1961 para conquistar a independência da Grã-Bretanha) (sigo aqui Friedland, 1969; Jackson, 1979, p. 219-251). O regime da Unat chegou ao poder, aboliu os sindicatos e reuniu sindicalistas em uma organização autorizada pelo governo, o National Union of Tanganyika Workers [Sindicato Nacional dos Trabalhadores de Tanganyika] (1964). Os aliados naturais de uma experiência socialista foram marginalizados. Não havia uma estratégia bem desenvolvida sobre como o Estado planejava construir poder para suas ideias.[4] Em vez disso, o Estado se posicionou acima do povo, direcionando-o, pregando o "socialismo de cima" (Boesen, Madsen e Moody, 1977).

Em 1961, a Tanzânia quase não exportava bens industriais. A agricultura dominava a economia doméstica e as mercadorias agrícolas eram os principais itens de exportação. Como os preços agrícolas mundiais permaneciam baixos e muitas vezes flutuavam de forma bastante violenta, a economia da Tanzânia foi a pique. Fazer a transição para a construção de indústrias sem capital, e com pouco capital acumulado ao longo dos séculos, seria uma missão insensata. Não apenas o governo socialista de Nyerere reconheceu isso, mas também o fez o Banco Mundial, em um influente relatório (International Bank for Reconstruction and Development, 1961). O Banco Mundial, junto ao governo de Nyerere, descobriu que o panorama social da Tanzânia não contava tanto com vilas, mas sim com propriedades dispersas (Moore, 1971). O desafio de qualquer administração seria amalgamar os esforços dessas unidades individuais em algo mais produtivo economicamente. Os colonizadores alemães haviam formado aldeias para facilitar o trabalho missionário, mas seu fracasso levou os britânicos a valorizar a independência dos pequenos proprietários rurais africanos (sobre as missões, ver Fiedler, 1996). A densidade populacional

---

[4] Esse é um problema clássico do populismo. Para um olhar abrangente sobre o populismo africano, ver P. L. E. Idahosa (2004).

relativamente baixa permitiu que o campo permanecesse fora da órbita do comércio mundial. Agora, com os planos para as novas nações e as expectativas de progresso, o governo Nyerere agiu.

No início dos anos 1960, o Estado de libertação nacional não incomodava os pequenos proprietários que cultivavam alimentos para a economia de subsistência. Sua única intervenção neste setor foi fornecer aos pequenos proprietários pequenas melhorias em suas técnicas agrícolas.[5] O campesinato disperso, que sofreu em anos de pouca chuva, poderia ser beneficiado com melhores sistemas de irrigação. O Estado também forneceu aos pequenos agricultores implementos mecanizados e sementes para safras comerciais em substituição à agricultura de subsistência. A introdução de safras comerciais não deu tão certo para os agricultores. As safras de exportação (para venda) exigiam fertilizantes e sementes caras, todos com um alto custo inicial. Caso o mercado de exportação não rendesse resultados, os agricultores ficariam sem acesso a alimentos. Algodão, café e tabaco tinham preços internacionais voláteis, e os fazendeiros resistiam de todas as formas ao seu cultivo.

Quando o esquema de "melhoria" do governo não trouxe os resultados esperados, foi implementada uma abordagem mais radical chamada "transformação". O regime encorajou os camponeses a se mudarem para fazendas experimentais chamadas "assentamentos de aldeia", onde trabalhavam de forma cooperativa para aumentar – teoricamente – o resultado de seus esforços. Nessas fazendas, implementos mecânicos e fertilizantes substituíram o trabalho manual (principalmente a enxada manual). O povo, nos termos de Nyerere, tinha que aprender a viver em "aldeias adequadas" (Kjekshus, 1977, p. 275). Dos milhões que viviam na Tanzânia rural, apenas 3.500 famílias se mudaram para estabelecer esses assentamentos de vilas, que custaram ao governo mais de 2 milhões

---

[5] Para evidências do potencial dos pequenos proprietários, consultar Hans Ruthenberg (1968).

de libras. Rene Dumont, o famoso agrônomo francês e conselheiro da ONU para Agricultura e Alimentação, escreveu um relatório em 1969 que se aproximava da visão do próprio governo sobre a criação de aldeias: o esquema havia produzido resultados terríveis, mas "parecia desejável, sob a condição de que não custasse muito caro" (Dumont, 1969, p. II; Kjekshus, 1977, p. 275). A Declaração de Arusha fez um balanço dos diversos fracassos da política agrícola e apresentou uma defesa agressiva da estratégia do regime de cultivar os campos em vez de construir as fábricas. Na esteira da declaração, o regime anunciou não uma retirada com relação ao assentamento da aldeia, mas uma expansão, agora chamada de programa *ujamaa*, com a transformação total das áreas rurais em aldeias socialistas.

Poucos meses depois da Declaração de Arusha, o regime de Nyerere concluiu que havia simplesmente trabalhado para promover a agricultura capitalista em pequena escala, em vez do socialismo.[6] A melhoria da vida agrícola sem qualquer tentativa de transformar as relações feudais entre os fazendeiros e seus mercados era insuficiente. As ideias comunais de Nyerere eram inerentes à vida camponesa pré-capitalista e estavam sendo varridas com a agricultura capitalista. *Ujamaa* daria uma aparência moderna para essa casca comunal (Nyere, 1967, p. 344). O regime de Nyerere convocou todos os camponeses a se mudarem para as aldeias *ujamaa* dentro de uma década. O Estado reassentou 3 milhões de pessoas, cerca de 20% da população da Tanzânia. Os agricultores reassentados viviam juntos em uma aldeia e trabalhavam cooperativamente nos campos nos arredores. Eles juntavam seus recursos para comprar insumos e juntavam seus produtos para destiná-los ao mercado. A política de *ujamaa* tinha dois

---

[6] Nyerere reconheceu que a melhoria poderia simplesmente criar a agricultura capitalista. "A agricultura capitalista de pequena escala que temos agora não é realmente um perigo, mas nossos pés estão no caminho errado e se continuarmos a encorajar ou mesmo ajudar o desenvolvimento da agricultura capitalista, nunca nos tornaremos um Estado socialista" (Nyerere, 1967, p. 344).

grandes problemas. Em primeiro lugar, enquanto a coletivização transformou radicalmente as relações sociais dos fazendeiros com seu mercado, Nyerere não construiu o *ujamaa* como um meio de remodelar os aspectos de gênero do poder social. Para Nyerere, a comunidade dos agricultores "seria o grupo familiar tradicional", com todas as implicações do poder de gênero que isso trazia (Nyere, 1967, p. 351).

Em segundo lugar, a política não deu tempo ao regime para persuadir um campesinato, que teve de ser coagido a entrar nas aldeias sob o controle do governo. O governo realizou várias "operações" para estimular os camponeses a se mudarem para as aldeias (Operação Dodoma em 1971, Operação Kogoma em 1972 e Operação Pwani em 1973). R. R. Matango descreveu o caos em seu distrito natal de Inchungu (Mara): "Muitos camponeses em Inchungu foram pegos de surpresa ao ver milicianos armados subindo no topo de suas casas, tirando o colmo, em alguns casos as chapas de ferro foram arrancadas, portas e janelas removidas ou despedaçadas; casas derrubadas em vários casos". A milícia estatal destruiu as antigas aldeias e transferiu os moradores para novos locais.

> As pessoas correram em pânico para construir acomodações temporárias em aldeias não planejadas. Toda a divisão estava mudando. Mudando-se, mudando-se em pânico para as aldeias não planejadas. Criando assim novas aldeias em áreas que nem mesmo haviam sido pesquisadas quanto a aspectos como água, escolas ou dispensário – de fato nenhuma estrutura para manter a população lá ou quaisquer planos para construir essa estrutura, mas apenas para servir ao propósito de se mudar para as aldeias de desenvolvimento. Este movimento desordenado e desorientado criou problemas que precisam de atenção e recursos governamentais urgentes. (Matango, 1975, p. 17-29; Kjekshus, 1977, p. 280)

Sem nenhum estudo topográfico, as casas foram construídas em solo fértil de algodão ou em torno de áreas onde a terra não tinha irrigação adequada. O socialismo apressado do Terceiro Mundo, desta forma, tornou-se antidemocrático e autoritário.

O *ujamaa* tanzaniano é bastante parecido com um vasto número de exemplos de desenvolvimento do Terceiro Mundo ou do socialismo apressado do Terceiro Mundo. A maior parte dos Estados do Terceiro Mundo construiu às pressas fábricas industriais e represas, derrubou florestas e transferiu populações. Esse trabalho veio por muitas razões, sendo a mais importante delas aumentar rapidamente a capacidade produtiva da nova nação, para dar um grande salto adiante em um momento de prosperidade, antes que o capital político dos movimentos de libertação tivesse sido gasto. Forças produtivas desenvolvidas gerariam o bem-estar econômico que só poderia ser criado a partir dos sacrifícios exigidos pelos movimentos políticos que conquistaram a liberdade política contra o domínio colonial ou o domínio dos oligarcas. As intenções da liderança, ao que tudo indica, não eram malévolas. No entanto, seu sonho modernista – administrar a natureza e a sociedade e construir vastos monumentos industriais sem uma estrutura de governo democrático ou uma população mobilizada – levou aos piores excessos do mandonismo e do burocratismo.[7] Na Índia, entre o final dos anos 1940 e o final da década de 1980, o Estado deslocou cerca de 25 milhões de pessoas, enquanto, no mesmo período, os chineses deslocaram 40 milhões de pessoas. Esses são números que chamam a atenção, porque esses Estados têm populações substanciais, mas em países pequenos a porcentagem da população que o Estado desalojou por seu mandonismo burocrático é impressionante (na Tanzânia, um quinto da população foi reassentada) (World Bank, Environment Department,

---

[7] Estou de pleno acordo com o argumento de James Scott de que o planejamento deve ouvir atentamente o conhecimento e o *know-how* locais, porque isso não só cria a base social para o consentimento em grande escala para o plano, mas também ensina às elites burocráticas, frequentemente arrogantes, algumas coisas sobre áreas da vida humana das quais eles sabem pouco (como a agricultura) (Scott, 1998). O capítulo de Scott sobre a Tanzânia é útil, mas não questiona as razões desenvolvimentistas especiais do Terceiro Mundo para o intenso modernismo.

1994).⁸ O desprezo dos desejos das pessoas e a canibalização da vida ecológica afastaram massas de pessoas do projeto do Terceiro Mundo e destruíram o *habitat* para a criação de justiça. O Estado agiu acima do povo, sem se preocupar em construir aliados entre os camponeses e permitir que eles forçassem mudanças por meio de suas organizações.

O programa *ujamaa* começou com o pressuposto de que o regime de libertação nacional deveria criar uma economia democrática que funcionasse no interesse da vasta massa do povo. Como a maioria das pessoas no mundo anteriormente colonizado em geral, e na Tanzânia, em particular, viviam vidas rurais, o *slogan* de Nyerere em 1961 ressoou entre eles: "Enquanto outros países pretendem alcançar a lua, devemos ter como objetivo, por enquanto, alcançar, seja como for, a aldeia de qualquer maneira" (citado em Dryden, 1968, p. 42). Quaisquer que fossem as intenções de Nyerere, e dos muitos governos do Terceiro Mundo que tinham esquemas agrícolas semelhantes (da Argélia à Birmânia, e assim por diante), o movimento para consolidar a agricultura tinha o efeito de tentar *controlar* o campesinato, reunindo a produção camponesa sob o domínio do Estado de libertação nacional.⁹ Uma vez coletada, a produção camponesa no Terceiro Mundo seria agora subserviente à dinâmica do comércio mundial (e do imperialismo) e não das necessidades de subsistência das localidades que poderiam governar seus desenvolvimento.¹⁰ Para

---

8 Sobre deslocamentos por razões políticas, ver Roberta Cohen e Francis Deng (1998).
9 Sobre a Argélia, ver François Burgat e Michel Nancy (1984). Sobre a Birmânia, ver Ardeth Maung Thawnghmung (2003).
10 Sigo a obra clássica de Issa Shivji, notavelmente *Class Struggles in Tanzania* (1976), cujo livro inspirou a útil obra de Andrew Coulson (1979). A Tanzânia não está sozinha na África neste ponto. Em um seminário de 1966, Diop, do Senegal, observou: "Os camponeses são em sua maioria analfabetos, desorganizados e dispersos por 12 mil aldeias e vilas rurais. As formas primitivas de produção e organização e a superestrutura correspondente a essas formas estão muito aquém das necessidades do mundo moderno, o que torna obviamente

tornar o relativamente autônomo setor de produção mercantil simples subserviente ao Estado, o regime aboliu o movimento de mercados cooperativos em 1975. Formado para a obtenção de melhores preços para os produtos agrícolas (notadamente, algodão), o movimento trouxe alguns benefícios para o campesinato. Mas o Estado decidiu comprar diretamente dos produtores, geralmente a preços definidos pelo governo central. Além disso, em 1972, o regime adotou o conselho da agência de consultoria estadunidense McKinsey and Co., que sugeriu substituir as agências governamentais locais por "equipes de desenvolvimento" que se reportavam diretamente aos ministérios do governo central. Essas equipes, escreveu um acadêmico da Universidade de Dar es Salaam, "efetivamente substituíram o sistema de governo local por um elaborado sistema de informações verticais e fluxos de planejamento centralizados nos escalões superiores do governo e do partido" (Bryceson, 1982, p. 557).[11]

O pior aspecto dos esquemas agrícolas da Tanzânia e de muitos países do Terceiro Mundo é que, porque trabalhavam com pressa e porque muitas vezes tinham a visão de que o campesinato *deveria* simplesmente seguir em vez de ser guiado por eles, políticas que poderiam ter sido valiosas foram corroídas pelo uso de força. As lideranças do Terceiro Mundo no poder pareciam seguir Fiodor Dostoievski ao pé da letra: "está bem então: eliminem o povo, reprimam-no, reduzam-no ao silêncio. Porque o iluminismo europeu é mais importante do que o povo". Se o Estado moderno usou a violência principalmente como uma condição imanente para reprimir levantes populares e manter o povo na linha, no contexto do modernismo e do burocratismo do Terceiro Mundo, a violência tornou-se um meio de concretizar a agenda do Estado.

---

uma tarefa difícil por algum tempo a conquista do campesinato na luta ativa como o aliado nacional da classe trabalhadora" (Diop, 1966, p. 102). Tornar os camponeses menos dispersos significaria reuni-los em aldeias controladas, como o esquema dos *ujamaa*.

[11] Esta também é a visão de Mahmood Mamdani (1996, p. 172-177).

Em uma análise do *ujamaa* que compreendeu o valor de seus ideais, o economista agrícola Philip Raikes escreveu: "a implementação da política evocava alguns dos recuos mais assustadores da mente burocrática" (Raikes, 1975, p. 49). Nyerere, em outubro de 1967, entendeu que o projeto *ujamaa*, tal como o seu regime o construiu, seria implementado à força e, portanto, ele tentou ver se sua autoridade moral poderia virar a maré para a persuasão. "Não estamos simplesmente tentando organizar o aumento da produção; estamos tentando introduzir uma forma de vida totalmente nova para a maioria de nosso povo. Isso só pode ser feito quando as pessoas entenderem esses propósitos e voluntariamente decidirem participar" (Nyerere, 1967, p. 407). Com estas palavras, Nyerere sugeria que o regime deveria permitir que o povo ouvisse o governo e então, "voluntariamente", seguisse suas opiniões. Mas as palavras de uma pessoa dificilmente são capazes de melhorar ou mesmo transformar a política de um regime, mesmo em um que deu tanto poder a um indivíduo. A política de Nyerere tinha muito mais adesão do que suas melhores intenções.[12] Se a multidão que trabalhava na terra não tivesse participação nela, eles não seriam motivados a aumentar sua capacidade nem se beneficiariam com isso. Apenas a coerção os motivou a trabalhar duro.

---

[12] A experiência comunista em Bengala oferece o melhor da abordagem político-cultural para a reforma agrária, em vez da abordagem administrativo-burocrática. Como Hari Krishna Konar, o ministro comunista de Terras e Receitas Fundiárias afirmou: "A tarefa principal é a abolição da propriedade de terras em grande escala e a distribuição de terras aos sem-terra. O próximo passo seria o governo explicar aos camponeses as desvantagens de cultivar pequenas propriedades. Os camponeses então passarão voluntariamente à agricultura coletiva. A propriedade privada da terra será então eliminada. [...] É impossível para o governo resolver o problema da terra no atual sistema social. A Constituição impediria esse caminho". Não obstante, a remoção forçada seria tão improdutiva quanto a coletivização forçada. Se "terra e liberdade" era o *slogan* das multidões, então não poderia haver solução para a questão fundiária sem liberdade (Konar, *Mainstream*, 29 de junho de 1967).

As pessoas – porque esse é nosso hábito – discordavam de maneiras corajosas e inovadoras, mesmo quando o Estado não podia nem fornecer meios para tal, nem tolerar a dissidência. Os camponeses das regiões de Morogoro e Arusha comeram as sementes de milho em vez de plantá-las, venderam seus fertilizantes subsidiados no mercado clandestino, fingiram não entender as instruções, uilizaram feitiçaria contra os funcionários locais do partido e organizaram manifestações contra o aldeamento[13] (Bryceson, 1982, p. 558; Fortmann, 1980). As pessoas se aglomeraram em locais que seriam inundados por barragens e os cercaram, ou então entraram em conflito com ritmos de trabalho mais rápidos em fábricas ou minas perigosas. O nível de dissidência foi acompanhado pela crescente onda de legislação contra os trabalhadores e pela violenta reação do Estado. Disparos de policiais, prisões em massa, assassinatos de líderes trabalhistas e populares – tudo isso se tornou lugar comum na esfera pública do Terceiro Mundo.

Apesar dessas falhas importantes, a experiência de Arusha no mínimo tentou destronar o poderoso papel desempenhado pelas classes sociais estabelecidas. A maior parte das nações mais escuras adaptou a agenda do Terceiro Mundo para proteger e até mesmo nutrir as classes dominantes. Esses regimes não renunciaram às reformas agrárias ou à industrialização, mas as realizaram a serviço das classes dominantes. Havia uma grande preocupação com a vida e a liberdade dos trabalhadores, mas principalmente na forma de *noblesse oblige*.[14] Em 1961, após dois planos de cinco anos, Nehru, da Índia, lamentou o fracasso de seu regime em cuidar do sofrimento da população. Sem criar nem mesmo a aparência

---

[13] No original, *villagization*. Termo que designa os reassentamentos compulsórios a partir dos desígnios governamentais. (N. E.)

[14] "Obrigação nobre". Expressão usada para se referir ao fato que certos *status* dentro da sociedade vêm com obrigações morais e responsabilidades sociais. (N. E.)

de igualdade, o desenvolvimento social aumentou a divisão entre os ricos e aqueles mais afetados.

> Muitas pessoas não compartilharam [do aumento da riqueza da nação] e vivem sem as necessidades básicas da vida [supridas]. Por outro lado, você vê um grupo menor de pessoas realmente ricas. Eles estabeleceram uma sociedade rica para si mesmos, de alguma forma, embora a Índia como um todo pode estar longe disso. Acho que a nova riqueza está fluindo em uma direção específica e não se espalhando adequadamente. (Citado em Government of India, 1961, p. 49-50)

Em vez de trabalhar para reverter a divisão, o Estado simplesmente tentou canalizar mais bem-estar para os pobres. Sem o socialismo, o Estado de libertação nacional em lugares como a Índia queria produzir taxas de crescimento mais altas. À medida que a produção aumentasse, independentemente dos meios para fazê-lo, o Estado teria um conjunto agregado mais amplo de capital e recursos para distribuir à população. O socialismo de mercado, ou economia mista, era um socialismo de consumo, não de produção. Na tentativa de industrializar e criar mudanças agrícolas, houve apenas um esforço mudo para transformar as relações e métodos de produção. O processo de produção industrial e agrícola permaneceu semelhante ao encontrado em qualquer país capitalista avançado: os trabalhadores não tinham voz no processo de produção, que era dirigido por uma classe administrativa destacada. A deliberação foi reduzida ao mínimo. O socialismo apareceu no mercado e na eira – para dividir os despojos de maneira mais equitativa, em vez de produzi-los de maneira mais equitativa em primeiro lugar.

Mesmo os Estados do Terceiro Mundo mais propensos à criação de uma burguesia doméstica e à proteção das classes dominantes (rural e urbana) clamavam por uma reforma agrária na década de 1950. Na Assembleia Geral da ONU, seu bloco propôs várias vezes uma resolução para a reforma agrária (1950, 1952, 1954, 1957 e 1960). As resoluções, embora um tanto diferentes, defendiam a opinião de que a reforma agrária era "um dos principais pré-requisitos para a melhoria geral da produtividade agrícola" (United Nations, 1960;

1951). Até o início da década de 1960, o consenso geral era que se o Terceiro Mundo não melhorasse sua produção agrícola, não seria capaz de superar seu baixo nível de produtividade econômica. O crescimento industrial exigiu alguma medida de dinamismo agrário, porque os impostos e as receitas de exportação deste ajudariam a pagar pela criação de uma indústria nacional.

Embora os regimes pós-coloniais quisessem acelerar o crescimento da agricultura, nem todos estavam ansiosos para ver os proprietários rurais perderem seus meios e sua influência política. Em 1932, as elites rurais de El Salvador engendraram o massacre de 20 mil camponeses que ocuparam terras privadas e se opuseram à agricultura voltada para a exportação (Anderson, 1971). A história da América Latina está repleta de muitas dessas rebeliões em massa e represálias a elas. Em 1944, quando os principais capitalistas indianos ordenaram ao Estado que protegesse seus negócios com tarifas, eles pediram ao Congresso que não se deixassem levar pela reconstrução das relações agrárias na nova Índia. Qualquer mudança poderia aumentar as expectativas do campesinato (Thakurdas, Tata, Birla e Ram, 1944, p. 30-31). Quando a Índia conquistou sua liberdade, o Congresso confiou nos intermediários rurais para influenciarem os votos. Eles não queriam afastar os latifundiários que financiavam esses agentes do partido (Khilnani, 1999, p. 79). Para evitar uma reforma agrária substantiva e ainda assim adotar sua palavra de ordem, o regime se apoiou amplamente na obra de "santos" como Vinoba Bhava, que "criaram uma ilusão entre os camponeses de que alguns proprietários eram realmente generosos e magnânimos" (Das, 1983, p. 194). Nas Filipinas, a Lei de Reforma Agrária de 1955 congelou as relações fundiárias em condições semelhantes àquelas das *plantations*, com apenas alguns subsídios modestos dados aos trabalhadores sem-terra (Constantino, 1969, p. 23-24). Esses Estados valorizavam indiferenciadamente o camponês ou agricultor: o indiano *kisan* e o egípcio *fellahin* (ou mesmo o campesino latino-americano). Os agricultores, mesmo que fossem a classe dominante rural, eram tratados como a espinha dorsal da nação, o sal da terra.

Em alguns casos, as reformas agrárias aconteceram quando os regimes sentiram que qualquer coisa a menos que isso resultaria em uma revolução vermelha. A fórmula de Samuel Huntington funcionou em Estados como Coréia do Sul, Japão e Taiwan (onde a reforma agrária foi conduzida com o cano das armas japonesas e, posteriormente, dos Estados Unidos): "A disposição dos proprietários de perder suas propriedades por meio de reformas agrárias sem uma revolução é diretamente proporcional a até que ponto a única alternativa parece ser perdê-las com a revolução" (Huntington, 1968, p. 385).

O consenso sobre a reforma agrária mudou na década de 1960, quando um novo tipo de solução agrária chegou ao Terceiro Mundo. Em 1945, a Fundação Rockefeller havia conduzido um programa no México para aumentar a produção usando sementes de alto rendimento e novos métodos agrícolas (como fertilizantes petroquímicos, pesticidas e implementos mecanizados). A safra de trigo do México cresceu exponencialmente e, em 1964, o país, que era um grande importador de grãos, começou a exportar trigo.[15] O Banco Mundial aderiu, e divulgou a chamada Revolução Verde em todo o mundo. Em quase metade da área de terra do Terceiro Mundo, as taxas de crescimento agrícola dispararam. Na Índia, por exemplo, as soluções tecnológicas aumentaram a disponibilidade agregada de alimentos. Mas houve problemas. O crescimento teve enormes desequilíbrios regionais e o impacto ambiental dos fertilizantes altamente nocivos criou problemas de longo prazo. Além disso, os aditivos tecnológicos ao processo aumentaram os custos para os agricultores. A Revolução Verde também favoreceu fazendas maiores e, portanto, diminuiu a necessidade de reforma agrária e sua importância. Na Conferência

---

[15] Uma história crítica e informativa está presente em Harry M. Cleaver (1972, p. 177-186).

de Estados Latino-Americanos de 1967, em Punta Del Este, os delegados pediram uma reavaliação das "estruturas injustas de posse e uso da terra", mas isso foi uma fachada. Solon Barraclough, agrônomo da ONU para Alimentação e Agricultura, nascido nos EUA mas identificado como latino-americano e que redigiu a declaração final em Punta Del Este, foi claro sobre o vazio desses apelos por reforma agrária:

> Essas reformas agrárias pós-1961, em grande parte, contudo, foram meramente ornamentais. Frequentemente, eram programas destinados principalmente a colonizar terras do Estado (muitas vezes a custos humanos e ecológicos inaceitáveis) e para socorrer grandes proprietários em dificuldades econômicas, comprando suas terras para reassentamento. (Barraclough, 1994, p. 19)

Em 1972, quando essas mesmas potências do Terceiro Mundo se reuniram em Estocolmo para fundar o Programa Ambiental da ONU, sua principal questão não era a necessidade de reforma agrária, mas os preços dos insumos tecnológicos para a agricultura ao estilo da Revolução Verde. As empresas químicas transnacionais cobravam preços altos pelos fertilizantes, enquanto o agronegócio recebia os *royalties* das sementes de alto rendimento (Pearse, 1980; Perkins, 1997).[16] A Revolução Verde substituíra a vermelha.

---

[16] Essas empresas agrícolas transnacionais que se estendiam pelo Oceano Atlântico cresceram a partir da década de 1930, em grande parte devido a uma combinação de tarifas de importação e subsídios à exportação – uma fórmula que as potências atlânticas negaram ao Terceiro Mundo. As grandes fazendas do meio-oeste dos EUA prosperaram com insumos públicos e a aglomeração de terras nas mãos de fazendas industriais. A vasta produção de grãos alimentícios permitiu às empresas estadunidenses "despejá-los" a preços baratos nas nações mais escuras, cujos próprios agricultores se sentiram pressionados a cultivar outras matérias-primas (chamadas erroneamente de safras comerciais) para a produção industrial. Os agricultores do Terceiro Mundo enfrentaram uma concorrência incrível no setor de grãos de alimentos e, por causa da falta de tarifas de importação em seus países, um grande número deles mudou seu cultivo de alimentos – o que tendeu a tornar o Terceiro Mundo dependente da exportação de grãos de alimentos dos Estados industriais avançados. Ou, se suficientes grãos alimentícios pudessem ser produzidos, seus preços

A falta de vontade para a reconstrução das relações sociais rurais na maioria das nações mais escuras não significou que o Estado abandonou os sem-terra e os pequenos agricultores à sua própria miséria. Havia um plano para eles, mas não um que tratasse de sua principal desvantagem: a falta de poder em suas localidades e a falta de controle sobre os principais instrumentos de produção (terra, água e crédito). A maior parte dos regimes do Terceiro Mundo fornecia crédito rural a pequenos agricultores, embora esse capital fosse frequentemente insuficiente para suas necessidades (alinhado com a dinâmica da Revolução Verde, o Comitê de Crédito Rural de toda a Índia de 1969 argumentou que os bancos comerciais deveriam fornecer crédito rural, quando estes bancos favoreciam o comércio e a indústria).[17] Em vez da reforma agrária, o Terceiro Mundo voltou-se para a questão da segurança alimentar. A ideia de segurança alimentar remonta à criação da ONU para Alimentação e Agricultura (FAO), em 1945. À época, a segurança alimentar era apenas uma parte de um pacote que incluía uma reforma agrária abrangente e a criação de cartéis de bens primários (Phillips, 1981). Em fins dos anos 1960 e no início da década de 1970, o trabalho da organização foi reduzido ao fornecimento de segurança alimentar. Este objetivo foi consagrado na Declaração Universal sobre a Erradicação da Fome e da Desnutrição, de 1974 ("Todo homem, mulher e criança tem o direito inalienável de estar livre da fome e da desnutrição"). A reorganização socialista (produção socializada) foi desperdiçada em esmolas voltadas para o bem-estar social (distribuição e consumo socializados). Para administrar o problema entre os preços agrícolas e os preços das lojas, o Estado, na maioria dos casos, criou uma instituição para comprar grãos alimentícios (a preços justos

---

permaneceriam fora do alcance dos mercados nacionais (Friedman, 1993, p. 29-57; Friedman e McMichael, 1989, p. 93-117).

[17] Este raciocínio é elaborado em V. K. Ramakrishnan e Madhura Swaminathan (2005).

para o agricultor) e depois vendê-los em lojas de preços justos em todo o país, tudo feito por meio de programas governamentais como o Sistema de Distribuição Pública da Índia ou Badan Urusan Logistic National da Indonésia. A maior parte dos regimes do Terceiro Mundo criou esses programas para manter os preços estáveis nas áreas urbanas, reduzir o comércio privado (considerado explorador) e garantir que os agricultores pudessem sobreviver cultivando produtos alimentícios essenciais (por meio do que foi denominado, na Índia, como Esquema de Preço Mínimo de Suporte). Esses esquemas de distribuição e consumo socializados permitiram que os pequenos agricultores se organizassem em cooperativas para reunir seus produtos e obter preços justos. As cooperativas de leite, grãos alimentícios e grãos (de café e cacau) prosperaram no Terceiro Mundo até o final da década de 1980.

Na década de 1980, o Banco Mundial lamentou o fracasso da reforma agrária. A fome permaneceu em todo o mundo e, ainda assim, o bem-estar rural estava para acabar. Na linguagem do neoliberalismo, o Banco Mundial concluiu que a fome global só poderia ser aliviada "pela redistribuição do poder de compra e dos recursos para os subnutridos" (World Bank, 1986). Em outras palavras, por uma reforma agrária abrangente e a reconstrução das relações sociais rurais.

A Tanzânia tentou promover uma agenda socialista, mas, como grande parte do Terceiro Mundo, o fez sem uma tentativa genuína de organizar a população através das ideias. O país tentou agir de cima. Quando a organização em vilas não deu certo, o Estado recorreu a uma política embaraçosa. Um país com a maior taxa de produção de grãos alimentícios na África, no início dos anos 1960, importava, ao final de 1974, US$ 180 milhões em grãos alimentícios. Isso exauriu as divisas da Tanzânia e pavimentou o caminho para que o país precisasse implorar por ajuda externa (Rake, 1975, p. 18). Então, o Estado deu as boas--vindas ao agronegócio dos EUA para construir grandes fazendas de capital intensivo (50 mil acres). A Revolução Verde suplantou o *ujamaa*.[18] Nyerere ficou com suas frustrações. Em outubro de 1975, Nyerere viajou para Mwanza, onde repreendeu o Departamento de Agricultura local por seus conselhos inadequados aos camponeses e exigiu que os camponeses que haviam sido levados a uma armadilha ecológica fossem reassentados de acordo com seus desejos (Kjekshus, 1977, p. 281). Quando Nyerere deixou o cargo voluntariamente, em 1985, ele foi viver sua aposentadoria em uma fazenda experimental. Ele queria praticar, por si mesmo, a transformação agrícola que havia escapado ao Terceiro Mundo.

As armadilhas do Terceiro Mundo pesaram sobre ele. Criadas por uma onda de lutas, as novas nações nem reorganizaram as relações sociais de maneira eficaz nem romperam com a estrutura estatal de tipo colonial que lhes foi legada. Ao fazer alianças com as velhas classes sociais e adotar a estrutura burocrática colonial, as novas nações de fato viciaram a agenda do Terceiro Mundo. O governo militar ou a força militar tornaram-se a ordem do dia, à medida que os regimes do Terceiro Mundo levavam suas populações desmobilizadas a fazer o que haviam imaginado. Os povos que impulsionaram as lutas anticoloniais e deram as boas-vindas ao Terceiro Mundo só podiam ser vistas pelas novas nações como seguidores submissos, ou então como inertes, ou como inimigos. Mas, apesar de tudo isso, o capital político do Terceiro Mundo permanecia e o projeto poderia ter sobrevivido às suas próprias armadilhas, não fosse o ataque frontal que enfrentou na década de 1970. Uma crise de dívida e uma política de reorganização planetária promovida pelo Primeiro Mundo assassinaram o Terceiro Mundo.

---

[18] Para a crise pós-*ujamaa*, ver Marjorie Mbilinyi (1991).

Parte 3 – Assassinatos

Nova Délhi
O obituário do Terceiro Mundo

Em 1983, Nova Délhi era uma cidade transformada. Nos anos 1910, os britânicos a planejaram como a réplica moderna do que viria a se tornar a velha Délhi. Projetada por Edwin Lutyens, a cidade foi construída para ser a capital do Império Indiano Britânico. Edifícios monumentais, avenidas largas e áreas gramadas definiam a cidade, embora tensões raciais agudas mantivessem o antigo no novo. Quando os britânicos se foram, em 1947, a cidade sofreu o trauma da Partição.[1] Com o surgimento da Índia e do Paquistão, as batalhas entre hindus e muçulmanos aumentaram. Refugiados muçulmanos se amontoaram em um forte do século XIV, enquanto migrantes hindus e sikhs do Paquistão se estabeleceram na região oeste de Délhi. Como muitas cidades pós-coloniais, Délhi e Nova Délhi carregavam todas as marcas podres do império e um desejo de seus herdeiros de se darem bem na vida com o trabalho de acumulação. Por ser a capital de um Estado com grande tendência a ser centralizado, Nova Délhi abrigava uma enorme burocracia e todos aqueles que vieram para construir uma metrópole que nunca para de crescer. Em 1941, pouco mais de 90 mil pessoas viviam na cidade. O influxo da Partição aumentou para o total de 1,7 milhão, em 1951. Em 1983, mais de 6,5 milhões de pessoas viviam lá.

Monumentos são comuns em Délhi. Do Qutab Minar, perto do aeroporto, ao Forte Vermelho, na outra extremidade da cidade, os pontos turísticos de Délhi constantemente surpreendem os

---

[1] Trata-se do processo de independência da Índia com relação à Inglaterra. O território do que antes era chamado de Índias britânicas foi dividido em Paquistão e Índia. (N. E.)

visitantes. No início da década de 1980, a cidade ganhou mais grandiosidade. Em 1982, Nova Délhi sediou os Jogos Asiáticos. Novos estádios e edifícios residenciais, bem como centros de conferências, cresceram por toda a cidade. Uma vantagem adicional foi a entrada da televisão a cores no país. Os estádios cresceram em uma cidade que havia expulsado seus pobres para suas periferias há muito pouco tempo. Se o *slogan* eleitoral da primeira-ministra Indira Gandhi havia sido *garihi hatao* (remover a pobreza), a maioria das pessoas passou a entendê-lo como *garih dilli se hatao* (remover os pobres de Délhi). Os locais da conferência regularmente hospedavam todos os tipos de encontros comerciais e políticos internacionais. Em 1983, esses edifícios receberam a sétima Conferência de Cúpula do MNA.

O MNA veio a Nova Délhi em um momento crucial para Indira Gandhi. Filha de Nehru, Gandhi passou toda a sua vida na política indiana. Quando Nehru morreu, em 1964, Indira Gandhi assumiu um papel importante no Partido do Congresso. Em 1966, ela ganhou as eleições e foi primeira-ministra até 1977. Ela voltou ao poder em 1980, com um mandato enfraquecido por causa dos excessos do regime de lei marcial (Emergência), que ela conduziu de 1975 a 1977. Quando o MNA chegou em Délhi, a cidade estava sitiada. Uma eleição turbulenta em 1983 resultou na derrota do partido de Gandhi nos estados do sul da Índia. Uma estrela de cinema, N. T. Ramarao, quebrou o domínio do Partido do Congresso em Andhra Pradesh, enquanto um importante adversário durante a Emergência (o Partido Janata) venceu na vizinha Karnataka. Em Assam, a oposição (exceto os comunistas) convocou um boicote às eleições. O Partido do Congresso obteve uma vitória de Pirro (apenas 2% da população votou), enquanto a violência entre assameses, bengalis e bobos tomou conta do estado. Em Nellie, Assam, 5 mil refugiados foram mortos (Tariq Ali chamou o ocorrido de "massacre de My Lai multiplicado por dez") (Ali, 1991, p. 226). Gandhi viajou para Assam, fez uma declaração conciliatória ("Não consigo encontrar palavras para descrever os horrores"), defendeu o recém-eleito governo estadual do Partido do Congresso e voltou a Délhi para receber o MNA.

Nova Délhi nos permite escrever o obituário do Terceiro Mundo.

Quando os delegados do MNA chegaram a Délhi, viram fotos do massacre de Nellie em todos os principais jornais e revistas. O fato assombrou o encontro, e lembrou a maioria das lideranças de seus próprios Nellies.

O MNA reunido em Délhi estava em transição. Uma grande disputa sobre a linha a ser seguida estourou na década de 1970, e permaneceu sem solução durante a reunião de Délhi. Nenhum dos dois lados saiu do MNA. Em vez disso, ambos permaneceram, embora um deles tenha ganhado a vantagem em Délhi e, desde então, tenha definido o MNA. A vitória desse campo, daqueles que saudavam a globalização conduzida pelo FMI, é tão responsável pelo assassinato do Terceiro Mundo quanto as forças sociais (imperialismo e capital financeiro) que foram seus maiores adversários a partir dos anos 1950. A maioria dos 101 membros do MNA em 1983 não se apegou a uma ou outra linha da conferência. No entanto, a disputa contaminou o processo e acabou determinando os resultados da resolução final.

A primeira linha sustentava a visão de que o principal problema do planeta era o capitalismo desigual. A pobreza endêmica e o roubo da riqueza social continuaram como resultado das políticas estabelecidas para beneficiar aqueles que reivindicavam a propriedade sobre os recursos do planeta. Nenhuma nação representava os ganhos do capitalismo desigual, embora o governo dos EUA tivesse começado a falar como se fosse o líder dos vencedores. Entre a Tricontinental de 1966 e a sexta reunião do MNA, em 1979, em Havana, ocorreram vários eventos importantes. Uma revolução marxista na Etiópia (1974) inaugurou uma série de derrotas para o bloco imperialista. Em 1975, a Frente de Libertação Nacional derrotou os Estados Unidos no Vietnã do Sul e o Pathet Lao conquistou Vienciana. Nesse mesmo ano, cinco colônias portuguesas na África conquistaram a independência após o fim da ditadura de Salazar em Lisboa. Em 1978-1979, os marxistas tomaram o controle do Afeganistão, o Movimento New Jewel[2] assumiu o poder em Granada e a Revolução Sandinista triunfou na Nicarágua. Além disso, vários regimes africanos (como em Benin, Madagascar, Libéria e Líbia) adotaram o marxismo-leninismo como sua ideologia oficial (Ottaway e Ottaway, 1981). O clima em Havana era exuberante. Depois de pelo menos duas décadas de silêncio, a URSS começou a apoiar abertamente muitos desses movimentos de libertação nacional, que também foram muito ajudados pelas equipes médicas e militares cubanas (particularmente em Angola). Foram essas vitórias e a fidelidade oferecida pelos soviéticos que levaram Michael Manley, da Jamaica, a esta avaliação, no encontro de 1979 do MNA: "Podemos nos chamar de comunistas, socialistas ou humanistas, ou simplesmente progressistas. Mas todos os anti-imperialistas sabem que o equilíbrio de forças no mundo mudou irrevogavelmente em 1917", o que colocava as vitórias recentes no mesmo leito da ainda amplamente respeitada Revolução de Outubro. O conflito era entre os mundos capitalista e comunista, e o não alinhamento não significava neutralidade nessa luta (citado em Carreras, 1980). A reunião de Havana levantou a questão de uma aliança anti-imperialista formal entre o MNA e a URSS – um movimento impulsionado por Castro e os delegados cubanos. As intervenções da Iugoslávia, Índia e Birmânia contiveram Castro, embora a declaração final ainda se inclinasse inteiramente contra o imperialismo liderado pelos EUA.

Entre Havana e Nova Délhi, muitas coisas aconteceram para diminuir esse entusiasmo. Cuba mergulhou em uma grande crise

---

[2] Sigla para New Joint Endeavor for Welfare, Education, and Liberation [Novo Esforço Conjunto para o Bem-Estar, Educação e Libertação], partido de inspiração marxista fundado em 1973, em Granada, tendo como um dos principais dirigentes Maurice Bishop (N. E.).

da dívida (em 1982, o governo devia US$ 3 bilhões, três vezes e meio o valor de suas exportações para o Primeiro Mundo). A União Soviética não podia ajudar Cuba porque estava interna e internacionalmente debilitada. O crescimento econômico inadequado no final da década de 1970 (demonstrado pelo fracasso em atingir a maioria das generosas metas do plano quinquenal de 1976-1980) foi agravado pela falta de apoio global para a invasão soviética do Afeganistão, em 1979. Os Estados Unidos e seus principais aliados do Atlântico aproveitaram a brecha proporcionada por uma União Soviética enfraquecida. A política imperialista de Ronald Reagan estendeu o aumento nos gastos militares iniciado por Jimmy Carter. Algumas intervenções militares fracassadas (particularmente no Líbano) resultaram na criação da Doutrina Reagan, que encorajou o uso de Exércitos mercenários em campo contra regimes de esquerda. Os Contras na Nicarágua, o *mujahideen* afegão, a União Nacional para a Independência Total de Angola e o Khmer Vermelho cambojano são alguns exemplos. Essa disparidade elevada no cenário global restringiu a linha defendida pelas forças de esquerda, cujo líder no MNA era Castro.

Em Nova Délhi, coube a Castro carregar o estandarte para o Terceiro Mundo. Seu discurso aos delegados do MNA retomou a agenda de 1961 em diante, e demonstrou como a crise da dívida que se desenrolava pressagiava o fim do Terceiro Mundo. O governo cubano distribuiu uma versão mais longa do discurso *A crise econômica e social do mundo* na conferência, que apareceria, naquele mesmo ano, em diferentes países e idiomas.[3] Enquanto os cubanos trabalhavam nas salas de conferência, os soviéticos trabalhavam nos corredores. Os soviéticos enviaram uma grande delegação a Délhi; eles distribuíram uma série de livretos sobre

---

[3] O livro apareceu originalmente como *La crisis económica y social del mundo: sus repercusiones en los paises subdesarrollados* (Castro, 1983a) e *The World Economic and Social Crisis: Its Impact on the Underdeveloped Countries, Its Somber Prospects, and the Need to Struggle if We Are to Survive* (1983b).

o papel crucial do MNA na busca pela paz mundial. Em Nova Délhi, no entanto, a influência soviética foi diminuída; de outro lado, a de Castro e dos cubanos permaneceu substancial. Em parte, isso deve ser atribuído à personalidade de Castro, ao seu carisma (ele foi o único a ser aplaudido em pé após seu discurso), mas também porque o regime cubano articulou uma linha independente que cativou os delegados do MNA, ao mesmo tempo que muitos deles se afastavam dessa herança do movimento. Findo seu mandato como presidente do MNA, Castro entregou a presidência da conferência à Indira Gandhi, sua "irmã", que se tornava, assim, a nova líder do movimento.

O principal antagonista de Fidel em Nova Délhi foi o vice-primeiro-ministro de Singapura, Sinnathamby Rajaratnam. Fundador do People's Action Party [Partido da Ação Popular] ao lado do homem mais importante de Singapura, Lee Kuan Yew, Rajaratnam trouxe a nação insular para o MNA em 1970 e ajudou a criar a Associação das Nações do Sudeste Asiático (Asean) em 1977. Em Délhi, Rajaratnam divulgou um discurso que defendia uma posição decididamente antisoviética e pró-EUA. "Somos testemunhas de nosso próprio assalto em câmera lenta", escreveu este ex-colunista do *Straits Times*, "e se não acordarmos para esse fato e fizermos algo para abortá-lo, então o navio do não alinhamento e todos aqueles que navegam nele podem despertar um dia e descobrir que atracaram em um porto soviético". Em uma série de discursos feitos nas Nações Unidas, Asean e MNA, Rajaratnam argumentava que o mundo havia entrado em uma "crise sistêmica" na década de 1970 (United Nations, 24/9/1979, p. 2). A estagnação econômica e a distensão das superpotências levaram a uma situação perigosa para as nações mais escuras. Elas não eram mais capazes de se insinuar em um ou outro bloco e colher alguns bons resultados. As potências do Atlântico e de Varsóvia utilizaram as várias rivalidades regionais para engendrar guerras por procuração. Os países, ele afirmava, não deveriam ser motivados pela fidelidade ao capitalismo ou ao comunismo; eles precisavam ser motivados pelo interesse nacional. Por exemplo, Singapura precisava comercializar tanto com os Estados Unidos quanto com a China, independente dos sistemas político-econômicos adotados por ambos. Isso não significava que Singapura devesse tolerar os comunistas em seu próprio país, no entanto, porque "o povo deixou bem claro que o comunismo não é para eles" (Asean, 6/7/1977, p. 4). O interesse nacional invocado por Rajaratnam era, na verdade, o interesse de classe de um setor criado pelo processo de industrialização por substituição de importações.

Rajaratnam estimulou os Estados do MNA a desconsiderar o conflito bipolar, mas também propôs que revogassem o desenvolvimento centrado no Estado para dar lugar ao crescimento neoliberal. Na Assembleia Geral da ONU em 1979, ele disse que:

> As políticas que funcionam melhor são aquelas baseadas na concorrência de livre mercado, com o papel do governo limitado a proteger o povo contra a atrocidade e as injustiças que a concorrência sem limites poderia infligir e redistribuir os frutos da concorrência sem enfraquecer o espírito desta. (United Nations, 24/9/1979, p. 9)

Rajaratnam foi o porta-voz de uma nova classe em ascensão nos Estados do MNA. As elites industriais, agrícolas e financeiras que lucraram durante várias décadas por conta das políticas de substituição de importações agora superavam suas restrições e não precisavam mais de muletas. O crescimento razoável e a acumulação considerável dessa classe deram-lhes confiança para exercer seus próprios interesses de classe em detrimento das necessidades de sua população. Muitos dos líderes mais agressivos dessa classe nasceram no final da era do imperialismo plenamente desenvolvido. Eles não haviam vivenciado nem o colonialismo nem o anticolonialismo. As estruturas que lhes permitiram florescer agora pareciam ser algemas. Os líderes intelectuais dessa classe passaram algum tempo em instituições internacionais (como o FMI e o Banco Mundial). Aqui, esses intelectuais vivenciaram a mudança de um modelo de desenvolvimento keynesiano (em que o Estado deveria intervir para criar demanda por meio de políticas de bem-estar social e salários sociais) para um modelo de acumulação monetarista (em que o Estado deveria se retirar para a simples função de administrar a oferta de dinheiro garantindo baixos níveis de inflação). Pessoas como os indianos Montek Ahluwalia e Manmohan Singh, bem como os venezuelanos Moises Nairn e Miguel Rodriguez são bons exemplos dessa tendência. Além disso, os migrantes foram bem-sucedidos economicamente nos Estados industriais avançados, levando seu capital e experiência para seus países natais durante a era de estagflação naqueles países; pessoas como Sam Pitroda, da Índia, e Miin Wu, de Taiwan, levaram suas habilidades e visão de mundo para apoiar o desenvolvimento do novo setor de tecnologia da informação em suas terras natais. Essa infusão de habilidades e filosofias de negócios entusiasmou a burguesia emergente nas nações mais escuras, que viam o futuro através de seus olhos, em vez das lentes da agenda do Terceiro Mundo. Esta classe não foi motivada a se tornar um representante econômico das potências atlânticas. Ele acreditava em sua capacidade e queria a oportunidade de florescer. Como disse Rajaratnam: "Não acho que conseguiremos qualquer carona, por mais que gritemos. Os que pedem caronas certamente ficarão para trás" (United Nations, 24/9/1979, p. 10). O desafio de Rajaratnam foi lançado em Nova Délhi para evitar protestos.

Coube a Indira Gandhi, então presidenta do MNA, fazer a mediação entre as linhas de Castro e Rajaratnam. Alguns aspectos uniam os dois. Ambos concordavam que a década de 1970 pressagiava um desastre para as nações mais escuras. A crise da dívida, combinada com a estagflação nas potências atlânticas e o caos na economia soviética eram perigosas. As guerras por procuração aumentaram e a comunidade internacional revelou sua falta de vontade para lidar com os complexos, mas solucionáveis, problemas humanos (notavelmente, a fome na Etiópia e no Sudão no final da década de 1970 e início da década de 1980). Enquanto um clamava por mais intervenção do Estado para solucionar as necessidades dos povos (Castro), o outro queria menos intervenção do Estado em favor da iniciativa privada gerencial (Rajaratnam).

Gandhi não abordou o desacordo abertamente. Sua administração do MNA foi hábil. Ela minimizou a inclinação de Havana para a esquerda e ainda protegeu a instituição de uma associação muito próxima com os Estados Unidos. O que ocorreu sob sua supervisão e além não foi tanto uma associação política com um ou outro campo no mundo, mas um movimento ideológico geral em direção ao novo consenso que estava sendo impulsionado pelas potências atlânticas e pelas organizações financeiras internacionais. Seu discurso foi uma apreciação nostálgica do papel de seu pai na criação do MNA. No meio de seu discurso, ela apresentou uma definição de não alinhamento que soou radical apenas porque não tinha relação com as mudanças na economia política do planeta: "O não alinhamento é independência nacional e liberdade" (citado em Singham e Hune, 1986, p. 306-307).[4] A enfraquecida URSS lentamente capitulou diante das agressivas exigências militares dos Estados Unidos. Embora a dissolução voluntária da URSS tenha ocorrido oito anos depois, sua efetiva deterioração era aparente. As relações internacionais abominam o vácuo: à medida que a URSS se retirava de seu posto avançado, as potências atlânticas, lideradas pelos Estados Unidos, ganharam espaço. Os Estados Unidos chegaram a uma posição de liderança não apenas militar, mas também econômica. Isso quebrou a estrutura financeira do pós-guerra, que permitia uma escalada de flutuação de moedas estabilizadas pelo ouro. Em troca, e por meio de um processo baseado em um complicado mecanismo, o dólar emergiu como o termômetro do sistema econômico mundial. Isso deu aos Estados Unidos um poder incomparável no mundo, à medida que as elites financeiras se comprometeram objetivamente a proteger a super-

---

[4] O resto da citação diz: "Representa a paz e a prevenção de confrontos. Destina-se a evitar alianças militares. Significa igualdade entre as nações e a democratização das relações internacionais, econômicas e políticas. Quer cooperação global para o desenvolvimento com base no benefício mútuo. É uma estratégia para o reconhecimento e preservação da diversidade do mundo" (Singham e Hune, 1986, p. 306-307).

potência e seu dólar (moeda na qual mantinham suas riquezas). A bipolaridade desigual da era da Guerra Fria já estava em transição enquanto o campo liderado pelos EUA assumia o controle dos eventos mundiais. Ser não alinhado agora já não tinha o mesmo significado de 30 anos antes.

A agenda do Terceiro Mundo entendia que o sufocamento econômico das nações mais escuras não vinha apenas de princípios econômicos abstratos, mas sim, notadamente, porque esses princípios foram estabelecidos por meio da intervenção política de atores poderosos. As regras do comércio internacional, por exemplo, não eram simplesmente as de uma teoria econômica *a priori*, mas foram elaboradas pelos poderosos para atender a seus interesses. Por causa dessa análise, qualquer reforma tinha que ser tanto sobre a política da economia (quem escreve as regras) quanto sobre a economia da política (quem detém musculatura econômica para permitir a si mesmo escrever as regras). A inter-relação entre economia e política definiu o trabalho da agenda do Terceiro Mundo.

Essa ligação fundamental foi rompida em Nova Délhi. Os delegados deliberaram sobre questões econômicas, mas não o fizeram nos marcos da Noei de 1973 do MNA. A Noei, adotada pela ONU em 1974, tratava da necessidade de criar novas regras internacionais para promover a soberania econômica e a cooperação. Cooperação sem soberania significaria que as potências com maior musculatura econômica simplesmente continuariam a dominar a economia mundial e, independente de seus melhores esforços, suas vantagens históricas os dotariam com poder desigual. Para remediar isso, a ideia da Noei veio com um conjunto de propostas para reorganizar as relações de poder no mundo, incluindo cartéis de bens primários, uma política monetária mais justa, maior industrialização, controle de corporações transnacionais e um forte compromisso da ONU com os direitos econômicos e humanos.[5]

---

[5] A Noei, aprovada na Assembleia Geral da ONU em 12 de dezembro de 1974, dizia:
1) Associações de produtores de matéria-prima para dar aos Estados produtores

Em Nova Délhi, os delegados mais poderosos (e, portanto, com mais voz) do MNA sugeriram que as questões econômicas deveriam ser vistas como problemas técnicos que poderiam ser resolvidos pelos tecnocratas.[6] Os marcos políticos que sufocavam as escolhas dos tecnocratas saíram da mesa de debate. A reação à crise da dívida é ilustrativa. Quando alguns Estados propuseram que as nações mais escuras simplesmente se recusassem a pagar sua dívida externa, os mais influentes no MNA reprimiram essa opção. Eles achavam que isso só provocaria represálias do G-7, mas não melhoraria seu poder de barganha. Em vez de uma greve total do pagamento da dívida como tática para ajudar a

---

de bens primários o controle sobre o mercado e, portanto, sobre os preços. Os termos de troca, conforme havia apurado a UNCTAD, favoreciam os compradores de matérias-primas. Isso tem que ser revertido por meio da criação de estoques reguladores, um sistema generalizado de preferências por bens primários, a redução de tarifas no G-7 e a redução do custo de transporte e seguro desses produtos para seus mercados finais. 2) Criação de uma política monetária internacional que não penalize os Estados menos poderosos, que tinham de manter suas reservas cambiais em dólares ou outras "moedas fortes" e, portanto, sofriam com os ardis da política monetária dos Estados Unidos. Desde que o dólar se tornou a moeda de fato de comércio e reserva, a política monetária dos EUA afetou profundamente o Terceiro Mundo. O uso da desvalorização para aumentar o comércio e o crescimento da inflação no G-7, especialmente nos EUA, tiveram consequências devastadoras para o resto do mundo. O FMI precisava revisar suas políticas para garantir que não operasse amplamente ou apenas como política de segurança para os Estados do G-7 e seus bancos comerciais. 3) Aumento da industrialização do Terceiro Mundo. 4) Transferência de tecnologia dos países avançados para o resto do mundo a custo mínimo. 5) Regulação e controle sobre as atividades de conglomerados globais ou corporações transnacionais. A ONU havia criado o Centro das Nações Unidas sobre as Corporações Transnacionais (Conuct), em 1974, para estudar o crescimento dessas empresas, para garantir tratados internacionais para regulamentá-las e para fortalecer a capacidade do Terceiro Mundo de negociar com elas. 6) Promoção da cooperação entre os Estados do Terceiro Mundo para permitir que essas políticas tenham impacto. 7) Finalmente, a Noei não poderia ser bem-sucedida sem uma forte presença da ONU e com um compromisso global genuíno com o Código de Direitos e Deveres Econômicos dos Estados.

6   "A Sétima Cúpula se opôs à intervenção da ideologia e da política na política econômica global" (citado em Singham e Hune, 1986, p. 329).

reestruturar a dívida, os membros "moderados" argumentaram que a reestruturação da dívida deveria acontecer individualmente e em negociação. Em outras palavras, contratos individuais entre o Estado endividado e seus credores deveria ser a abordagem, e não a totalidade, do Terceiro Mundo contra seus credores (os governos do G-7 ou casas comerciais sediadas em países do G-7).

A liderança do Terceiro Mundo aceitou que não havia alternativa à lógica econômica do G-7, embora, dentro dessa lógica, seus líderes pudessem lutar para melhorar o acordo que conseguissem fazer. De fato, na reunião do MNA de 1987, o primeiro-ministro indiano e presidente cessante do MNA, Rajiv Gandhi, disse sem rodeios: "Quanto mais fortes formos economicamente, mais respeito obteremos dos economicamente fortes" (Gandhi, 1987, p. 39). Por esse argumento, o crescimento econômico era um critério suficiente para o poder político e, de fato, poderia levar ao poder político. Tal abordagem descartou a insistência da libertação nacional de que o poder político e econômico só poderia ser obtido em conjunto e não em sequência. Além disso, o novo MNA não reconheceu a maneira como o G-7 usava as regras globais para seus próprios interesses. Por exemplo, o G-7 se opôs fortemente quando os Estados do MNA criaram barreiras tarifárias para proteger suas economias, mas pela contagem da UNCTAD os próprios Estados do G-7 tinham mais de 700 barreiras não tarifárias (como subsídios governamentais, restrições quantitativas e outros padrões técnicos para bloquear a importação de certos bens em seus mercados protegidos) (Castro, 1983b, p. 73). A recusa em combater essas regras significava um ocultamento desses benefícios em vantagem do G-7.

A adoção do que viria a ser tornar a globalização (ou a hegemonia da economia neoliberal) veio não só da pressão imperialista, mas também daquelas forças dentro dos países que discordavam fundamentalmente da direção estratégica do desenvolvimento social *escolhida* pelos partidos políticos de libertação nacional. Outras rotas poderiam ter sido tomadas no início da década de

1980, mas apenas alguns lugares isolados, como Cuba, tentaram seguir nessa direção. Os países que conduziram o MNA a esta nova ordem estavam em uma posição ligeiramente melhor do que o restante das nações mais escuras. Em 1983, os Estados do MNA produziam menos de um décimo da produção industrial mundial, embora as corporações transnacionais controlassem três quartos da produção industrial nesses Estados. Entre os Estados do MNA, cinco produziam mais de 80% dessa produção industrial total do grupo: Brasil, Coreia do Sul, Índia, México e Argentina (Castro, 1983b, p. 126-28). Esses Estados (notadamente a Índia, os "tigres" do leste asiático e o Brasil) desempenharam um papel crucial no descarrilhamento da agenda do Terceiro Mundo.

As mudanças no caráter geral do MNA refletiram-se nas mudanças na Índia. Em meados da década de 1970, a agenda econômica indiana fracassou. O fracasso de longa data em reconstruir as relações agrárias, uma dependência excessiva do desenvolvimento industrial em relação a qualquer outro setor, um florescente setor militar (especialmente após a guerra de 1962 com a China e a guerra de 1965 com o Paquistão) e as crises do petróleo do final da década de 1960 produziram angústia e raiva em todo o país. Uma população insatisfeita se levantou em uma série de rebeliões, seja o movimento por alimentos liderado pelos comunistas no final de 1965, o movimento Maoísta Naxalita de 1967, a Frente Anti-Elevação de Preços das Mulheres Unidas de 1973, o movimento Nav Nirman de 1974, a Greve Ferroviária de 1974, ou o movimento Jayaprakash Narayan, em Bihar, de 1974.[7] Este amplo conjunto de movimentos nacionais liderados principalmente pela esquerda, mas também composto em alguns lugares (como o movimento Jayaprakash Narayan) por uma combinação

---

[7] Para um tratamento geral dos acontecimentos antes da Emergência, consulte Bipan Chandra (2003). Para um estudo específico de uma parte do movimento, consulte Nandita Gandhi (1996). Para um tratamento mais completo do que se segue nesta seção, consulte Vijay Prashad (1996, p. 36-68).

entre esquerda e direita prejudicou as credenciais nacionalistas do Partido do Congresso. O partido do movimento de libertação afirmava governar com a agenda nacionalista anticolonial, mas adotou políticas econômicas hostis à grande massa da população. Para contornar essa crítica, o governo Indira Gandhi nacionalizou os bancos em 1969, assinou um Tratado de Defesa Indo-Soviético em 1971 e seguiu com a plataforma *garibi hatao* (eliminar a pobreza) para as eleições gerais de 1971. A nacionalização do banco parecia estar ocorrendo no sentido da libertação nacional, mas na verdade conseguiu duas coisas: centralizou o capital financeiro no interesse dos industriais e ofereceu doses moderadas de crédito a aliados políticos, "pequenos e médios empresários" e à elite agrária que não conseguia gerar capital desde a estagnação econômica de meados da década de 1960. A retórica do socialismo veio ao lado de um conjunto de políticas destinadas a manter a economia política desigual.

Em reação à crescente agitação, o regime de Indira Gandhi declarou estado de emergência, afastou a Constituição e começou a governar por decreto.[8] Embora o mandato formal da Emergência tenha durado apenas dois anos, de 1975 a 1977, ela interrompeu a capacidade do Partido do Congresso de posar como o herdeiro vivo do legado da libertação nacional. Nos primeiros dias da Emergência, em outubro de 1975, Gandhi anunciou um programa de 20 pontos que seguia ao pé da letra uma série de demandas feitas pelo Banco Mundial ao governo da Índia. O programa direcionou os ânimos do Estado contra o que considerava ser os dois inimigos do progresso: pequenos contrabandistas e acumuladores de mercadorias e dinheiro. Medidas paliativas voltadas para estudantes e camponeses sem-terra, bem como para a classe média urbana e a elite industrial, funcionavam como uma tentativa de angariar apoio aos objetivos do regime. A atenção escrupulosa

---

[8] Sobre o período da Emergência, ver Chandra (2003, p. 156-245); Emma Tario (2003).

ao campesinato sem-terra no programa veio ao lado de um novo desenvolvimento: a "liberalização dos procedimentos de investimento" (ponto 14) para o desenvolvimento industrial. Em outras palavras, o Estado propôs permitir a entrada de capital estrangeiro nas áreas até então sob seu comando (o que foi chamado de patamar de comando da economia), e propôs reduzir a regulamentação da indústria e dos negócios. As sobras para os camponeses sem-terra não significariam nada com o tempo, já que o Estado essencialmente entregou as chaves do reino à elite industrial e ao capital estrangeiro. Quando a Emergência terminou, em 1977, e grande parte de seu programa definhou, o impulso para liberalizar a economia, atrair capital estrangeiro e estreitar o relacionamento com o FMI permaneceu.

Não querendo gerar crescimento substancial ou equidade efetiva em tempos de crise, as nações mais escuras tomaram empréstimos pesados de credores comerciais e agências financeiras internacionais. Uma vez endividados, Estados como a Índia submeteram sua soberania econômica ao FMI, que atuou como garantidor para os empréstimos concedidos pelos Estados industriais avançados. Para reforçar suas credenciais junto aos credores internacionais, o regime do Partido do Congresso atacou tanto os sindicatos quanto os controles econômicos (incluindo subsídios). Em 1982, o governo do Partido do Congresso aprovou, em conjunto, a Lei de Manutenção de Serviços Essenciais e a Lei de Segurança Nacional para garantir o trabalho e a acumulação pela força, uma vez que o "trabalho" se tornava "antinacional". O governo reprimiu a greve dos trabalhadores têxteis de Bombaim de 1982-1983 (Wersch, 1992). A experiência do México lançou uma longa sombra sobre a dívida crescente da Índia. O México, um país rico em petróleo, deixou de pagar US$ 80 bilhões em dívidas do setor público em 1982. Quarenta países seguiram o México, deixando de pagar e, um ano depois, outros 27 tiveram que reestruturar suas enormes dívidas. A dívida total das nações combalidas era de US$ 500 bilhões, o que na época ameaçava a estabilidade financeira do mercado mundial (visto que grande parte dessa dívida era devida a bancos comerciais).

A agenda do Terceiro Mundo, elaborada muito habilmente, mas que tinha grandes limitações, definhou. A ideia de nacionalismo começou a mudar. O nacionalismo anticolonial rejeitou uma definição cultural ou racial estrita da nação. Forjado em oposição ao imperialismo, esse nacionalismo criou um programa e uma agenda que uniu as pessoas em uma plataforma de soberania em todos os domínios da vida. Com a liberdade política veio a possibilidade de liberdade econômica e cultural. Se havia divergência sobre que tipo de modelo econômico seguir, poucos discordavam da visão de que eles precisavam criar repúblicas seculares e democráticas. Os dois pilares do nacionalismo do Terceiro Mundo são a independência econômica e a democracia secular. Este último desafiou os novos Estados a renunciar às técnicas divisionistas dos administradores coloniais, bem como transformar as diferenças culturais de passivo em ativo. O primeiro atendia pelo nome de socialismo. Permitiu que os novos Estados fossem patrióticos sem serem chauvinistas. O patriotismo nos Estados do Terceiro Mundo não deveria ser um "amor zeloso pela pátria" de uma forma abstrata e mística. O patriotismo nacional veio em defesa dos princípios da república.

O abandono da soberania econômica fez com que os regimes de libertação nacional perdessem um de seus dois principais pilares de legitimidade. Quando a globalização comandada pelo FMI se tornou o *modus operandi*, as elites do mundo pós-colonial adotaram uma xenofobia implacável e brutal que se disfarçava de patriotismo. Baixas tarifas econômicas e grandes fronteiras culturais formaram os contornos da nova estratégia de legitimação para o antigo Terceiro Mundo. "Estrangeiro", na nova ordem, deixou de se referir ao capital financeiro e às empresas transnacionais; cada vez mais, esse termo se referia a minorias e a qualquer um cuja presença cultural fornecesse um meio valioso para distorcer os sentimentos nacionalistas da população. As classes dominantes nesses Estados adotaram duas posturas, às vezes concomitantemente: uma ânsia de se libertar de suas sociedades e/ou vincular-se à sua população por meio de identidades atribuídas à fé e à raça. As elites nacionais sempre foram um elo fraco para a agenda de libertação nacional. Quando os benefícios da substituição de importações produziram uma burguesia mais agressiva e autoconfiante, essa classe quis quebrar a aliança entre classes. Essa classe ansiava por um rearranjo de alianças, com uma relação mais próxima com o "Ocidente" para ganho econômico e para fornecer prazer consumista. A erosão do Estado do Terceiro Mundo permitiu que essa classe seguisse o padrão do Primeiro Mundo. Na Índia, no início da década de 1980, essa classe era do tamanho da população francesa. No início da década de 1980, o filho de Indira Gandhi, Rajiv, representava essa classe dentro do Partido do Congresso; sua visão tecnocrática de desenvolvimento colidia fortemente com a de libertação nacional.

Com o fim da substituição de importações e nenhum outro plano de soberania econômica em vista que atraísse as massas, o Partido do Congresso perdeu sua reivindicação de representar o nacionalismo anticolonial do Terceiro Mundo. Seus líderes sabiam implicitamente disso, porque a camarilha de Indira Gandhi imediatamente acendeu as chamas da diferença étnica e religiosa para reivindicar sua maioria eleitoral. O apelo à maioria "hindu" contra o secessionismo em Punjab e Assam, bem como contra os muçulmanos e as castas oprimidas, abriu a porta para a corrupção da ideia de nacionalismo anticolonial. O massacre de Nellie, por exemplo, foi resultado desse apelo venal. No final da década de 1970 e início da década de 1980, o Partido do Congresso foi confrontado de igual para igual nesta linha, e foi considerado deficiente por uma força política nacionalista cultural *genuinamente* cruel, o Partido Bharatiya Janata (BJP, na sigla em inglês).

O BJP nasceu de uma tradição violenta e machista de patriotismo nacional que se inspirou mais nas noções nazistas de nacionalismo (sangue e solo) do que nas do nacionalismo anticolonial.

Seus inimigos não eram o capital estrangeiro e a dominação, mas os muçulmanos e os comunistas. O BJP fez valer sua pretensão de patriotismo quando o Partido do Congresso passou o final dos anos 1970 e 1980 colocando a Índia à venda pelo maior lance e para a classe dominante mais agressiva. Mas quando o BJP teve a chance de governar dos anos de 1990 até 2004, ele se envolvia de patriotismo do nacionalismo cultural ao mesmo tempo em que também abriu as portas da riqueza nacional, especialmente por meio da venda de ativos anteriormente nacionalizados a preços baixos. O BJP, apesar de todo o seu *swadeshi* (indigenismo), seguiu o caminho da liberalização à risca, com um de seus principais líderes, L. K. Advani, promovendo "a globalização com nossos pés firmemente enraizados no *swadeshi*". O BJP criou o Ministério do Desinvestimento. O nacionalismo cultural abriu as portas para a globalização conduzida pelo FMI.

Durante sua avaliação da "crise sistêmica" dos assuntos mundiais, Rajaratnam, de Singapura, refletiu sobre a degradação da ideia de nacionalismo. "O nacionalismo, inicialmente uma força positiva e construtiva nos países do Terceiro Mundo", disse ele, "agora entrou em uma fase destrutiva e reacionária. Agora está reproduzindo no Terceiro Mundo os erros e distorções que o nacionalismo europeu cometeu em sua fase imatura da história". O novo nacionalismo "entrou em sua fase de perseguições raciais, religiosas e culturais. A solidariedade que transcendeu as diferenças raciais, religiosas e culturais enfraqueceu ou entrou em colapso em muitos países do Terceiro Mundo" (United Nations, 24/9/1979, p. 5). A avaliação perspicaz de Rajaratnam em 1979 tinha uma limitação importante. A grande esperança da imaginação social burguesa era que a ordem internacional se baseasse em mercados livres e identidades individuais, e que as últimas, de forma desenraizada, pudessem se beneficiar das primeiras, livres de qualquer impedimento. Em vez de realizar o sonho de Rajaratnam, o que se manifestou foi o crescimento simultâneo da globalização conduzida pelo FMI e do nacionalismo paroquialmente cruel. O nacionalismo sectário no mundo anteriormente colonizado não é apenas uma forma adequada de globalização, especialmente quando o bloco socialista entrou em colapso no final da década de 1990, mas parece ser a forma privilegiada que a globalização conduzida pelo FMI assumiu desde o final da década de 1970.

As potências atlânticas desempenharam um papel crucial ao dar cobertura às elites emergentes dos Estados pós-coloniais. Eles pressionaram as instituições do Terceiro Mundo e libertaram as impacientes elites em ascensão. A primeira indicação dessa pressão exuberante ficou patente nas Negociações Comerciais Multilaterais da Rodada de Tóquio (1973-1979) do GATT e na Convenção das Nações Unidas sobre o Direito do Mar, em 1982. Em ambos os casos, o G-7 ofereceu concessões em pequenas reformas e obstinação nas questões significativas (Jackson, Louis e Matsushita, 1984; Ibrahim, 1978, p. 1-26). O G-7 prometeu não "despejar" matérias-primas baratas em economias vulneráveis e compartilhar os minerais no fundo do mar. Embora tudo isso tenha aparecido na superfície, as regras ocultavam as verdadeiras motivações: as novas regras para regulamentações internacionais não eram vinculantes e permitiam que o G-7 conduzisse acordos paralelos com Estados individuais. Entre Argel (1973) e a resolução da ONU sobre a Noei (1974), o G-7 havia feito todos os tipos de relações bilaterais e regionais com os Estados das novas nações. Essas relações proporcionaram algumas vantagens marginais aos Estados individuais, pois enfraqueceram a solidariedade do Terceiro Mundo e garantiram a permanência da estrutura desigual. Quando os líderes falaram sobre a Noei em Nova Délhi, em 1983, eles evocaram a linguagem de Argel, mas não seu significado. O que eles queriam dizer, em vez da reconfiguração total da economia política mundial, era a globalização com um rosto humano. O domínio econômico e político do G-7 continuaria, enquanto seus Estados conseguissem individualmente algumas barganhas e enquanto todos fizessem as falas corretas sobre "desenvolvimento" e "democracia".

O gesto mais triste da linguagem oca do MNA veio na estreita visão do Programa Integrado para Bens Primários. No quarto encontro da Unctad, em 1976, em Nairóbi, os membros do MNA, sem divergências, concordaram com a criação de um Fundo Comum de US$ 6 bilhões para garantir a estabilidade dos preços dos bens primários. O G-7, liderado pelos Estados Unidos, reprimiu essa demanda e acabou concordando com a criação de um fundo com apenas US$ 400 milhões para financiar estoques reguladores e US$ 350 milhões para pesquisa e desenvolvimento dos bens primários. Como dois analistas descobriram, essas promessas mostraram que

> mesmo que alguns acordos sobre bens primários sejam concluídos com sucesso, adicionando assim algo ao capital disponível, um programa genuinamente integrado é improvável de ser implementado. Assim, o que provavelmente será alcançado não fará uma diferença radical para problemas enfrentados na esfera dos bens primários e para a situação e perspectivas da maioria dos países em desenvolvimento. (Geldart e Lyon, 1980-1981, p. 95-96)

As questões econômicas foram desvinculadas da política da economia. Ao mesmo tempo, as questões políticas foram removidas de qualquer consideração sobre as desigualdades de poder e privilégio no mundo. O MNA não produzia mais uma longa e quase impossível lista de declarações e resoluções sobre toda e qualquer luta revolucionária. Nem o MNA fez uma análise do imperialismo ou do papel da Guerra Fria bipolar no acirramento dos conflitos em todo o planeta. Numa reunião do MNA de 1976, em Colombo, Sri Lanka, o moçambicano Samora Machel tentou levantar a questão das guerras por procuração e como as potências atlânticas começaram a selecionar "opções aceitáveis" em situações de conflito. O G-7 (e a mídia internacional) caracterizou esses "movimentos fantoches" como moderados e razoáveis, enquanto seus adversários eram considerados terroristas. A intervenção de Samora neste tema não teve qualquer resultado (Singham e Hune, 1986, p. 154). Da mesma forma que qualquer discussão política sobre a indústria de armas. Em 1972, o Terceiro Mundo gastou US$ 33 bilhões em armas, uma quantia já obscena. Uma década depois, o valor totalizava US$ 81 bilhões. Em 1977, o governo cubano propôs que US$ 650 bilhões desperdiçados no comércio mundial de armas fossem transferidos para uma injeção de capital no Terceiro Mundo. O G-7 não considerou a proposta, a mídia corporativa zombou dela e o MNA não deu a ela muita atenção. A política do MNA mudou para o simbolismo. A criação de uma unidade poderosa para mudar a manipulação política do planeta na Guerra Fria bipolar foi destruída.

O encontro do MNA de 1983 concentrou-se em três questões políticas: os direitos dos palestinos, a liberdade dos sul-africanos e a zona de paz no Oceano Índico. Em 1983, era indispensável, quase tristemente previsível, exigir direitos para os palestinos e os sul--africanos. A genuflexão para com os palestinos e os sul-africanos veio, no entanto, sem qualquer palavra sobre o apoio dado pelas potências atlânticas (particularmente os Estados Unidos) tanto ao regime do Likud em Israel quanto ao estado de *apartheid* africâner na África do Sul.[9] Em 1964, na terceira Cúpula do MNA no Cairo, o Terceiro Mundo pediu o estabelecimento de zonas desnuclearizadas em todo o mundo (como uma Zona de Paz no Oceano Índico). O Tratado da Antártica, de 1959, e o Tratado de Tlatelolco, de 1963, estabeleceram as bases para essa demanda. A Índia conduziu um teste nuclear em 1974 e os Estados Unidos mantiveram uma enorme base no arquipélago de Chagos (Diego Garcia) que abrigava armas nucleares (Kumar, 1984, p. 233-246). Esses pontos não foram incluídos nos marcos da resolução política.

Não havia mais nenhum ataque frontal às instituições do imperialismo que sustentavam e ampliavam a desigualdade

---

[9] Sobre o papel do MNA no oeste da Ásia, ver *Namaste Sharon: Sharonism and Hindutva under US Hegemony* (Prashad, 2003). Até mesmo o secretário de Estado adjunto de Reagan para Assuntos Africanos, Chester Crocker, se opôs ao *apartheid* (Ungar e Vale, 1985-1986, p. 234-258).

global – não apenas a desigualdade econômica, mas também a desigualdade política e cultural. Em termos de igualdade política, nenhuma das potências do G-77 contestou o poder de veto dos cinco Estados nucleares que tinham assento permanente no Conselho de Segurança da ONU. Se a igualdade cultural fosse importante, pelo menos os países do MNA poderiam ter enfrentado a demonstração implacável de superioridade do G-7 em sua autodefinição como "os maiores países do mundo", assim como quando a mídia global, monopolista e privada, decidiu brincar com as vidas da maioria dos habitantes do planeta para explorar temas como a fome, a miséria e os refugiados.

Muita coisa mudou entre a ascensão do Terceiro Mundo e a reunião de Nova Délhi. Nas décadas que levaram à criação do MNA em 1961 e por pelo menos dez anos depois disso, a esperança reinou sobre as populações do mundo. Movimentos de libertação nacional com força militar mínima derrotaram vastos impérios e tentaram criar sociedades justas e um mundo justo. A imaginação visionária criada pelo Terceiro Mundo está bem representada nos discursos de seus líderes em encontros internacionais, mas também no entusiasmo e sacrifício dos cidadãos para criar essas novas nações. As deficiências e contradições internas dos Estados do Terceiro Mundo eram significativas, e intelectuais, políticos e movimentos populares tinham pouca ilusão sobre isso. Castro entregou o bastão a Indira Gandhi e, ainda assim, ele continuou sendo a personificação moral do que era o Terceiro Mundo. Ele foi recebido como uma estrela de rock. O refrão que ele usava era: "lutar". O Terceiro Mundo, nascido na luta, teve que lutar para colocar sua agenda na mesa, e agora tinha que lutar para concretizá-la. Essa era a opinião de Fidel. Mas quem lutaria por essa agenda em um mundo onde o poder efetivo do Terceiro Mundo havia sido drasticamente reduzido? Se os presentes não tinham intenção de seguir essas sugestões, por que Castro mereceu tantos aplausos? Isso significaria que mesmo aqueles que começavam a representar as partes combalidas do mundo criavam alianças de classe com seus companheiros no Primeiro Mundo? E que ao mesmo tempo que abandonavam a agenda do Terceiro Mundo por comunhão com a doutrina da primazia dos EUA e da globalização conduzida pelo FMI, eles mantiveram um vínculo emocional com os dias de fúria do Terceiro Mundo? Nenhum dos líderes e poucos de seus regimes tiveram a vontade ou a capacidade de representar genuinamente as massas que ofereceram sua lealdade a eles de uma forma ou de outra. A falta de luta por uma agenda de justiça social expansiva significava que as formas de solidariedade social engendradas pelas classes dominantes mudaram do nacionalismo anticolonial secular para o nacionalismo cultural. "Luta" deixaria de significar a luta determinada para criar coletividades socialmente justas.

Para nós, a primeira tarefa é destrinchar as políticas do FMI após a crise da dívida. Na década de 1970, o FMI mudou sua missão de três décadas de fornecer crédito de curto prazo a países com *déficits* em conta corrente (credores de última instância) para o uso de suas finanças essenciais como uma arma para demandar mudanças econômicas estruturais, principalmente nas nações combalidas. Em outras palavras, o novo FMI corroeu as instituições de soberania estatal defendidas pelas instituições globais do Terceiro Mundo (Unctad e MNA). Não é fácil de entender o ataque do FMI e exige uma familiaridade com o discurso econômico que tentei tratar da maneira mais acessível possível (no próximo capítulo, "Kingston"). Quando o FMI e o Banco Mundial analisaram cuidadosamente no já abatido Terceiro Mundo, muitas de suas elites lascivas olharam para a orla do Pacífico da Eurásia e encontraram pequenos Estados com altas taxas de crescimento. Essas classes dominantes ansiavam fazer parte do sonho de consumo dos EUA e abandonar o que parecia ser a pobreza incontornável da paisagem do Terceiro Mundo. Seus sonhos tinham uma base frágil, principalmente porque eles não tinham uma análise adequada da causa desse surgimento do "Milagre do Leste Asiático". No entanto, o sonho do caminho do Leste Asiático proporcionou um caminho alternativo para o "desenvolvimento" das classes dominantes nas nações mais escuras que as libertava do Terceiro Mundo (como mostrarei no capítulo "Singapura"). Mas isso não é suficiente, porque não posso ignorar nesta história os milhões de pessoas que continuam a viver no antigo Terceiro Mundo, e cujas camarilhas dominantes abjuraram a criação de uma agenda de libertação. O nacionalismo anticolonial secular deixou de fornecer a base para seu senso de solidariedade social e foi substituído por um nacionalismo cultural cruel que se baseava em formas de solidariedade social fornecidas pela religião, racismo reconstruído ou poder de classe puro (o capítulo final, "Meca", vai jogar luz sobre isso). O Terceiro Mundo foi assassinado por essa confluência de fatores e processos.

Kingston
Globalização conduzida pelo FMI

Cem anos depois de Cristóvão Colombo chegar à ilha da Jamaica, em 1494, a população arawak passou de 100 mil para um punhado. Com o tempo, toda a população foi dizimada e a ilha foi povoada por funcionários coloniais ingleses e proprietários de *plantations*, bem como por africanos escravizados e índios contratados. A mão de obra cativa cultivava a cana-de-açúcar, que fornecia a principal fonte econômica da ilha. As rebeliões vieram com o tempo e geraram uma forte consciência de repulsa pela brutalidade e paternalismo do domínio colonial. Demorou séculos para que a independência chegasse e, quando chegou em 1962, já era mais do que hora.

Do mesmo modo que a abolição da escravidão promoveu a causa da liberdade humana e ainda deixou o povo antes escravizado em condições socioeconômicas decrépitas, também a independência nacional fez avançar a história e ainda assim fez pouco pelos dilemas cotidianos dos jamaicanos.[1] Quando os britânicos tiraram a Union Jack[2] da ilha, eles poderiam muito bem ter cantado as letras joviais do segundo álbum de Bob Marley, exceto que os britânicos não deixaram muito dinheiro para trás:

> Eu trouxe o dinheiro
> como o seu advogado disse para fazer
> Mas isso não vai aliviar a dor no coração que eu lhe causei

---

[1] Para um estudo detalhado das rebeliões da classe trabalhadora jamaicana, desde a abolição da escravidão até a rebelião trabalhista de 1938, consultar Thomas Holt (1992). Para um estudo que acompanha a história de 1938 adiante, ver Abigail Bakan (1990).
[2] Bandeira do Reino Unido. (N. E.)

Isso não vai substituir o meu amor por você, eu sei
Mais uma xícara de café e me vou.[3]

O novo regime do Partido Nacional Popular de Nelson Manley elaborou uma agenda de desenvolvimento social para combater a escravidão sem correntes da vida pós-colonial. Partindo do trabalho de W. Arthur Lewis, um companheiro e amigo de Prebisch, o governo jamaicano seguiu a política de "industrialização por convite". Um sistema de arrendamentos permitia ao governo canalizar o investimento industrial para as áreas da economia que permitiam o desenvolvimento social.[4] A política econômica geralmente se baseava na teoria da substituição de importações, e o governo dependia do investimento estrangeiro direto direcionado, especialmente no setor de bauxita. Este último forneceu à Jamaica a maior parte de suas receitas em moeda estrangeira. Descobertas na década de 1940, as reservas de bauxita caíram nas garras de empresas do Canadá e dos Estados Unidos partir de 1952. Essas empresas, desde então, dominaram a extração do mineral, com a Jamaica se tornando o maior exportador para a América do Norte na década de 1960 (para mais detalhes, ver Davis, 1989). Mas, como no caso do açúcar e do turismo, o povo jamaicano não se beneficiou de seus recursos naturais. O único retorno à Jamaica veio na forma de impostos modestos para o governo, salários magros para a classe trabalhadora e um pequeno tributo para os administradores jamaicanos nas minas e plantações – por esta razão, o que a Jamaica exportou apesar de

---

[3] I brought the money like your lawyer said to do/But it won't replace the 'eartache I caused you;/It won't take the place of lovin' you, I know,/So one cup of coffee then I'll go. Trata-se da canção *One Cup of Coffee*, de Bob Marley, 1962. (N. E.)

[4] O ponto de W. Arthur Lewis era que, dada a escolha do capital estrangeiro e nacional, o último é sempre melhor, mas se não houver nenhum, então o Estado deve controlar a entrada de capital estrangeiro tanto quanto possível. *The Theory of Economic Growth*, de Lewis (1955), é o texto clássico que apresenta a tese, repetida com bons resultados em seu *The Evolution of Foreign Aid* (Lewis, 1971).

seus fabulosos recursos era trabalho barato, e o que ganhava com isso era uma ninharia para seus grandiosos objetivos de desenvolvimento (Girvan, 1973, p. 1-33; 1971).[5]

A abordagem de Manley-Lewis para o desenvolvimento assemelhava-se em todos os seus aspectos essenciais à política seguida pela maioria dos Estados anteriormente colonizados. Incapaz de recorrer ao capital estrangeiro (o modelo porto-riquenho) e não querendo cortar os laços com o sistema capitalista mundial (o modelo cubano), a política de Manley-Lewis esperava tirar proveito de todos os fundos domésticos que pudesse encontrar, bem como acumular receitas para o Estado com a venda de bauxita. O capital levantado iria para alguma medida de desenvolvimento social.

De fato, para um Estado anteriormente colonizado, a economia jamaicana nas duas décadas após o fim do domínio colonial cresceu a uma taxa anual respeitável, de 7% em média, e a renda *per capita* aumentou quase 4,5%. Mas, como o governo da Jamaica efetivamente alugou sua soberania econômica às artimanhas do capital estrangeiro, o crescimento que a economia experimentou não foi capaz de se sustentar. Os fundamentos da economia, como os de grande parte do Terceiro Mundo, não condiziam com a retórica da liberdade.

Apesar da taxa de crescimento decente, a Jamaica não conseguiu levantar fundos para cobrir sua conta de importação; mais de 60% dos bens usados no país vinham do exterior (incluindo energia e bens de consumo, mas também cerca de metade de seus alimentos). Incapaz de cobrir sua conta de importação como resultado de não diversificar sua economia, o governo jamaicano dependia do investimento estrangeiro e do turismo para equilibrar suas contas. Os preços erráticos, mas quase sempre baixos, de seus minerais (bauxita), bem como de suas lavouras (bananas e açúcar), significavam que o balanço de pagamentos sofria de

---

[5] Para uma excelente explanação sobre a exportação de trabalho, ver Paget Henry (2000, p. 228).

um *déficit* crônico. Os empréstimos de bancos comerciais, governos solidários e agências internacionais tornaram-se não um paliativo de emergência, mas um recurso orçamentário regular. Como muitos outros Estados ex-colonizados, a Jamaica passou a depender do investimento estrangeiro direto não como capital para o desenvolvimento ou mesmo como meio de emergência, mas como uma parte rotineira de sua política financeira anual. A ajuda tornou-se exatamente isso: alívio para um orçamento estruturalmente desequilibrado. A falta de diversificação econômica e o uso de investimento estrangeiro para o pagamento de empréstimos em vez de desenvolvimento social levaram a um aumento do desemprego de pouco mais de 10%, em 1960, para pouco menos de 25%, em 1972 (Ahiram, 1964, p. 333-369).

No início da década de 1970, o governo reativou seus esforços para libertar a Jamaica de sua crisálida empobrecida no extremo inferior do capitalismo global. O filho de Manley, Michael, fez uma campanha política feroz e triunfante contra o sistema econômico global que dava as cartas contra países como a Jamaica. Uma vez no poder, Michael Manley promoveu a construção do socialismo democrático na Jamaica, mas seu regime não tentou se desassociar do sistema capitalista mundial, ou mesmo do domínio esmagador de financistas do tipo comercial ou do FMI. Manter a Jamaica ligada à infusão de ajuda ou investimento estrangeiro significava que o governo tinha de responder às demandas dos gestores de dinheiro estrangeiro e não às necessidades de desenvolvimento de longo prazo do povo da Jamaica. Os retornos de curto prazo para os investidores dominaram o planejamento até mesmo do Estado socialista democrático.

O declínio nos termos de troca mudou as prioridades do Estado de libertação nacional; na verdade, criou um novo projeto para o Estado – o que a cientista política Susanne Soederberg chama de "Estado de competição" (Soederberg, 2001, p. 851). Cada Estado concorria com outros para fornecer as melhores condições para a carteira de capital privado. Por causa da crise geral da economia doméstica, sua população não conseguia arrecadar impostos suficientes sobre sua renda e lucros. Essa infusão de capital, então, era mais importante para o Estado de competição do que a própria população do país. As necessidades dos investidores conduziam a política estatal.

Isso não quer dizer que o regime de Michael Manley nada tenha feito para tentar promover os interesses jamaicanos.[6] O regime socialista democrático do governo iniciou uma série de medidas que confrontavam a hegemonia dos Estados do G-7, ao mesmo tempo que não exigiam o ajuste estrutural da ordem capitalista. O primeiro e mais impressionante movimento ocorreu em 1974, com a formação da International Bauxite Association (IBA). Na conferência de fundação em Conakry, Guiné, sete dos maiores produtores de bauxita (Austrália, Guiné, Guiana, Jamaica, Serra Leoa, Suriname e Iugoslávia) perceberam o domínio esmagador de "corporações multinacionais na exploração e processamento de bauxita e comercialização de sua produção" (United Nations, 8/3/1974 [preâmbulo e artigo 3b]). As corporações transnacionais sugavam os benefícios da extração de recursos minerais. O poder combinado das empresas trabalhava contra a concorrência mútua entre os Estados. A Guiné e a Jamaica, por exemplo, concorriam entre si para o bem das empresas transnacionais. A IBA queria que os Estados mudassem esse desequilíbrio de poder. Se esses Estados operassem juntos, as empresas transnacionais poderiam ter que se prostrar diante deles.

O governo Manley buscou retirar o controle da indústria nacional de bauxita de um punhado de corporações transnacionais. Uma arrecadação substancial sobre o preço do conteúdo do lingote de alumínio na bauxita atraiu várias centenas de milhões de dólares para o tesouro em questão de poucos meses e, após deliberação substancial, o governo assumiu o controle majoritário

---

[6] Para duas análises equilibradas, ver Evelyne Huber Stephens e John Stephens (1986); Fitzroy Ambursley (1981, p. 76-87).

(51%) das minas de bauxita (Stephens e Stephens, 1985). Mas o controle sobre a produção e receita doméstica de bauxita não foi suficiente, pois a cooperação crucial do Terceiro Mundo não se concretizou. O Brasil não aderiu à IBA. A Austrália juntou-se ao Brasil na venda de bauxita por menos do que o preço acordado pela associação. Isso destruiu a IBA, que logo se tornou simplesmente um escritório em Kingston.[7]

A bauxita não foi o único bem primário não processado a sofrer uma queda acentuada em seu preço no início da década de 1980. Se na década de 1970 houve um aumento marginal no preço de certos bens primários não petrolíferos, na década de 1980 houve uma queda generalizada desses preços (Maizels, 1992; 1994, p. 1685-1695). Os países dependentes de exportação de bens primários simples perderam receitas de até US$ 290 bilhões entre 1980 e 1991, como resultado do declínio em seus termos de troca. Para a África Subsaariana, o impacto foi terrível. Em grande parte da região, os bens primários não combustíveis representam cerca de um terço das receitas de exportação do Estado. O declínio nos termos de troca significava que esses países perderam em média cerca de 5% de seu produto interno bruto e, assim, tiveram a flexibilidade orçamentária de seu Estado diminuída (Elbadawi e Mwega, 1999). O declínio dos termos de troca na década de 1980 não é místico.[8] Ocorreu por vários motivos. A agricultura nos Estados do G-7 representava um problema significativo, pois esses Estados subsidiavam a produção

---

[7] A história é detalhada em Faysal Yachir (1988 [cap. 4]). Estou me detendo na bauxita, mas devo ao menos mencionar a miríade de outras estratégias adotadas pelo governo Manley, incluindo a expansão do acesso a terras para os sem-terra, a criação de Ensino Médio gratuito e a nacionalização de grande parte do alto comando econômico. Como Manley colocou, essas medidas buscavam mover "o poder do ápice rico para a base democrática" (Manley, 1982, p. 87).

[8] Embora ainda haja um debate sobre sua persistência (Cuddington, 1992, p. 207-227; Cashin, Liang e McDermott, 1999).

mas também usavam fertilizantes e sistemas de irrigação caros para aumentar a produtividade.

O comércio de bauxita foi duramente atingido por mudanças no uso do alumínio. Muitas indústrias usaram o plástico em seu lugar, de modo que, na década de 1970, as exportações de bauxita da Jamaica diminuíram em um terço. Nesse mesmo período, as exportações de cana-de-açúcar da Jamaica caíram 22%, à medida que o mercado do Primeiro Mundo se voltava para açúcar de beterraba e adoçantes artificiais.

No final da década de 1980, alguns cartéis de bens primários permaneceram em atividade, como a Organização Internacional do Cacau, com sede em Londres, mas outros fecharam as portas, como a Associação dos Países Produtores de Café, que encerrou suas atividades em 2002. Do final da década de 1990 em diante, a falta de viabilidade da Organização Mundial do Comércio para agir em nome dos agricultores do antigo Terceiro Mundo mostrou decisivamente que seus preços permaneceriam baixos enquanto os subsídios aos produtores do G-7 permaneceriam legais. Da bauxita ao algodão, agricultores e mineradores nas nações mais escuras enfrentaram tempos perigosos.

Queimado pelo fracasso de sua manobra de cartel e não querendo desafiar a autoridade do capitalismo global em geral, o governo Manley também buscou opções de cooperação regional. A Jamaica assumiu um papel de liderança ao mover a Comunidade e Mercado Comum do Caribe (Caricom) de uma área de livre comércio para uma união aduaneira – isto é, de uma área sem tarifas entre os vários países do Caricom para uma área com uma política de tarifa externa comum com relação àqueles fora dela. O regime de Manley iniciou um diálogo sobre a transformação do Caricom em um mercado comum, mas sem êxito. Até mesmo o Caricom não sustentou sua proposta quando os Estados exigiram concessões para suas próprias políticas tarifárias ou então fecharam acordos paralelos com o Banco de Desenvolvimento do Caribe (Wil, 1991, p. 3-37; Demas, 1978,

p. 229-263). Eram tempos difíceis e a liderança dessas nações não tinha escolhas fáceis. Eles cambalearam em busca de uma saída da armadilha da dívida, e mesmo aqueles como Cuba só conseguiram com a ajuda considerável da já vacilante economia soviética.[9]

Nos primeiros anos da experiência do socialismo democrático de Michael Manley, o principal artista de reggae da Jamaica tornou-se a voz do Terceiro Mundo. Em 1973, Marley and the Wailers lançaram *Burnin'*, seu segundo grande sucesso internacional depois de *Catch a Fire* do ano anterior. Nesse álbum, os Wailers produziram uma série de canções que refletiam a fúria de quem começava a se sentir cada vez mais marginalizado por seu próprio Estado e pela ordem internacional: *Get Up, Stand Up, I Shot the Sheriff, Burnin' and Lootin'* e *Opressed Song* (White, 1983). Uma delas, a faixa-título, deu o tom no que diz respeito à dificuldade de definir o "patrão" que controlava o sistema de restrições econômicas cotidianas:

> Esta manhã acordei com o toque de recolher.
> Oh Deus, eu também era um prisioneiro.

---

[9] Em um discurso na Venezuela (1999), Castro lembrou as primeiras décadas da Revolução Cubana: "Os soviéticos nos venderam petróleo. A preço mundial, sim, a ser pago em açúcar, sim; ao preço mundial do açúcar, sim, mas exportávamos nosso açúcar para a URSS e recebiamos petróleo, matérias-primas, alimentos e muitas outras coisas. Isso nos deu tempo para construir uma consciência, deu-nos tempo para semear ideias, deu-nos tempo para criar uma cultura política. Deu-nos tempo! Tempo suficiente para construir a força que nos permitiu mais tarde resistir aos tempos mais incrivelmente difíceis" (Castro, 1999, p. 66). A visão geral de Janette Habel da economia cubana nas décadas de 1970 e 1980 mostra que a URSS e a Comecon forneceram assistência insuficiente e que os Estados do Pacto de Varsóvia poderiam até mesmo ter fraudado Cuba no preço que ofereciam pelo açúcar. Em 1987, Castro disse com veemência à liderança do bloco soviético: "Um país socialista do Terceiro Mundo deve se desenvolver; ele deve não apenas adiar indefinidamente – ou mesmo eternamente – o pagamento de sua dívida, mas também receber novos créditos e recursos para seu desenvolvimento" (citado em Habel, 1991, p. 29).

Não foi possível reconhecer que estão me vigiando.
Todos estavam vestidos com uniformes de brutalidade.
Quantos rios temos que cruzar,
Antes de falarmos com o chefe?
Tudo o que temos, parece que perdemos,
Devemos realmente ter pago o preço.[10]

E então, por causa do fracasso estrutural da agenda do Terceiro Mundo,

É por isso que vamos
Queimar e saquear nesta noite...
Queimar todas as ilusões nesta noite.[11]

Em 1976, a balança de pagamentos jamaicana registrou um *déficit* (em dólares jamaicanos) de 231,3 milhões, e as reservas cambiais líquidas caíram vertiginosamente de um saldo positivo de 136,7 milhões em junho de 1975 para um saldo negativo de 181,4 milhões em dezembro de 1976. A inflação mundial, os altos preços do petróleo e uma queda nos preços dos bens primários afetaram as reservas, como aconteceu com a maioria das nações mais escuras. Em 1960, a dívida total dos 133 estados que o Banco Mundial contava como parte dos "países em desenvolvimento", entre dívida pública e privada, era de quase US$ 18 bilhões. Em dez anos, a dívida havia escalado para US$ 75 bilhões e, quando a Jamaica entrou em crise fiscal, era de US$ 113 bilhões. Em 1982, a dívida havia atingido a cifra astronômica de US$ 612 bilhões. Embora muitos estudiosos e comentaristas culpem a crise do petróleo de 1973-1974 pelo aumento da dívida, este é um argumento superficial. A alta do preço do petróleo

---

[10] This morning I woke up in a curfew./Oh God, I was a prisoner too./Could not recognize the faces standing over me./They were all dressed in uniforms of brutality./How many rivers do we have to cross,/Before we can talk to the boss?/All that we got, it seems we have lost,/We must have really paid the cost. Trata-se da canção *Burning and looting*, de 1973. (N. E.)

[11] That's why we gonna be/Burnin' and lootin' tonight .../Burnin' all illusions tonight. Trata-se da canção *Burning and looting*, de 1973. (N. E.)

devido à ação de cartel da Opep apenas exacerbou tendências que já haviam impedido o desenvolvimento social dos estados ex-colonizados. A agenda de desenvolvimento distorcida seguida pela maior parte do Terceiro Mundo, sejam aqueles que adotaram sejam os que rejeitaram o socialismo, e a pressão imperialista enfrentada por esses Estados produziram uma economia política internacional estruturalmente empobrecida. Quando a crise do petróleo chegou, ensejou a conjuntura para a irrupção da podridão estrutural do Terceiro Mundo.

Muitos dos Estados atolados em dívidas lutaram para levantar fundos. Como a estratégia da Noei vacilou, os Estados do Terceiro Mundo recorreram a bancos comerciais para cobrir suas dívidas. Tomar emprestado sem qualquer capacidade de pagar os empréstimos e os juros foi a causa precipitante da crise da dívida para o Terceiro Mundo. Em 1974-1975, os Estados não exportadores de petróleo do Terceiro Mundo tiveram de levantar US$80 bilhões para financiar seus *déficits* externos. Desse total, cerca de US$ 36 bilhões vieram de fontes privadas.[12] Os bancos comerciais do G-7, que descobriram que o lucro dentro dos Estados industriais avançados diminuía à medida que as taxas de produtividade se estabilizavam, voltaram-se avidamente para financiar os Estados do Terceiro Mundo. Eles dividiram os "mercados emergentes" em pelo menos duas categorias: os "exportadores de produtos manufaturados de rápido crescimento", como Brasil, Filipinas e Coreia do Sul, e os "novos exportadores de *commodities*", como Peru e Zâmbia, exportadores de cobre, e até o Zaire (cobre, cobalto e manganês). Mas os bancos não distribuíriam seu capital sem a cobertura do FMI.[13] Se o FMI ungisse o Estado com um acordo de reserva de curto prazo, ele fornecia

---

[12] Conto com o excelente resumo sobre os empréstimos bancários de Emma Rothschild (27/5/1976, p. 16-21).

[13] As raízes disso remontam ao empréstimo do FMI ao Chile em 1956. Os bancos estadunidenses insistiram em um acordo com o FMI para que não pudessem ser acusados de "imperialismo do dólar".

um "selo de aprovação" para mais fundos. Os empréstimos do FMI frequentemente ficavam aquém do montante necessário, de modo que o FMI atuava como seguro para os bancos comerciais privados. Os bancos estadunidenses assumiram a liderança. Por exemplo, como observa a economista Emma Rothschild, 21 dos maiores bancos dos EUA emprestaram mais de US$ 5 bilhões ao Brasil e ao México cada. O dinheiro fluiu para o Terceiro Mundo, mas não sem perspectiva de retorno. Em 1975, relata Rothschild, "cada um dos cinco maiores bancos estadunidenses obteve mais de 40% de seus lucros com operações estrangeiras. O Banco Chase foi um caso extremo. Ganhou 64% de seus lucros no exterior, em comparação com apenas 22% em 1970" (Rothschild, 27/5/1976, p. 16-21).

Esses bancos comerciais tomaram uma decisão inteligente. Seu investimento na pobreza estrutural da crise da dívida da balança de pagamentos do Terceiro Mundo gerou retornos consideráveis. Mas a situação parecia ilógica. Como os pobres poderiam pagar esses enormes empréstimos? Até a imprensa capitalista se preocupava com os bancos perdulários. "Não aparece em nenhum mapa", brincaram os editores do *Wall Street Journal*, "mas há uma nova montanha no planeta – uma dívida de US$ 500 bilhões acumulada pelos países em desenvolvimento". Como a situação "parece terrivelmente ameaçadora" para alguns, continuava o jornal, ela pode criar uma reação em cadeia de inadimplência e falência de bancos que se assemelharia à grande depressão da década de 1930. Salta aos olhos uma perspectiva tão pessimista apresentada por um porta-voz do livre mercado.

A inadimplência não veio porque o FMI, apoiado pelo governo dos EUA e pelas novas elites confiantes das nações mais escuras, forçou aos governos a canibalização de seus recursos para manter os cronogramas de pagamento. Após o colapso do México em 1982, o governo dos EUA propôs o Plano Brady (1989), que tinha dois elementos. Em primeiro lugar, os bancos emprestariam dinheiro para cobrir a dívida se o país oferecesse garantias para pagar o empréstimo e a dívida e, em segundo lugar, o FMI e o Departamento do Tesouro dos EUA ratificariam o empréstimo se o país entrasse em um processo de reforma econômica significativa. Essas reformas foram planejadas para construir Estados de competição e eliminar os elementos do Estado responsivo criado pelos regimes de libertação nacional.

Os Estados endividados não podiam pagar total ou definitivamente os montantes emprestados porque não tinham capacidade estrutural para aumentar suas exportações acima de suas importações, nem podiam recuperar as desvalorizações de suas moedas locais que resultaram do pacote do FMI.[14] No entanto, eles pagavam juros anuais, levantados por meio de mais crédito ou então pelo desvio do excedente que poderia ter sido destinado ao bem-estar social (saúde, educação e outras áreas semelhantes do salário social).

Em 1983, os fluxos de capital se inverteram, à medida que mais dinheiro vinha dos Estados endividados para o G-7 do que saía na forma de empréstimos e ajuda. Em outras palavras, os países endividados subsidiaram e financiaram as nações ricas. No final da década de 1980, os Estados endividados enviavam em média US$ 40 bilhões a mais para o G-7 do que o G-7 enviava como empréstimos e ajuda; este se tornou o tributo anual das nações mais escuras. Em 1997, a dívida total do mundo anteriormente colonizado era de cerca de US$ 2,17 trilhões, com um pagamento diário do serviço da dívida de US$ 717 milhões. As nações da África Subsaariana gastaram quatro vezes mais com o serviço da dívida, com pagamento de juros, do que com saúde. Para a maior parte dos Estados endividados, entre um terço e um quinto de seu produto interno bruto foi desperdiçado para se custear o serviço da dívida. A crise da dívida tinha vencedores: os interesses financeiros no G-7.

---

[14] O primeiro diretor do FMI, o belga Camille Gutt, observou que a desvalorização "é uma forma de confisco" (citado em Sampson, 1981, p. 112).

Se os bancos comerciais do G-7 ganhavam com os empréstimos que continuavam a conceder ao novo mundo endividado, não ganhavam sozinhos. Culpar a crise do petróleo de 1973-1974 pela implosão disfarça outro beneficiário do aumento dos preços do petróleo. Durante os primeiros seis meses de 1974, quando os efeitos fiscais da crise do petróleo ficaram claros, o G-7 teve um *superávit* de US$ 6 bilhões com os Estados não exportadores de petróleo do Terceiro Mundo, mas sofreu um *déficit* de US$ 41 bilhões com os Estados exportadores de petróleo. Um ano depois, os Estados não petrolíferos deviam US$ 21 bilhões, enquanto o G-7 devia ao grupo petrolífero US$ 21 bilhões (Rothschild, 27/5/1976, p. 16-21; United Nations, 1975). A balança estava equilibrada. O aumento da receita do petróleo para o G-7 foi compensado pelo que era devido pelo Terceiro Mundo sem petróleo. Além disso, os Estados petrolíferos, como vimos anteriormente, mantinham seus lucros em grande parte em dólares americanos, o que significava que como o dólar estadunidense abandonou o padrão ouro em 1971, ele permanecia numa posição privilegiada na economia global porque os petrodólares mantiveram sua demanda (Kubursi e Mansur, 1994; Kubursi, 1984). O aumento dos petrodólares permitiu que os Estados Unidos abandonassem as próprias restrições macroeconômicas que exigiam do Terceiro Mundo e, portanto, funcionavam com *déficit* para fortalecer sua economia doméstica e expandir suas já consideráveis Forças Armadas.

A crise da dívida e a desunião geral no Terceiro Mundo em relação a sua resposta a essa situação apresentaram uma abertura para o G-7 e suas agências internacionais, notadamente o FMI, para exigir concessões imensas dos Estados endividados. A crise da dívida foi o cavalo de Troia para um ataque ao breve projeto de construção da soberania do Terceiro Mundo. O FMI não fornecia assistência de curto prazo sem contrapartida. Em sua reunião de fundação, em 1944, a proposta da delegação indiana era que o FMI deveria "ajudar na utilização mais plena dos recursos dos países economicamente subdesenvolvidos". As principais potências (lideradas pelos Estados Unidos) rejeitaram esta formulação. Para eles, o FMI deveria ser simplesmente um instrumento para garantir que os países endividados fossem incentivados com empréstimos para cobrir seu *déficit*, em vez de erguer barreiras comerciais para sustentar sua economia. O FMI, principalmente para os Estados Unidos, seria mais um instrumento para manter um sistema capitalista livre de tarifas. Conforme o Artigo 1, n. 5 colocou, o FMI teria de

> dar confiança aos membros, disponibilizando os recursos gerais do Fundo temporariamente a eles sob salvaguardas adequadas, proporcionando-lhes assim a oportunidade de corrigir desajustes em sua balança de pagamentos sem recorrer a medidas destrutivas para a prosperidade de âmbito nacional ou internacional.

A proposta da Índia visava estender o âmbito do FMI da política monetária e estabilização macroeconômica às necessidades de desenvolvimento do emergente Terceiro Mundo. Isso não poderia ser permitido por uma instituição destinada a ensinar ao mundo os fundamentos da economia neoclássica de livre mercado (Korner, Maass, Siebold e Tetzlaff, 1986, p. 43). A política do FMI não apenas encorajou a exportação de capital, mas também conduziu a exportação das relações capitalistas de produção para as nações mais escuras.

Em 1954, o governo do Peru procurou o FMI para um empréstimo de curto prazo. O FMI concedeu o empréstimo sem a esperança de que o governo do Peru fizesse bom uso dele. Em vez disso, o FMI exigia uma condição: que a economia do Peru mantivesse uma taxa de câmbio estável. Gradualmente, o FMI criava procedimentos de responsabilização e punição, geralmente como um relatório fraco contra o país que poderia levar à escassez de financiamento comercial. Os Estados fora do G-7 que receberam dinheiro do FMI tinham que se submeter a uma renovação total de suas relações políticas e econômicas. Em março de 1980, o Banco Mundial daria a esse tipo de política um nome, "Empréstimo de ajuste estrutural", que logo seria chamado de Programa de Ajuste Estrutural (PAE). A Jamaica e outros países tiveram de se submeter a empréstimos PAE *avant la lettre* na década de 1970.

Em dezembro de 1976, quando Marley subiu ao palco do Parque Nacional dos Heróis de Kingston para seu show *Smile Jamaica*, o governo de Manley aderiu ao FMI.[15]

> Vamos ajudar nosso pessoal, ajudá-los direito.
> Oh Senhor, ajude-nos esta noite.
> Jogue fora aquele feitiço maligno,
> jogue um pouco de água no poço e sorria
> Na Jamaica, vamos lá e sorria [16]

O plano do FMI era rigoroso. Primeiro, pedia ao governo para desvalorizar sua moeda para desencorajar as importações e aumentar sua capacidade de exportar seus produtos. A política pretendia mudar o movimento da substituição de importações para uma economia orientada para a exportação. Em segundo lugar, o governo tinha que desencorajar um aumento nos salários para conter a necessidade de importação de bens. Terceiro, o FMI pedia a redução dos gastos do Estado e uma contração do papel do Estado na economia (sem mais controles de preços e subsídios). Quarto, o Estado precisava vender seus ativos do setor público e aumentar o espaço das empresas privadas. Por fim, o Estado tinha que dificultar a oferta de dinheiro e aumentar as taxas de juros para induzir a "disciplina fiscal". Se Marley pedia à Jamaica que sorrisse no final de 1976, alguns meses antes sua

---

[15] Para a análise da adesão da Jamaica ao FMI, me apoiei em Richard Bernal (1984, p. 53-82); Norman Girvan, Robert Bernal e Wesley Hughes (1980, p. 113-165).

[16] We're gonna help our people, help them right./oh Lord, help us tonight./Cast away that evil spell,/throw some water in the well, and smile/In Jamaica, c'mon and smile. Trata-se da canção *Smile Jamaica*, de 1978. (N. E.)

esposa, Rita, escreveu uma canção diferente, que Bob cantou no verão:

> Eles são loucos.
> Vamos colocar aqueles loucos para fora da cidade
> [...]
> Lá vem o vigarista com seu plano
> [...]
> Vamos colocar aqueles loucos para fora da cidade.[17]

O FMI chegou com uma receita pronta para atender a todas as doenças, fosse na Jamaica, em 1976, fosse no Sudão e no Zaire, em 1979, fosse em outros lugares.[18] Os elementos da política do FMI incluíam itens como oferta mais restrita de moeda, moeda desvalorizada, altas taxas de juros, despesas governamentais reduzidas, salários mais baixos e um ataque às tarifas e subsídios. A lógica do salário social deu lugar à da austeridade. O FMI estimulou as nações endividadas a se submeterem à integração completa no sistema capitalista mundial, e a não tentarem criar modos independentes de proteção econômica ou mesmo reformas para privilegiar o desenvolvimento interno. Em vez de encarar com realismo a crise de curto prazo da balança de pagamentos, o FMI, na década de 1970, usou a crise financeira como meio de exigir mudanças profundas nos arranjos políticos e econômicos concebidos pelo Terceiro Mundo. Em outras palavras, o FMI perseguiu todas as políticas iniciadas por outra agência internacional, a Unctad. Em vez de considerar que o problema da dívida derivava do dilema das economias de monoexportação, ex-colônias famintas de capital ou lutas de classes inacabadas no Terceiro Mundo, o FMI atribuía o problema à natureza do Estado. O FMI repreendeu o fato de

---

[17] "Them crazy. Them crazy./We gonna chase those crazy/baldheads out of town. [...] Here comes the conman,/coming with his con plan [...] We gonna chase those crazy/baldheads out of town". Trata-se da canção *Crazy baldhead*, de 1976. (N. E.)

[18] Para o caso do Zaire, ver Andrew Schoenholtz (1987, p. 420-427).

que o Estado do Terceiro Mundo tentou arquitetar o desenvolvimento, ainda que, na verdade, o fundo tenha assumido o papel de administrar o excedente.

Na Jamaica, os efeitos imediatos da política do FMI recaíram sobre a classe trabalhadora rural e urbana. A inflação disparou quando o dólar jamaicano enfrentou uma desvalorização significativa e os preços dos produtos básicos começaram a disparar (a carne de frango subiu 74%, o peixe salgado, 285%, o leite, 83%, a farinha, 214%, e o óleo de cozinha, 71%) (Korner, Maass, Siebold e Tetzlaff, 1986, p. 70). O regime de austeridade do FMI reduziu os salários reais em até 35% só em 1978. Em 1980, a taxa de desemprego na Jamaica disparou para 30% ou talvez mais. Cerca de 60% das famílias jamaicanas começaram a depender principalmente, senão exclusivamente, da renda das mulheres, muitas das quais trabalhavam em pequenas fábricas que pagavam muito pouco na zona de livre comércio de Kingston. Nessa zona, 80% dos funcionários eram mães solteiras, cujo desespero para manter suas famílias vivas significava que três quartos delas faziam horas extras. Uma dessas mulheres, Debbie, disse a um pesquisador em 1988 que ganhava $30 a cada duas semanas, e "quando chega a hora de meu saque, coloco no Credit Union e tento guardá-lo para as contas de serviços básicos. Mas estou sempre atrasada. Às vezes, tenho que me virar sem luz, água ou gás e implorar aos meus vizinhos até poder pagar". Quando Debbie não conseguia fazer hora extra, ela tinha que se juntar às *higglers* (as vendedoras de rua): "Vou ao mercado com alguns dólares para comprar coisas essenciais como temperos, *callaloo* (verduras) e as frutas mais baratas. Vou no fim do dia quando os preços estão mais baixos; eu verifico os preços e pechincho. Demanda muita energia" (Gordon, 1985). A jornalista Joan Ross Frankson, que relatou esta pesquisa, resume da seguinte forma:

> Ao impor políticas de ajuste estrutural à Jamaica, o Banco Mundial e seu parceiro FMI reverteram a velha regra sobre as mulheres e crianças serem salvas primeiro. Neste novo e difícil oceano, não

há botes salva-vidas – e mulheres e crianças devem simplesmente afundar ou nadar. (Frankson, 1990; LeFranc, 1985, p. 99-132)

Os problemas da Jamaica com as políticas do FMI imitaram o que havia ocorrido em outros lugares. O Programa de Desenvolvimento da ONU, assim como outras agências, registraram suas próprias dúvidas quase no mesmo instante em que o FMI começou a ajustar estruturalmente o Estado de libertação nacional.[19] Dentro do FMI, houve até aqueles que tinham dúvidas. Em 1990, um economista sênior do FMI estudou as medidas de estabilização impostas pelo fundo de 1973 a 1988, período em que o ajuste estrutural bombardeou o Terceiro Mundo. Seu estudo econométrico descobriu que "a taxa de crescimento é significativamente reduzida em países com programas em relação à mudança em países sem programas" (Khan, 1990, p. 215). O remédio do FMI produziu um paciente com atividade econômica contraída, a destruição da capacidade de crescimento econômico de longo prazo, a canibalização de recursos (o que se denomina "despojamento de ativos") e a consequente volta para a exposição de exportador de matéria-prima. Muito disso resultou no aumento da desigualdade em termos de classe e gênero, além da devastação ambiental generalizada.

Na década de 1960, os Estados do Terceiro Mundo, organizados na Unctad, haviam se comprometido a não atacar a já reduzida capacidade de consumo de seus cidadãos. Os fundos para o desenvolvimento não poderiam ser obtidos com impostos adicionais, prometiam esses Estados, porque não seriam capazes de tirar mais de uma população relativamente empobrecida. Depois de duas décadas, quando a era do FMI corroeu a soberania dos Estados

---

[19] "O FMI exerceu uma forte influência nos países em desenvolvimento ao estabelecer condições rígidas sobre os empréstimos que oferece. Essa condicionalidade tem sido geralmente monetarista e deflacionária, obrigando os governos a reduzir sua demanda por importações, reduzindo a demanda geral – com cortes nos gastos públicos e privados. Esses cortes muitas vezes reduziram o consumo, o investimento e o emprego – e sufocaram o crescimento econômico" (United Nations, 1992, p. 75).

de libertação nacional, tornou-se rotina exigir que esses Estados vazios agora extraíssem cada vez mais excedente de suas populações exauridas para pagar os já enriquecidos bancos comerciais e agências internacionais. A estabilidade macroeconômica tornou-se um ator mais importante no cenário mundial do que os cidadãos dos Estados de libertação nacional. Em 1977, Michael Manley reclamou: "Não podemos continuar a ouvir que o preço do apoio à balança de pagamentos por meio do FMI pode envolver medidas que causam fome em massa" (citado em Korner, Maass, Siebold e Tetzlaff, 1980, p. 129). Se Manley se preocupava com a capacidade de sobrevivência da classe trabalhadora, o FMI adotou uma abordagem cruel para o sacrifício. Em 1981, o diretor do fundo, Jacques de Lavosiere, pediu "sacrifícios por parte de todos: o financiamento internacional não terá nenhum propósito se for gasto no consumo como se não houvesse amanhã" (citado em IMF Survey, 9/2/1981).

Sacrifícios não podiam ser exigidos sem a expectativa de que resultariam em protesto. As primeiras vítimas das políticas do FMI lutaram vigorosamente com seus governos contra sua adesão às condições do FMI. Do Egito ao Peru, do Sudão ao Equador, da Bolívia à Libéria – as ruas do Terceiro Mundo vibravam com os gritos de "Os pobres não aguentam mais"[20] (como o grafite de rua em Kingston).

> Venha, vamos queimar a Babilônia mais uma vez
> Venha, vamos cantar a Babilônia mais uma vez
> [...]
> Os homens veem seus sonhos e aspirações desmoronarem diante de seus olhos
> E todas as suas intenções perversas de destruir a raça humana [...]
> Venha, vamos cantar a Babilônia mais uma vez.[21]

---

[20] *The Poor Can't Take No More*, no original. (N. E.)
[21] Come we go burn down Babylon one more time/Come we go chant down Babylon one more time.../Men see their dreams and aspirations crumble in front of their face/And all their wicked intentions to destroy the human race.../Come we go chant down Babylon one more time. Trata-se da canção *Chant down Babylown*, de Bob Marley, 1983. (N. E.)

A Babilônia sabia que suas demandas não ficariam sem resposta. No início de 1980, a Comissão Independente para Questões de Desenvolvimento Internacional, presidida pelo ex-chanceler socialista da Alemanha Ocidental, Willy Brandt, publicou "Norte-sul: um programa para a sobrevivência", que ficou conhecido como Relatório Brandt. O relatório havia sido encomendado por Robert McNamara, do Banco Mundial, para descobrir por que o processo conhecido como "desenvolvimento" não produziu justiça. Perto do final do relatório, a comissão observou: "A insistência do Fundo em medidas drásticas tendeu a impor fardos políticos desnecessários e inaceitáveis aos mais pobres, às vezes levando a 'motins contra o FMI' e até mesmo à queda de governos" (Brandt, 1980, p. 216). A Jamaica enfrentou tanto esses levantes quanto a queda de seu governo. O governo Manley poderia ter rejeitado as exigências do FMI, recusado a cobrir seu *déficit* e se voltado para Cuba e outros em busca de ajuda. Mas essa era uma estratégia perigosa, dada a resposta esmagadoramente militar que teria vindo dos Estados Unidos (como os nicaraguenses descobriram depois da triunfante revolução sandinista de 1979, e como os cubanos continuaram a experimentar). Em vez disso, Michael Manley aceitou os fundos do FMI e tentou amenizar suas demandas, para produzir um ajuste estrutural com rosto humano. Manley se opôs à exigência do FMI de que o Estado cortasse seus programas sociais, pois esse era "o preço da sobrevivência para o sistema democrático" (Bernal, 1984, p. 71). É claro que o FMI não cedeu, e o orçamento do governo de Manley teve que ceder, e ceder novamente. Como Manley hesitava, os bancos comerciais se recusavam a oferecer empréstimos. Quando isso aconteceu, as condições eram onerosas. No final de 1980, a renda *per capita* na Jamaica caiu 40%.

Essa pressão e o aumento do desemprego não apenas prejudicaram a credibilidade do governo Manley, mas também questionaram a viabilidade do socialismo democrático – ou mesmo de qualquer alternativa ao capitalismo. Como observou o economista

Richard Bernal, "as ações e programas [do FMI] deram credibilidade à acusação de que o governo era culpado de má gestão econômica e que o socialismo democrático era impraticável e inoperante" (Bernal, 1984, p. 71). A globalização do FMI promove a visão de que o Estado de libertação nacional é uma instituição autoritária e ineficiente. Em vez de permitir que o Estado determine e regule o processo da economia, as políticas do FMI defendem as "forças de mercado" ou o "mercado" como o agente mais eficiente para a atividade econômica. Quando os funcionários do FMI disseram aos jamaicanos que a política deveria ser retirada do mercado, o que eles queriam dizer, Bernal destacou, era que o Estado deveria abdicar de seu papel formal de responsabilidade na gestão do excedente social. O mercado cuidará de tudo.

Manley convocou uma eleição. Ele queria torná-la um mandato contra o FMI e suas prescrições. Isso sempre foi algo difícil, porque é difícil fazer da dominação abstrata uma questão eleitoral coerente e emotiva. A oposição liderada pelo Partido Trabalhista Jamaicano de Edward Seaga, pró-Estados Unidos, foi capaz de fazer a eleição depender do estado corrente da economia e não das pressões externas da globalização conduzida pelo FMI. As coisas pareciam ruins para Manley. Nas ruas de Kingston, via-se nos muros: "FMI = It's Manley's Fault[22]" (Waters, 1985, p. 203). Oitocentas pessoas morreram em uma eleição das mais contenciosas e violentas. Seaga foi conduzido à vitória.

Seaga herdou uma economia quebrada. Seu partido elaborou o Programa Nacional de Reconstrução, incluindo a reconstrução de partes do setor público (Jamaican Labour Party, 1980). Quando Manley falou sobre o setor público, o governo dos Estados Unidos o repreendeu; quando Seaga o fez, eles defenderam sua liderança na reconstrução da infraestrutura necessária. A diferença era política. Uma Jamaica pró-atlântica poderia ser um contraponto aos

---

[22] IMF é a sigla em inglês para FMI e também para as iniciais de É culpa de Manley, em inglês. (N. E.)

insurgentes na Nicarágua e em Granada, bem como em Cuba. Da mesma forma, na Orla do Pacífico, o governo dos EUA financiou ditaduras na Indonésia e nas Filipinas, apesar dos ruídos "nacionalistas" de Suharto e Marcos. Suharto declarou 1966 como o "Ano da Autossuficiência" e ameaçou nacionalizar a indústria do petróleo. O programa econômico de Suharto incluía um pacote de medidas como substituição de importações, industrialização por convite e portas abertas para o setor de extração (a Caltex, com sede nos EUA, ocupava uma posição de liderança no petróleo, enquanto a Freeport-McMoran, também com sede nos EUA, dominava o cobre). Enquanto Suharto facilitava o trabalho das corporações transnacionais e se unia aos Estados Unidos em uma aliança geopolítica, tudo o mais era perdoado (Payer, 1974, p. 79). Marcos, em 1973, impôs uma Constituição que renegou a política de portas abertas para as empresas estadunidenses, mas permitiu que essas mesmas empresas continuassem entrando pela porta dos fundos com "contratos de serviço". Além disso, Marcos assinou o Decreto Presidencial n. 66 para criar a Zona de Processamento de Exportação de Bataan (ZPE); empresas estrangeiras nessa ZPE receberam enormes isenções fiscais e repatriaram seus lucros (Celoza, 1997; Payer, 1974, p. 79). Esse foi um prenúncio da estratégia de industrialização voltada para a exportação de Marcos, bem recebida pelo Tesouro dos EUA e pelo G-7. Seaga também falou publicamente sobre a necessidade de um setor público eficiente ao mesmo tempo que encorajava as duas principais empresas transnacionais de bauxita (Kaiser e Reynolds) a expandir suas operações na ilha. Marcos, Suharto e Seaga dominavam a arte da ilusão política: em um passe de mágica, eles se apresentaram como nacionalistas eficientes ao abrirem seus países para corporações não regulamentadas. A burguesia nacional, representada na Jamaica por Seaga, camuflou seu entusiasmo pela "reforma" afirmando que não havia alternativa e que o FMI "nos obrigou" a fazê-lo e divulgando a quantidade de dinheiro dos EUA e do FMI que fluía para o país como resultado das reformas.

A proximidade com o Pentágono e a Casa Branca permitiu que esses Estados obtivessem benefícios financeiros. O governo dos Estados Unidos despejou dinheiro na Jamaica: US$ 100 milhões por ano em espécie e a compra de milhões de toneladas de bauxita para seu "estoque estratégico" (Stief, 1985). Além disso, o tesouro dos Estados Unidos afiançava esses Estados com as agências internacionais, tais como o FMI e outros bancos comerciais e de desenvolvimento. O capital de curto prazo inundou o país, em termos muito favoráveis. O fato de que o governo dos Estados Unidos dominava o FMI graças à sua contribuição para o fundo total e de que ele, ao lado dos outros quatro Estados industriais avançados (Reino Unido, França, Alemanha e Japão), controlava o Banco Mundial, permitiu-lhe ter um controle além do esperado sobre as decisões desses órgãos cruciais (Payer, 1974, p. 217-19; Abdala, 1980, p. 25-53). O FMI forneceu à Jamaica de Seaga US$ 600 milhões, entre 1981 e 1983, subscrevendo o processo de reforma. Essa entrada de capital não impediu o livre fluxo da economia jamaicana. Em 1981, o produto interno bruto da ilha era de US$ 3 bilhões, mas três anos depois caiu para US$ 2 bilhões (a renda anual *per capita* também caiu de US$ 1.340 para US$ 923). A globalização conduzida pelo FMI exacerbou o colapso da economia jamaicana, supervisionada por seu grande aliado, Seaga. Em 1984, estourou um motim contra o FMI em Kingston. Onze pessoas morreram.

O impacto institucional da globalização conduzida pelo FMI foi pesado. As novas reformas promovidas pelo governo de Seaga resultaram em um Estado com pouca capacidade de resposta. Entre meados dos anos 1980 e 1989, o governo da Jamaica demitiu cerca de um terço de seus funcionários públicos, "tanto por meio da privatização de empresas públicas quanto por meio de demissões do governo central" (Baker, 1997, p. 95). O Estado contratou menos pessoas, tinha menos reguladores de mercado e, portanto, tinha pouca capacidade para cumprir suas responsabilidades constitucionais. As reformas conduzidas pelo FMI não só exigiam a privatização e o desinvestimento na economia como também insistiam na retirada do Estado de qualquer interferência na gestão da riqueza social (por meio de uma redistribuição de alimentos ou via bem-estar) e na regulamentação da atividade econômica. O Estado de libertação nacional foi estripado neste processo.[23]

A retirada do Estado concorrencial neoliberal da provisão de bem-estar social e proteção da soberania não significava que todas as instituições do Estado foram enfraquecidas.[24] O Estado neoliberal agora aposta mais na repressão do que na capacidade de resposta. Seu papel é o de militante do crime e guerreiro contra a subversão. Os ataques aos "*rude bwoys*" e rastafaris são anteriores ao governo de Seaga, mas se intensificaram com ele. Em 1980, a Organização do Setor Privado da Jamaica recebeu o procurador-geral e ministro da Segurança Nacional de Seaga, Winston Spaulding, bem como o chefe de gabinete do brigadeiro da Força de Defesa Jamaicana, Robert Neish, e o comissário de polícia Wilbert Bowes. Spaulding relatou que o crime era intolerável e, para resolver o problema, a polícia deveria "ser livre para ir e pegar os pistoleiros". O gabinete de Seaga apoiou inteiramente as forças de segurança (Gleaner, 5/12, p. 1980). De 1979 a 1986, a polícia jamaicana matou mais de 200 pessoas por ano. Um relatório do Americas Watch resumiu a estratégia policial como "uma prática de execuções sumárias pela polícia; uma prática de detenções ilegais pela polícia às vezes acompanhadas de agressões policiais a detidos; e uma prática de confinamento de detidos em delegacias de polícia sob condições degradantes" (Americas Watch, 1986). Em condições de total colapso social e econômico,

---

[23] Um ganhador do Nobel (North, 1990) e o Banco Mundial (World Bank, 1992) argumentaram que o Estado é uma instituição integral para o desenvolvimento. O relatório do Banco Mundial oferece uma justificativa para o ajuste do Estado, mas mesmo assim apresenta grande apreensão quanto à destruição da própria forma de Estado.

[24] O Estado neoliberal não significa o fim da forma de Estado, como esperado por muitos teóricos pós-modernos (Appadurai, 1996).

a violência das gangues ou a proteção da comunidade contra a violência das gangues tornou-se a ordem do dia. A anomia social se intensificou com as reformas conduzidas pelo FMI, e o Estado neoliberal respondeu a bala.[25]

As Forças Armadas não apenas perseguiram as partes descartadas da população jamaicana, mas também usaram o direito de domínio eminente para expulsar as pessoas de suas terras. Na década de 1970, as principais empresas de bauxita assumiram o controle de quase 200 mil acres de terras agrícolas e deslocaram centenas de milhares de agricultores. Esses agricultores

> assistiram impotentes às empresas transnacionais demolirem suas casas e pequenos terrenos de provisões para retirar a poeira vermelha do solo, enviando-a para o mar em esteiras transportadoras, onde os navios poderiam transportá-la para criar empregos na indústria do alumínio na Europa e na América do Norte. (Campbell, 1987, p. 88)

Os agricultores expulsos ou foram para o exterior e começaram a enviar remessas de dinheiro para parentes desamparados ou se voltaram para o comércio cada vez mais lucrativo de maconha.

A retirada da regulamentação pelo Estado deixou a corporação transnacional sem qualquer controle. Os mistérios da política fiscal desvalorizaram o papel do cidadão (com direitos no Estado) e elevaram o poder das corporações estrangeiras. Em 1960, um acadêmico dos EUA definiu corporações transnacionais como entidades "que têm sua casa em um país, mas que operam e vivem sob as leis de outros países também" (Kobrin, 2001; Wilkins, 2001). Esta definição, entretanto, deixou de lado uma das dinâmicas mais cruciais da corporação transnacional: abjurar jurisdições e leis – em suma, operar fora da regulamentação e supervisão. Carl Gerstacker, da Dow Chemicals, disse melancolicamente à

---

[25] Essa é a posição tanto do Banco Mundial quanto de sociólogos jamaicanos (Caroline Moser e Jeremy Holland, 1997; Center for Population, Community, and Social Change, 1996).

Conferência da Casa Branca sobre o Mundo Industrial, em 7 de fevereiro de 1972: "Há muito tempo sonho em comprar uma ilha que não seja propriedade de qualquer nação para colocar a sede mundial da Dow Company no terreno verdadeiramente neutro de tal ilha, sem compromisso com nenhuma nação ou sociedade" (Barnet e Miller, 1974, p. 16). O que Gerstacker esperava não veio na forma que ele desejava (uma ilha), mas no poder que as corporações transnacionais exerceram como resultado do rebaixamento dos Estados de libertação nacional. Como tais Estados se retiraram da tarefa de regulação econômica e da gestão do excedente, as corporações transnacionais preencheram o vácuo.[26] É claro que a burguesia nacional desses Estados, filha de duas ou mais décadas de substituição de importações ou então da burocracia estatal, não só deu as boas-vindas às empresas transnacionais, mas também fez *joint ventures* com elas ou então foi trabalhar para elas. A corporação transnacional não ameaçou a soberania do Estado de libertação nacional; isto já havia ocorrido por meio do impacto da globalização conduzida pelo FMI.[27]

As corporações transnacionais que floresceram da década de 1970 em diante surgiram apenas por causa de uma tremenda transformação da tecnologia. A fragmentação do processo de produção permitiu que as empresas desarticulassem a fábrica e deslocassem partes do que antes era uma linha de montagem centralizada entre os continentes. Isso só poderia ocorrer em paralelo ao desenvolvimento de uma rede de comunicações (via satélite), uma rede de transporte (remessa informatizada, conteinerização e menores custos de frete aéreo), um sistema internacional de contabilidade e crédito (gestão de caixa por meio de computadores) e menores impostos internacionais sobre o trânsito de produtos

---

[26] O problema foi identificado por Raymond Vernon (1971).
[27] Além disso, instituições como o Gatt e a OMC incentivaram o Estado a proteger os direitos de propriedade e os interesses de empresas estrangeiras. Muito disso foi antecipado em Samuel Huntington (1973, p. 333-368).

parcialmente acabados. Todos esses desenvolvimentos permitiram a integração da produção em escala mundial. Quando os Estados de libertação nacional mudaram suas prioridades da substituição de importações e do desenvolvimento voltado para as pessoas para o desenvolvimento voltado para a exportação e para o crescimento, eles criaram Zonas Especiais Econômicas (ZEEs) que cortaram impostos e defenderam as corporações contra toda regulamentação. A ZEE de Kingston, na Jamaica, costumava ser uma instalação de armazenamento e transbordo. Em 1982, o Estado a converteu em um local de produção e logo depois acrescentou a ZEE de Montego Bay (1985) e a ZEE de Garmex (1987). As mudanças tecnológicas e o incentivo dos Estados anteriormente colonizados por meio da retirada das leis permitiram que a corporação transnacional florescesse.[28] Em 1980, um estudo das 100 maiores unidades econômicas do mundo descobriu que 39 delas não eram Estados, mas corporações transnacionais (Stravianos, 1981, p. 446).

Os movimentos mais astutos reconheceram o poder das corporações transnacionais. Depois que o presidente socialista do Chile, Allende, nacionalizou as minas de cobre do país, ele pediu ao Conselho Econômico e Social da ONU que investigasse as atividades das corporações globais. Em 1973, após a deposição e assassinato de Allende, a ONU criou o a Comissão sobre Corporações Transnacionais (UNCTC, na sigla em inglês). Depois de um longo período de debates e estudo, em 1976, a UNCTC esboçou um código de conduta provisório para corporações transnacionais, mas após dezenas de consultas e reuniões, o código morreu quando a ONU encerrou a UNCTC, em 1993.[29] A

---

[28] Neste ponto, sigo Charles-Albert Michalet (1976; 1969).
[29] Isso não é totalmente verdade. Em 1999, o secretário-geral da ONU, Kofi Annan, reviveu a ideia com o Programa do Pacto Global da ONU. Em Davos, durante o Fórum Econômico Mundial, Annan anunciou: "Eu quero desafiá-los a se juntar a mim para levar nosso relacionamento a um patamar ainda mais alto. Proponho que vocês, líderes empresariais reunidos em Davos,

UNCTC criou um documento sobre prevaricação empresarial e irregularidades fiscais devido à falta de padrões internacionais de contabilidade. Todos os princípios e procedimentos produzidos pelo UNCTC teriam representado um grande desafio para o tipo de operações falaciosas mantidas pela Enron (Prashad, 2002). Ao longo da década de 1980 e na década de 1990, o UNCTC desempenhou um papel quixotesco, já que as potências do G-7 se aproveitaram do colapso do Terceiro Mundo para exercer o poder da corporação transnacional no mundo burocrático da ONU. Em 9 de fevereiro de 1998, quando o secretário-geral da ONU, Annan, assinou uma declaração conjunta com a Câmara de Comércio Internacional (representada por líderes da Coca--Cola, Goldman Sachs, McDonald's, Rio Tinto Zinc e Unilever) que dizia: "Mudanças políticas e econômicas amplas abriram novas oportunidades de diálogo e cooperação entre a ONU e o setor privado", a vantagem foi decisivamente para a globalização conduzida pelo FMI no Terceiro Mundo. Além disso, a declaração espera que as Nações Unidas e a Câmara de Comércio Internacional iriam "forjar uma estreita parceria global para garantir maior participação empresarial nas tomadas de decisões econômicas mundiais e impulsionar o setor privado nos países menos desenvolvidos". O que eles queriam era o estabelecimento

---

e nós, a ONU, iniciemos um pacto global de valores e princípios compartilhados, que dará uma face humana ao mercado global". Em 2003, a ONU produziu o Projeto de Normas sobre as Responsabilidades das Corporações Transnacionais e Outras Empresas Comerciais, mas emprestou muitos de seus "valores e princípios" dos Códigos Globais de Conduta Revisados da Organização para Cooperação e Desenvolvimento Econômico, de 2000, para empresas multinacionais. O ponto principal é que a ONU deixaria de ser um árbitro independente das regras internacionais elaboradas pela sua Assembleia Geral, mas se tornaria um "parceiro" de conglomerados globais para "trabalharem juntos" para criar uma "plataforma" para "um rosto humano para o mercado global". Tudo isso depende de bonomia e boas intenções. Por esse motivo, argumento que o Código de Conduta do UNCTC está morto. O que temos é algo bem diferente.

de "um marco regulatório eficaz para a globalização", ou seja, o mínimo de influência possível nas relações capitalistas de produção (Corporate Europe for the ICC, 2000). Essa convergência afetou a Unctad, a nova casa da UNCTC.

Quando a UNCTC foi para a Unctad, ela passou a fazer parte da Divisão de Investimento, Tecnologia e Desenvolvimento Empresarial – em outras palavras, tornou-se uma líder de torcida para as corporações transnacionais. A Unctad, nascida do esforço do Terceiro Mundo, agora produzia guias de investimento para conglomerados globais para que possam ter "informações comparativas sobre oportunidades de investimento" nos "países menos desenvolvidos" (este é um projeto com a Câmara de Comércio Internacional) (Corporate Europe for the ICC, 2000). A Unctad é agora um impulsionador do comércio dentro da atual estrutura injusta da economia política internacional, não o coração da luta internacional liderada pelo Terceiro Mundo para confrontar e mudar a própria estrutura. Onde Prebisch pedia uma revisão dos termos de troca e concessões adicionais em vez de empréstimos, o então chefe da Unctad, Rubens Ricupero, pedia um aumento apenas no volume do comércio. "Muitos países pobres apresentam grandes *déficits* na balança de pagamentos, geralmente preenchidos por fluxos de ajuda e remessas do exterior", disse ele na conferência da Unctad em 2004. "O principal objetivo de todos os países menos desenvolvidos deveria ser reduzir sua dependência da ajuda e o endividamento externo". Tudo isso está de acordo com a antiga Unctad, mas como as mudanças acontecem? "A acumulação de capital e o comércio são o motor do crescimento, e o comércio internacional é o combustível do motor. Se o combustível secar, o motor não funcionará" (citado em Elliot, 2004, p. 29). O que as nações mais escuras devem fazer é aumentar suas exportações dentro de uma estrutura que paga muito pouco por elas (termos de troca) ou não valoriza seus insumos (mão de obra).

O declínio do socialismo democrático no final da década de 1970 teve imensas ramificações sociopolíticas. Durante a década de 1970, o movimento feminista jamaicano, levado a cabo principalmente por meio do partido político socialista democrático, cresceu em força (Reddock, 1998, p. 66-67; Anderson-Manley, 1991; Henry, 1986). Depois que o regime de Manley assumiu o poder, o Setor de Mulheres de seu partido impulsionou uma forte agenda transformadora. O governo sentiu a pressão, criou a Secretaria da Mulher no Gabinete do primeiro-ministro e defendeu uma legislação para beneficiar especialmente as mulheres. Quando confrontado com o alto desemprego feminino, o governo de Manley aprovou o Programa de Emprego Especial (ou *Crash*) para contratar mulheres para realizar obras públicas. Uma iniciativa de creches e serviços educacionais gratuitos (incluindo alimentação escolar e uniformes) desafogou o orçamento doméstico. Melhores leis de salário-mínimo, regras de igualdade de pagamento e uma campanha contra o conceito de ilegitimidade das crianças completaram o conjunto de leis e regras. Quando a situação política e econômica piorou, em 1977, o Setor de Mulheres uniu-se ao Comitê Marxista das Mulheres pelo Progresso para criar o Comitê Conjunto pelos Direitos das Mulheres. Esse novo fórum promoveu uma lei de licença-maternidade, lutou contra os aumentos de preços e expôs casos de entesouramento por parte dos mercados. Nesse período, a campanha pela libertação das mulheres tinha uma agenda e uma organização. Mas com as reformas conduzidas pelo FMI, essa dinâmica entrou em colapso. O Estado não fornecia mais um caminho para construir o poder das mulheres da classe trabalhadora. As organizações políticas definharam ou buscaram fundos e apoio em outro lugar.

Esse outro lugar é significativo. As fundações privadas nos Estados atlânticos se apresentaram para fornecer pequenas quantias de fundos às organizações que resistiram ao declínio da capacidade de resposta do Estado. Alguns desses grupos assumiram a função do Estado de fornecer as condições básicas de sobrevivência (saúde, alfabetização e sustento). O Banco Mundial os elogiou por fazer o que o Estado de libertação nacional fazia rotineiramente.[30] Os grupos que pressionavam por mudanças sistemáticas ou tinham opiniões políticas fortes tiveram seu financiamento cortado. Sistren, uma organização política e cultural da Jamaica, começou, na década de 1970, como beneficiária do regime socialista democrático. Quando este acabou, ela só pôde continuar por causa do dinheiro de fundações estadunidenses. Uma de suas líderes, Honor Ford-Smith, lembra como a Fundação Interamericana parou de financiar a Sistren quando ela insistiu em aderir a uma atividade "política inaceitável", uma manifestação *antiapartheid* (Ford-Smith, 1997, p. 231).[31] O movimento de mulheres jamaicanas e o Departamento das Mulheres do Estado democraticamente socialista impuseram uma série de leis para transformar a condição social das mulheres. Esses novos grupos não podiam exercer esse tipo de influência. Eles só puderam oferecer apoio ou expressar seu descontentamento. O aparato institucional dentro do Estado para levar adiante a agenda de libertação das mulheres não existia mais.[32]

---

[30] O Banco Mundial celebrou este setor independente do governo, que trabalha "para fins humanitários ou cooperativos em vez de comerciais, e para aliviar o sofrimento, promover os interesses dos pobres, proteger o meio ambiente, fornecer serviços sociais básicos ou empreender o desenvolvimento comunitário" (World Bank, 1995, p. 37).

[31] Este não é um exemplo isolado: ver, sobre a América Latina, James Petras (1997, p. 10-27); sobre a Ásia, Sangeeta Kamat (1996); também sobre a Ásia, Ahmed Nimer (1997); sobre a África, Patrick Bond (2004, p. 201-2). Para uma abordagem teórica ampla sobre o ataque político neste ponto, consulte Elisabeth Armstrong (2004, p. 39-55).

[32] Os esforços da ONU em relação à questão das mulheres se intensificaram a partir de meados da década de 1970, justamente quando a forma estatal, principal instituição para colocar as reformas em prática, deixou de ser capaz de fazer esse trabalho. O Instituto Internacional de Pesquisa e Formação para o Avanço da Mulher, a Divisão para Mulheres do Programa de Desenvolvimento das Nações Unidas e, por fim, o Fundo de Desenvolvimento da ONU para Mulheres surgiram em 1975. Em Beijing, na quarta conferência da ONU em 1995, a agenda da reunião internacional estava longe de ser a das organizações não governamentais.

Em 1979, acadêmicos e políticos de todo o Terceiro Mundo se reuniram em Kingston para uma conferência internacional sobre o trauma da economia política mundial. O encontro produziu a "Declaração de Terra Nova sobre o Sistema Monetário Internacional e o Terceiro Mundo". Se o FMI se apresentava como uma instituição imaculada de reforma global, aqueles em Kingston o viam como um instrumento para a perpetuação da desigualdade. O G-7 dominava os procedimentos e políticas do FMI e considerava que suas regras eram apenas para as nações mais escuras e não aos Estados industriais avançados. Por esse motivo, o G-7 não aderiu às demandas de ajuste estrutural do FMI contra *déficits* orçamentários e subsídios. O G-7 quebrou as regras quando quis e tratou "o Fundo com impunidade quando desejou" (The Terra Nova Statement..., 1980, p. 30). O FMI serviu ao G-7, e não ao G-77. Essa foi a lição posta no documento "Declaração Terra Nova".

A declaração mostrou que enquanto quase 100 Estados do Terceiro Mundo respondiam por menos de 37% do poder de voto do FMI, as cinco principais potências industriais controlavam mais de 40%, enquanto os Estados Unidos sozinhos detinham 20% dos votos no FMI. O Fundo era controlado pelos Estados Unidos e outros Estados industriais avançados. Na verdade, o governo dos Estados Unidos tinha plena consciência disso, apontando para si mesmo que só promoveria as políticas desses organismos internacionais se "formos capazes e desejosos de perseguir objetivos políticos importantes nos bancos, exercendo a influência à nossa disposição" (U.S. Department of the Treasury, 1982, p. 47). A Declaração Terra Nova dizia que "o FMI, agindo em nome dos principais países capitalistas industrializados, assumiu um papel crescente como policial financeiro e econômico nos países do Terceiro Mundo" (The Terra Nova Statement..., 1980, p. 30).

O Terceiro Mundo, em crise, apresentou uma variedade de reformas para a economia política mundial, mas poucos ouviram.

Na própria Declaração de Terra Nova, os delegados reconheceram que eram necessárias "reformas estruturais internas" importantes, como controles rígidos de capital, controle do comércio exterior e melhor gestão da produção local. Nada disso estava alinhado com a globalização do FMI, e a maior parte disso seria delineado na Conferência Sul-Norte sobre o Sistema Monetário Internacional e a Nova Ordem Internacional, em Arusha, Tanzânia (junho-julho de 1980). A "Iniciativa Arusha", assim como a "Declaração Terra Nova", entendeu que o FMI havia comprometido sua integridade por uma relação muito próxima com o G-7. O G-77 precisava reformar o FMI para torná-lo "favorável a um processo de desenvolvimento global, especialmente para os países do Terceiro Mundo, que contêm a maioria dos pobres do mundo". Uma nova política monetária internacional que pudesse fazer isso precisaria alcançar a estabilidade monetária, restaurar níveis razoáveis de emprego e crescimento sustentável e conter a inflação na economia mundial (The Arusha initiative..., 1980, p. 18). Para fazer isso, o FMI teria de restringir o imenso poder do G-7 para dominar a produção e os preços, as taxas de câmbio e o comércio mundial.

A partir de tais objeções e objetivos de princípio, "A Iniciativa Arusha" estabeleceu quatro "atributos principais de um novo sistema monetário":

1) gestão e controle democráticos, ou na verdade o rearranjo da política que permite ao maior doador ter maior voz (como no FMI);
2) universalidade, ou exigência de que todos os Estados participem de acordos internacionais;
3) o estabelecimento de uma unidade monetária internacional como meio de troca e como ativo de reserva primário, para contornar o poder global do dólar;
4) "transferência de recursos" imediata para desfazer o vasto desequilíbrio no sistema mundial.

No início da década de 1980, essas propostas pareciam hieróglifos indecifráveis.

Em Terra Nova, os participantes reconheceram que qualquer reforma democrática contra a agenda de globalização conduzida pelo FMI enfrentaria grandes problemas políticos. Se um governo não tivesse o apoio de sua população ao enfrentar o G-7 e as forças abstratas de dominação econômica, ele seria derrubado. Por isso,

> o governo deveria adotar formas de mobilização popular, organização e educação que lhe permitam assegurar a cooperação ativa da aliança social de apoio, e a autoridade moral para pedir sacrifícios. A experiência mostra que as pessoas fazem sacrifícios de boa vontade quando sabem que isso é para um futuro melhor e tolera erros de gestão que são uma parte natural do processo de aprendizagem. (The Terra Nova Statement..., 1980, p. 33).

Esses sacrifícios estariam longe da austeridade da época pós--Terceiro Mundo.

Singapura
A atração da via asiática

Enquanto as esperanças da Jamaica se esvaíam, os sonhos de outras ilhas, como as da Orla do Pacífico, consolidavam-se. O surgimento do Japão como gigante econômico surpreendeu a muitos, principalmente porque a Segunda Guerra Mundial devastou o país. Logo atrás do Japão vieram os Estados que a imprensa apelidou de Quatro Tigres ou Dragões (Hong Kong, Singapura, Coreia do Sul e Taiwan), e logo atrás deles vieram os Quatro Filhotes (Indonésia, Malásia, Tailândia e o litoral da China continental). Entre 1960 e 1990, quando os números do Terceiro Mundo despencaram, o Japão e os Tigres apresentaram resultados econômicos espetaculares. Esses cinco países, além de experimentar uma taxa de crescimento mais alta do que a maioria dos outros países ou regiões do planeta, também fizeram incursões significativas no comércio global. Nos 30 anos após 1960, a participação dos Tigres no total das exportações mundiais aumentou de 1,5% para 6,7%. Sua participação no total das exportações do Terceiro Mundo aumentou de 6% para 34%, enquanto sua participação nas exportações de manufaturados do Terceiro Mundo aumentou de 13,2% para inacreditáveis 61,5% (Banco Mundial, 1993 [gráfico 1.5], p. 38).[1] Ao contrário da maioria dos grandes avanços desse tipo, os Tigres não cresceram à custa de extrema desigualdade interna. Em 1990, todos os Tigres mostraram uma melhora substancial na distribuição

---

[1] A intriga política por trás da elaboração deste relatório está bem documentada em Robert Wade (1996, p. 3-36). Para uma análise detalhada de suas afirmações a-históricas, consultar Sanjaya Lall (1994, p. 645-654).

de renda, com Hong Kong e Singapura na dianteira, e Coreia do Sul e Taiwan não muito atrás (Banco Mundial, 1993 [figura 1.3], p. 31). Em 1993, o Banco Mundial divulgou "O milagre asiático", o primeiro de uma prometida série de documentos escritos para o público em geral sobre questões de política de desenvolvimento.[2] O próprio título fornece uma indicação do pouco fôlego com que o Banco Mundial testemunhou as taxas de crescimento notáveis e a relativa equidade econômica produzida nesses Estados da costa asiática.

O sucesso dos Tigres diminuiu o entusiasmo pelos esforços do Terceiro Mundo para transformar a ordem mundial. Se esses pequenos países asiáticos puderam romper as restrições da economia política internacional, por que outros não poderiam fazê-lo? Singapura, do tamanho da Jamaica e independente no início da década de 1960, teve o privilégio de ser a segunda economia mais competitiva do mundo (depois dos Estados Unidos). O produto interno bruto dessa pequena ilha cresceu entre 1965 e 1990 em uma média de 6,5% ao ano (o dobro de lugares semelhantes). As notáveis taxas de crescimento nessas poucas décadas eclipsaram as do ex-mandatário colonial de Singapura, a Inglaterra (World Bank, 1992 [tab. 1]). O motor dessa explosão foram as exportações de manufaturados de Singapura. Em 1960, apenas 7,2% do produto interno bruto de Singapura vinha das exportações de manufaturados, ao passo que, em 1990, as exportações de manufaturados representavam pouco mais de três quartos do produto interno bruto. O enorme crescimento econômico elevou a posição de toda a população. O principal beneficiário desta expansão foram os 3% do topo da sociedade de Singapura, a elite que controlava os campos das finanças (Lien Lin Chow, Khoo Teck Puat, a família Lee e Wee Chor Yeow), imobiliário (Ong Beng Seng, Kwek Leng Beng e Ng Teng Fong), e a mídia (a família Shaw).

---

[2] Outra referência é Kenneth Surin (2003). O segundo livro foi sobre a África e o ajuste estrutural (1994).

A elite de Singapura não é espalhafatosa, mas três décadas após a independência do país ela foi capaz de incidir como ator global nos mercados internacionais (Huat, 1999, p. 151).

Singapura não é única. Primeiro, milionários e depois bilionários apareceram em diferentes partes da Orla do Pacífico, bem como nas economias capitalistas mais estabelecidas do Terceiro Mundo. Taiwan produziu Tsai WanLin (bancos e seguros) e Y. C. Wang (produtos químicos). Hong Kong, Li Ka-Shing (imóveis e telecomunicações), Kwok TakSeng (imóveis) e Lee Shau Kee (imóveis). A Coreia do Sul consolidou Huang Jen-Chung (finanças) e Wong Ta-Ming (industrial) e tantos outros. Esses homens (e a maioria são homens) operavam como sereias para a nova burguesia em todo o Terceiro Mundo: pessoas como Birlas e Tatas, da Índia, Antônio Ermírio de Moraes e Júlio Bozano, do Brasil, e Tan Yu e Jamie Zobel de Ayala, das Filipinas, entre outras. Um dos traços culturais comuns da alta burguesia é a suposição de que sua riqueza foi adquirida por mérito, que veio pela engenhosidade de um fundador e é mantida pelo esforço da família. Nenhum magnata ou titã acredita ter obtido o que possui por força da intervenção estatal ou por acaso. O sucesso das ilhas do Leste Asiático e de seus conhecidos empresários atraiu a burguesia do resto do Terceiro Mundo e a desencantou do caminho percorrido por suas próprias sociedades. Na década de 1980, quando a crise da dívida assolou o resto do Terceiro Mundo, suas elites buscaram inspiração e um modelo na Orla do Pacífico. Para a burguesia das nações mais escuras, Singapura era a Meca.

Na década de 1980, Singapura e os outros Tigres apresentavam não apenas taxas de crescimento impressionantes, mas também o espetáculo do sucesso capitalista avançado. Em 1965, quando Singapura conquistou sua independência, seu ministro das Relações Exteriores, Rajaratnam, identificou seu país como uma "cidade global". Uma cadeia de cidades (Singapura, Hong Kong, Seul, Taipei e Tóquio) iria "compartilhar e dirigir, em vários graus de importância, um sistema econômico mundial" (Rajaratnam,

1987).³ O milagre do Leste Asiático, para Rajaratnam, estava localizado na cidade. Esta não era a cidade industrial do século XIX. Essas cidades representavam a nova época da mobilidade da globalização conduzida pelo FMI. A ideia da cidade global ignorou a produção, enfatizou o consumo e ganhou dinheiro com a distribuição. Nessas cidades, as catedrais do capitalismo eclipsam muito mais: os arranha-céus dominam o horizonte, obscurecendo sua própria história e lutas contemporâneas. Singapura e Hong Kong, com populações imensamente complexas, celebraram sua diversidade e recomendaram que seus cidadãos aproveitassem o agora. "E daí se Singapura não tiver paisagem, em qualquer sentido pleno da palavra?" pergunta o escritor Peter Schoppert. "Talvez seja melhor se perder do que se encontrar. Quem precisa de todo o lastro sangrento da terra e do destino? Singapura são rotas, não raízes: um ponto de intersecção das trajetórias de mil viagens. Singapura é a soma de cem diásporas: à noite, parece que todo mundo está sonhando com outro lugar" (Schoppert, 1998, p. 98). A cidade é o lar da burguesia confiante e de uma classe média aspirante, que deseja avidamente romper seus laços com o campo e com a classe trabalhadora do seu país. Seul e Taipei fazem as vezes do interior da Coreia do Sul e de Taiwan, enquanto Hong Kong e Singapura estão livres do resto do planeta – pequenos oásis de capital e bens que não têm nenhum dos problemas de países com um território economicamente diverso.

Singapura-Hong Kong, Dubai-Kuwait e outros lugares simbolizam a mobilidade de capital e bens, mas não a produção de algo. A cidade global esconde seus locais de produção nas sombras. Também estão ocultos os baixos salários nas ZEEs (na Coreia do Sul, equivalente a 11% dos salários dos EUA) e as disparidades de gênero no local de trabalho (as mulheres na Coreia do Sul ganham

---

[3] A socióloga Saskia Sassen segue Rajaratnam nisso. A "cidade global" funciona como um ponto nodal na economia mundial. Mas, para ela, as principais cidades são Nova York, Londres e Tóquio (Sassen 1991).

cerca de metade do que os homens ganham pelo mesmo trabalho) (Bello e Rosenfeld, 1990). Esses fatos perturbadores sobre o sofrimento contínuo de um grande número de pessoas que viviam nos Tigres ou no interior dos Tigres (e, portanto, forneciam-lhes mão de obra móvel e frequentemente privada de direitos) não ameaçava o entusiasmo do Banco Mundial. As nações mais escuras finalmente produziram um milagre.

E estes milagres precisavam se tornar universais. A prescrição do Banco Mundial para os regimes endividados do Terceiro Mundo tinha o ar de vinho velho e neoliberal em novas garrafas asiáticas milagrosas. Para o Banco Mundial "esses aspectos, orientados para o mercado da experiência do Leste Asiático, podem ser recomendados com poucas exceções" (World Bank, 1993, p. 26). O relatório do Banco Mundial reconheceu a contragosto o papel da intervenção governamental do Terceiro Mundo, mas apressadamente o deixou de lado:

> Estratégias mais exigentes do ponto de vista institucional frequentemente falharam em outros ambientes e claramente não são compatíveis com ambientes econômicos onde os fundamentos não estão seguros. [...] Em partes da África Subsaariana e da América Latina, e em outras partes da Ásia [...] o envolvimento ativo do governo na economia geralmente deu errado. Portanto, o fato de as intervenções terem sido um elemento do sucesso de algumas economias do Leste Asiático não significa que devam ser tentadas em todos os lugares, nem devem ser tomadas como uma desculpa para adiar as necessárias reformas orientadas para o mercado. (World Bank, 1993, p. 26)

O Banco Mundial defendia uma burguesia ávida por negar a intervenção governamental que a originou, bem como por se esquivar de quaisquer regulamentações governamentais remanescentes estabelecidas com objetivos nacionalistas. Também, de forma significativa, falava pelos departamentos do Tesouro do G-7 e pelas elites financeiras que viviam nas cidades globais de Londres, Nova York e Tóquio. Além disso, a construção do "milagre" permitiu aos Tigres incidirem nos fóruns do MNA contra a linha proposta por Castro e pela esquerda. O crescimento galopante tinha uma base mais sólida para seus argumentos do que a inflação galopante. Como o milagre (já em 1973) era divulgado sem a menor preocupação com os fatos, ele teve mais peso do que a realidade do caminho trilhado pelo Leste Asiático.

O relatório do Banco Mundial e a autoimagem dos Tigres minimizaram os principais fatos históricos.[4] A atração de Singapura e dos outros Tigres veio em grande parte de um conjunto de vantagens excepcionais para eles. Por um lado, a experiência colonial dos Tigres foi objetivamente benéfica. Tomados pelos britânicos como bases comerciais para seu comércio com a China, Singapura (1819) e Hong Kong (1841) herdaram poucos problemas da história. Havia pouca agricultura, e o que havia logo desapareceu diante da fome por edifícios (Hong Kong não apenas urbanizou sua paisagem, mas também recuperou terras do mar para seu aeroporto e áreas residenciais). Singapura e Hong Kong prosperaram como portos livres de impostos para o ópio e outras mercadorias. Esses eram paraísos do capital, onde o problema da produção (e, portanto, dos trabalhadores) era enviado para outro lugar. Eram quase puramente entrepostos (Melancon, 2003; Chung, 1978; Trocki, 1990). Ocupados pelos japoneses, Taiwan e Coreia sofreram um ataque à sua classe de proprietários e uma reforma agrária forçada. O feudalismo desapareceu pela coronha de um rifle Arisaka. Além disso, a máquina colonial japonesa exportou seu complexo Estado *zaibatsu* para o desenvolvimento capitalista. O *zaibatsu* (chamado *chaebol*, em coreano) é um conglomerado industrial que controla finanças, produção e distribuição, além de cultivar um relacionamento próximo com o Estado. A aliança Estado *zaibatsu* criou uma ideologia paternalista que esmagou a

---

[4] Os melhores livros "revisionistas" são de Alice Amsden (1989) e de Robert Wade (1990). A literatura sobre Singapura não é tão bem desenvolvida. O relato mais rigoroso é o de W. W. Huff (1995). Uma reavaliação nítida de seu desenvolvimento é apresentada em Chao-Wei Lan (2001) e Garry Rodan (1991).

dissidência e infantilizou os trabalhadores, de modo que a fábrica se tornou um curioso amálgama de quartel e casa. Isso deveria ser exportado para a Coreia e Taiwan. Na década de 1930, a teoria dos "gansos voadores" do economista japonês Katane Akamatsu apelou ao *zaibatsu* e ao Estado imperial japonês – o ganso-líder (Japão) desenvolveu tecnologias e produtos; à medida que desenvolvia novas linhas, entregava as mais antigas às suas colônias (Taiwan e Coreia), e assim as desenvolvia à medida que avançava.[5] Tanto os japoneses quanto os britânicos estabeleceram fortes estruturas de Estado e tornaram as classes dominantes subservientes a essas instituições estatais.[6] As potencialidades do desenvolvimento capitalista ao longo da Orla do Pacífico foram bem estabelecidas pelo domínio colonial.[7]

A Segunda Guerra Mundial devastou a Orla do Pacífico. Ela deixou Singapura em ruínas. O crescimento do movimento comunista na Malásia e Singapura ameaçou o domínio britânico na região. Uma guerra brutal entre os britânicos e o Partido Comunista ocorreu de 1948 até a independência da Malásia, em 1957. Em Singapura, o movimento comunista desenvolveu apoio de massa entre a classe trabalhadora chinesa. Ciente da força crescente da esquerda, um grupo radicado na Inglaterra e liderado por Lee Kuan Yew criou o Partido de Ação do Povo (PAP). O PAP fez uma aliança com os sindicatos comunistas para expulsar os britânicos. Para as primeiras eleições de 1959, o PAP desenvolveu um manifesto que refletia sua ideologia eclética – uma mistura de socialismo, pragmatismo, multiculturalismo e nacionalismo (People's Action Party, 1959). Em 1961,

---

[5] A literatura é vasta. Sobre o Japão, ver W. G. Beasley (1991); W. Dean Kinzley (1991); Carol Gluck (1985); Jon Halliday (1975). Sobre a Coreia, ver Dennis McNamara (1990); Martin Hart-Landsberg (1993); Chong-Sik Lee (1963); Gi-Wook Shin (1996). Para um resumo útil, consultar Bruce Cumings (1984).

[6] Sobre Singapura, ver Lee Kuan Yew (1967). Para Taiwan e Coreia, consultar a produção de Adrian Leftwich (1995).

[7] A história da Orla do Pacífico é um banco de dados muito melhor para as teorias de Bill Warren do que o resto da Ásia ou África (Warren, 1980).

quando o PAP ganhou confiança, expulsou sua ala esquerda (que se reformou como Barisan Sosialis, a Frente Socialista). Em 1963, o Estado do PAP projetou a Operação Coldstore[8] para "obliterar a liderança de alto nível do BS [Barisan Sosialis]" (Rodan, 1991, p. 71-72). O principal economista do PAP e primeiro-ministro das finanças de Singapura, Goh Keng Swee, advertiu o gabinete para não ser influenciado pelas armadilhas do livre mercado ou do socialismo. O que Singapura precisava, argumentou ele, era do desenvolvimento guiado de sua empresa livre.[9]

Lee Kuan Yew, o líder do PAP, vinha de uma família chinesa endinheirada de Singapura; ele frequentou as melhores escolas inglesas (Raffles Institution e Raffles College) e formou-se no Fitzwilliam College (Cambridge). Lee ficou arrasado quando a breve fusão com a Malásia (1963-1965) terminou com motins antichineses organizados por organizações políticas chauvinistas da Malásia. Lee chorou diante das câmeras de televisão, dizendo à sua nova ilha-nação que aquele era um "momento de angústia" para ele (Transcript of a Press Conference Given by the Prime Minister of Singapore..., 1965). A natureza hobbesiana da política moderna angustiava Lee, cuja formação aristocrática exigia uma forma de administração mais hierárquica. Singapura, disse ele a alguns jornalistas poucos dias após a independência, "deveria ser uma república. Não temos um sultão, nem um rajá". A república de Singapura não era, ao gosto de Lee, "excessivamente democrática".[10] A democracia não apenas tendia a se transformar no domínio

---

[8] Operação desencadeada pelo governo de Singapura em 1963 que prendeu mais de 100 pessoas, sem direito a julgamento, sob acusação de serem comunistas ou simpatizantes. (N. E.)

[9] A teoria de Goh Keng Swee é apresentada em *The Economics of Modernization and Other Essays* (Swee, 1972), e *The Practice of Economic Growth* (Swee, 1977). Ver também Robert Wade (1990).

[10] Lee continuou, "Singapura não tem um Raja malaio, nem um Raja chinês nem um Raja indiano. Embora Inche Khir Johari tenha insinuado que PAP tem um Raja, Rajaratnam" (Press Conference of the Singapore Prime Minister, 1965).

das multidões enfurecidas (como na Malásia, em 1965), mas também desperdiçava os talentos das classes instruídas. Em uma palestra na Universidade de Harvard, em 1968, Lee explicou que um Estado altamente politizado absorvia os talentos de pessoas que, se não fosse este o caso, estariam envolvidas na economia produtiva. Os instruídos, naquele ambiente, "não eram alocados da melhor forma" e aqueles que entravam na arena combativa da política "tinham mais talento em agitar seu povo do que em questões mundanas de administração e economia" (The Jodidi Lecture..., 1968). A política interferia no necessário trabalho de desenvolvimento; o marco ideológico desenvolvido por Lee para o PAP isolou o mundo da política da sociedade de Singapura e tentou chamar a atenção do povo para um aumento nas taxas de crescimento. As diferenças políticas foram suprimidas para a criação de uma economia "forte". A sinistramente nomeada Operação Coldstore foi um dos primeiros indícios da rejeição da política na sociedade de Singapura. Os Tigres imitaram um ao outro neste aspecto: duas ditaduras consecutivas (lideradas por Park Chung-Hee e Chun Doo-Hwan) controlaram a Coreia do Sul de 1960 a 1988; em Taiwan, o Kuomintang governou um Estado de partido único de 1949 a 1996; e Hong Kong permaneceu uma colônia britânica até 1997. Nenhum desses Estados tinha sequer a pretensão de democracia política.

Mesmo enquanto a burguesia do Terceiro Mundo derramava elogios ao milagre do Leste Asiático na década de 1980, durante as décadas de 1950 e 1960, os Tigres percorreram um caminho familiar, embora com melhores condições básicas (reformas agrárias e instituições como os *chaebols* para organizações industriais). O PAP de Singapura, liderado pelo carismático Lee, seguiu o conselho de Goh Keng Swee sobre a intervenção do Estado. O Plano de Desenvolvimento (1960-1964) adotou a estratégia de industrialização por substituição de importações. Todos os fundos que puderam ser usados foram para empresas estatais e para a própria expansão das funções do Estado. Como parte do seu compromisso com a criação de um Estado forte, o PAP, como muitos dos partidos políticos da Orla do Pacífico, criou políticas para impedir o crescimento político da classe média. Em 1966, Lee disse no encontro anual do PAP que os economicamente poderosos precisavam ajudar a criar um Estado forte, porque "você pode ser o maior milionário do mundo. Mas se o país entrar em colapso, você estará em apuros" (Transcript of Speech Made..., 1966). No mesmo ano, o confidente de Lee, Rajaratnam, anunciou à nação que "o cidadão médio" não deve equiparar "seu interesse próprio imediato ao interesse nacional. Ele deve tentar atrelar seu interesse próprio ao interesse nacional porque, a longo prazo, se o país se desintegrar em anarquia política e caos econômico, a busca do interesse próprio torna-se impossível" (National Day Message..., 1966). O Estado intervencionista assumiu o controle do desenvolvimento, enquanto o povo, especialmente a classe média, era obrigado a colocar suas inovações e entusiasmo no desenvolvimento econômico e na iniciativa privada.[11] O lado superficial desse Estado forte foi a proibição de cuspir nas ruas e os cortes de cabelo obrigatórios no Aeroporto Changi de Singapura. O Estado não apenas mandou a classe média para casa ou para seus negócios, mas também para os lares para planejar o tamanho da família (ver Swee-Hock e Wong, 1981; Kong, Perry e Yeoh, 1997, p. 6). O objetivo da política, Lee Kuan Yew disse ao jornalista Fareed Zakaria, "é ter uma sociedade bem organizada" (Zakaria, 1994, p. 109-126).

Além de sua congruência em algumas questões econômicas com o MNA, Singapura juntou-se ao Terceiro Mundo em seus muitos fóruns. Na primeira coletiva de imprensa após a independência, quando um repórter perguntou a Lee se Singapura buscaria admissão na Conferência Afro-asiática, ele respondeu:

---

[11] Para obter mais análises sobre essa classe média enfraquecida, consultar David Martin Jones e David Brown (1994).

> Por que não? Devemos ser párias? Certamente não somos. E imagino que todos os chefes de Governo e chefes de Estado que conheci na África, na Ásia, saberão que não sou um fantoche. [...] Não há esperança de sobrevivência se não tiver povos que sejam amigos, que estejam preparados qualquer que seja a razão – podem ser razões egoístas, isso é irrelevante para mim, desde que eu não esteja bancando o fantoche para eles – mas eles garantem minha sobrevivência. (Transcript of a Press Conference..., 1965)

Naquela época, os amigos de Singapura estavam no Terceiro Mundo, mas sua primeira prioridade estava na sua região. Em 1967, arquitetou a criação da Associação de Nações do Sudeste Asiático (Asean), que adotou os princípios da NIEO em sua reunião inaugural. Ainda em 1979, a Asean reiterou seu compromisso com um fundo especial para ajudar a controlar os preços dos bens primários (Rajendran, 1985, p. 156).[12] Em 1970, Singapura ingressou no MNA. Nesse período, Singapura não era, nas palavras de Lee, um fantoche de ninguém.

Quando Singapura se separou da Malásia em 1965, teve que reavaliar a estratégia de substituição de importações porque agora a pequena ilha sozinha não tinha um mercado interno suficiente para levar a cabo o programa. Esse acontecimento específico, a cisão da Malásia, fez o gabinete reorientar o caminho do Estado insular no sentido de uma manufatura voltada à exportação. É neste contexto que Rajaratnam falou da nação insular como uma cidade global. Transformar Singapura em um importante entreposto de transbordo e local de manufatura exigia uma enorme

---

[12] Em uma reunião do G-77 em Arusha, em fevereiro de 1979, o ministro sênior de Singapura, Suppiah Dhanabalan, disse ao Terceiro Mundo: "Embora Singapura seja um país em desenvolvimento com escassez de recursos e importador líquido, nos juntamos a nossos outros países em desenvolvimento no desejo do estabelecimento precoce do Programa Integrado de Bens Primários. Como um país em desenvolvimento, Singapura compartilha das necessidades e aspirações de outros países em desenvolvimento e percebemos que o Fundo Comum é uma proposta que beneficiará imensamente todos os países em desenvolvimento" (Rajendran, 1985, p. 159).

injeção de capital. Como Taiwan e a Coreia do Sul (assim como o Japão), a escala de capital estava além da capacidade de sua população. Tinha que vir de outro lugar. O segredo da sensação dos Tigres está nessa injeção original de capital, pois só com ela suas diversas vantagens institucionais poderiam transparecer.

Uma grande parte do capital de investimento veio da capacidade do PAP de capturar a poupança interna. O governo manteve o Fundo de Previdência Central, o depósito dos pagamentos da previdência social para todos os trabalhadores. O investimento para as empresas estatais e outros empreendimentos veio desse fundo de capital. Mas isso foi insuficiente. Dinheiro adicional veio da ajuda do governo dos EUA, embora tenha desempenhado um papel menor em Singapura do que em Taiwan (US$ 13 bilhões) e na Coreia (US$ 5,6 bilhões). O investimento como ajuda que foi para Taiwan e Coreia supera a ajuda destinada para o resto do Terceiro Mundo tanto dos Estados Unidos quanto da URSS. Como a maioria desses países do Leste Asiático e do Sudeste Asiático desfrutavam do guarda-chuva de segurança criado pelos Estados Unidos, eles gastaram muito menos do que poderiam ter gasto com seus militares.

Mais do que poupança interna e ajuda externa, os Tigres na década de 1960 dependiam de investimentos de corporações transnacionais. Lee Kuan Yew reconheceu desde cedo que seu objetivo era "fazer de Singapura um oásis no Sudeste Asiático, pois se tivéssemos os padrões do Primeiro Mundo, os empresários e turistas nos fariam de base para seus negócios e passeios pela região" (Yew, 2000, p. 174). Para atrair turistas e o capital financeiro, era necessário regras brandas e ruas limpas. Lee conseguiu o último por meio de seu Estado autoritário; seu governo criou as condições para o primeiro às pressas. Funcionou. Entre 1960 e 1990, Singapura teve a maior taxa de investimento do mundo. Em 1967, a Lei de Incentivos à Expansão Econômica de Singapura proporcionou a essas empresas enormes benefícios fiscais; quando aumentou essas tentações em 1970, o FMI alertou contra o fato de ser "generoso demais" (Economic Intelligence Unit, 1970, p. 11; Teck-Wong e Tan, 1993, p. xi). Em 1973, Singapura aboliu as cotas e as tarifas para criar um porto de livre comércio. Criou ZEEs,[13] que floresceram porque o Estado removeu todos os impostos de renda e permitiu que funcionassem sem regulamentação. O PAP também esmagou os sindicatos e absorveu qualquer sindicalismo em seu próprio Congresso Sindical Nacional (entre 1978 e 1997, Singapura teve apenas duas greves). Como resultado dessa repressão, a força de trabalho em Singapura na década de 1970 tornou-se barata. Tudo isso veio com o surgimento da nova divisão internacional do trabalho: o colapso do processo de produção, a melhoria no transporte de mercadorias e comunicação entre os continentes e a relativa falta de habilidades necessárias na produção permitiram que a Orla do Leste Asiático se tornasse um grande núcleo de manufatura para empresas transnacionais. A visão de Rajaratnam para a cidade global incluía a construção de um complexo de contêineres. Quando foi construído em 1972, fez de Singapura a principal estação de transbordo no sudeste da Ásia (em poucos anos, Singapura era o terceiro porto mais movimentado do mundo, depois de Rotterdam e Nova York). Ao mesmo tempo que as empresas transnacionais terceirizavam a produção para as fábricas da ZEE, grande parte da propriedade dessas fábricas subcontratadas permanecia nas mãos do Leste Asiático (na verdade, japonesas) (Crane, 41990; Oh, 1993; Dessus, Shea e Shi, 1995). Regimes de trabalho severos, usando principalmente mulheres trabalhadoras sem qualquer proteção sindical ou regulamentação estatal, permitiram as novas plataformas para a produção mundial projetar altas taxas de crescimento.[14] Enquanto

---

[13] Taiwan (Kaohsiung) e a Coreia do Sul (Masan) foram pioneiras na criação de zonas especiais econômicas.

[14] Para uma análise teórica mais ampla do papel do gênero e da Nova Divisão Internacional do Trabalho, ver Maria Mies (1986); June Nash e Maria Patricia Fernandez-Kelly (1983).

a maior parte do planeta sofria uma recessão econômica, o Leste Asiático prosperava.[15]

A direção de Singapura preocupava sua liderança. As altas taxas de investimento não mudaram a natureza da economia de Singapura; ela produzia produtos de baixo custo para o mercado mundial. Singapura precisava ir atrás de bens sofisticados e de alto valor para acelerar seu desenvolvimento e romper a dependência do capital estrangeiro. A partir de 1979, o PAP inaugurou uma nova estratégia de investimento direcionado. Deu imensos incentivos ao capital estrangeiro para investir em manufatura industrial, turismo, comércio, transporte e comunicação, bem como em "intelectuais" (médicos e financeiros) (Lim e Fong, 1986, p. 17-18). Essa "Segunda Revolução Industrial" exigia uma infusão de habilidades e um novo tipo de investimento. A importação de habilidades não era novidade para os Tigres. Por causa da insurreição e da insurgência comunistas, os profissionais de ponta e com boa formação fugiram para Taiwan e Hong Kong (vindos da China), Coreia do Sul (vindos da Coreia do Norte) e Singapura (vindos da China e Malásia). Esses profissionais trouxeram com eles habilidades mercantis e técnicas que vieram gratuitamente para suas sociedades anfitriãs. Nos primeiros anos, todos os Tigres investiram pesadamente em seu capital humano: sistemas educacionais administrados e financiados pelo Estado que enfatizavam as habilidades técnicas e um salário social aprimorado que atraía e mantinha as populações (em Singapura, o Estado fornecia moradia para praticamente todos os seus cidadãos). Além disso, os Tigres utilizaram-se muito de invenções tecnológicas desenvolvidas em outros lugares.[16] Em 1980, Singapura inaugurou uma "busca de talentos" internacional por meio de seu Serviço de Informação

---

[15] O sociólogo Immanuel Wallerstein argumenta que "o Leste Asiático foi o grande beneficiário da reestruturação geográfica desta fase B de Kondratieff" em *The End of the World as We Know It* (Wallerstein, 1999, p. 37).

[16] Isso é o que a economista Alice Amsden denomina "industrialização tardia" (Amsden, 1990; 1989).

Profissional e Colocação e Comitê para Atrair Talentos para Singapura. Eram necessárias habilidades, e o Estado saiu em busca de importá-las. O resultado foi um tipo de "industrialização fragmentária", em que certos setores dependentes de capital estrangeiro avançaram rapidamente, enquanto outros ficaram para trás (Numazaki, 1998, p. 80).

Singapura desenvolveu suas firmas de alta tecnologia, mas estruturalmente sua economia permanecia dependente do investimento estrangeiro (principalmente de corporações transnacionais e investimento de portfólio privado). À medida que o investimento japonês ia acabando no final da década de 1980, o investimento chinês entrava em ação. A China, impulsionada pelo crescimento do capital humano de sua era socialista e pelo desempenho da ZEE em sua orla costeira, gerou investimentos para os fabricantes do Leste Asiático. Também atuou como um grande importador de matérias-primas e produtos industriais acabados da região.[17]

A ampla mensagem antipolítica do PAP, combinada com esta dependência estrutural do investimento estrangeiro, restringiu o papel político de Singapura no mundo. Em 1966, a mensagem de Rajaratnam no Dia Nacional[18] percorreu o país. Singapura é

> uma ilha superlotada, sem recursos naturais próprios. Nossa prosperidade e bem-estar dependem principalmente de sermos capazes de negociar e prestar serviços a outros países. [...] Essencialmente, nossa política não é sair do nosso caminho para fazer inimigos, mas se outros persistirem em nos tratar como inimigos, então tomaremos as medidas que julgarmos adequadas para nos proteger deles.[19]

---

17 O Japão desempenhou esse papel com mais entusiasmo para a Asean (Rajendran, 1985, p. 194-195).
18 Comemoração da independência de Singapura que ocorre todo dia 9 de agosto, marcado sempre pelo discurso do Primeiro Ministro. (N. E.)
19 "National Day Message from the Minister for Foreign Affairs, Mr. S. Rajaratnam". Acc. n. 66.0026.281, National Archives and Records Centre, Singapore, August 8, 1966.

Singapura não podia aguentar que os que investiram nela ficassem ansiosos ou furiosos. Na reunião do MNA em 1973, os Tigres tentaram desfazer a ligação entre as reformas econômicas e políticas da ordem mundial; o Terceiro Mundo desafiou o marco político que orientava as decisões econômicas e defendia a reconstrução política da ordem econômica. Rajaratnam, que chefiava a delegação, insistia que as questões econômicas fossem tratadas isoladamente das divisões políticas. A insistência de Singapura nessa questão veio das predileções ideológicas de seu partido no poder, mas mais ainda de sua própria posição política restrita em relação aos que investiam em sua economia. A Singapura politicamente independente era, na verdade, bastante dependente na economia.

A liderança de Singapura nessa questão dentro do MNA é talvez a consequência mais potente do milagre dos Tigres em longo prazo. Na década de 1980, o MNA foi infectado pela crença de que o desenvolvimento econômico é um problema técnico que não deveria ser atrapalhado pela questão do poder. O exemplo e a liderança dos Tigres levaram o Terceiro Mundo ao abandono da crítica política à ordem econômica. A crise da dívida abalou a agenda do Terceiro Mundo quase ao mesmo tempo em que os Tigres experimentaram sua decolagem econômica. Enquanto os Tigres continuavam participando dos fóruns do Terceiro Mundo, agora o faziam para promover seu caminho e para combater as ideias de substituição de importações e cooperação anti-imperialista. Conforme a Noei ruía, os Tigres defendeiam a Nova Divisão Internacional do Trabalho. Os Tigres se tornaram seus próprios impulsionadores.

A presunção atingiu o milagre do Leste Asiático exatamente quando ele parecia destinado a um período de coprosperidade de mil anos. Em 1997, o *bhat* tailandês entrou em colapso, desencadeando uma reação em cadeia em toda a costa, até o ponto em que os Tigres tiveram que ir ao FMI com os rabos entre as pernas para pedir um resgate financeiro.[20] O que havia atingido o resto

---

[20] Referência à crise do leste asiático em 1997 que será tratada mais adiante. (N. E.)

do Terceiro Mundo a partir do final da década de 1970 atingiu o Leste Asiático duas décadas depois. Embora o colapso dos Tigres parecesse estrutural, à medida que a poeira baixava tornou-se claro que eles haviam sido vítimas de especuladores financeiros cuja entrada e saída inconstantes dos mercados de câmbio pegaram os Estados do Leste Asiático não tanto em uma posição insolvente mas em uma situação de falta de liquidez (Radlet, Sachs, Cooper e Bosworth, 1998, p. 7).

O Leste Asiático, protegido por Estados autoritários e pela primazia do governo dos EUA, engendrou um milagre, mas no final, os Tigres do Leste Asiático sofreram uma queda nos preços de seus produtos e a liberalização que eles tanto desejaram na década de 1980 acabou devastando-os. Uma parte substancial do crescimento industrial das ZEEs dos Tigres veio de seu papel como montadoras e fornecedoras de componentes da indústria eletrônica mundial, principalmente a de computadores. Quando o preço dos computadores caiu, o custo do chip de silício começou a se parecer ao de uma batata frita. Afinal de contas, uma mercadoria é uma mercadoria e, quando os fatores globais começam a desvalorizar a força de trabalho destinada à sua fabricação, o mercado de chips de computadores pode se aproximar do mercado de qualquer matéria-prima.[21] O tamanho econômico da China, por si só, permitiu que ela resistisse à tempestade, e sua estabilidade forneceu uma tábua de salvação para partes do mundo do Leste Asiático.[22] A queda dos preços das mercadorias explica não apenas a recessão, mas também a proximidade estrutural dos Tigres com o resto das nações mais escuras.

---

[21] Essa lógica foi previamente identificada por Naomi Katz e David Kemnitzner (1983). Veja também a série de vídeo *Silicon Run*, de Ruth Carranza (1986, 1993).

[22] Deve-se observar que o cinturão da ferrugem da China está sujeito, em seu interior, a altas taxas de desemprego; que esses centros industriais, se funcionam, o fazem por causa da estabilidade de emprego [*iron rice bowl*] preparada pelos militares; e que a resiliência da China obscurece esses problemas de longo prazo para seus fundamentos econômicos (Yingqiu, 2002; Xianfan, 1995).

Há outro elemento importante que mostra a semelhança: que a crise do Leste Asiático de 1997 aconteceu em parte por causa da liberalização dos mercados de câmbio conduzida pelos gestores desses Estados em colaboração com o FMI. No início da década de 1990 – sob pressão do FMI, do G-7 e de outros grandes interesses financeiros – os governos da costa do Leste Asiático empreenderam uma "desregulamentação financeira radical", ou seja, "removeram ou afrouxaram os controles sobre as empresas que tomavam empréstimos estrangeiros, abandonaram a coordenação de empréstimos e investimentos e falharam em fortalecer a supervisão dos bancos" (Wade e Veneroso, 1998, p. 9). O governo sul-coreano, por exemplo, aboliu seu Conselho de Planejamento Econômico, deixou o Departamento do Tesouro assumir o controle e assistiu, passivamente, a tomada de empréstimos em bancos estrangeiros, em grande volume, por empresas privadas violando os princípios gerais que produziram o milagre sul-coreano. Essas políticas permitiram que os especuladores destruíssem as moedas do Leste Asiático. Na reunião de Cooperação Econômica Ásia-Pacífico de 1996, em Manila, aqueles que investiam na liberalização do comércio dominaram a reunião e exigiram que os países do Leste Asiático sucumbissem imediatamente à liberalização, pelo menos no setor de eletrônicos e informática.[23] A demanda por liberalização ouvida em alto e bom som no Terceiro Mundo também ressoou no Leste Asiático. Se a liberalização entrou na agenda do Terceiro Mundo como seu veneno após a crise da dívida, no Leste Asiático, a moeda liberalizada e as políticas de capital geraram o colapso econômico. A carroça carregada de dívidas, neste caso, seguia o cavalo impaciente do capital.

---

[23] Fred Bergsten mergulhou nessa questão (Bergsten, 1994; 1996a; 1996b). A obra de Bagong Alyansang Makabayan (Bayan) está em uma contradição direta com a de Bergsten, e os protestos de Bayan em Manila deixaram claro que a liberalização do comércio seria um desastre para as nações e povos do Leste Asiático. O colapso não foi surpresa para eles. Ver Bello e Rosenfeld (1990).

A crise de 1997 não afetou Singapura diretamente. O forte controle do Estado sobre a política monetária protegeu a nação-insular. Mesmo assim, após a crise, ela também avançou na liberalização de seus mercados financeiros. Parte da gestão do crucial Fundo Central de Previdência foi para mãos privadas. O Estado permitiu que os cidadãos usassem sua aposentadoria no mercado de ações, até mesmo para comprar ações de empresas estrangeiras em moedas estrangeiras. Além disso, o governo emitiu títulos de dívida do governo, que criaram um mercado de taxas de juros para o dólar de Singapura (Godement, 1999, p. 93-94).[24] A base dos dispositivos de segurança financeira criada por Singapura foi colocada em questão.

Duas reações notáveis vieram de dentro dos países do Leste Asiático. Em primeiro lugar, a nova burguesia do Leste Asiático (e também do antigo Terceiro Mundo) considerava a liberalização estimulante. Eles queriam que os bons tempos continuassem, apesar do colapso da moeda e da crescente desigualdade dentro de suas próprias sociedades. No que lhes dizia respeito, quer vivessem em Nova Deli ou Nova York, Tóquio ou Toronto, viviam na *América*. Fortunas e tempos rápidos tornaram-se as marcas de sua existência e, como muitos estudaram nos Estados Unidos ou trabalharam para empresas transnacionais sediadas nos Estados Unidos, eles queriam criar um mundo infinito e isolado de consumismo e lucros que se assemelhava a nada menos do que um filme de Hollywood. A desigualdade real e o ajuste estrutural dos próprios Estados Unidos não foram registrados em seu radar: eles só viam certos quarteirões de Manhattan como "a América".

O Clube 51 de Taiwan é um exemplo caricatural dessa racionalidade. Em 1996, membros da elite de Taiwan criaram uma organização (Clube 51), cujo manifesto convocava a ilha a se juntar aos Estados Unidos como seu 51º primeiro Estado.

---

[24] A melhor análise da doença financeira asiática é de Kwame Sundaram Jomo (1998), junto da útil coletânea editada por ele (2001).

O clube exortou a elite taiwanesa a não realizar "imigração individual", que considerou "egoísta e míope". Em vez de migrar como indivíduos, o clube propôs que a elite se reunisse e lutasse para que Taiwan se tornasse parte dos Estados Unidos. Este foi o "Movimento de Construção do Estado de Taiwan". Se a elite não fosse nessa direção, alertou o clube, Taiwan sofreria o destino de Hong Kong e se fundiria à China comunista (Chen, 2001, p. 75). Embora o papel da China no Leste Asiático instigasse o Clube 51, certamente a organização da alta burguesia em direção a uma aliança com os Estados Unidos não se restringe ao caso de Taiwan ou Hong Kong.[25]

Outros também queriam forjar uma aliança com os Estados Unidos, fosse por meio de acordos de livre comércio, fosse por meio de pactos militares que levassem a arranjos econômicos vantajosos para a burguesia.

Em 2005, o filho de Lee, o atual primeiro-ministro de Singapura, Lee Hsien Loong, fez um discurso sobre a "Elite de Singapura". Ele destacou que a primeira geração da elite lutou contra o colonialismo e lutou para construir um Estado. A segunda geração não foi educada na luta social ou na construção nacional. É propensa ao interesse próprio ou de classe sobre o interesse nacional. Por esta razão, Lee apresentou as típicas críticas sobre a elite ter a "obrigação moral de retribuir à sociedade" e o "espírito de patriotismo", embora reconhecesse que "um senso de obrigação e patriotismo não são coisas que podemos ditar ou implementar". Em vez disso, a elite só poderia ser intimada a agir de uma maneira menos venal do que aparentava (Speech by Prime Minister..., 2005).

O que tais desenvolvimentos mostram é que entre setores da burguesia há uma lenta erosão da lealdade nacional e o crescimento de sentimentos cosmopolitas extranacionais que estão mais em sintonia com um cálculo burguês global de interesse econômico.

---

[25] A tendência para uma "americanização" da visão da elite também é detectada em Singapura (Barr, 2006, p. 1-18).

Podemos estar no limiar da criação de uma burguesia global genuína – se não na estrutura, pelo menos no estilo – e, portanto, um realinhamento político entre certos Estados cuja burguesia está ávida por um compromisso pró-Estados Unidos, mesmo que seja contraproducente para a vasta massa de sua população. Esta genuína burguesia global é motivada menos por agendas nacionais e mais pelo patriotismo de reserva, bem como pela necessidade de validação de sua herança cultural (Jospin, 2005).

Foi a globalização dessas turbo-elites que provocou grande parte da euforia planetária na década de 1990 – com o colapso do Segundo e do Terceiro Mundo, nada resistiria à ampla unidade das classes sofisticadas em todo o globo. O desejo insípido de uma solução rápida para as contradições das nações combalidas veio de uma geração que havia sido criada dentro do projeto do Terceiro Mundo, e não dentro do colonialismo formal. O que as elites produzidas por esse projeto viam como restrições, a geração de seus pais teria visto como a arquitetura necessária para a produção da liberdade. A nova geração do ajuste estrutural queria os equipamentos do capitalismo industrial avançado sem uma noção do processo histórico que torna isso possível. A venda imediata dos bens públicos do Terceiro Mundo deve ser vista no contexto dessa impaciência pela riqueza privada e não pelo desenvolvimento da nação. O crescimento caprichoso de contas em bancos privados, é claro, nada faz pela sociedade em que vivemos. Os limites dessa classe após a década de 1970 sobretudo são culpa dela; em vez disso, o capricho é resultado do ajuste estrutural do Terceiro Mundo.[26]

---

[26] Nesse aspecto, as sugestões de Benjamin Barber para "um nexo cívico através de todas as fronteiras" e a criação de um "quadro de avisos cívico além das fronteiras nacionais" me parecem elementos de uma posição verdadeiramente ingênua; aqueles que podem acessar essas tecnologias têm pouco interesse no tipo de instituições democráticas globais que ele imagina. Sem um compromisso com o Estado, que continua sendo o esteio da democracia local, essas fantasias serão profundamente elitistas (Barker, 1995, p. 277; p. 287).

O segundo desenvolvimento da crise do Leste Asiático é o retorno ao culturalismo primordial. Diante da acusação de que o colapso do Leste Asiático ocorreu por causa da corrupção, Lee Kuan Yew, de Singapura, voltou a acreditar que apenas os valores confucionistas criam estabilidade e crescimento, mesmo que esses valores tenham algumas falhas. Ele admitia que:

> Existem certas fraquezas no confucionismo. Você tem um dever para com sua família e lealdade para com seus amigos, para ajudá-los e apoiá-los. Isso é confucionismo. Mas esse valor é degradado quando você usa recursos públicos por meio de sua posição oficial para cumprir seu dever para com sua família e ser leal para com seus amigos. (Citado em Godement, 1999, p. 107)[27]

O líder de Singapura não pediu o abandono do confucionismo, mas um retorno mais intenso a ele, um retorno aos "valores asiáticos".[28] À medida que a globalização comandada pelo FMI atingiu o coração do Terceiro Mundo, vemos uma atenção maior a esses valores culturais, visto que o próprio nacionalismo é pervertido de seu significado de libertação nacional para o nacionalismo cultural. A única explicação que torna o milagre do Leste Asiático impossível como um modelo exportável permite que Lee Kuan Yew mantenha sua reputação. Singapura e o Leste Asiático não estão sozinhos: o resto do mundo, em tempos estruturalmente ajustados, também se refugia na cultura como um bálsamo das crueldades do turbo-capitalismo.

---

[27] Ver também Syed Hussein Alatas (1999, p. 112-113). "A sociedade asiática nunca coloca os valores individuais acima dos valores sociais. As sociedades são sempre mais importantes do que os indivíduos. Acho que esse valor salvará a Ásia das maiores calamidades" (Yew, 1993, p. 502). O democrata sul-coreano que se tornaria presidente três anos depois, Kim Dae Jung, respondeu a Lee Kuan Yew em termos da necessidade de reforma política no Leste Asiático como um valor que não era hostil à sociedade do Leste Asiático, mas necessário à sua modernidade democrática (Jung, 1994, p. 189-194). A discussão dos valores asiáticos é bastante difundida em Singapura. Ver Soong Chee Tham (1995, p. 1-14). Sobre Ásia em geral, consulte Khoo Boo Teik (1999, p. 181-192).

[28] Pode-se argumentar, como sugere Michael Backman, que esses não são antigos valores de Singapura, mas sim vitorianos (Backman, 2000, p. 32).

Meca
Quando a cultura pode ser cruel

Em maio de 1962, o príncipe herdeiro Faysal, da Arábia Saudita, recebeu 111 ulemás (eruditos muçulmanos) na cidade de Meca. Eles vinham conduzir o haje, a peregrinação anual dos muçulmanos à sua cidade mais sagrada. Esses ulemás também vieram reformar uma organização moribunda, o Congresso Muçulmano Mundial. Sob os olhos de Faysal, eles discutiram os problemas enfrentados pelos muçulmanos nas terras árabes e em outros lugares, e criaram o *Rabitat al-alam al-Islami*, a Liga Muçulmana Mundial (LMM). A declaração final da conferência foi contundente: "Aqueles que repudiam o Islã e distorcem seu apelo sob o pretexto do nacionalismo são na verdade os mais ferrenhos inimigos dos árabes, cujas glórias estão entrelaçadas com as glórias do Islã" (citado em *The Economist*, 2/6/1962, p. 903; Sindhi, 1980, p. 186). A LMM, portanto, foi organizada para interromper o crescimento do nacionalismo do Terceiro Mundo e seu senso secular de comunidade, e para recolocar os laços sublimes da religião em seu lugar. Com a generosidade saudita, A LMM abriu escritórios em todo o mundo muçulmano, da Indonésia ao Marrocos, e começou a trabalhar contra o crescimento do secularismo e do socialismo.

Sete anos depois, em Jeddah, Arábia Saudita, o rei Faysal, após a iniciativa do rei Hussein da Jordânia, pediu a criação de um órgão de nível governamental para fazer quase o mesmo trabalho que a não governamental LMM. A reunião de 1969 criou o Secretariado Geral da Liga Muçulmana e a Organização da Conferência Islâmica (OCI). A OCI formou uma agência de notícias islâmica internacional, estabeleceu centros culturais islâmicos e realizou conferências regulares para consolidar sua luta de longo alcance contra o nacionalismo e o comunismo do Terceiro Mundo. Os 23 ministros das Relações Exteriores de países muçulmanos que participaram do encontro concordaram em "promover a cooperação entre os Estados islâmicos e estabelecer bases institucionais para o pan-islamismo" (Sindhi, 1980, p. 191).

A LLM e a OCI eram a face internacional do que o regime saudita conduzia internamente. Faysal desencadeou todas as forças sociais internas contra o crescimento das ideias nacionalistas do Terceiro Mundo na Arábia Saudita. Nasser e os Oficiais Livres eram populares no Egito, certamente, mas também no mundo árabe mais amplo (incluindo na Península Arábica). As greves e tentativas de golpes palacianos foram esmagadas. A repressão não parou o poder ideológico do nasserismo e do nacionalismo do Terceiro Mundo em geral. Algo mais potente era necessário. A família materna de Faysal o havia educado na visão de mundo do *wahhabismo*, uma escola do Islã que exigia um retorno às formas sociais do século VII. A dinastia saudita nasceu no século XVIII graças a um pacto feito entre seu fundador e o progenitor do *wahhabismo*, Muhammed Ibn 'Abd al-Wahhab.[1] No entanto, ao longo dos anos, a maior parte da família real saudita teve uma relação pragmática com o *wahhabismo*: eles o respeitavam em público, mas viviam vidas mais desregradas em privado (inclusive durante longas estadas na Europa).

Faysal era diferente. Ele era um verdadeiro fiel (Gaury, 1966, p. 166). Ele aceitava os princípios do *wahhabismo* – a saber, que o Islã precisava ser restaurado ao seu estado original e que os fiéis tinham de eliminar todas as inovações trazidas ao longo dos séculos. O racionalismo e o folclore deveriam ser igualmente

---

[1] Estou ciente do relato detalhado de Natana J. Delong-Bas sobre a complexidade do xeique Muhammed ibn 'Abd al-Wahhab e como ela mostra que somente após sua morte sua interpretação do Islã se tornou reacionária. Meu interesse no Islã *wahhabi* não está em seu estado original, mas no que ele se tornou da década de 1950 em diante (Delong-Bas, 2004).

desprezados. As regras para a sociedade vinham de um senso comum puritano casado com os textos sagrados (bem como a obra de al-Wahhab e a de um estudioso anterior, Ibn Taymiyya). Nada mais era preciso. Faysal tirou proveito das vantagens institucionais de sua crença para conter o crescimento do nacionalismo do Terceiro Mundo. Em 1970, ele reorganizou o Ministério da Justiça para que os ulemás o dirigissem e destinou fundos do petróleo para a criação de uma esfera pública islâmica, e não secular, na Arábia Saudita, que passava seu tempo atacando o comunismo ímpio e o nasserismo. Uma sociedade civil emergente morreu prematuramente.

Faysal é um emblema de muitos outros líderes desse tipo e das forças sociais que eles representavam. Essas pessoas, como os Faysals, rejeitavam o nacionalismo do Terceiro Mundo, seu secularismo e seu socialismo, bem como seu tipo de modernidade. Se nem sempre na prática, o nacionalismo do Terceiro Mundo estava ideologicamente predisposto a rejeitar a hierarquia e o domínio de certas classes e clãs. Isso era um anátema para pessoas como Faysal. Eles rejeitaram o racionalismo do nacionalismo do Terceiro Mundo em favor de estruturas residuais como o puritanismo religioso, o racialismo e o tribalismo. Enquanto o nasserismo e o comunismo prometiam igualdade, os sauditas ofereciam uma igualdade celestial – desde que a população aceitasse a hierarquia do mundo. Contra a agenda do Terceiro Mundo, em todo o planeta, as velhas classes sociais deram asas a vários tipos de ideias culturais reacionárias para disciplinar suas populações. De Meca, a LMM trabalhou em nome de um Islã masculino e rigoroso. Mas ela não estava sozinha. O perigo do comunismo e da teologia da libertação na América do Sul provocou uma resposta terrível das elites regionais e das principais igrejas cristãs: elas promoveram o catolicismo pré-Vaticano 2º, encorajaram o relacionamento próximo entre a Igreja e as juntas militares e desencadearam o pentecostalismo em uma população cansada pelos fracassos de suas várias esperanças políticas mundanas. Essa contrarreforma cristã é a imagem espelhada do que saiu da LMM e de suas organizações afins (Jenkins, 2002; Cox, 1996; Faiola, 1998; Laitin, 1982).[2]

A religião não é a única forma social mobilizada pelo alto escalão das antigas classes sociais. A reinvenção do tribalismo e outras ideias atávicas é igualmente central. Joseph Desire Mobutu, radicado no Congo Belga por frades europeus, liderou o golpe contra o primeiro-ministro de esquerda, Patrice Lumumba, em 1960.[3] O Partido do Movimento Nacional Congolês de Lumumba levou o Congo recém-libertado para a esquerda e preteriu o capital europeu (particularmente aqueles interessados nos vastos recursos passíveis de serem extraídos do novo Estado). Mobutu, apoiado pelos belgas e pelos Estados Unidos, derrubou e matou Lumumba e depois assumiu o comando do país. Em poucos anos, para consolidar sua posição, Mobutu conduziu a zaireanização do Congo: mudou seu nome (Mobutu Sese Seko) e o de seu país (Zaire), e fez questão de realizar uma série de mudanças culturais a uma ideia de patrimônio cultural puro do Zaire. Enquanto isso, Mobutu saqueou o Tesouro do país e firmou contratos lucrativos a corporações transnacionais europeias e estadunidenses. O tribalismo promovido por Mobutu e apoiado por muitos dos Estados do Primeiro Mundo aumentou seu poder. Mobutu roubou cerca de US$ 5,5 bilhões de seu país, ao mesmo tempo que tentava se apresentar como um zairense como qualquer outro. O respeito pela cultura do Zaire era mais importante do que o respeito por seu povo. Esses atavismos deram cobertura para um ataque total

---

[2] Menos dramático, por causa da falta de uma população mundial judaica ou hindu efetiva, foi o surgimento do judaísmo colonizador (para Israel) e do hindutva (para a Índia). A noção de Juan Sepúlveda de "pentecostalismo indígena", em que os *indigenistas* chilenos expulsaram o clero católico e metodista elitista por uma experiência espiritual que eles pudessem definir e controlar é interessante. Embora isso talvez seja verdade em um sentido institucional, minha análise segue a promoção do pensamento religioso em oposição ao pensamento anticolonial secular, não em diálogo com ele (Sepúlveda, 1999).

[3] Os fatos fundamentais estão em Georges Nzongola-Ntalaja (2002).

contra as forças sociais do secularismo e do socialismo, as melhores tradições do nacionalismo do Terceiro Mundo.

Nos primeiros anos da era do Terceiro Mundo, essas forças sociais reacionárias (tribalismo e religiosidade) não tinham envolvimento direto na luta anticolonial. Naquela época, eles ficavam de fora ou então apoiavam os batalhões imperiais e comandavam poucos seguidores. A sucessão de golpes contra monarcas nas terras árabes (Egito, Iraque e Líbia) é uma indicação da fragilidade ideológica do regime saudita no início da década de 1960. O que os sauditas e outros fizeram, entretanto, foi preparar o terreno do culturalismo em oposição direta e autoconsciente ao nacionalismo do Terceiro Mundo. No entanto, sua capacidade de movimentar uma agenda foi prejudicada pelo apogeu do nacionalismo, bem como pela estratégia de desenvolvimento centrada no Estado, minuciosamente planejada e seguida pelos novos regimes. Os sauditas enviaram o príncipe herdeiro Faysal a Bandung para a conferência de 1955, onde um cuidadoso e gentil Nasser, como um velho parente, pastoreava um cauteloso Faysal. Quando eles voltaram da Indonésia, o Egito saiu em ajuda dos sauditas enquanto as forças britânicas de Omã tomavam um oásis dentro das fronteiras sauditas. Os sauditas e o Egito assinaram um pacto mútuo de fronteira. A Arábia Saudita emprestou dinheiro ao Egito em agosto de 1956, quando credores comerciais europeus congelaram seus fundos durante a crise de Suez (Al-Rasheed, 2002, p. 114-116). A reaproximação com o Egito não foi única. Na mesma época, sob o governo do irmão de Faysal, Saud, o reino fez aberturas ao bloco soviético (dois príncipes foram a Praga em uma missão para obter armas soviéticas, e o monarca saudita encontrou o embaixador soviético do Irã) (Yizraeli, 1997, p. 169). Havia pouca expectativa de que os sauditas se tornassem membros de pleno direito (e financiadores) do Terceiro Mundo. O que a maioria das partes entendeu foi que o reino estava sendo compelido à orbita do Terceiro Mundo pelas circunstâncias e pelo poder do nacionalismo terceiro-mundista. Afinal, essa foi a época em que clérigos influentes, do Egito ao Irã, escreveram livros que justificavam o Islã como a "síntese dialética" do capitalismo e do comunismo. Eles tratavam o Islã como uma solução moderna para os problemas modernos e um acréscimo às principais ideologias do mundo bipolar porque o Islã "combina as virtudes de ambos, vai além de dar ao homem uma felicidade inefável – dá satisfação espiritual" (Mahmud, 1984, p. 21).[4] O Islã dos *wahhabistas* e de outras ideologias atávicas definhou à luz do nacionalismo do Terceiro Mundo.[5]

A Arábia Saudita não era uma sociedade qualquer. Era o centro das terras petrolíferas. O petróleo entrou em cena para a sociedade saudita nos primeiros anos do governo de Ibn Saud (1933). Apressadamente, Ibn Saud firmou concessões para empresas de petróleo britânicas e dos EUA. As corporações floresceram. Os sauditas atuaram como locatários de um reservatório que detém um quarto ou mais do petróleo mundial, enquanto os governos britânicos e dos EUA ofereceram segurança para a longevidade do regime antidemocrático. Os cheques da concessão de petróleo permitiram que a família Ibn Saud iniciasse uma grande onda de construção: eles construíram palácios em Jeddah e Riade (a cidade do clã e a capital do Estado) e forneceram auxílio financeiro para sua vasta família ampliada. Em Meca, o coração de seu reino, os sauditas usaram a riqueza do petróleo para potencializar a atração histórica da cidade: a peregrinação anual do haje. À medida que o transporte global melhorava, milhares e milhares de pessoas

---

[4] O sociólogo iraniano Ali Shariati está igualmente inclinado a um engajamento com o marxismo, ao mesmo tempo que se opõe veementemente ao comunismo (Shariati, 1980). O populismo de Shariati é árido, por exemplo, quando ele observa: "Sempre que no Alcorão questões sociais são mencionadas, Allah e *al-nas* [o povo] são praticamente sinônimos" (Shariati, 1981, p. 55).

[5] Nasser não era avesso à incorporação do Islã em sua agenda. "Nossa religião é uma religião socialista", disse ele. "Na Idade Média, o Islã implementou com sucesso a primeira experiência socialista do mundo" (citado em Balta e Rulleau, 1982, p. 131).

fizeram seu haje (meio milhão de pessoas vieram de fora do reino durante o reinado de Faysal). Em 1956, o Ministério da Saúde saudita assumiu a operação do haje, usando parte de sua extensa riqueza oriunda do petróleo (Long, 1979, p. 76). Para facilitar esse aumento no fluxo de pessoas, o Estado saudita ampliou e reconstruiu a Masjid al-Haram, a principal mesquita de Meca e local do importante Caaba (o contrato para essa obra foi para um migrante iemenita, Mohammed Awad bin Laden). A generosidade saudita foi direcionada para o consumo perdulário da família real e da caridade religiosa. Em 1958, a terra rica em petróleo estava endividada em US$ 480 milhões (Al-Rasheed, 2002, p. 107).

O príncipe herdeiro Faysal, que exerceu sua própria autoridade contra seu irmão, o rei Saud, voltou-se para o FMI em 1957 e recebeu alguns créditos em troca de uma política fiscal mais rígida e um rial desvalorizado. Os comerciantes de petróleo prosperaram, mas o povo saudita sofreu. A monarquia continuou a receber US$ 300 milhões por ano com os *royalties* do petróleo. A estagnação das despesas estatais exacerbou o conjunto de expectativas já reduzidas da população. Eram o estopim para o nasserismo, o nacionalismo do Terceiro Mundo e o comunismo. Os clãs que perderam para os Ibn Saud estavam sufocados pelo ressentimento, enquanto os xiitas das províncias orientais estavam marginalizados pelo crescente papel do *wahabismo* sunita na política saudita. A região leste, lar dos enormes campos de petróleo e da Aramco, também era uma colmeia de inquietação dos trabalhadores. Em 1953, os trabalhadores da Aramco realizaram uma greve – mal--sucedida – de duas semanas para formar um sindicato. Então, em julho de 1956, quando o rei Saud foi a Dhahran, manifestações em massa o receberam. Os trabalhadores queriam direitos básicos, enquanto a população queria a remoção da crescente base militar dos Estados Unidos que abrigava os 4 mil funcionários estadunidenses da Aramco e garantia a hegemonia da empresa sobre a área (Aburish, 1994; 2004; Vassiliev, 1998, p. 336-337). Na seção saudita da Base Aérea de Dhahran, oficiais se amotinaram em apoio aos trabalhadores. Eles foram capturados e mortos. No ano anterior, na Base Aérea de Taif, nas montanhas do oeste do reino, tropas sauditas se amotinaram em nome de Nasser. Eles foram executados. Nesse contexto, Nasser chegou à Arábia Saudita, em 1956. Interagindo com as multidões em Dhahran e Riade, esse titã árabe anunciou: "Petróleo árabe para o povo árabe". Essas correntes nasseritas ganharam relevância nos primeiros meses de 1958. Em janeiro, Egito, Síria e Iêmen formaram a República Árabe Unida e, em julho, os Oficiais Livres no Iraque derrubaram a monarquia hachemita. Em março, a frustração saudita com Nasser atingiu um ponto alto. A coroa tentou assassiná-lo quando sua aeronave se aproximava do Aeroporto Internacional de Damasco.

A ameaça nasserita sempre foi maior do que a dos comunistas, que na Arábia Saudita eram poucos. A Organização dos Comunistas Sauditas operou sob a égide da Frente de Renovação (mais tarde, Libertação) Nacional de 1954 em diante. Somente na década de 1960 o marxismo peninsular deixaria sua marca – no Iêmen e em Omã. A revolução nacionalista de 1962 no Iêmen proporcionou um refúgio para a exportação de ideias nacionalistas e revolucionárias do Terceiro Mundo em toda a região. O Iêmen apoiou a Frente Popular para a Libertação de Omã, que foi o principal instrumento da rebelião generalizada na província de Dhofar, em Omã. Quando os marxistas tomaram o poder no Iêmen do Sul em 1967, a Frente Popular foi rebatizada de Frente Popular para a Libertação de Omã e do Golfo Pérsico. Os sauditas, agora com muito mais confiança militar do que na década de 1950, financiaram a resistência contra o Iêmen do Sul e a do governo de Omã contra a Frente Popular. Eles foram meticulosos em extirpar a esquerda da península. O que restou foram grupos residuais, como a União do Povo da Península Arábica, a Voz da Vanguarda, o Partido Revolucionário Nadji e (em 1975) o Partido Comunista da Arábia Saudita.

O nasserismo, como um vírus, infiltrou-se nas paredes do palácio. Dentro da grande família Ibn Saud, a insatisfação e as queixas aumentaram. Enquanto irmãos lutavam contra irmãos por diversos motivos, dos mais sérios aos mais banais, um grupo de jovens príncipes se reuniu em Beirute. Seu líder era o príncipe Talal bin Abdulaziz, o "Príncipe Vermelho", que não apenas preferia a vida vibrante de Beirute e do Cairo à vida monótona do palácio em Riade, mas também se casou com Mouna as-Solh, filha do primeiro-ministro nacionalista do Líbano (e um dos fundadores da Liga Árabe), Riad as-Solh. No final da década de 1950, Talal e os Príncipes Livres (al-umara'al-ahrar) formularam seus planos e, em 1960, agiram. Talal havia levantado a ideia de um Conselho Nacional em 1958, e agora os Príncipes Livres agiam para obter o apoio público. Eles não tinham base nas massas e, como não tinham o apoio de seus clãs, não conseguiram penetrar na sociedade saudita. Eles contavam apenas com os desentendimentos palaciais. Enquanto Faysal e Saud lutavam, os Príncipes Livres ganharam e perderam. Para minar Faysal, Saud elevou Talal de ministro dos Transportes a ministro das Finanças. Tariqi, o "Xeique Vermelho", já estava encarregado das terras petrolíferas. Outro aliado era o príncipe Nawwaf Ibn Abd al-Aziz, que disse à imprensa do Cairo, em maio de 1960: "Há uma tendência de convocar uma Assembleia Nacional pela primeira vez na Arábia Saudita, esboçando a primeira Constituição do Estado e estabelecendo uma Suprema Corte e uma Suprema Comissão de Planejamento. O problema é como cumprir a missão" (citado em Vassiliev, 1998, p. 357). Faysal rejeitou a proposta formal de Talal em junho e Saud também rejeitou o projeto de Constituição em setembro. Talal usou a maior parte de 1961 para criar instituições sociais seculares na sociedade saudita e reduzir o desemprego por meio de obras públicas. Os Príncipes Livres pareciam estar a caminho de levar a cabo um golpe de esquerda no palácio, de fazer o que os Oficiais Livres fizeram sem o uso dos militares.

Então Faysal investiu contra Talal. Os ulemás, liderados pelo Grande Mufti Muhammed Ibn Ibrahim Al al-Shaikh e pelo chefe da Liga de Moralidade Pública Amr Ibn Hasan, desafiou a lei trabalhista de Talal. Eles alegaram que sua generosidade não era islâmica. A pressão sobre Saud e sobre os Príncipes Livres proveniente dessas áreas sociais levou Faysal à ação. Em março de 1962, ele assumiu o cargo de seu irmão enfermo. A Aramco há muito tempo queria que Tariqi fosse demitido de seu posto como chefe do setor de petróleo. Esta foi a primeira ação de Faysal. Talal tentou ganhar alguma vantagem com a situação. Uma vez que a camarilha de Faysal trabalhava apenas dentro do discurso do Islã, Talal defendeu a interpretação da Sharia, ou lei islâmica, com base na *ijtihad* (a interpretação individual do Alcorão e da Sharia). Essa jogada falhou. Talal e seu grupo retiraram-se para Beirute. Os Príncipes Livres foram esmagados. A maioria se retratou e voltou aos auxílios financeiros do governo. Talal ficou entre Cairo e Beirute, um dissidente permanente, um indivíduo sem um partido e sem uma base de massas.

Não muito depois do golpe de misericórdia de Faysal contra os nasseritas e os comunistas, ele sediou a LMM. Faysal tinha um forte aliado na Aramco, e por trás deles estava o governo dos EUA. Este deu "apoio incondicional" à LMM como um instrumento para reverter o nacionalismo do Terceiro Mundo e prejudicar a URSS apelando para sua grande população muçulmana (talvez 45 milhões) (Aburish, 1994, p. 130). Em julho de 1960, o secretário do Tesouro dos EUA e empresário do petróleo do Texas, Robert Anderson, disse ao Conselho de Segurança Nacional que "o petróleo do Oriente Médio era tão essencial para a segurança mútua quanto as ogivas atômicas". Cinco anos depois, em um conclave do Departamento de Estado dos Estados Unidos, o diretor da Aramco, Thomas Barger, revelou que os EUA durante muito tempo haviam desempenhado um papel na desestabilização do nasserismo e do nacionalismo do Terceiro Mundo: "Havia um papel governamental apropriado destinado a prevenir o uso impensado do petróleo como arma política dos árabes radicais". A melhor maneira de evitar esse uso de petróleo era evitar a "unidade árabe" (citado em Little, 2002, p. 61; p. 63-65). Para isolar os russos e os britânicos, bem como bloquear as aspirações do nacionalismo do Terceiro Mundo, o presidente dos Estados Unidos, Eisenhower, realizou uma reunião de cúpula em 1957 com os sauditas e enunciou sua doutrina. A Doutrina Eisenhower foi formulada para conter o comunismo em geral, mas especificamente no Oriente Médio para promover os sauditas e outras forças monárquicas (como o xá do Irã e os reis da Jordânia e do Iraque) como uma alternativa ao nasserismo.[6] Em 1957, o governo dos Estados Unidos havia coordenado uma política anti-Nasser com os sauditas. No leste da Arábia Saudita, o agente da CIA James Russell Barracks confirmou a existência de "um amplo programa" para financiar pequenas células religiosas (ancestrais diretas do Comitê de Reforma e Aconselhamento de Osama Bin Laden ou Hayat Annaseyha Waahisla) (Eveland, 1980, p. 244; Aburish, 1994, p. 161). Em 1958, os Estados Unidos forneceram à Arábia Saudita US$ 25 milhões por meio da Lei de Assistência Externa. Parte do dinheiro foi para o reforço e modernização do Exército saudita com armas dos EUA, em vez de os sauditas renovarem a concessão dos EUA para a Base Aérea de Dhahran.

Quando Faysal recebeu os ulemás em Meca e eles formaram a LMM, os Estados Unidos receberam a nova jogada ideológica de seu aliado.[7] Os ulemás decidiram que a LMM deveria se reunir todos os anos durante o haje e, graças à pressão saudita, ganhou credenciamento não governamental nas Nações Unidas. A LMM não estabeleceu uma rede inteiramente nova. Ela reviveu e conec-

---

[6] Em 1953, a CIA devolveu o xá ao trono do pavão. Na Jordânia, a CIA ajudou o rei Hussein, em 1957, a derrubar o gabinete popular de seu país (repleto de socialistas árabes e comunistas, muitos dos quais eram nasseritas). Quando o Líbano caiu sob o tsunami nacionalista, a CIA deu apoio e, finalmente, os fuzileiros navais dos EUA desembarcaram para assumir o comando de Beirute. Tudo isso foi o resultado da Doutrina Eisenhower (Yaqub, 2004; Badeau, 1968).

[7] Ethan Nadelmann está possivelmente certo ao sugerir que os sauditas e a monarquia jordaniana conjuraram a LMM para contornar uma abertura dos EUA ao governo egípcio (Nadelmann, 1982, p. 448).

tou organizações muçulmanas mais antigas em todo o mundo. Estas sucumbiram sob o peso do anticolonialismo e muitas delas foram derrotadas na transição ideológica e institucional para a modernidade. A LMM, entre outros agentes sociais, forneceu energia, dinheiro e programa para sua recuperação. O embaixador francês na Arábia Saudita, Georges de Bouteiller, descreveu as operações da LMM como "tentaculares". Os tentáculos da LMM alcançaram profundamente as partes do mundo habitadas por muçulmanos (Bouteiller, 1981, p. 73-80; Landau, 1990; Haq, 1978, p. 55-66; Schulze, 1990). Em vez de bancar o coordenador institucional neutro, a LMM forçava a agenda criada pelo regime saudita para diminuir o nasserismo e o comunismo.[8] A criação de uma esfera pública muçulmana (periódicos, bibliotecas e escolas), assistência a desastres ou caridade de bem-estar social e a promoção de organizações que defendiam a Sharia – tudo isso ocorreu em torno de duas proposições simples articuladas no manifesto da LMM: que a LMM deve "combater as conspirações sérias por meio das quais os inimigos do Islã estão tentando afastar os muçulmanos de sua religião e destruir sua unidade e fraternidade", e que a LMM deve derrotar o nacionalismo nasserita e o comunismo das terras árabes (Piscatori, 1983, p. 40). A rejeição de todas as ideologias além do Islã para ambos – muçulmanos e árabe – pode ser rastreada até as opiniões severas da Irmandade Muçulmana, que declarou que o nacionalismo e o comunismo deveriam ser considerados *shu'ubi* (antiárabe).

A LMM tornou-se o canal de exportação da doutrina religiosa saudita – missionários viajavam para as terras muçulmanas e, além da reunião anual durante o haje, a LMM organizou conferências continentais e o estabelecimento de escritórios em cada um dos continentes. A LMM produziu e distribuiu panfletos sobre a condição dos muçulmanos nas terras comunistas, ao passo que pouco disse sobre o sentimento antimuçulmano nas

---

[8] Para a história do primeiro congresso, ver Arnold J. Toynbee (1965).

terras capitalistas. Mas, mais claramente, a LMM combateu as ideologias do nacionalismo e do comunismo – e as transformou em inimigas do Islã. A LMM rejeitou a ideia de *qaum* (uma nação de iguais) e promoveu a ideia de *ummah* (uma comunidade de crentes). O historiador Benedict Anderson argumenta que para o desenvolvimento do nacionalismo três "concepções culturais fundamentais" tiveram que perder seu "controle axiomático" sobre a consciência humana: a dotação de sacralidade para uma língua (sânscrito, árabe ou latim), a aceitação do monarca divino, e uma ideia de tempo que não distinguia entre história e cosmologia (Anderson, 1991, p. 36). O que temos na estratégia da LMM é uma reversão da história, para voltar atrás com o desenvolvimento do nacionalismo e promover uma comunidade transnacional baseada em uma linguagem sagrada, monarquias divinas (se não um rei de fato, então certamente o conceito do califa) e o tempo como retorno eterno. A história viaja por linhas tortas, enquanto a LMM lutava para estabelecer uma ideia reacionária de comunidade no centro da consciência popular em grandes partes do Terceiro Mundo, do Marrocos à Indonésia. A "nação islâmica", como disse Faysal, é mais importante do que as nações concretas que organizam o mundo, cujo próprio *status* neste modelo nada mais é do que provisório em comparação com a comunidade divinamente imaginada.

Entre 1965 e 1966, Faysal viajou para os principais Estados muçulmanos conservadores na Ásia e na África, começando em Teerã, depois indo para o Sudão, Turquia, Marrocos, Guiné, Mali, Tunísia e Paquistão. Neste último, Faysal apresentou uma visão do Islã como uma cola para os povos do Terceiro Mundo e exigiu unidade contra o radicalismo:

> É nesses momentos, em que o Islã está enfrentando muitas subcorrentes que estão puxando os muçulmanos para a esquerda e para a direita, leste e oeste, que precisamos de tempo para mais cooperação e laços mais estreitos para nos permitir enfrentar todos os problemas e dificuldades que obstruem nosso caminho como

uma nação islâmica, acreditando em Deus, Seu Profeta e Suas Leis. (Citado em Sindhi, 1980, p. 188)

Em 1969, os sauditas organizaram a OCI e, em 1972, abriram o caminho para a criação da Assembleia Mundial da Juventude Muçulmana. A monarquia saudita, liderada por Faysal, promoveu uma forma virulenta de Islã sobre as formas heterodoxas que cresceram na África e na Ásia e sobre os impulsos democráticos dos árabes e de outros povos. Os sauditas promoveram uma forma reacionária de Islã para domar o ressentimento entre sua própria população, que sofria cada vez mais com a indignidade da vida em uma teocracia governada por uma família difusa. Na década de 1960 e na década de 1970, a LMM desempenhou um papel marginal, com suas organizações prestando auxílio a acadêmicos e ativistas que se sentiam sitiados em suas sociedades por suas ideias anacrônicas sobre modernidade e política. Os acontecimentos no mundo logo lhes proporcionaram a oportunidade de liderar, em vez de serem deixados para trás, enquanto o arco da história retrocedia.

Em 1979, um grupo de ativistas muçulmanos devotos, organizado no Movimento dos Revolucionários Muçulmanos da Península Arábica, sitiou a Masjid al-Haram. Eles defendiam suas ações como a única maneira de recuperar os santuários sagrados das mãos dos "bêbados" que "levavam uma vida dissoluta em palácios luxuosos".[9] Os príncipes "se apoderaram de terras", "esbanjaram o dinheiro do Estado" e deixaram o povo em um estado de opressão e corrupção (Vassiliev, 1998, p. 396). Simultaneamente, mas de forma independente, os xiitas do leste da Arábia Saudita realizaram protestos massivos (muitos deles eram trabalhadores do petróleo nos campos da Aramco). A Guarda Nacional esmagou o cerco e a rebelião. Os sons de igualdade da

---

[9] O clã ibn Saud se passava por chefe do Islã em casa, ao passo que se tornava conhecido pela postura desregrada no exterior: a realeza saudita "deveria temer mais a Deus", disse um dos islâmicos. "Com uma mão, eles rezam, mas com a outra entornam a garrafa" (Yamani, 2000, p. 39).

Revolução Iraniana (mas não tanto da república islâmica que a seguiu) petrificaram a realeza saudita e, de fato, as elites entrincheiradas em todo o Terceiro Mundo. Uma monarquia a serviço dos Estados Unidos não poderia ser protegida de um levante em massa; apesar da captura da Revolução Iraniana pelos clérigos, a energia que derrubou o Estado do xá veio de uma seção transversal da sociedade. No Irã, as elites tradicionais (os clérigos) eliminaram as elites modernas (a realeza e a burguesia parasita que ela cultivava). Essas formas "tradicionais" também mudaram a monarquia saudita. O faysalismo, entretanto, foi capaz de atrelar a liderança tradicional ao seu projeto. Durante o cerco de 1979, a monarquia forçou os ulemás a emitir uma fátua contra o Movimento dos Revolucionários Muçulmanos. Shaykh 'Abd al-'Aziz Ibn Baz, da Instituição de Ifta' e Pesquisa Acadêmica, fez o que ele disse e até autorizou a intervenção militar na Masjid. Os ulemás da Arábia Saudita rapidamente se alinharam com a monarquia.

O aumento do preço do petróleo depois de 1973 deu à Arábia Saudita a capacidade singular entre as nações mais escuras de comprar seus cidadãos. Alguns anos de liquidez na década de 1970 permitiram ao Estado aumentar o salário social, embora a monarquia não mudasse fundamentalmente a base de dependência da economia saudita. A indústria saudita produzia menos de 2% do produto interno bruto, e as tâmaras continuaram sendo o segundo maior item de exportação, depois do petróleo bruto e refinado. Os que se passavam por burguesia na Arábia Saudita basicamente ganhavam dinheiro como intermediários e corretores de imóveis, e não como industriais. O Estado real comandava a economia e seus príncipes funcionavam como uma espécie de quase-burguesia. Uma pequena parte dos enormes lucros do petróleo era destinada para infraestrutura, mas desde a década de 1960 uma quantia crescente foi canalizada pela Agência Monetária da Arábia Saudita para os principais centros de capital (Nova York, Zurique e Londres). Nos fundamentos, a sociedade saudita refletia os mesmos problemas do Terceiro Mundo: uma economia baseada em uma mercadoria, com um setor industrial pouco desenvolvido, um grande aparato estatal, um setor militar em crescimento (custando cerca de 14% do produto interno bruto), e uma população enfraquecida. A economia saudita que vivia à mercê dos preços inconstantes do petróleo entrou em queda livre no final da década de 1970, quando a agitação política era mais visível. O Banco Mundial recomendou que o Estado saudita reforçasse seus fundamentos em economia, e a família real conduziu um ajuste estrutural autodirigido durante a década de 1980. Cortou o salário social e a maior parte do desenvolvimento infraestrutural, devolveu o controle dos campos de petróleo às corporações transnacionais, aumentou os gastos militares e privatizou setores do Estado. Este período de austeridade não foi estendido às corporações transnacionais ou aos detentores de capital privado (incluindo os príncipes mais ricos). O rei Fahd afirmou em uma conferência de empresários sauditas em 1985: "Espero que seu principal objetivo seja o investimento de capital na Arábia Saudita ou em qualquer país amigo, mas isso não significa qualquer restrição ao livre investimento" (Vassiliev, 1998, p. 454; Mohamedi, 1993, p. 14-17). Os sauditas privatizaram partes do Estado, e ainda assim tiveram pouco descanso enquanto os lucros do petróleo saudita vazavam para os bancos comerciais no G-7 e para sanar os *déficits* crescentes nos Estados Unidos.

Para uma sociedade com uma população jovem e um desemprego estrutural crescente, as consequências sociais e culturais da austeridade foram grandes. À medida que a dissidência e o protesto aumentavam, os sauditas enfrentaram isso tanto por meio de repressão direta quanto por meio de uma campanha ideológica. Em 1976, a realeza saudita recebeu o chefe da polícia religiosa (*mutawwa'a*) no gabinete.[10] O controle do comportamen-

---

[10] Para as raízes da polícia religiosa, ver al-Rasheed (2002, p. 49-58). Para sua manifestação moderna e ligações com a retórica e as instituições islâmicas radicais, ver al-Rasheed (2002, p. 153-155); al-Yassini (1985, p. 70).

to antissocial funcionou como um dispositivo útil para conter o crescimento da dissidência. Chauvinismos de vários tipos foram encorajados. A realeza pediu a "saudinização" da força de trabalho como um meio de jogar a culpa pelo desemprego nos cinco milhões de trabalhadores estrangeiros empregados (quase um terço da população saudita total). A promoção de organizações nacionais ligadas à visão de mundo da LMM (como Ahl al-Dawa e Jamaa al-Tabit) permitiu a canalização do descontentamento juvenil em uma sensibilidade misógina e antimodernista – melhor restringir as aspirações modernas em vez de tentar atendê-las às custas da hierarquia global entrincheirada. Por fim, o Estado saudita promoveu a exportação de seus setores insatisfeitos e devotos para lutar contra os vestígios do nasserismo e do comunismo nas terras muçulmanas. Na quarta conferência islâmica de ministros das Relações Exteriores em Benghazi, Líbia (1973), os líderes estabeleceram um Fundo Jihad "para utilizá-lo para a assistência de movimentos de libertação islâmica, para estender ajuda a centros islâmicos e sociedades no exterior, bem como em casos de desastres naturais e para a construção de escolas e hospitais" (citado em Sindhi, 1980, p. 193). Um "comitê *ad hoc*" assumiu o controle do fundo em Jeddah. A exportação do extremismo permitiu que os regimes não democráticos desfizessem qualquer crítica interna e voltassem as mentes de suas populações em direção a Israel ou ao comunismo. Concentrar-se na *dar ul-harb* (a casa da guerra, onde os muçulmanos não estão no poder) forneceu uma desculpa para esquecer a inexistência de um programa humanitário na própria *dar ul-Islam* (a casa do Islã). Quando esses extremistas tentaram levantar a questão dos estilos de vida não islâmicos e das políticas das monarquias, o estado os reprimiu. Era muito mais fácil se preocupar com os muçulmanos na URSS e na Palestina do que se organizar contra esses monarcas autoritários e a classe que os cercava.

A LMM começou a trabalhar no exterior em dois tipos de locais diferentes. Em Estados com uma população de maioria muçulmana, ou que se consideravam parte dos Estados islâmicos, a LMM e suas organizações tentaculares afiliadas ocupavam o espaço deixado pelo Estado, que se retirava da prestação de serviços públicos. À medida que a globalização conduzida pelo FMI enxugava o Estado, as organizações islâmicas começavam a oferecer esses serviços. As instituições do FMI incitaram os Estados pós-coloniais na década de 1970 a desistir da entrega de bens públicos, como educação, saúde e serviços de assistência, e permitir que entidades privadas ou de caridade fizessem o trabalho. No Paquistão e no Egito, por exemplo, enquanto o Estado lentamente erodia seu sistema educacional público, o crescimento exponencial de escolas islâmicas baratas proporcionou oportunidades para jovens da classe média baixa e da classe trabalhadora. Em Estados marxistas com populações muçulmanas, a LMM e suas organizações aliadas partiram para a ofensiva. Aqui, armaram grupos de jovens frequentemente treinados em seminários religiosos e os enviaram para desestabilizar esses regimes de esquerda. A exportação desses homens ocorreu para valer depois que o cerco à mesquita em 1979 revelou o descontentamento dentro da sociedade saudita. Os exemplos aqui são as tentativas das seções da LMM de derrubar os governos marxistas do Iêmen do Sul e do Afeganistão, bem como de promover a ascensão de governos islâmicos, do Sudão à Indonésia.

A LMM impactou o planeta, mas de forma mais espetacular no sul da Ásia. Entre 1977 e 1978, os marxistas do Afeganistão tomaram o poder em Cabul, e o ditador militar islâmico do Paquistão, Zia ul-Haq, desmantelou os esquemas de bem-estar social centrados no Estado e os substituiu pela islamização privatizada. De um lado das montanhas Hindu Kush, um regime marxista implementou a agenda de reforma social da Constituição elaborada em 1964 (reforma agrária e direitos das mulheres), enquanto do outro lado uma ditadura islâmica desmantelou o Estado em nome de certas estruturas residuais. A República Democrática Popular do Afeganistão promulgou a Proclamação da Reforma Agrária n.

6 (julho de 1978), que perdoou dívidas e desmantelou os esquemas de crédito usurários administrados por agiotas feudais. Paralelamente a isso, a República Democrática Popular do Afeganistão promoveu uma ampla agenda de direitos das mulheres, conforme enunciado pelo membro do Politburo, Anahita Ratebzad: "Privilégios que as mulheres, por direito, devem ter são educação igual, segurança no emprego, serviços de saúde e tempo livre para criar uma geração saudável para a construção do futuro do país. Educar e esclarecer as mulheres é agora objeto da atenção do governo" (citado em *Kabul Times*, 28/5/1978). Os marxistas, principalmente de origem urbana, cometeram vários erros elementares com suas reformas agrárias; chegaram ao poder antes de serem capazes de construir uma base suficiente no campo. O programa dos marxistas falhou por uma série de razões: lutas dentro da coalizão marxista, interferência da KGB, revoltas de senhores da guerra tribais e hostilidade armada dos partidos políticos islâmicos. O fato de os marxistas terem convidado os soviéticos a entrar no país em 1979 mostrava sua fraqueza e provava aos seus detratores que eram epígonos da URSS. Nesse sentido, os conservadores, apoiados pela CIA-LMM no Afeganistão e no Paquistão haviam ameaçado o governo, razão pela qual se voltaram para a União Soviética. Tudo isso era irrelevante, pois os soviéticos entraram em uma situação em que não era possível vencer, afastaram ainda mais o povo de seu governo e deram legitimidade aos *jihadistas*, que agora se reapresentavam como lutadores pela liberdade. Não ajudou a causa marxista o exército soviético ter se engajado em uma onda de campanhas brutais no campo que enviou milhões de pessoas para o Irã e o Paquistão como refugiados.

O governo do general Muhammad Zia-ul-Haq, administrador-chefe da Lei Marcial no Paquistão, a LMM e a CIA deram apoio moral e material aos senhores da guerra e aos partidos políticos islâmicos.[11] O governo dos Estados Unidos fez uma aliança

---

[11] A história da formação desta aliança está em Steve Coll (2004).

com forças comprometidas com o latifúndio, o autoritarismo e a misoginia. Quando a URSS enviou tropas para proteger seus aliados no governo de Cabul da insurgência de senhores da guerra e islâmicos apoiada pela CIA, o governo dos EUA percebeu uma oportunidade. O conselheiro de Segurança Nacional dos EUA, Zbigniew Brzezinski, lembrou que havia aconselhado o presidente Carter em 1978 a fornecer ajuda aos senhores da guerra conservadores e islâmicos porque "essa ajuda induziria uma intervenção militar soviética". Tal movimento, observou Brzezinski, daria "à URSS sua Guerra do Vietnã" (citado em *Le Nouvel Observateur*, jan. 1998, p. 15-21). A URSS já sofria de sérios problemas econômicos estruturais. A massiva industrialização planejada que jogou o país nas primeiras fileiras do mundo agora havia se tornado um problema. Na década de 1920, apenas um quinto da economia soviética compreendia os setores industrial, tecnológico e de construção, enquanto na década de 1980 a porcentagem havia aumentado para mais de dois terços. As enormes fábricas não foram modernizadas tecnologicamente e contavam com um enorme sacrifício de seus trabalhadores para manter o cinturão de ferrugem[12] obsoleto à tona.[13] Um *boom* do petróleo na década de 1970 deu à URSS um novo sopro de vida, que a liderança desperdiçou (Gustafson, 1989). Os Estados Unidos sentiram que isso poderia sangrar a URSS no Afeganistão, mas aquele gigante já havia entrado em uma grave crise que provavelmente não foi afetada pela guerra afegã (exceto na medida em que as baixas soviéticas criavam um problema moral).

Os povos afegão e paquistanês são as verdadeiras vítimas das guerras de 1978 em diante, e foram os que mais sofreram. Se a tragédia afegã já é bem conhecida, o efeito no Paquistão é bem

---

[12] Nome dado à região dos EUA em que havia grande concentração de indústrias – carvão, aço e manufaturas. A partir de fins dos anos 1970, essa região passa por um declínio, o que dá origem ao seu nome. (N. E.)

[13] Para uma excelente abordagem, ver Stephen Kotkin (1991).

menos claro. Em 1977, a ditadura de Zia fez uma aliança com o Jamaat-i-Islami, um grupo impopular que representava pontos de vista de extrema direita sobre questões sociais (principalmente sobre os direitos das mulheres e das minorias). Como parte da Aliança Nacional do Paquistão, o Jamaat colheu os benefícios do corte de Zia no financiamento educacional – o dinheiro agora vinha da LMM, da Organização Internacional de Ajuda Islâmica, do Crescente Vermelho Saudita e do Kuwait, do Departamento de Inteligência Geral da Arábia, da realeza saudita, e de outras fontes privadas. Esse dinheiro criou uma teia de escolas religiosas (*madrassas*): de 900 *madrassas* em 1971, o número aumentou para oito mil em 1988 (Nayyar, 1998, p. 226). Essa educação baseada na fé surgiu como resultado da iniciativa da aliança CIA-Sauditas de treinar ideológica e militarmente os afegãos e os paquistaneses para *jihad* contra os soviéticos. Além disso, a LMM, por meio do Escritório de Serviços (*Maktab al Khidmat*, que foi iniciado pelo mentor de Osama Bin Laden, Abdullah Azam), recrutou homens para lutar e levar ajuda humanitária na região (já que a Irmandade Muçulmana Egípcia atraiu um grande número de profissionais, a maior parte que vieram para a ajuda humanitária também contribuíram para a estreiteza ideológica promovida no Paquistão). Os militares, que antes se apegavam a valores profissionais seculares, também caíram na teia desses grupos da LMM. Recrutavam dessas *madrassas* e trabalhavam em estreita colaboração com grupos jihadistas na Caxemira e no Afeganistão. Um ex-soldado paquistanês e agora líder do grupo de direita Tanzeemul Ikhwan, Mohammed Akram Awan, vangloriou-se: "Só podemos estender a Jihad além de nossas fronteiras depois de atingirmos nosso objetivo em casa" (citado em Bennett-Jones, 2002, p. 260). As instituições seculares do Paquistão foram extremamente abaladas com a aliança de Zia com a CIA-sauditas – tendo o Afeganistão como seu pretexto.

A globalização conduzida pelo FMI na década de 1970 destruiu os principais pilares da soberania de Estado. Ao minar a ideia de nacionalismo, forças sociais conservadoras e várias classes sociais poderosas se reuniram para oferecer uma visão alternativa do que significava ser patriótico – na verdade, o que significava ser nacionalista. O nacionalismo secular-socialista da agenda do Terceiro Mundo definhou antes do surgimento de um nacionalismo cultural, agora profundamente impregnado das diferenças raciais, religiosas e atávicas. O retorno da religiosidade divisionista ao centro das políticas governamentais, aos novos debates sobre a cultura como um código para raça e outras incursões questionáveis na vida pública tornaram-se comuns. As forças sociais conservadoras rejeitaram a igualdade e a diversidade cultural em favor da hierarquia e superioridade cultural. É comum em muitos desses programas sociais desconsiderar totalmente a igualdade de direitos das mulheres e valorizar as mulheres em papéis sociais que as vinculam à família. Se essas novas forças não escreveram abertamente contra a igualdade, seus textos de superioridade mostravam que um povo (raça ou religião) é melhor do que outro e, portanto, os povos não são iguais. Os regimes de libertação nacional não conseguiram ou não tentaram destronar as velhas classes sociais e as antigas formas de solidariedade social, mas estabeleceram mecanismos para criar a solidariedade nacional. Escolas públicas, serviço militar, trabalho voluntário e outras instituições semelhantes tentaram fazer da igualdade um valor social real e parte da experiência dos cidadãos. Se as classes sociais não se misturam, não pode haver uma verdadeira solidariedade nacional. Dito isso, uma vez que o Estado parou de fazer esse esforço simbólico, a relevância das geralmente não questionadas relações de classes mais antigas alcançava agora uma nova dose de importância.

O governo da Arábia Saudita, ao lado de seus aliados monarquistas e o regime dos EUA, reuniu os elementos para um ataque frontal total aos governos socialistas e movimentos comunistas, de modo que o Sudão e o Afeganistão, com uma presença comunista substantiva, se tornaram atores centrais na política de avanço da

Arábia Saudita.[14] Eles desfraldaram a bandeira verde do profeta para galvanizar o cadáver da monarquia saudita. Mas esta não é apenas a história da Arábia Saudita. É a história de como as forças dominantes entre as velhas classes sociais se moveram durante a época da globalização conduzida pelo FMI. A busca de ajustes estruturais e o abandono da agenda de transformação social para os novos Estados encorajou essas classes dominantes a expurgar o nacionalismo do Terceiro Mundo e a defender uma espécie de nacionalismo cultural. Era muito mais fácil construir legitimidade para seus novos Estados globalizados que negavam os direitos e necessidades de seus próprios cidadãos fazendo conexões culturais horizontais através das linhas de classe verticais. Conforme muitos governos das nações mais escuras regridem na agenda econômica e democrática do Terceiro Mundo, as classes dominantes em cada um desses Estados promovem sua legitimidade e disciplinam suas populações por meio de ideias culturais conservadoras enraizadas na religião e no racialismo. A globalização e o nacionalismo cultural não são opostos ou duplos irreconciliáveis; eles existem juntos, eles se alimentam. Na verdade, o nacionalismo cultural é o cavalo de Troia da globalização conduzida pelo FMI. A Meca dessa globalização está, portanto, na capacidade de abrir a economia de um país para corporações sem Estado e sem alma, ao mesmo tempo que atribui a falta de bem-estar às minorias religiosas, étnicas, sexuais entre outras. Essa é a Meca da era pós-Terceiro Mundo.

---

[14] No Sudão, por exemplo, a LMM permitiu o estabelecimento da Frente da Constituição Islâmica (1964) de Hasan al-Turabi, mais tarde o líder da Irmandade Muçulmana Sudanesa (Voll, 1983).

Conclusão

A dívida pesa sobre a maior parte do planeta. Em 1970, quando o projeto do Terceiro Mundo estava intacto, os 60 Estados classificados como de "baixa renda" pelo Banco Mundial deviam US$ 25 bilhões a credores comerciais e agências internacionais. Três décadas depois, a dívida desses Estados inflou para US$ 523 bilhões. Um debate superficial sobre a dívida não produz uma agenda para combater esta doença fundamental para o antigo Terceiro Mundo. Estes não são países "pobres". Ao longo dessas três décadas, os 60 Estados pagaram US$ 550 bilhões em princípio e US$ 540 bilhões de juros sobre empréstimos. No entanto, eles ainda devem US$ 523 bilhões. A alquimia da usura internacional cerceia as nações mais escuras.

Na Cúpula do MNA de 1986, em Harare, Zimbábue, um grupo de líderes, sob a iniciativa do Primeiro Ministro da Malásia, Mahathir Mohamed, criou a Comissão do Sul. Eles queriam um estudo sério dos problemas políticos e econômicos dos Estados do MNA e alguns indicativos de ação. Para presidir a comissão, o MNA escolheu o ex-presidente da Tanzânia, Julius Nyerere. Nyerere resumiu o projeto do Terceiro Mundo em cinco palavras: "crescimento e esperança – depois, desilusão". A esperança da era anticolonial foi traduzida em uma agenda, um projeto que os novos Estados lutaram para implementar. Foi algo ímpar na história mundial a maioria do mundo concordar sobre as linhas gerais de um projeto para a criação de justiça na terra. Mas não durou. Pressões externas e internas paralisaram o projeto.

> Aquela esperança [do Terceiro Mundo] agora se desvaneceu. Pois houve uma compreensão gradual de que o progresso feito nas primeiras três décadas após 1945 não implicava nenhuma mudança fundamental no *status* ou nas perspectivas reais de desenvolvimento

dos países do Terceiro Mundo. A dependência estava aumentando em vez de diminuir, a pobreza persistia e a diferença de renda entre o norte rico e o sul pobre estava ficando maior. (Address by Mwalimu Julius K. Nyerere..., 1987)

De acordo com o Banco Mundial, "em 1960, o PIB *per capita* nos 20 países mais ricos era 18 vezes maior do que nos 20 países mais pobres. Em 1995, essa diferença aumentou para 37 vezes" (World Bank, 2001, p. 51). A distância entre o Norte e o Sul cresceu à medida que o Terceiro Mundo se fragmentou. Mas mesmo essa metáfora espacial do Norte e do Sul é insuficiente; ignora as hierarquias maduras de classes que cresceram dentro de cada um dos países do Sul e do Norte.

O relatório da Comissão do Sul, divulgado em 1990, argumentava que as estratégias de ajuste da globalização liderada pelo FMI enfraqueciam o Terceiro Mundo como força política. A Unctad, o G-77, MNA e outros tornaram-se insignificantes. Uma consequência desse desaparecimento foi que não existia nenhuma força política confiável para defender a abolição da dívida ou uma estratégia de alívio para o planeta. Sobre a questão da dívida, o relatório observou que "a vulnerabilidade de cada país em desenvolvimento *vis-à-vis* o Norte lhes impossibilitou tomar uma posição coletiva efetiva sobre a questão da dívida e ir além de declarações políticas genéricas" (The Challenge of the South, 1990, p. 148). O Sul não tinha controle sobre o Norte ou mesmo a capacidade de iniciar questões de interesse coletivo. Em outras palavras, o Terceiro Mundo foi dissolvido.

Enquanto a Comissão do Sul se reunia e redigia seu relatório, ocorreu uma série de acontecimentos cruciais. Em 1985, o Partido Comunista da União Soviética iniciou uma longa transição em direção à liberalização econômica (*Perestroika*) e à abertura política (*Glasnost*). Seis anos depois, o partido foi derrotado e a URSS entrou em colapso. Consequentemente, a Guerra Fria bipolar terminou. Enquanto esse grande desenvolvimento ocorria, os Estados Unidos, como líderes das potências atlânticas, começaram a exercer seu antigo projeto de primazia sobre o planeta. A invasão do Panamá (1989) foi um ensaio geral para a nova época. Foi seguida pela guerra no Iraque, o desmembramento da Iugoslávia e outras exibições de bombardeio aéreo. A Aliança Atlântica, agora sem controle, usava o poder militar para remodelar o regime à política. Uma antiga doutrina de primazia permanecia como mantra em Washington, e suas elites manobraram a população dos EUA para uma armadilha bem-preparada. Durante o curso da Guerra Fria, o governo dos Estados Unidos funcionava como o eixo de um conjunto bem articulado de engrenagens que pressionou igualmente a URSS e o Terceiro Mundo. Com o fim efetivo de ambos e com o poder militar dos EUA intacto, os formuladores de políticas dos EUA foram levados a uma falácia: que não deveriam mais recuar, mas deveriam conduzir uma política avançada para remodelar o mundo usando seu poder militar em favor de uma turbo elite transnacional. O governo dos Estados Unidos aceitou avidamente a liderança de uma coalizão global de classes dominantes (usou uma combinação de mercados livres ou "poder brando" e força militar ou "poder duro", em diferentes doses, desde 1989). Os departamentos de Defesa e Tesouro dos EUA trabalharam para garantir que os recursos continuassem a fluir para as corporações transnacionais e que o dólar continuasse a ser a principal moeda forte.

As classes dominantes nas nações mais escuras não tinham mais nenhum incentivo institucional para responder às queixas e aspirações de suas populações. Alguns setores dessas elites estão frequentemente mais predispostos às oscilações dos vários índices de ações na bolsa do que às demandas de suas populações. A Dalal Street de Mumbai e a Bolsa de Valores de Dar es Salaam prosperam enquanto seus próprios cidadãos sofrem. E quanto mais altos os índices das ações, melhor é a classificação de risco para um país. Em outras palavras, a estratégia neoliberal permite que um Estado melhore sua posição competitiva se sua população sofrer mais. As demandas dos movimentos sociais ou partidos políticos para o Estado neoliberal são recebidas com repressão, desprezo ou hostilidade ideológica. Os disparos da polícia contra os manifestantes são comuns, mas também a afirmação de que a oposição não tem alternativa à ordem neoliberal. Mas, mais importante, as classes dominantes também se voltaram para estratagemas ideológicos mais sutis. O cultivo do nacionalismo cultural como cimento social em um espaço que, de outro modo, seria um deserto político foi, ao mesmo tempo, causa e consequência do colapso do Terceiro Mundo. A organização política racial e religiosa não está preparada para confrontar o capital com seu papel central na criação da ameaça planetária. Em vez disso, a organização religiosa e racial é agora o bálsamo social para a desesperança e o desamparo. A globalização conduzida pelo FMI mina a possibilidade de igualitarismo. O racismo e a religiosidade ridicularizam a equidade em nome de uma ordem tradicional, principalmente hierárquica. Nem essa globalização nem esse tradicionalismo são capazes de cumprir os sonhos de liberdade e as demandas de igualdade que regem as almas dos humanos modernos.

A ameaça produz suas próprias contradições. Queixas e raiva se manifestam de maneiras diferentes, dependendo dos tipos de tradições disponíveis em diferentes países. Onde a esquerda foi obliterada, a grande raiva com a crescente desigualdade produziu ódio inflamado e violência bem como uma espécie de nacionalismo populista autoritário. Ataques contra minorias ou então fantasias de uma guerra armada contra os Estados Unidos e seus aliados crescem nas regiões que já foram lar de movimentos progressistas emergentes (como Sudão e Indonésia). Em outras áreas, como na América Latina, as siglas supostamente mortas ressurgiram (o MAS na Bolívia ganhou as eleições em 2006) e os revolucionários reapareceram para articular as queixas populares em um vocabulário diferente (guerrilheiros da Venezuela agora estão no governo). Os movimentos sociais surgiram nas nações mais escuras para confrontar os Estados neoliberais com valores de libertação nacional: movimentos pela terra, movimentos pela água, movimentos de direitos indígenas e outros culminaram em vitórias eleitorais ou então na imaginação de alternativas à globalização conduzida pelo FMI. Muitas dessas lutas recorrem a recursos ideológicos resilientes (como o marxismo, o anarquismo e o populismo). Partidos comunistas confiantes, sindicatos indígenas e plataformas mais amplas de movimentos são algumas das organizações que reuniram as ansiedades populares sobre as assimetrias globais. O crescimento desenfreado do poder dos EUA renovou o apego emocional à soberania nacional, se não entre as elites, certamente entre aqueles que foram prejudicados pelo colapso dos projetos do Segundo e Terceiro Mundo. A transformação na América Latina, os desafios no Oriente Médio e a reorganização de alianças entre China, Rússia e outros interromperam o rolo compressor do poder dos EUA.

Mas, nessa renovação de energia, ainda há poucas evidências de uma agenda institucional alternativa para substituir o projeto assassinado do Terceiro Mundo. O peso atual do poder atlântico, formado também pela Austrália e pelo Japão, limita a margem de manobra das autoridades eleitas nas nações mais pobres. Algumas delas continuam a se unir para obter alguns ganhos ou promover um ou outro tipo de política. Em 1989, alguns Estados do MNA criaram o Grupo dos Quinze (G-15).[1] Seu primeiro comunicado descreveu a maneira como todos esses países "estão empreendendo reformas econômicas de longo alcance e medidas de ajuste estrutural [...] para aumentar a competitividade, elevar o nível tecnológico e melhorar a eficiência". Para isso, os Estados buscam "mobilizar poupança interna e atrair recursos financeiros externos" (citado em Sridharan, 1998, p. 357-374). O G-15 queria uma resposta mais urgente à crise da dívida, embora não houvesse menção ao perdão da dívida. Os pontos principais eram aumentar o comércio mundial, abrir os mercados do norte aos produtos do

---

[1] Os 15 são Argélia, Argentina, Brasil, Egito, Indonésia, Índia, Jamaica, Malásia, México, Nigéria, Peru, Senegal, Venezuela, Iugoslávia e Zimbábue.

sul e aumentar as taxas de crescimento. A agenda do MNA foi reduzida nestes tempos neoliberais. A segunda reunião do G-15, em Caracas (1991), mostrou a preocupação dos dirigentes das nações mais pobres.

> Nossas economias nacionais estão sendo reestruturadas e liberalizadas a consideráveis custos social e privação humana, enquanto os países industrializados continuam a ter grandes *déficits* fiscais, a pagar bilhões de dólares em subsídios a indústrias ineficientes e à produção agrícola, e a manter e até mesmo intensificar as tarifas e barreiras comerciais não tarifárias que bloqueiam as exportações dos países em desenvolvimento. Essas assimetrias colocam em risco a viabilidade dos esforços do próprio Sul e podem levar à instabilidade social e política. (Citado em Sridharan, 1998, p. 357-374)

Muitos dos elementos distintos da agenda do MNA (reforma da ONU, a necessidade da Unctad e um Fundo Comum para Mercadorias e transferência de tecnologia) retornaram ao G-15. No entanto, não houve visão lúcida para a nova ordem. Tampouco existe uma formação institucional forte para lidar com a primazia conduzida pelos EUA.

A falta de coerência e dinamismo permite que os regimes operem dentro das regras estabelecidas pela globalização conduzida pelo FMI, dentro da ampla ideologia do neoliberalismo. A agenda de reforma permanece, mas agora é mais usada por um grupo de potências para obter ganhos em seus interesses nacionais ou regionais. O pedido de reforma da ONU, por exemplo, evoluiu para um pedido de assentos permanentes no Conselho de Segurança pelo Grupo dos Quatro (Brasil, Alemanha, Índia e Japão). A África do Sul, que emergiu do *apartheid* nesta nova era mundial, impulsionou a Nova Parceria para o Desenvolvimento da África (Nepad), em 2001. Os elementos centrais da Nepad incluíam a privatização da infraestrutura básica e a incorporação da economia africana na economia mundial (independente do declínio dos termos de troca e a continuação dos regimes de subsídios nas economias atlânticas em detrimento dos bens primários africanos). A palavra "parceria" na Nepad, como acontece com muitos desses documentos na era pós-Terceiro Mundo, pós-Segundo Mundo, passou a significar privatização (como nas parcerias público-privadas). O estreito espaço de manobra confrontou a Comissão do Sul em meados da década de 1980. Ela estudou a devastação das nações mais escuras e, ainda assim, recomendou "o estabelecimento de relações de mercado" como solução (The Challenge of the South, 1990, p. 274-275). A visão global irregular e ainda contraditória do G-15 não é do calibre nem do escopo da agenda de Bandung.

As limitações da globalização conduzida pelo FMI e do tradicionalismo revanchista provocam movimentos de massa em todo o planeta. As lutas pelos direitos à terra e à água, pela dignidade cultural e paridade econômica, pelos direitos das mulheres e pelos direitos indígenas, pela construção de instituições democráticas e Estados responsivos – essas são massivas em todos os países, em todos os continentes. É dessas muitas iniciativas criativas que uma agenda genuína para o futuro surgirá. Quando isso acontecer, o Terceiro Mundo terá encontrado seu sucessor.

Referências

AFRO-ASIAN PEOPLES' SOLIDARITY CONFERENCE. Cairo, December 26, 1957-January 1, 1958 (Moscow: Foreign Languages Publishing House, 1 958), 204-5.
ABDALA, I. S. "The inadequacy and loss of legitimacy of the International Monetary Fund". *Development Dialogue*, v. 2, p. 25-53, 1980.
ABDEL-FADIL, M. *Development, income distribution, and social change in rural Egypt.* 1952-1970. Cambridge: Cambridge University Press, 1975.
ABRAHAMIAN, E. V. *Social bases of iranian politics*: the Tudeh Party. 1941-53. Columbia University, 1969.
ABURISH, S. K. *The last arab*: a biography. New York: Thomas Dunne Books, 2004.
ABURISH, S. K. *The rise, corruption, and coming fall of the house of Saud*. New York: St. Martin's Press, 1994.
ABURISH, S. K. *Nasser: The Last Arab*. New York: Thomas Dunne Books, 2004.
ACADEMIA NACIONAL DE CIENCIAS ECONÓMICAS (VENEZUELA). *Vigencia del pensamiento de Juan Pablo Perez Alfonzo*. Caracas: Academia Nacional de Ciencias Económicas, 1990.
ADAMS, R.; BASTOS, S. *Las relaciones etnicas en Guatemala*. 1944-2000. Antigua Guatemala: Centro de Investigaciones Regionales de Mesoamerica, 2003.
ADEFUYE, A. "The Kakwa of Uganda and Sudan". *In*: ASIWAJU, A. I.(ed.). *Partitioned africans*: Ethnic relations across Africa's International Boundaries. 1884-1984. New York: St. Martin's Press, 1985.
ADI, H. "The communist movement in West Africa". *Science and Society*, v. 61, n. 1, 1997.
AFARY, J. *The Iranian Constitutional Revolution*, 1906-1911: Grassroots Democracy and the origins of feminism. New York: Columbia University Press, 1996.
AFRASEC CONFERENCE PROCEEDINGS. Cairo: Afro-Asian Organization for Economic Cooperation, 1961.
AFRO-ASIAN PEOPLES SOLIDARITY CONFERENCE, Cairo, 26 dez. 1957- 1 jan. 1958. Moscou: Foreign Languages Publishing House, 1958.
AFRO-ASIAN WOMEN 'S CONFERENCE. The First Afro-Asian Women's Conference, Cairo, 14-23 jan. 1961. Cairo: Amalgamated Press of Egypt, 1961.
AGENOR, P. R.; AIZENMAN, J. "Savings and the terms of trade under borrowing constraints". Washington, DC: World Bank Institute, 2000.
AHIRAM, E. "Income distribution in Jamaica, 1958". *Social and Economic Studies*, v. 13, n. 3, p. 333-69, 1964.
AHMAD, J. A. *Awrazan*. Tehran: Kitabkhanah-i Danish, 1954.
AHMAD, J. A. *Jazirah-I Kharg*. Tehran: Kitabkhanah-i Danish, 1960.
AHMAD, J. A. *Occidentosis*: a plague from the West. Berkeley, CA: Mizan Press, 1984.
AHMAD, A. *The school principal* [Mudir-i madrasah,1958]. Minneapolis, MN: Bibliotheca Islamica, 1974.

AL-KHALIL, S. *Republic of fear*: The politics of modern Iraq. Berkeley: University of California Press, 1989.
AL-RASHEED, M. *A History of Saudi Arabia*. Cambridge: Cambridge University Press, 2002.
AL-YASSINI, A. *Religion and State in the Kingdom of Saudi Arabia*. Boulder, CO: Westview Press, 1985.
ALATAS, S. H. *Corruption and the destiny of Asia*. Selangor Darul Ehsan, Malásia: Prentice Hall, 1999.
ALBA, V. *Nationalists without nations*: The oligarchy *versus* the people in Latin America. New York: Praeger, 1968.
ALDEN, R. "Powell Bids U.S. Bar Colonialism". *New York Times*, 23 de abril, 1955.
ALFONZO, J. P. P. *Hundiendonos en el excremento del diablo*. Caracas: Editorial Lisbona, 1976.
ALFONZO, J. P. P. *Petroleo y dependencia*. Caracas: Sintesis Dos Mil, 1971.
ALI, T. *Bush in Babylon*: The recolonization of Iraq. London: Verso, 2003.
ALI, T. *The Nehrus and the Gandhis*: An indian dynasty. London: Picador, 1991.
ALI, T. "Revolutionary perspectives for Pakistan". *New Left Review*, n. 63, p. 43-55, sep.-oct. 1970.
ALLEN, R. V. Peace or peaceful coexistence? Chicago: American Bar Association, 1966.
ALNASRAWI, A. *Arab nationalism, oil, and the political economy of dependency*. Westport, CT: Greenwood Press, 1991.
AMADI, E. *Sunset in Biafra*: A civil war diary. London: Heinemann, 1973.
AMBURSLEY, F. "Jamaica: The demise of 'democratic socialism'". *New Left Review*, n. 128, p. 76-88, jul.-aug. 1981.
AMERICAS WATCH. *Human rights in Jamaica*. New York: Americas Watch Committee, 1986.
AMRANE-MINNE, D. D. *Les Femmes dan la guerre d'Algerie*: entretiens. Paris: Karthala, 1994.
AMSDEN, A. *Asia's next giant*: South Korea and late industrialization. Oxford: Oxford University Press, 1989.
AMSDEN, A. "Third World Industrialization: 'Global Fordism' or a New Model?". *New Left Review*, v. 1, n. 82, p. 5-31, 1990.
AMRANE, D. *Les femmes algeriennes dans la guerre*. Paris: Pion, 1991.
ANDERSON, B. *Imagined communities*: Reflections on the origin and spread of nationalism. London: Verso, 1991.
ANDERSON, D. *Histories of the Hanged:* The Dirty War in Kenya and the End of Empire. New York: W. W. Norton, 2004.
ANDERSON, P. Le Portugal et la fin de l'ultracolonialisme. Paris: François Maspero, 1963.
ANDERSON, T. *Matanta*: El Salvador's communist revolt of 1932. Lincoln: University of Nebraska Press, 1971.
ANDERSON-MANLEY, B. "Gender and the State: A caribbean perspective". *Women Transforming Society*. Cambridge, MA: Radcliffe College Press, 1991.
ANTLOV, H. *Exemplary centre, administrative periphery*: Rural leadership and New Order in Java. Richmond, UK: Curzon Press, 1995.
APPADURAI, A. *Modernity at large*: Cultural dimensions of globalization. Minneapolis: University of Minnesota Press, 1996.
APTHEKER, H. *The truth about Hungary*. New York: Mainstream Publishers, 1957.
ARDAYA, G. *Política sin rostro*: mujeres en Bolivia. Caracas: Nueva Sociedad, 1992.
ARONSON, G. *From sideshow to center-stage*: U.S. policy toward Egypt. 1946-1956. Boulder, CO: Lynne Rienner, 1986.

ARAB PETROLEUM CONGRESS. *Information, observations, and documentation.* Beirute: Lebanese and Arab Documentations Office, 1959-1961.

ARMSTRONG, E. "Globalization from Below: AIDWA, foreign funding, and gendering anti-violence campaigns". *Journal of Developing Societies*, v. 20, n. 1-2, p. 39-55, 2004.

ASAD, T. "Two european images of non-european rule". *In*: ASAD, T. (edit.). *Anthropology and the colonial encounter.* New York: Humanities Press, 1973.

ASEAN. "Speech by Mr. S. Rajaratnam, Minister for Foreign Affairs, at the Opening Session of the Tenth ASEAN Ministerial Meeting Held at the Shangri-La Hotel on Wednesday, 6th July 1977". Ace. No. 77, 0057, National Archives and Records Centre, Singapore, p. 4.

BACKMAN, M. "Asians and victorian values". *Far Eastern Economic Review*, p. 32, 30 mar. 2000.

BADRAN, M. *Feminists, islam, and nation*: Gender and the making of modern Egypt. Princeton, NJ: Princeton University Press, 1995.

BADRAN, M.; SORBERA, L. "In No Need of Protection. Nationalist militants and determined feminists". *Al Ahram Weekly*, p. 24-30, jul. 2003.

BAILEY, F. M. *No passport to Tibet.* London: Travel Book Club, 1957.

BAILEY, M.; MORSHEAD, H. T. *Report on an exploration of the North-East Frontier.* Simla, India: Government Press, 1914.

BAKAN, A. *Ideology and class conflict in Jamaica*: The politics of rebellion. Montreal: McGill-Queen's University Press, 1990.

BAKER, J. L. *Poverty reduction and human resource development in the Caribbean*: A cross-country study. Washington, DC: World Bank, 1997.

BAKER, K. "The chinese agricultural model in West Africa: The case of market gardening in the region du Cap Vert, Senegal". *Pacific Viewpoint*, v. 26, n. 2, p. 401-14, 1985.

BARKER, B. *McWorld* vs. *Jihad*: Terrorism's challenge to democracy. New York: Ballantine, 1995.

BALTA, P.; RULLEAU, C. *La vision nasserienne.* Paris: Sindbad, 1982.

BALDWIN, J. *"Princes and powers".* Nobody knows my name: more notes of a native son. New York: Dial Press, 1961.

BARAN, P. *The political economy of growth.* New York: Monthly Review Press, 1962.

BARBOUR, K. M.; PROTHERO, M. (ed.). *Essays in african population.* London: Routledge, 1961.

BARBOUR, K. "A geographical analysis of Boundaries in Late Tropical Africa". *In*: ASIWAJU, A. I.(ed.). *Partitioned africans*: Ethnic relations across Africa's International Boundaries. 1884-1984. New York: St. Martin's Press, 1985.

BARKINDO, B. "The Mandara Astride the Nigeria-Cameroon Boundary". *In*: ASIWAJU, A. I.(ed.). *Partitioned africans*: Ethnic relations across Africa's International Boundaries. 1884-1984. New York: St. Martin's Press, 1985.

BARNET, R. J.; MILLER, R. E. *Global reach*: The power of multinational corporations. New York: Simon & Schuster, 1974.

BARON, B. "The construction of national honor in Egypt". *Gender and History*, v. 5, n. 2, p. 244-255, 1993.

BARR, M. "Beyond technocracy: The culture of elite governance in Lee Hsien Loong's Singapore". *Asian Studies Review*, v. 30, n. 1, p. 1-18, 2006.

BARRACLOUGH, S. L. "The Legacy of Latin American Land Reform". *NACLA Report on the Americas*, v. 28, n. 3, p. 19, nov.-dec. 1994.

BARRY, T. *Zapata's Revenge*: Free Trade and the farm crisis in Mexico. Boston: South End Press, 1995.

BARUCH, Bernard. *New York Times*, 17 abr. 1947.

BATATU, H. *The old social classes and the revolutionary movement of Iraq*. Princeton, NJ: Princeton University Press, 1978.
BAUER, Peter T. *Equality, the Third World, and economic delusion*. London: Weidenfeld and Nicholson, 1981.
BEASLEY, W.G. *Japanese imperialism*. 1894-1945. New York: Oxford University Press, 1991.
BECKER, M. *Setting the Virgin on Fire*: Lazaro Cardenas, Michoacan Peasants, and the Redemption of the Mexican Revolution. Berkeley: University of California Press, 1996.
BEHR, E. *The algerian problem*. London: Hodder and Stoughton, 1961.
BEHRMAN, J. "The UNCTAD Integrated Commodity Program: An Evalution". *In*: ADAMS, F. G.; KLEIN, S. (ed.). *Stabilizing world commodity markets*: Analysis, practice, and policy. Lexington, MA: Lexington-Heath, 1978.
BELLO, W.; ROSENFELD, S. *Dragons in distress*: Asia's miracle economies in crisis. San Francisco: Institute for Food and Development Policy, 1990.
BENEDICT, J. K. *The Huk Rebellion: A Study of Peasant Revolt in the Philippines*. Berkeley: University of California Press, 1977.
BANNERJI, H. "Resolution of the Women's Question". *Economic and Political Weekly*, p. 11-17, mar. 2000.
BENNETT-JONES, O. *Pakistan*: Eye of the Storm. New Delhi: Penguin, 2002.
BENOIT, E. *Defense and economic growth in developing countries*. Lexington, MA: Lexington Books, 1973.
BENTHAM, J. "Emancipate your colonies". *In*: BOWRING, J. (ed.) *The Works of Jeremy Bentham* [1830; repr.]. New York: Russell e Russell, 1962.
BERNAL, R. "The IMF and class struggle in Jamaica, 1977-1980". *Latin American Perspectives*, v. 11, n. 3, p. 53-82, summer 1984.
BERGSTEN, F. "APEC and world Trade: A force for worldwide liberalization". *Foreign Affairs*, v. 73, n. 3, p. 20-26, may-jun. 1994.
BERGSTEN, F. "The case for APEC: An asian push for world-wide free trade". *The Economist*, jan. 6, p. 41,1996a.
BERGSTEN, F. "Globalizing Free Trade". *Foreign Affairs*, v. 75, n. 3, p. 105-20, may-jun. 1996b.
BESSE, Susan K. *Restructuring patriarchy*: The modernization of gender in Brazil. 1914-1940. Chapel Hill: University of North Carolina Press, 1996.
BETANCOURT, R. *Venezuela*: Oil and politics. Boston: Houghton Mifflin, 1979.
BETTELHEIM, C. *India independent*. New York: Monthly Review Press, 1968.
BIAO, L. *Long live the victory of the people's war!* Peking: Foreign Languages Press, 1965.
BLACK, Eugene. *The diplomacy of economic development*. Cambridge, MA: Harvard University Press, 1960.
BLAIR, T. "The Land to Those Who Work It": Algeria's Experiment in Workers' Management". Garden City, NY: Anchor Books, 1970.
BLUM, W.; HOPE, K. *U.S. military and CIA interventions since World War II*. Monroe, ME: Common Courage Press, 1995.
BOESEN, J.; MADSEN, B. S.; MOODY, T. *Ujamaa*: Socialism from above. Uppsala: Scandinavian Institute for African Studies, 1977.
BOLOGNA, S. "Class Composition and the Theory of the Party at the Origin of the Workers-Council Movement". *Telos 3*, p. 4-27, 1972.
BOND, P. *Against global apartheid*: South Africa meets the World Bank, FMI e international finance. London: Zed, 2004.
BOODRIPAD, E. M. S. "On intermediate regimes". *Economic and Political Weekly*, v. 8, n. 48, p. 2133-51, dez. 1973.

BORELLA, F. "La constitution algerienne: un regime constitutionnel de gouvernement par le parti". *Revue algerienne des sciences juridiques, politiques, et economiques*, n. 1, jan. 1964.
BORGES, J. L. "Tion, Uqbar, and Orbis Tertius". *El Jardin de senderos que se bifurcan*. Buenos Aires: Sur, 1941.
BOROUJERDI, M. "Gharbradegi: the dominate intellectual discourse of pre- and post-revolutionary Iran ". *In*: FARSOUN, S.; MASHAYEKHI, M. (ed.). Iran: political culture in the Islamic Republic. London: Routledge, 1992.
BOURDET, Claude. "J'accuse". *France-Observateur*, dec. 6, 1951.
BUCHANAN, Keith. "The Third World", *New Left Review*, p. 5-23, jan.-fev. 1963.
BOUTEILLER, G. de. "Le Ligue Islamique mondiale: une institution tentaculaire". *Defense Nationale*, v. 37, p. 73-80, febr. 1981.
BOUTROS-GHALI, B. *Le Mouvement Afro-Asiatique*. Paris: Presses Universitaires de France, 1969.
BOUTROS-GHALI, B. "I support the algerian government". *Middle East Quarterly* 4, n. 3, set. de 1997.
BOUTROS-GHALI, B.; CHLALA, Y. *Le Canal de Sue*. 1854-1957. Alexandria: al--Bassir, 1958.
BRANDT, W. *North-South*: A program for survival. Cambridge, MA: MIT Press, 1980.
BRANDS, H. W. *The specter of neutralism*: The United States and the emergence of the Third World. 1947-1960. New York: Columbia University Press, 1989.
BRAUER, J.; DUNNE, J. P. (ed.). *Arming the South*: The economies of military expenditure, arms production, and arms trade in developing countries. New York: Palgrave, 2002.
BRILL, W. *Military intervention in Bolivia*: The Overthrow of Pat Estenssoro and the MNR. Washington, DC: Institute for the Comparative Study of Political Systems, 1967.
BROWN, W.; OPIE, R. *American foreign assistance*. Washington, DC: Brookings Institution, 1953.
BRYCESON, D. F. "Peasant Commodity production in postcolonial Tanzania". *African Affairs*, v. 81, n. 325, p. 557, 1982.
BURGAT, F.; NANCY, M. *Les villages socialistes de la revolution agraire algerienne*. 1972-1982. Paris: Editions du Centre National de la Recherche Scientifique, 1984.
BURTON, Antoinette. *Burdens of History*: British feminists, indian women, and Imperial Culture, 1865-1915. Chapel Hill: University of North Carolina Press, 1994.
BUTWELL, R. U Nu of Burma. Stanford, CA: Stanford University Press, 1963, p. 186.
BY THE PEN. Austin: Center for Middle Eastern Studies, University of Texas, 1988.
CABRAL, A. "National Liberation and Peace, Cornerstones of Non-Alignment". *In*: HANDYSIDE, R. (edit.) *Revolution in Guinea*: Selected texts by Amilcar Cabral. New York: Monthly Review Press, 1969.
CABRAL, A. "Tell no lies" *In*: CABRAL, A. *Revolution in Guinea*. trad. Richard Handyside. New York: Monthly Review Press, 1972.
CABRAL, A. "The Weapon of Theory" *In*: CABRAL, A. *Revolution in Guinea*. trad. Richard Handyside. New York: Monthly Review Press, 1972.
CABRAL, A. *A arma da teoria*. Carlos Comitini (coord.). Rio de Janeiro: Codecri, 1980.
CALDWELL, M. (ed.) *Ten years military terror in Indonesia*. Nottingham, Reino Unido: Spokesman Books, 1975.
THE CALL FROM ALGERIA. *Third Worldism, Revolution, and the Turn to Islam*. Trad. Robert Malley. Berkeley: University of California Press, 1996.
CAMPBELL, H. *Rasta and resistance*. Trenton, NJ: Africa World Press, 1987.

CARRERAS, J. U. M. "La Sextas Conferencias de los paises no alienadoes. La Habana, septiembre 1979". *Revista de Estudios Internacionales*, n. 3, 1980.

CASHIN, P.; MCDERMOTT, C. J. "The long-run behavior of commodity prices: Small trends and big variability". *IMF Staff Papers*, v. 49, n. 2, p. 175-199, 2002.

CASHIN, P.; Hong LIANG, H; MCDERMOTT, C. J. "How persistent are shocks to world commodity prices?". *IMF Working Paper*, p. 80-99, 1999.

CASTRO, F. *La crise económica y social del mundo*: sus repercusiones en los paises subdesarrollados. Havana: Ediciones del Consejo de Estado, 1983a.

CASTRO, F. *The world economic and social crisis*: Its impact on the underdeveloped countries, its somber prospects, and the need to struggle if we are to survive. Havana: Ediciones del Consejo de Estado, 1983b.

CASTRO, F. *On imperialist globalization*. New Delhi: LeftWord Books, 1999.

CASTRO, F. A história me absolverá. São Paulo: Expressão Popular, 2011.

CELOZA, A. F. *Ferdinand Marcos and the Philippines*: The political economy of authoritarianism. Westport, CT: Praeger, 1997.

CENTRE FOR POPULATION, COMMUNITY, AND SOCIAL CHANGE. *They cry "respect!"*: Urban violence and poverty in Jamaica. Kingston: Centre for Population, Community, and Social Change, 1996.

CESAIRE, A. "Culture and Colonisation". *Presence Africaine*, p. 203-4, jun.-nov. 1956.

CESAIRE, A. *Discourse on colonialism*. New York: Monthly Review Press, 2000.

CHAKRAVARTI, U. "The myth of 'patriots' and 'traitors': Pandita Ramabai, Brahmanical Patriarchy, and militant hindu nationalism". *In*: ed. JAYAWARDENA, K.; DE, M. ALWIS. *Embodied violence*: Communalising women's sexuality in South Asia. London: Zed, 1996.

CHOMSKY, N. *Year 501*. Boston: South End Press, 1993.

CHALIAND, G. *Armed struggle in Africa*. New York: Monthly Review Press, 1969.

CHALIAND, G. L *Algerie est-elle Socialiste?* Paris: Maspero, 1964.

CHAND, T. *Influence of islam on indian culture*. Allahabad: Indian Press, 1963.

CHANDRA, B. *In the name of democracy*: JP movement and the emergency. New Delhi: Penguin, 2003.

CHANDRA, B. *The rise and growth of economic nationalism in India*. New Delhi: People's Publishing House, 1991.

CHANDRA, R. *Industrialization and development in the Third World*. Londres: Routledge, 1992.

CHAZAN, N. (ed.). *Irredentism and international politics*. Boulder-London, Lynne Rienner Publishers-Adamantine Press Limited, 1991.

CHEN, K. H. "America in East Asia: The club 51 Syndrome". *New Left Review*, n. 12, p. 75, nov.-dec. 2001.

CHINA AND THE ASIAN-AFRICAN CONFERENCE: *Documents*. Pequim: Foreign Languages Press, 1955.

CH'ING-LING, S. *Good neighbours meet*: Speeches in India, Burma, and Pakistan. Peking: Foreign Languages Press, 1956.

CHUNG, T. *China and the Braye New World*: A Study of the origins of the opium war (1840-1842). Durham, NC: Carolina Academic Press, 1978.

CITINO, N. *From arab nationalism to OPEC*: Eisenhower, King Sa'ud, and the making of US-Saudi relations. Bloomington: Indiana University Press, 2002.

CLAUDIN, F. *The communist movement*: From Comintern to Cominform. Manuel Caballero, Latin America and the Comintern, 1919-1943. Cambridge: Cambridge University Press, 1986.

CLAUDIN, F. *The communist movement*: From Comintern to Cominform. New York: Monthly Review Press, 1975.

CLAUDIN, F. A crise do movimento comunista. São Paulo: Expressão Popular, 2013.
CLAUDIN, F. *Eurocommunism and socialism*. London: New Left Books, 1978.
CLEAVER, H. M. "The contradictions of the Green Revolution". *American Economic Review*, v. 62, n. 1-2, p. 177-186, 1972.
CLUTTERBUCK, Richard. *The long, long war: The Emergency in Malaya*. 1948-1960. London: Cassell, 1967.
COHEN, R.; DENG, F. *Masses in flight*: The global crisis of internal displacement. Washington, DC: Brookings, 1998.
COLI, S. *Ghost wars*: The secret history of the CIA, Afghanistan, and Bin Laden, from the Soviet Invasion to September 10, 2001. New York: Penguin, 2004.
THE CONFERENCE OF HEADS OF STATE OR GOVERNMENT OF NON--ALIGNED COUNTRIES. Belgrade: Editions Jugoslavija, 1961.
CONNOR, W. "A nation is a nation, is a State, is an ethnic group is a...". *Ethnic and Racial Studies*, v. 1, n. 4, p. 382, 1978.
CONSTANTINO, Renato. *The making of a Filipino*. Quezon City, Philippines: Malaya Books, 1969.
CONSTANTINO, Renato. *Dissent and Counter-Consciousness*. Quezon City, Philippines: Malaya Books, 1970.
CONTE, A. *Bandoung, tournant de l'histoire*. Paris: Laffont, 1965.
CONTRERAS, M. *The bolivian tin mining industry in the first half of the twentieth century*. London: Institute for Latin American Studies, 1993.
CORPORATE EUROPE FOR THE ICC. "The ICC and Corporate Cooptation of the UN". Corporate Europe for the ICC, World Congress Meeting in Budapest, May 3-5, 2000.
COULSON, A. (ed.). *Socialism in practice*: The tanzanian experience. Nottingham, UK: Spokesman, 1979.
COX, H. *Fire from Heaven*: The rise of Pentecostal spirituality and the Reshaping of religion in the XXI century. Reading, MA: Addison-Wesley, 1996.
COX, R.; NYE, J. S.; JACOBSON, H. (ed.). *The anatomy of influence decision making in international Organization*. New Haven, CT: Yale University Press, 1973.
CRANE, G. T. *The political economy of China's special economic zones*. Armonk, NY: Sharpe, 1990.
CRIBB, R. (ed.). *The indonesian killings of 1965-1966*: Studies from Java and Bali. Clayton, Victoria: Monash University, Centre of Southeast Asian Studies, 1990.
CROZIER, M.; HUNTINGTON, S. P.; WATANUKI, J. (eds.) *The crisis of democracy*: Report on the governability of democracies to the Trilateral Commission. New York: New York University Press, 1975.
CUDDINGTON, J. "Long-Run trends in 26 primary commodity prices: A disaggregated look at the Prebisch-Singer hypothesis". *Journal of Development Economics*, n. 39, p. 207-227, 1992.
CUMINGS, B. "The origins and development of the Northeast Asian political economy: Industrial sectors, product cycles, and political consequences". *International Organization*, v. 38, n. 1, p. 1-40, 1984.
CUSICANQUI, S. R. *Oppressed but not defeated*: Peasant struggles among the Ayamara and Quechua in Bolivia. 1900-1980. Geneva: United Nations Research Institute for Social Development, 1987.
DADONE, A. A.; DI MARCO, L. E. "The Impact of Prebisch's Ideas on Modern Economic Analysis". *In*: DI MARCO, L. E. (ed.). *International Economics and Development*. New York: Academic Press, 1972.
DAHM, B. *Sukarno and the struggle for indonesian independence*. Ithaca, NY: Cornell University Press, 1969.

DALVI, J. S. *Himalayan Blunder*: The curtain-raiser to the sino-indian war of 1962. Bombaim: Thacker and Co., 1969.
DANESHVAR, S. *A persian réquiem*. London: Halban, 1991.
DANESHVAR, S. *Savushun*. Washington, DC: Mage Publishers, 1990.
DAS, A. N. "Agrarian change from above and below: Bihar, 1947-1978". *In*: GUHA, R. (ed.). *Subaltern studies II*. New Delhi: Oxford University Press, 1983.
DAVIDSON, A.; FILATOVA, I.; GORODNOV, V.; JOHNS, S. (ed.) *South Africa and the Communist International*: A Documentary History, 2 vols. London: Frank Cass, 2003.
DAVIS, C. E. *Jamaica in the world aluminum industry, 1938-1973*. v. 1. Kingston: Jamaica Bauxite Institute, 1989.
DEALY, G. "The Public Man". *In*: HAMILL, H. (org.) *Caudillos: Dictators in Spanish America*. Norman: University of Oklahoma Press, 1992.
DEBRAY, R. *Strategy for Revolution*: Essays on Latin America. New York: Monthly Review Press, 1971.
DEGER, S; SMITH, R. "Military expenditure and growth in less developed countries". *Journal of Conflict Resolution*, n. 27, p. 335-353, 1983.
DELONG-BAS, N. J. *Wahhabi Islam*: From revival and reform to global jihad. New York: Oxford University Press, 2004.
DEMAS, W. "The Caribbean and the New International Economic Order". *Journal of Interamerican Studies and World Affairs*, v. 20, n. 3, p. 229-263, aug. 1978.
DERRADJI, A. R. *A concise history of political violence in Algeria (1954-2000)*: Brothers in faith, enemies in arms. Lewiston, ME: Mellen Press, 2002.
DESSUS, S.; SHEA, J. D.; SHI, M. S. *Chinese Taipei*: The origins of the economic "miracle". Paris: Development Centre of the Organization for Economic Cooperation and Development, 1995.
DIKJ, C. V. *Rebellion under the banner of Islam: The Darul Islam in Indonesia*. Haia: Martinus Nijhoff, 1981.
DIOP, A. "Opening Address". *Presence Africaine*, jun.-nov. p. 9, 1956.
DIOP, M. "Structure and position of the working class in Senegal". *In: Africa: National and social Revolution*. Cairo: al-Talia, 1966.
DIRKS, N. B. *Castes of mind*: colonialism and the making of modern India. Princeton, NJ: Princeton University Press, 2001.
DJERDJA, J. "The Cairo Programme of Action". *Review of International Affairs*, v. 15, n. 350, p. 2-3, 1964.
DJILAS, M. *Tito*: The story from inside. New York: Harcourt Brace Jovanovich, 1980.
DOSMAN, E. "Markets and the State in the Evolution of the 'Prebisch Manifesto'". *Cepal Review*, n. 75, p. 87-102, dec. 2001.
DOMINGUEZ, J. *To make a world safe for Revolution*: Cubas Foreign Policy. Cambridge, MA: Harvard University Press, 1989.
DRYDEN, S. *Local administration in Tanzania*. Nairobi: East African Publishing House, 1968.
DUAN, L. *On the right to collective mastery*. Hanoi: Foreign Languages Publishing House, 1980.
DUBOIS, L. *Avengers of the New World*: The Story of the Haitian Revolution. Cambridge, MA: Harvard University Press, 2004a.
DUBOIS, L. *A colony of citizens*: Revolution and slave emancipation in the French Caribbean, 1787-1804. Chapel Hill: University of North Carolina Press, 2004b.
DUGUID, S. "A biographical approach to the study of social change in the Middle East: Abdullah Tariki as a New Man". *International Journal of Middle East Studies*, v. 1, n. 1, p. 195-220, 1970.

DUNKERLEY, J. *Power in the Isthmus*: A political history of modern Central America. London: Verso, 1988.
DUNKERLEY, J. *Rebellion in the veins*: Political struggle in Bolivia, 1952-1982. London: Verso, 1984.
DUNNE, J. P. "Economic effects of military expenditure in developing countries: A survey". *In*: GLEDITSCH, N. *et al*. The peace dividend. Amsterdam: Elsevier, 1996.
DUNNE, J. P.; MOHAMMED, N. "Military Spending in Sub-Saharan Africa: Some Evidence for 1967-1985". *Journal of Peace Research*, v. 32, n. 3, p. 1-43, 1995.
DUMONT, R. *Tanzania agriculture after the Arusha declaration*: A report. Dar es Salaam: Ministry of Economic Affairs and Development Planning, 1969.
DURAND, J. P. "L'agriculture sacrifiee". *In*: EVENO, P. (edit.). *L'Algerie*. Paris: Le Monde, 1994.
DURDIN, T. "Chou, Anti-Reds Dine with Nehru". *New York Times*, 21 abr. de 1955.
DUTT, R. C. "Economic History of India". *In*: CHANDRA, B. *The rise and growth of economic nationalism in India*. New Delhi: People's Publishing House, 1991.
DWYER, L.; SANTIKARMA, D. "'When the world Turned to Chaos': 1965 and Its Aftermath in Bali, Indonesia". *In*: GELLATELY, R.; KIERNAN, B. (ed.). *The specter of genocide*: Mass murder in historical perspective. Cambridge: Cambridge University Press, 2003.
EASTER, D. Britain and the confrontation with Indonesia. 1960-1966. London: Tauris, 2004.
EASTER, D. "'Keep the Indonesian Pot Boiling': Western Covert Intervention in Indonesia, October 1965-March 1966". *Cold War History*, v. 5, n. 1, p. 55-73, feb. 2005.
ECONOMIC INTELLIGENCE UNIT. *Quarterly economic review*: Malaysia, Singapore, and Brunei. London: Economic Intelligence Unit, 1970.
EDNEY, M. Mapping an Empire: The geographical construction of British India, 1765-1843. Chicago: University of Chicago Press, 1997.
EL BARADEI, M. *The peaceful use of nuclear energy*: The contribution of the IAEA. Abu Dhabi: Emirates Center for Strategic Studies and Research, 2003.
EISENHOWER, D. D. *Waging peace*. 1956-1961. Garden City, NJ: Doubleday, 1965.
ELBADAWI, I.; MWEGA, F. "Can Africa's savings collapse be reverted?". *In*: SCHMIDT-HEBBEL, K.; SERVÉN, L. (ed.) *The Economics of Savings and Growth*. Cambridge: Cambridge University Press, 1999.
ELLIOT, L. "A bridge to fairer world trade". *Guardian Weekly*, p. 4-10, jun. 2004.
ELKINS, Caroline. *Imperial Reckoning:* The Untold Story of Britain's Gulag in Kenya. New York: Henry Holt, 2004.
ELLIS, John. *World War II:* A statistical survey. The Essential Facts and Figures for All the Combatants. New York: Facts on File, 1993.
ELLNER, S.; HELLINGER, D. (ed.). *Venezuelan politics in the Chavez era*: class, polarization, and conflict. Boulder, CO: Lynn Rienner, 2003.
ELWELL-SUTTON, L. P. *Persian oil*: a study in power politics. Londres: Lawrence and Wishart, 1955.
EMBREE, A. "Frontiers into Boundaries: The evolution of the modern State". *In: Imagining India*: Essays on Indian History. New Delhi: Oxford University Press, 1989.
ENTELIS, J. *Algeria*: The revolution institutionalized. Boulder, CO: Westview Press, 1986.
ESCANDON, Carmen Ramos. "Women and power in Mexico: The forgotten heritage, 1880-1954". *In*: Rodriguez, V. E. (ed.). *Women's participation in mexican political life*. Boulder, CO: Westview Press, 1998.
ESPIN, V. "The early years". *In*: STONE, E. (ed.) *Women and the Cuban Revolution*. New York: Pathfinder Press, 1981.

EVELAND, W. C. *Ropes of Sand*: America's Failure in the Middle East. London: W.W. Norton, 1980.
EWELL, J. Venezuela: A century of change. Palo Alto, CA: Stanford University Press, 1984.
EYTAN, W. *The first ten years:* A diplomatic history of Israel. New York: Simon & Schuster, 1958.
FAIOLA, T. *Violence in Nigeria*: The crisis of religious politics and secular ideologies. Rochester, NY: University of Rochester Press, 1998.
FANON, Frantz. *Les dammes de la terre*. Paris: François Maspero, 1961.
FANON, F. "Algeria unveiled". *In*: FANON, F. *A dying colonialism*. [reimp. 1969]. New York: Grove Press, 1967.
FANON, F. "Racism and Culture". *Presence Africaine*, p. 131, jun.-nov. 1956.
FANON, F. *Toward the african revolution*. New York: Monthly Review Press, 1967.
FANON, Frantz. *The wretched of the Earth*. New York: Grove Press, 1963.
FANON, F. *Os condenados da terra*. Rio de Janeiro: Civilização Brasileira, 1968.
FALLAW, B. *Cardenas compromised*: The failure of reform in postrevolutionary Yucatan. Durham, NC: Duke University Press, 2001.
FARAG, F. "Labour on the Fence." *Al-Ahram*, p. 11-17, may, 2000.
FARROKHZAD, F. "Kasi Keh Mesi-e Hichkas Nist". Arash 10 (Verão 1966). *In*: HILLMANN, M. C. *A lonely woman*: Forugh Farrokhzad and her poetry. New York, Lynne Rienner Publisher, 1987.
HILLMAN, J. "The mining industry and the State: The politics of tin restriction in Bolivia, 1936-1939". *Bulletin of Latin American Research*, v. 21, n. 1, p. 40-72, jan. 2002.
FEJTO, F. *Histoire des democraties populaires*. Paris: Editions du Seuil, 1969.
FIEDLER, K. *Christianity and african culture*: Conservative german protestant missionaries in Tanzania, 1900-1940. Leiden, Netherlands: Brill, 1996.
FIRST, R. *117 days*: An account of confinement and interrogation under the south african ninety-day detention law. London: Bloomsbury, 1988.
FIRST, R. *The barrel of a gun*: Political power in Africa and the Coup d'Etat. London: Penguin, 1970.
FIRST, R. *Libya*: The elusive Revolution. London: Penguin, 1974.
FIRST, R. *South West Africa*. London: Penguin Books, 1963.
FIRST SOLIDARITY CONFERENCE OF THE PEOPLES OF AFRICA, ASIA, AND LATIN AMERICA. *Anais*. Havana: Solidarity Conference of the Peoples of Africa, Asia, and Latin America, 1966.
FISHER, H. *The Portugal trade*: A study of Anglo-Portuguese commerce, 1700- 1770. London: Methuen, 1970.
FITCH, J. *The military coup d'Etat as a political process*: Ecuador, 1948-1966. Baltimore, MD: Johns Hopkins University Press, 1977.
FLN. *La Charte d'Alger*. Ensemble des textes adoptes par le Premier Congres du parti du FLN. *Alger*: FLN Commission Centrale d'Orientation, 1964.
FORD-SMITH, H. "Ring Ding in a Tight Corner: Sistren, collective democracy, and the organization of cultural production". *In*: ALEXANDER, M. J.; MOHANTY, T. C. *Feminist genealogies, colonial legacies, democratic futures*. New York: Routledge, 1997.
FORTMANN, L. *Peasants, officials, and participation in rural Tantazia*: Experience with villagization and decentralization. Ithaca, NY: Center for International Studies, Cornell University, 1980.
FRASER, A. S. "The Convention on the Elimination of All Forms of Discrimination against Women (the Women's Convention)". *In*: WINSLOW, A. (ed.) *Women, politics, and the United Nations*. Westport, CT: Greenwood Press, 1995.

FREIRE, P. *Pedagogy in process*: The letters to Guinea Bissau. New York: Seabury Press, 1978.
FRIEDLAND, W. H. *Vuta Kamba*: The development of Trade Unions in Tangayika. Palo Alto, CA: Hoover Institution Press, 1969.
FRIEDMAN, H. "The Political economy of food: A global crisis". *New Left Review*, n. 197, p. 29-57, 1993.
FRIEDMAN, H.; MCMICHAEL, P. "Agriculture and the State System: The rise and decline of national agricultures, 1870 to the Present". *Sociologica Ruralis*, v. 29, n. 2, p. 93-117, 1989.
FURSENKO, A.; NAFTALI, T. *One Hell of a Gamble*: Khrushchev, Castro, and Kennedy. 1958-1964. New York: W.W. Norton, 1997.
GALEANO, E. *Open veins of Latin America*: Five centuries of the pillage of a continent. New York: Monthly Review Press, 1973.
GALEY, M. E. "Promoting nondiscrimination against women: The UN Commission on the Status of Women". *International Studies Quarterly*, v. 23, n. 2, jun. 1979.
GANDHI, N. *When the rolling pins hit the streets:* Women in the anti-price rise movement in Maharashtra. New Delhi: Kali for Women, 1996.
GANDHI, R. "An overview of non-alignment". *Black Scholar*, p. 39, mar.-apr. 1987.
GASIOROWSKI, M.; BYRNE, M. (ed.). *Mohammed Mossaddeq and the 1953 coup in Iran*. Syracuse, NY: Syracuse University Press, 2004.
GAURY, G. de. *Faisal*: King of Saudi Arabia. London: Barker, 1966.
GEERTZ, C. "The Integrative revolution: primordial sentiments and civil politics in the New States". *In*: GEERTZ, C. *The interpretation of cultures*. New York: Basic Books, 1973.
GELDART, C.; Lyon, P. "The Group of 77: A perspective view". *International Affairs*, v. 57, n. 1, p. 95-96, winter 1980-1981.
GERTZEL, C.; GOLDSCHMIDT, M; ROTHCHILD, D. (eds.). *Government and politics in Kenya*. Nairobi: East Africa Publishing House, 1969), p. 113.
GELLNER, E. *Nations and nationalism*. Ithaca, NY: Cornell University Press, 1983.
GHOSH, A. *In an antique land*. Delhi: Ravi Dayal, 1992.
GILBERT, C. "International commodity agreements: An obituary notice". *World Development*, v. 24, n. 1, p. 1-19, 1996.
GILL, S. *American hegemony and the Trilateral Commission*. Cambridge: Cambridge University Press, 1991.
GIRVAN, N.; BERNAL, R.; HUGHES, W. "The IMF and the Third World: The case of Jamaica, 1974-1980". *Development Dialogue*, n. 2, p. 113-165, 1980.
GIRVAN, N. "The development of dependency economics in the Caribbean and Latin America: Review and comparison". *Social and Economic Studies*, v. 22, n. 1, p. 1-33, 1973.
GIRVAN, N. *Foreign capital and economic underdevelopment in Jamaica*. Kingston: Institute for Social and Economic Research, 1971.
GLEIJESES, P. *Conflicting missions*: Havana, Washington, and Africa. 1959-1976. Chapel Hill: University of North Carolina Press, 2002.
GLEIJESES, P.; HOPE, S. The *Guatemalan Revolution and the United States*. 1944-1954. Princeton, NJ: Princeton University Press, 1991.
GLENDON, M. A. "The Forgotten Crucible: The Latin American Influence on the Universal Human Rights Idea". *Harvard Human Rights Journal*, n. 16, p. 27-39, Spring 2003.
GLENDON, M. A. *A World Made New*. New York: Random House, 2001.
GLEANER, December 5, p. 1980.

GLUCK, C. *Japan's modern myths*: Ideology in the late Meiji period. Princeton, NJ: Princeton University Press, 1985.
GOWAN, Peter. "Triumphing toward international disaster: The Impasse in American Grand Strategy". *Critical Asian Studies*, v. 36, n. 1, p. 3-36, 2004.
GODEMENT, F. *The Downsizing of Asia*. London: Routledge, 1999.
GOMES, L. *The economics and ideology of free trade*: A historical review. Cheltenham, Reino Unido: Edward Elgar, 2003.
GORDON, D. "Women, work, and social mobility in post-war Jamaica". *In*: HART, K. *Women and the sexual division of labour in the Caribbean*. Kingston: Consortium Graduate School of Social Sciences, 1985.
FRANKSON, J. R. "Higglers, hagglers, and empty stomachs". *New Internationalist*, n. 214, dec. 1990.
GOTT, R. *In the shadow of the liberator*: Hugo Chavez and the transformation of Venezuela. London: Verso, 2000.
GOTKOWITZ, L. "Revisiting the Rural Roots of the Rebellion". *In*: GRINDLE, M.; DOMINGO, M. *Proclaiming revolution: Bolivia in comparative perspective*. Cambridge, MA: Harvard University Press, 2003.
GOVERNMENT OF INDIA. *Problems of the Third Plan*: A critical miscellany. New Delhi: Ministry of Information and Broadcasting, 1961.
GOWAN, P. *The global gamble*: Washington's faustian bid for world dominance. London: Verso, 1999.
GUERIN, D. *Ci-gît le colonialisme*. Paris: Mouton, 1973.
GUEVARA, E. C. "Message to Tricontinental". *In*: LOVEMAN, B. and DAVIES JR., T. (edit.). *Guerrilla warfare*. Lincoln: University of Nebraska Press, 1985.
GUEVARA, E. C. Mensagem a Tricontinental. *In*: *Che*. São Paulo: Expressão Popular, 2020.
GUEVARA, E. C. *Guerrilla warfare*. New York: Vintage Books, 1967.
GURRIERI, A. "The Ideas of the Young Prebisch". *Cepal Review*, n. 75, p. 67-80, dec. 2001.
GUSTAFSON, T. *Crisis amid plenty*: The politics of soviet energy under Brejnev and Gorbachev. Princeton, NJ: Princeton University Press, 1989.
HABEL, J. Cuba: *The Revolution in Peril*. London: Verso, 1991.
HALLIDAY, J. *A political history of japanese capitalism*. New York: Monthly Review Press, 1975.
HALPERIN, M. *The taming of Fidel Castro*. Berkeley: University of California Press, 1981.
HAMILL, H. (org.) *Caudillos*: Dictators in Spanish America. Norman: University of Oklahoma Press, 1992.
HAMILTON, E. "American Treasures and Andalusian Prices, 1503-1660: A Study in the Spanish Price Revolution". *Journal of Economic and Business History*, v. 1, p. 1-35, 1928.
HANCOCK, G. *Lords of poverty*: The power, prestige, and corruption of the international aid business. New York: Atlantic Monthly Press, 1989.
HANUM, N. To See the Dawn: Baku, 1920. First Congress of the Peoples of the East. *In*: RIDDELL, J. SHIRVANI, M. (ed.) *Communist International in Lenin's Time*. New York, Pathfinder Press, 1993.
HAJI, I. "Finance, Money, Developing Countries, and UNCTAD". *In*: CUTAJAR, M. Z. (ed.) *UNCTAD and the South-North Dialogue*: The first twenty Years. New York: Pergamon Press, 1985.
HAQ, M. "The Rabitah: A new tradition in panislamism". *Islam and the Modern Age*, v. 9, n. 3, p. 55-66, 1978.
HARBI, M. *Le F.L.N.*: Mirage et réalité. Paris: Jeune Afrique, 1980.

HARBI, M. *1954*: La guerre commence en Algerie. Paris: Complexe, 1984.
HARBI, M.; STORA, B. *La Guerre d'Algerie, 1954-2004*. Paris: Robert Laffont, 2004.
HART-LANDSBERG, M. *The rush to development*: Economic change and political struggle in South Korea. New York: Monthly Review Press, 1993.
HATEM, M. "Economic and Political Liberation in Egypt and the Demise of State Feminism". *International Journal of Middle East Studies*, n. 24, p. 233, 1992.
HAYTER, T. *The creation of world poverty*. London: Pluto Books, 1981.
HEBBEL, K.; SERVEN, L. (ed.). *The economics of savings and growth*. Cambridge: Cambridge University Press, 1999.
HEIN, W. "Oil and the venezuelan State". *In*: NORE, P.; TURNER, T. (ed.). *Oil and class struggle*. London: Zed, 1980.
HENRY, P. *Caliban's reason*: Introducing Afro-Caribbean Philosophy. New York: Routledge, 2000.
HENRY, M. *Women's participation in the social and political process in Jamaica in the 1970s*. Mona: University of the West Indies, 1986.
HERBST, J. *States and power in Africa*: Comparative lessons in authority and control. Princeton, NJ: Princeton University Press, 2000.
HILLMANN, M. C. *A Lonely woman*: Forugh Farrokhzad and her poetry. Boulder, CO: Lynne Rienner, 1987.
HOBSBAWM, E. *Nations and nationalism since 1780*. Cambridge: Cambridge University Press, 1990.
HOGAN, M. *The Marshall Plan*: America, Britain, and the reconstruction of Western Europe, 1947-1952. New York: Cambridge University Press, 1987.
HOLCOMBE, A. *Peaceful coexistence*: A new challenge to the United Nations. New York: Twelfth Report of the Commission to Study the Organization of Peace, Research Affiliate of the American Association for the United Nations, 1960.
HOLT, T. *The problem of freedom*: Race, labor, and politics in Jamaica and Britain, 1832-1938. Baltimore, MD: Johns Hopkins University Press, 1992.
HOODBHOY, P. *Islam and science*. London: Zed Books, 1991.
HOOPES, T. *The Devil and John Foster Dulles*. Boston: Little, Brown, 1973.
HORNE, A. *A savage war of peace*: Algeria (1954-1962). London: Macmillan, 1977.
HOSELITZ, Berthold F. *The Progress of Underdeveloped Areas*. Chicago: University of Chicago Press, 1952.
HOVET, T. *Bloc Politics in the UM*. Cambridge, MA: Harvard University Press, 1960.
HOXHA, E. "A Report to the 3rd Congress of the PLA". *In*: *Selected works*. Tirana, Albania: Nairn Frasheri Publishing House, 1975.
HUAT, C. B.; EAN, T. J. "Singapore: Where the new middle class sets the standard". *In*: PINCHES, Michael (ed.) *Culture and Privilege in Capitalist Asia*. London: Routledge, 1999.
HUFF, W.W. *The economic growth of Singapore*: Trade and development in the twentieth century. Cambridge: Cambridge University Press, 1995.
HUGHES, J. The end of Sukarno. Sydney: Angus and Robertson, 1968.
HUMBARACI, A. *Algeria*: A revolution that failed. New York: Praeger, 1966.
HUNTINGTON, S. P. *Political order in changing societies*. New Haven, CT: Yale University Press, 1968.
HUNTINGTON, S. P. *The soldier and the State*: The theory and politics of civil-military relations. Cambridge, MA: Harvard University Press, 1959.
HUNTINGTON, S. "Transnational Organizations in World Politics". *World Politics*, v. 25, n. 3, 1973, p. 333-368.
HUTCHISON, A. *China's African Revolution*. London: Hutchinson, 1975.

HVEEM, H. "Minerals as a factor in strategic policy and action". *In*: WESTING, A. (ed.). *Global resources and international conflict*: Environmental factors in strategic policy and action. Oxford: Oxford University Press, 1986.
IBRAHIM, T. E. "Developing countries and the Tokyo round". *Journal of World Trade Law*, v. 12, p. 1-26, 1978.
IDAHOSA, P.L.E. *The populist dimension to african political thought*: Critical essays in reconstruction and retrieval. London: Turnaround, 2004.
IMADY, M. "Patterns of arab economic aid to Third World countries". *Arab Studies Quarterly*, v. 6, winter-spring 1984.
IMF. *Survey*, 9/2/1981.
INSTITUTE FOR DEFENSE ANALYSIS. *A study of U.S. military assistance programs in the underdeveloped areas, April 8, 1959*. Final report and papers of the Draper Committee, Accession, Dwight D. Eisenhower Library, Abilene, Kansas.
INTERNATIONAL BANK FOR RECONSTRUCTION AND DEVELOPMENT. *The economic development of Tanganyika*: Report of a mission organized by the International Bank for Reconstruction and Development at the Request of the Governments of Tanganyika and the United Kingdom. Baltimore, MD: Johns Hopkins University Press, 1961.
ISRAEL, J. L. *Radical enlightenment*: Philosophy and the making of modernity, 1650-1750. Oxford: Oxford University Press, 2001.
JACKSON, D. "The disappearance of strikes in Tanzania: Incomes policy and industrial democracy". *Journal of Modern African Studies*, n. 2, p. 219-51, 1979.
JACKSON, H. F. *The FLN in Algeria*: Party development in a revolutionary society. Westwood, CT: Greenwood Press, 1977.
JACKSON, J. H.; LOUIS, J. V.; MATSUSHITA, M. (eds.). *Implementing the Tokyo round*: National Constitutions and international economic rules. Ann Arbor: University of Michigan Press, 1984.
JAMAICAN LABOUR PARTY. *Change without chaos*: A National Programme for Reconstruction Kingston: Jamaican Labour Party, 1980.
JAMES, D. *Che Guevara*: A biography. New York: Stein and Day, 1969.
JAMES, Robert Rhodes (ed.). *Winston S. Churchill*: His Complete Speeches, 1897-1963. v. 7. New York: Chelsea House, 1974.
JANOWITZ, M. *Military institutions and coercion in the developing nations*. Chicago: University of Chicago Press, 1977.
JANOWITZ, M. *The military in the political development of new nations*. Chicago: University of Chicago Press, 1964.
JAYAWARDENA, K. *Feminism and nationalism in the Third World*. London: Zed, 1986.
JENCKS, H. W. *From muskets to missiles*: Politics and professionalism in the chinese army, 1945-1981. Boulder, CO: Westview Press, 1982.
JENKINS, P. *The next christendom*: the coming of global christianity. New York: Oxford University Press, 2002.
JIAN, C. *Mao's China and the Cold War*. Chapel Hill: University of North Carolina Press, 2001.
JOHNSON, J. *The role of the military in underdeveloped countries*. Princeton, NJ: Princeton University Press, 1962.
JOMO, K. S. *Paper tigers in Southeast Asia?* Behind miracle and debacle. Basingstoke, UK: Macmillan, 2001.
JONES, D. M.; BROWN, D. "Singapore and the myth of the liberalizing middle class". *Pacific Review*, v. 7, n. 1, p. 79-88, 1994.
JOSPIN, L. *Le monde comme je le vois*. Paris: Gallimard, 2005.

JULES-ROSETTE, B. *Black Paris*: the african writers' landscape. Urbana: University of Illinois Press, 1998.
JUNG, K. D. "Is Culture destiny? The myth of anti-democratic values: A response to Lee Kuan Yew". *Foreign Affairs*, v. 73, n. 6, p. 189-94, nov.-dez. 1994.
KABIR, H. *The indian heritage*. Bombaim: Asia Publishing House, 1946.
KABUL TIMES, 28/5/1978.
KADER, S. A. *Egyptian women in a changing society*. Boulder, CO: Lynne Reinner Publishers, 1987.
KAHIN, G. M. T. (ed.). *The Asian-African Conference*: Bandung, Indonesia, abril de 1995. Ithaca, NY: Cornell University Press, 1956.
KAHIN, G. M. T. (ed.). *The Asian-African Conference*: Bandung, Indonesia, April 1955. Ithaca, NY: Cornell University Press, 1 956.
KALECKI, M. *Essays in the theory of economic fluctuations*. London: Allen and Unwin, 1939.
KALECKI, M. *Essays on the economic growth of the socialist and mixed economy*. London: Allen, Unwin, 1972.
KAMAT, S. "The structural adjustment of grassroots politics". *Sanskriti*, v. 7, n. 1, out. 1996.
KANET, R. *The Soviet Union and the developing world*. Baltimore, MD: Johns Hopkins University Press, 1974.
KARAT, P. *Language and nationality politics in India*. Bombaim: Orient Longman, 1973.
KARAT, P. "A political economy of India". *Radical Review*, v. 2, n. 1, jan. 1971.
KARDELJ, E. *Socialism and war*: A survey of chinese criticism of the policy of peaceful coexistence. London: Methuen, 1960.
KARDELJ, E. "Special supplement". *Review of International Affairs*, v. 12, n. 161, 1956.
KATZ, N.; KEMNITZNER, D. "Fast forward: The internationalization of the Silicon Valley". *In*: NASH, J.; FERNANDEZ-KELLY, M. P. (ed.). *Women, men, and the international division of labor*. Albany: State University of New York Press, 1983.
KENNEDY, J. F. *Alliance for Progress*: text of an address delivered at the white house, March 13, 1961. Washington, DC: Pan American Union, 1961.
KENNEDY, G. *The Military in the Third World*. London: Duckworth, 1974.
KEYNES, J. M. "The International Control of Raw Materials". *In*: MOGGRIDGE, D. (ed.). *The collected writings of John Maynard Keynes*. Cambridge: Cambridge University Press, 1980.
KEYNES, J. M. "Para David Waley, 30 de maio, 1944". *In*: MOGGRIGE, D. (ed.). *The Collected Writings of John Maynard Keynes*. Cambridge: Cambridge University Press, 1980.
KHAN, M. "Israel-Burma Ties". *The Guardian*, 4 dez. 1957.
KHAN, M. "The macroeconomic effects of fund-supported adjustment programs". *IMF Staff Papers*, v. 37, n. 2, p. 215, jun. 1990.
KHENG, C. B. *From PKI to the Comintern, 1924-1941*: The Apprenticeship of the Malayan Communist Party. Ithaca, NY: Cornell University South East Asia Program Publications, 1992.
KHILNANI, S. *The idea of India*. New York: Farrar, Straus and Giroux, 1999.
KIMCHE, D. *The Afro-Asian Movement*: Ideology and Foreign Policy of the Third World. New York: Halsted, 1973.
KING, S. S. "Indonesians Deny Peking's accusation that troops sacked building in drive against reds after plot". *New York Times*, 20 out. 1965, p. 4.
KINZLEY, W. D. *Industrial harmony in modern Japan*: The invention of a tradition. London: Routledge, 1991.

KINZER, S. *All the shahs' men*: an american coup and the roots of Middle East Terror. New York: John Wiley, 2003;

KINZER, S. *Overthrow*: America's century of regime changes from Hawaii to Iraq. New York: Times Books, 2006.

KIRKLAND, R. O. *Observing our hermanos de armas*: U.S. military attachés in Guatemala, Cuba, and Bolivia, 1950-1964. London: Routledge, 2003.

KJEKSHUS, H. "The Tanzanian villagization policy: Implementational lessons and ecological dimensions". *Canadian Journal of African Studies*, v. 11, n. 2, p. 274, 1977.

KLEIN, H. S. "Social Change in Bolivia since 1952". *In*: GRINDLE, M.; DOMINGO, P. *Proclaiming revolution*: Bolivia in comparative perspective. Cambridge, MA: Harvard University Press, 2003.

KNIGHT, M.; LOAYZA, N.; VILLANEUVA, D. "The peace dividend: Military spending cuts and economic growth". *Policy Research Working Paper*, n. 1577. Washington, DC: World Bank Policy Research Department, Macroeconomics and Growth Division and International Monetary Fund, 1996.

KOBRIN, S. J. "Sovereignty@Bay: Globalization, Multinational Enterprise, and the International Political System". *In*: RUGMAN, A.; BREWER, T. (ed.). *Oxford Handbook of International Business*. Oxford: Oxford University Press, 2001.

KOHL, J. "Peasant and Revolution in Bolivia, April 9, 1952 – August 2, 1953". *Hispanic American Historical Review*, v. 62, n. 4, p. 238-259, 1982.

KOLKO, G. *Confronting the Third World*: United States Foreign Policy, 1945-1980. New York: Random House, 1988.

KONAR, H. K. *Mainstream*, 29 de junho de 1967.

KONG, L.; PERRY, M.; YEOH, B. *Singapore*: A developmental city. New York: Wiley, 1997.

KORNBLUH, P. *The Pinochet file*: A declassified dossier on atrocity and accountability. New York: The New Press, 2003.

KORNER, P.; MAASS, G.; SIEBOLD, T.; TETZLAFF, R. *The IMF and the debt crisis*: A guide to the Third World's dilema. Londres: Zed, 1986.

KOTELAWALA, J. *An Asian Prime Minister's Story*. Londres: G. G. Harrap, 1956.

KOTKIN, S. *USSR*: Soviet Society in the Gorbachev era. Berkeley: University of California Press, 1991.

KRISHURTI, R. "UNCTAD as a negotiating instrument on trade policy: the UNCTAD-GATT relationship". *In*: CUTAJAR, M. Z. (ed.) *UNCTAD and the South-North Dialogue*: The first twenty Years. New York: Pergamon Press, 1985.

KRUGMAN, P.; OBSTFELD, M. *International Economics*: Theory and Policy. New York: HarperCollins, 1994.

KUBURSI, A.; MANSUR, S. "The political economy of Middle Eastern oil". *In*: STUBBS, R.; UNDERHILL, G. Political economy and the changing global order. Toronto: M and S, 1994.

KUBURSI, A. A.; MANSUR, S. "The Political Economy of Middle-Eastern Oil". *In*: UNDERHILL, G.; STUBBS, R. (ed.). *Political Economy and the Changing Global Order*. London: Macmillan, 1994.

KUBURSI, A. *Oil, industrialization, and development in the Arab Gulf States*. London: Croom Helm, 1984.

KUMAR, C. "The Indian Ocean: Arc of crisis or zone of peace?". *International Affairs*, v. 60, n. 2, p. 233-246, spring 1984.

KUNDU, A. *Militarism in India*: The army and civil society in consensus. London: I.E. Tauris, 1998.

KUX, D. *India and the United States*: estranged democracies. Washington, DC: National Defense University Press, 1992.

LAITIN, D. "The Shari'ah debate and the origins of Nigeria's Second Republic". *Journal of Modern African Studies*, v. 20, n. 3, p. 411-430, 1982.
LALL, S. "The East Asian miracle study: Does the Bell Toll for Industrial Strategy?" *World Deyelopment*, v. 22, n. 4, p. 645-654, 1994.
LAN, C.W. "Singapore's export promotion strategy and economic growth (1965-1984)". working paper no. 1 1 6, Development Planning Unit. London: University College London, 2001.
LANDAU, J. *The Politics of Pan-Islam*: Ideology and Organization. Oxford: Clarendon Press, 1990.
LAQUEUR, W. *The Soviet Union and the Middle East*. New York: Routledge, 1959.
LAREMONT, R. R. *Islam and the politics of resistance in Algeria*, 1782-1992. Trenton, NJ: Africa World Press, 2000.
LARGUIA, I.; DUMOULIN, J. "Women's Equality and the Cuban Revolution". *In*: NASH, J.; SAFA, H. (ed.). *Women and Change in Latin America*. South Hadley, MA: Bergin e Garvey, 1985.
LAZREG, M. *The eloquence of silence*: Algerian women in question. New York: Routledge, 1994.
LE NOUVEL OBSERVATEUR. "Oui, la CIA est entrée en Afghanistan avant les russes". *Le Nouvel Observateur*, p. 15-21, jan. 1998.
LEACH, E. *Social and economic organization of the Rowandu Kurds*. London: P. Lund, 1940.
LEACH, E. *Political systems of highland Burma*: A study of Kachin social structures. London: G. Bell and Son, 1954.
LEE, C. S. *The politics of Korean nationalism*. Berkeley: University of California Press, 1963.
LEFFLER, M. *A preponderance of power*: national security, the Truman Administration, and the Cold War. Palo Alto, CA: Stanford University Press, 1992.
LEFRANC, E. "Petty trading and labour mobility: Hagglers in the Kingston Metropolitan Area of Jamaica". *In*: *Women and the sexual division of labour in the Caribbean*. Kingston: Consortium Graduate School of Social Sciences, 1985.
LEFTWICH, A. "Bringing politics back in: Towards a model of the developmental State". *Journal of Development Studies*, v. 31, n. 3, p. 410, 1995.
LEHMAN, K. *Bolivia and the United States*: A limited partnership Athens. University of Georgia: University of Georgia Press, 1999.
LENCZOWSKI, G. *Soviet advances in the Middle East*. Washington, DC: American Enterprise Institute, 1971.
LENIN, V. I. "Political Report to the Central Committee of the RCP (B)". *Collected Works*. Moscou: Progress Publishers, p. 263-309, v. 33, 1971.
LEV, D. "The Political Role of the Army in Indonesia". *Pacific Review*, v. 36, n. 4, p. 349-364, Winter 1963-1964.
LEWIS, W. A. *The evolution of foreign aid*. Cardiff: University College, 1971.
LEWIS, W. A. *The theory of economic growth*. London: Allen and Unwin, 1955.
LEWIS, J. W.; LITAI, X. *China Builds the Bomb*. Palo Alto, CA: Stanford University Press, 1988.
LIM, L.; FONG, E. *Trade, employment, and industrialization in Singapore*. Singapore: International Labor Organization, 1986.
LINDQVIST, S. *A History of Bombing*. New York: The New Press, 2001.
LINTNER, B. *The rise and fall of the Communist Party of Burma*. Ithaca, NY: Cornell University Southeast Asia Program Publications, 1990.
LIPPMANN. *The Cold War*. New York: Harper, 1947.

LITTLE, D. *American orientalism*: The United States and the Middle East since 1945. Chapel Hill: University of North Carolina Press, 2002.
LOCKE, John. *Two treatises of government*. Cambridge: Cambridge University Press, 1988.
LONG, D. *The Hajj today*. Albany: State University of New York Press, 1979.
LONGVA, A. N. *Walls built on sand*: Migration, exclusion, and society in Kuwait. Boulder, CO: Westview Press, 1997.
LOPEZ-MAYA, M.; LANDER, L. "Refounding the Republic: The political economy of chavismo". *NACLA Report on the Americas*, v. 33, n. 6, p. 2 1-23, may-jun. de 2000.
LUCKHAM, R. "Militarism and international development: A framework for analysis". *In*: VILLAMIL, J. J. *Transnational capitalism and national development*: New perspectives on dependence, Atlantic Highlands, NJ: Humanities Press, 1979.
MABRO, R.; RADWAN, S. *The industrialization of Egypt, 1939-1973*. Oxford: Clarendon Press, 1976.
MACDONALD, A. J. *Border Bloodshed*: Scotland and England at War, 1369-1403. East Linton, UK: Tuckwell Press, 2000.
MCNAMARA, D. *The colonial origins of Korean enterprise*. 1910-1945. Cambridge: Cambridge University Press, 1990.
MCTURNAN KAHIN, George (ed.). *The Asian-African Conference*: Bandung, Indonesia, April 1955. Ithaca, NY: Cornell University Press, 1956.
MACEY, D. *Frantz Fanon*: A biography. New York: Picador, 2000.
MAHMUD, M. *Marxism and Islam*. Cairo: s/e., 1984.
MARCOU, L. *Le Kominform*. Paris: Presses de la Fondation Nationale des Sciences Politiques, 1977.
MARSHALL, A. *Principles of economics*. An introductory volume. London: Macmillan, 1910.
MELMAN, B. *Women's Orients*: English women and the Middle East, 1718-1918. Ann Arbor: University of Michigan Press, 1995.
MICHALET, C. A. *Le capitalisme mondial*. Paris: PUF, 1976.
MICHALET, C. A. *L'enterprise plurinationale*. Paris: Dunod, 1969.
MACMILLAN, H. *Tides of fortune*. 1945-1955. New York: Harper and Row, 1969.
MCTURAN KAHIN, G. (ed.) *The Asian-African Conference*: Bandung, Indonesia, April 1955. Ithaca, NY: Cornell University Press, 1956.
MCTURAN KAHIN, G. *Nationalism and Revolution in Indonesia*. Ithaca, NY: Cornell University Press, 1952.
MAITAN, L. *Party, army, and masses in China*: A marxist interpretation of the Cultural Revolution and its aftermath. London: New Left Books, 1976.
MAIZELS, A. *Commodities in crisis*: The commodity crisis of the 1980s and the political economy of international commodity policies. Oxford: Clarendon Press, 1992.
MAIZELS, A. "The continuing commodity crisis of developing countries". *World Development*, v. 22, n. 11, p. 1685-95, nov. 1994.
MALIK, C. "A Change of Ideas", *The Times*, 27 set. 1963, p. 79.
MALLEY, R. *The call from Algeria*. Third Worldism, revolution, and the turn to Islam. Berkeley: University of California Press, 1996.
MAMA, A. "Sheroes and Villians: Conceptualizing the colonial and contemporary violence against women in Africa". *In*: ALEXANDER, M. J.; MOHANTY, C. T. (edit.) *Feminist genealogies, colonial legacies, democratic futures*. New York: Routledge, 1997.
MAMA SE VA A LA GUERRA. Direção: Guillermo Centendo. ICAIC. Cuba, 1984 (doc. color. 17 min.).
MAMDANI, M. *Citizen and subject*: contemporary Africa and the legacy of late colonialism. Princeton, NJ: Princeton University Press, 1996.

MANLEY, M. *Jamaica*: Struggle in the periphery. London: Third World Media, 1982.
MARSOT, A. L.S. *A short history of modern Egypt*. Cambridge: Cambridge University Press, 1985.
MARTENS, L. *Abo*: Une femme du Congo. Brussels: EPO and L'Harmattan, 1995.
MARTENS, L. *Pierre Mulele and the Kwilu Peasant Uprising in Zaire*. London: Zed, 1993.
MARX, K. *The capital*. v. 1. London: Penguin, 1976.
MATANGO, R. R. "Operation Mara: The paradox of democracy". *Maji Maji*, n. 20, p. 17-29, 1975.
MAXWELL, N. *China's "Aggression" of 1962*. Oxford: Court place Books, 1999.
MAXWELL, N. *India's China war*. Londres: Jonathan Cape, 1970.
MAYOBRE, E. *Perez Alfonzo*. Caracas: El Nacional, 2005.
MELANCON, G. *Britain's China policy and the opium crisis*: Balancing drugs, violence, and national honour, 1833-1840. Aldershot, UK: Ashgate, 2003.
MBILINYI, M. *Big slavery*: Agribusiness and the crisis in women's employment in Tanzania. Dar es Salaam: University of Dar es Salaam, 1991.
MCMOHAN, R. J. *The cold war on the periphery*: The United States, India, and Pakistan, 1947-1965. New York: Columbia University Press, 1994.
MCNAMRA, R. S. "The Post-Cold War World: Implications for military expenditure in the developing countries". *In*: PROCEEDINGS OF THE WORLD BANK ANNUAL CONFERENCE ON DEVELOPMENT ECONOMICS. Washington, DC: World Bank, 1992.
MCNAMARA, R. "Security in the Contemporary World". *Defense Science Board*, p. 880-81, 6 jun. 1966.
MEHTA, U. S. *Liberalism and empire*. Chicago: University of Chicago Press, 1999.
PAZ, O. *El ogro filantrópico*: Historia y politica 1971-1978. Barcelona: Editorial Seix Barral, 1983.
MELLO, M. V. de. *Desenvolvimento e cultura*: O problema do estatismo no Brasil. São Paulo: Nacional, 1963.
MIES, M. *Patriarchy and accumulation on a world scale*: Women in the international division of labor. London: Zed, 1986.
MILLER, F. *Latin american women and the search for social justice*. Hanover, NH: University Press of New England, 1991.
MILICEVIC, O. *With friends in Africa*. Belgrade: Edition Jugoslavija, 1961.
MINH, H. C. "Political report read at the National Conference of the Vietnam Workers' Party Held in February 1961". Selected Works. Hanoi: Foreign Languages Publishing House, 1961.
MINISTRY OF EXTERNAL AFFAIRS (New Delhi). Notes, memoranda, and letters exchanged, and agreements signed between the Government of India and China, 1959-1962 (White Paper). New Delhi: Ministry of External Affairs, 1962.
MISHRA, P. "The East Was Red", *The Guardian*, 4 fev. 2006.
MOGHADAM, V. "The revolution and the regime: populism, Islam, and the State in Iran". *Social Compass*, v. 36, n. 4, p. 429, 1989.
MOHAMEDI, F. "The Saudi economy: a few years till doomsday". *Middle East Report*, v. 185, p. 14-17, nov.-dec. 1993.
MOORE, J. E. "Traditional rural settlement". *In*: Leonard BERRY, L. *Tanzania in maps*. London: University of London Press, 1971.
MORON, G. *A History of Venezuela*. New York: Roy, 1963.
MOROZOVA, I. Y. *The Comintern and Revolution in Mongolia*. Cambridge, UK: White Horse Press, 2002.
MORTIMER, R. *Indonesian communism under Sukarno*: Ideology and politics, 1959-1965. Ithaca, NY: Cornell University Press, 1974.

MOSER, C.; HOLLAND, J. *Urban poverty and violence Jamaica*. Washington, DC: World Bank, 1997.

MOVIMENTO POLÍTICO RUPTURA (Comisión Ideológica). *El imperialism petrolero y revolución venezolana*. Caracas: Fondo Editorial Salvador de la Plaza, 1977.

MUELLER, M. J.; ATESOGLU, H. S. "Defense spending, technological change, and economic growth in the United States". *Defense Economics*, v. 2, n. 1, p. 19-27, 1990.

MURTI, B. S. N. *Nehru's foreign policy*. New Delhi: Beacon Information and Publications, 1953.

NADELMANN, E. "Setting the Stage: American Policy for the Middle East, 1961-1966". *International Journal of Middle East Studies*, v. 14, p. 448, 1982.

NANDA, M. *Prophets facing backwards*: Postmodern critiques of science and hindu nationalism in India. New Brunswick, NJ: Rutgers University Press, 2003.

NAOROJI, D. *Poverty and Un-British rule in India*. London: Sonnenschein, 1901.

NASH, J. *We eat the mines and the mines eat us*: Dependency and exploitation in Bolivian Tin Mines New York: Columbia University Press, 1993.

NASSER, G. A. *Philosophy of the Revolution*. Cairo: National Publishing House Press, 1960.

NASSER, G. A. *Egypt's Liberation*: The Philosophy of the Revolution. Washington, DC: Public Affairs Press, 1955.

NASSER, G. A. *Nahnu wa'al'Iraq wa'al-shuy u'iyah*. Beirute: Dar al-Nashr al-Arabiyah, 1959.NASH, J.; Maria Patricia FERNANDEZ-KELLY, M. P. (ed.). *Women, men, and the international division of labor*. Albany: State University of New York Press, 1983.

NATIONAL SECURITY COUNCIL. "U.S. Overseas Internal Defense Policy". August 1, 1962.

NATIONAL SECURITY COUNCIL (NSC) 5809. April 2, 1958. U.S. Department of State, Foreign Relations of the United States, 1958-1960. Volume XVI, East Asia-Pacific region; Cambodia, Laos. Washington, DC: Government Printing Office, 1992.

NATIONAL SECURITY. *Action Memorandum 331*: Bandung II Conference, 9 de abril, 1965, National Security File, NSAM File, Johnson Library, Austin, Texas, s.d.

"NATIONAL DAY MESSAGE FROM THE MINISTER FOR FOREIGN AFFAIRS, Mr. S. Rajaratnam," Ace. n. 66.0026.281, National Archives and Records Centre, Singapore, august 8, 1966.

NAYYAR, A. H. "Madrasa Education". *In*: HOODBHOY, P. (ed.). *Education and the State*: Fifty years of Pakistan. Karachi, Pakistan: Oxford University Press, 1998.

NEALE, J. *A people's history of the Vietnam war*. New York: The New Press, 2003.

NEEDLER, M. *Anatomy of a coup d'Etat*: Ecuador 1963. Washington, DC: Institute for the Comparative Study of Political Systems, 1964.

NERUDA, P. *Canto general*. trad. Jack Schmitt. Berkeley: University of California Press, 1991.

NERUDA, P. *Canto geral*. Rio de Janeiro: Difel, 1979.

NEHRU, J. *India's foreign policy*. Selected Speeches, September 1946-April, 1961. Delhi: Government of India, 1961, p. 89.

NIMER, A. "From mobilizers to service providers: NGOs and the Left in Palestine". *News from Within*, v.13, n. 11, dec. 1997.

NKRUMAH. *In*: THE CONFERENCE OF HEADS OF STATE OR GOVERNMENT OF NON-ALIGNED COUNTRIES. Belgrade: Editions Jugoslavija, 1961.

NKRUMAH, K. *Handbook of revolutionary warfare*. New York: International Publishers, 1968.

NKRUMAH, K. *Neocolonialism*: The last stage of imperialism. New York: International Publishers, 1966.
NORD, L. *Nonalignment and socialism*. Estocolmo: Raben e Sjogren, 1974.
NORTH, D. *Institutions, Institutional change, and economic performance*. Cambridge: Cambridge University Press, 1990.
NUMAZAKI, I. "The Export-oriented industrialization of Pacific Rim Nations and their presence in the global market". *In*: KIM, E. (ed.). *The four Asian tigers*: Economic development and global political economy. New York: Academic Press, 1998.
NYE, J. S. "UNCTAD: Poor Nations' Pressure Group". *In*: COX, R.; NYE, J. S.; JACOBSON, H. (ed.). *The anatomy of influence decision making in international organization*. New Haven, CT: Yale University Press, 1973.
NYERERE, J. "After the Arusha Declaration". *In*: NYERERE, J. *Freedom and Unity*. Dares Salaam: Oxford University Press, 1967.
NYERERE, J. "The Arusha declaration: Socialism and Self-Reliance". *In*: NYERERE, J. *Freedom and Socialism*: Uhuru na Ujamaa. New York: Dar es Salaam; Oxford University Press, 1968.
NYERERE, J. "Socialism and Rural Development". *In*: NYERERE, J. *Freedom and Unity*. Dar es Salaam: Oxford University Press, 1967.
NYERERE, J. K. "Address by Mwalimu Julius K. Nyerere, Chairman of the South Commission, at the Commission's Inauguration Ceremony, 2nd October 1987". Geneva: South Centre, 1987.
NZONGOLA-NTALAJA, G. *The Congo from Leopold to Kabila*: A people's history. London: Zed, 2002.
O'CONNELL, A. "Argentina into the Depression: Problems of an Open Economy". *In: Latin America in the 1930s*: The Role of the Periphery in the World Crisis. New York: St. Martin's Press, 1984.
O'DONNELL, J. "Capitol Stuff", *New York Daily News*, 6 of may, 1955.
PAGE, J. *Peron*: A biography. New York: Random House, 1983.
OH, W. S. *Export processing zones in the Republic of Korea*: Economic impact and social issues. Geneva: International Labor Organization, 1993.
OPEC. *Official Resolutions and Press Releases, 1960-1990*. Vienna: OPEC Secretariat, 1990.
OTTAWAY, D.; OTTAWAY, M. *Afrocommunism*. New York: Africana Publishing House, 1981.
OTTAWAY, D.; OTTAWAY, M. *Argelia*: The politics of a socialist Revolution. Berkeley: University of California Press, 1970.
PARISHAD, K. S. S. *Lead kindly light*: Operation illiteracy eradication. A Report on the Intensive Campaign for Eradication of Illiteracy. Ernakulam, Rivandrum, India: KSSP, 1991.
PAUKER, G. "The Role of the military in Indonesia". *In*: JOHNSON, J. J. (ed.). *The Role of the military in underdeveloped countries*. Princeton, NJ: Princeton University Press, 1964.
PAUKER, G. "Southeast Asia as a problem area in the next decade". *Worl Politics II*, p. 325-345, apr. 1959.
PAVICEVIC, M. "Why a New Conference of Non-Aligned Countries?" *Review of International Affairs*, v. 15, n. 333, p. 5, 1964.
PAYER, C. *The Debt Trap*. New York: Monthly Review Press, 1974.
PEARSE, A. *Seeds of plenty, seeds of want*: Social and economic implications of the Green Revolution. Oxford: Clarendon, 1980.
PEARSON, L. B. [chair, Commission on International Development]. *Partners in development*: Report. New York: Praeger, 1969.

PENROSE, E. *The large international firm in developing countries*: The international petroleum industry. London: Allen and Unwin, 1968.
PEOPLE'S ACTION PARTY. *The tasks ahead*: PAP 's Five-Year Plan, 1959-1964. Singapore: Petir, Organ of the PAP, 1959.
PERKINS, J. *Confessions of an economic hit man*. São Francisco: Berrett-Koehler, 2004.
PERKINS, J. H. *Geopolitics and the Green Revolution*: Wheat, genes, and the Cold War. Oxford: Oxford University Press, 1997.
PERKOVICH, G. *India's nuclear bomb*: The Impact on global proliferation. Berkeley: University of California Press, 1999.
PERMANENT BUREAU OF AFRO-ASIAN WRITERS. Afro-Asian Short Stories. *In*: *Anthology*. 2 v. Cairo: Permanent Bureau Of Afro-Asian Writers, 1973.
PETRAS, J. "Imperialism and NGOs in Latin America". *Monthly Review*, v. 49, n. 7, p. 10-27, dez. 1997.
PHILLIPS, R. *FAO*: Its origins, formation, and evolution, 1945-1981. Rome: Food and Agriculture Organization, 1981.
PINCHES, M. (ed.). *Culture and privilege in capitalist Asia*. London: Routledge, 1999.
PINNOCK, D. (ed.). *Voices of liberation* (v. 2): Ruth First. Pretoria: Human Sciences Research Council, 1997.
PISCATORI, J. P. "Islamic Values and National Interest: The Foreign Policy of Saudi Arabia" *In*: DAWISHA, A. (ed.). *Islam in Foreign Policy*. Cambridge: Cambridge University Press, 1983.
POWELL, J. *Political mobilization of the venezuelan peasant*. Cambridge, MA: Harvard University Press, 1971.
PRASAD, A. *Against ecological romanticism*: Verrier Elwin and the making of the anti-modern tribal identity. New Delhi: Three Essays Press, 2003.
PRASHAD, Vijay. "Mother Teresa as the Mirror of Bourgeois Guilt". *In*: NAJMI, S.; SRIKANTH, R. (ed.). *White women in racialited spaces*. Albany: State University of New York Press, 2002.
PRASHAD, V. "Emergency assessments". *Social Scientist*, v. 24, n. 9-10, p. 36-68, set.-out. 1996.
PRASHAD, V. *Everybody was Kung Fu fighting*: afro-asian connections and the myth of cultural purity. Boston: Beacon Press, 2001.
PRASHAD, V. *Namaste Sharon*: Sharonism and hindutva under US hegemony. New Delhi: LeftWord, 2003.
PRASHAD, V. *Keeping up with the Dow Joneses*: Debt, prison, workfore. Boston: South End Press, 2003.
PRASHAD, V. *Fat cats and running dogs*: The enron stage of Capitalism. Monroe, ME: Common Courage Press, 2002.
PREBISCH, R. "The economic development of Latin America and its principle problems". *Economic Bulletin for Latin America*, v. 7, n. 1, p. 1-12, fev. 1962.
PREBISCH, R. *Toward a dynamic development policy for Latin America*. New York: ONU, 1963.
PREBISCH, R. "Two decades after". *In*: CUTAJAR, M. Z. (ed.) *UNCTAD and the South-North dialogue*. Oxford: Pergamon Press, 1985.
PREBISCH, R. "North-south Dialogue". *Third World Quarterly*, n. 2, p. 15-18, jan. 1980.
PREBISCH, R. O desenvolvimento econômico da América Latina e alguns de seus problemas principais. *In:* Bielschowsky, R. (org.) *Cinquenta anos de pensamento na Cepal*. Rio de Janeiro: Record, 2000.
"PRESS CONFERENCE OF THE SINGAPORE PRIME MINISTER, MR. LEE KWAN YEW, WITH MALAY JOURNALISTS AT THE STUDIO OF TV

SINGAPURA ON WEDNESDAY, II TH AUGUST 1965". Ace. No. Iky 119651 Iky081 Ia.doc, National Archives and Records Centre, Singapore, 2.

PUEBLA, T. "Marianas in combat". *In*: PUEBLA, T.; GRAJALES, M. *Women's Platoon in Cuba's revolutionary war*, 1956-58. New York: Pathfinder Press, 2003.

QUANDT, W. *Revolution and political leadership*: Algeria, 1954-1968. Cambridge, MA: MIT Press, 1969.

QUOC, Nguyen Ai. "An Open Letter to M. Albert Sarraut, Minister of Colonies". *In*: FALL, B. B. (ed.). *Ho Chi Minh on Revolution: Selected Writings, 1920-66*. New York: Signet, 1968.

RABBEN, L. *Unnatural selection*: The Yanomani, the Kayapó, and the Onslaught of Civilização. Seattle: University of Washington Press, 1998.

RABE, S. G. *The road to OPEC*: United States Relations with Venezuela, 1919-1976. Austin: University of Texas Press, 1982.

RADLET, S. SACHS, J. D. COOPER, R.; BOSWORTH, B. "The East Asian financial crisis: Diagnosis, remedies, prospects". *Brookings Papers on Economic Activity*, n. 1, p. 7, 1998.

RAIKES, P. "Ujamaa and Rural Socialism". *Review of African Political Economy*, n. 2, p. 49, 1975.

RAJ, K. N. "The Politics and Economics of Intermediate Regimes". *Economic and Political Weekly*, v. 8, n. 27, 7 jul. 1973.

RAJARAT, S. "Singapore: Global City". *In*: CHEE, C. H.; HAQ, O.U. (ed.). *The prophetic and the political*: Selected speeches and writings of Rajaratnam. Singapore: Graham Brash, 1987.

RAJENDRAN, M. *ASEAN's foreign relations*: The shift to collective action. Kuala Lumpur: Arenabuku Sdn. Bhd., 1985.

RAKE, A. "Collapse of African Agriculture". *African Development*, n. 9, p. 18, feb. 1975.

RAMAKRISHNAN, V. K.; SWAMINATHAN, M. (ed.). *Financial liberalization and rural credit in India*. New Delhi: Tulika, 2005.

RAMSEY, P. (ed.). *The price revolution in sixteenth century England*. Londres: Methuen, 1971.

RAY, T. F. *The politics of the Barrios of Venezuela*. Berkeley: University of California Press, 1969.

RAYMONT, H. "Latins at the UN Seek More Unity". *New York Times*, 22 set. 1963, p. 23.

RAZA, R. M. *Aadha Gaon*. Delhi: Rajmakal Prakashan, 1966.

REEDY, D. *Magda Portal, la pasionaria peruana*: biografia intelectual. Lima: Ediciones Flora Tristan, 2000.

REDDOCK, R. "Women's organizations and movements in the commonwealth caribbean: The Response to Global Economic Crisis in the 1980s". *Feminist Review*, n. 59, p. 66-67, Summer, 1998.

REJALI, D. M. *Torture and modernity*: Self, society, and State in modern Iran. Boulder, co: Westview Press, 1994.

RENNER, F. A. "Ethnic affinity: Partition and political integration in Senegambia". *In*: ASIWAJU, A. I.(ed.). *Partitioned africans*: Ethnic relations across Africa's International Boundaries, 1884-1984. New York: St. Martin's Press, 1985.

RICARDO, D. *On the principles of political economy and taxation*. London: Penguin, 1971.

RICHTER, J. *Khrushchev's Double Bind*: International Pressures and Domestic Coalition. Baltimore, MD: Johns Hopkins University Press, 1994.

RIDDELL, J. SHIRVANI, M. (ed.) *Communist International in Lenin's Time*. New York, Pathfinder Press, 1993.

ROBINSON, G. *The dark side of paradise*: Political violence in Bali. Ithaca, NY: Cornell University Press, 1995.
RODAN, G. *The political economy of Singapore's industrialization*: National State and international capital. Petaling Java: Forum, 1991.
ROMULO, Carlos. "What the Asians Expect of the U.S.". *New York Times Magazine*, June 19, 1955, 8, 55, 60-61.
ROMULO, Carlos. *The Meaning of Bandung*. Chapel Hill: University of North Carolina Press, 1956.
ROSENSTEIN-RODAN, P. "Problems of Industrialization of Eastern and SouthEastern Europe". *Economic Journal*, v. 53, n. 210-211; jun.-set. 1943.
ROSTOW, W.W. *The stages of economic growth*: A non-communist *Manifesto*. Cambridge: Cambridge University Press, 1960.
ROTHSCHILD, E. "Bank: The coming crisis". *New York Review of Books*, v. 23, n. 9, p. 16-21, 27 maio 1976.
ROTHSTEIN, R. *Global bargaining*: UNCTAD and the quest for a New International Economic Order. Princeton, NJ: Princeton University Press, 1979.
RUBINSTEIN, A. Z. *Yugoslavia and the nonaligned world*. Princeton, NJ: Princeton University Press, 1970.
RUTHENBERG, H. (ed.). *Smallholder farming and smallholder development in Tanzania*: Ten case studies. Munique: Welt forum Verlag, 1968.
SAADAWI, N. E. *The hidden face of Eve*: Women in the arab world. London: Zed, 1980.
SAHLINS, P. *Boundaries*: The making of France and Spain in the Pyrenees. Berkeley: University of California Press, 1989.
SAIVETZ, C.; WOODY, S. *Soviet-Third World relations*. Boulder, CO: Westview Press, 1985.
SALINAS, G. A. "The Barzolas and the Housewives Committee". *In*: NASH, J.; SAFA, H. (ed.). *Women and Change in Latin America*. South Hadley, MA: Bergin e Garvey, 1985.
SAMPSON, A. *The money lenders*. London: Hodder and Staughton, 1981.
SAMPSON, A. *The seven sisters*: The great oil companies and the world they made. New York: Viking, 1975.
SANGARI, K.; VAID, S. *Recasting women*: Essays in Colonial History. New Delhi: Kali for Women, 1989.
SARO-WIWA, K. *On a darkling plain*: An account of the nigerian civil war. London: Saros, 1989.
SARTRE, J. P. Preface. *In*: FANON, F. *The wretched of the Earth*. New York: Grove Press, 1963.
SARKAR, N. "A historical account of Tawang Monastery". *In*: GROVER, V.; ARORA, R. *Encyclopedia of India and her states*. v. IX: North-East India. New Delhi: Deep and Deep, 1996.
SASSEN, S. *The global city*: New York, London, Tokyo. Princeton, NJ: Princeton University Press, 1991.
SAUVY, Alfred. "Trois Mondes, Une Planété". *L'Observateur*, n. 118, aug. 14, 1952.
SAUVY, Alfred. Introduction. *In*: Balandier, Georges (ed.). *Le "Tiers-Monde" sous développement et développement*, Paris: Presses Universitaires de France, 1961.
SCHOPPERT, P. "Displacing Singapore". *In*: *Singapore*: Views on the urban landscape. Antwerp, Belgium: Pandora, 1998.
SCHULZE, R. *Islamisher Internationalismus in 20. Jahrhundert*: untersuchungen fur geschichte der Islamischen Weltliga (Mekka). Leiden, Netherlands: Brill, 1990.
SCOTT, J. *Seeing like a State*: How certain schemes to improve the human condition have failed. New Haven, CT: Yale University Press, 1998.

SCOTT, P. D. "The United States and the Overthrow of Sukarno, 1965-1967". *Pacific Affairs*, v. 58, p. 239-64, Summer 1985.
SEPULVEDA, J. *De peregrinos a ciudadanos*: breve historia del cristianismo evangelico en Chile. Santiago: Fundación Konrad Adenauer, Facultad Evangelica de Teologia, Comunidad Teologia Evangelica, 1999.
SHAH, N. "Structural change in the receiving country and future labor migration: The case of Kuwait". *International Migration Review*, v. 29, n. 4, p. 1000-1022, 1995.
SHAKESPEARE, W. *Hamlet*. São Paulo: Companhia das letras, 2015.
SHAKYA, T. *The dragon in the land of snows*: A history of modern Tibet since 1947. London: Pimlico, 1999.
SHAO-CHI, L. *Internationalism and nationalism*. Pequim: Foreign Languages Press, 1952.
SHARABI, Hisham. *Neopatriarchy: A Theory of Distorted Change in the Arab World*. New York: Oxford University Press, 1988, p. 7.
SHARIATI, A. *Marxism and other western fallacies*. Berkeley: Mizan Press, 1980.
SHARIATI, A. *Islam and Revolution*. Berkeley: Mizan Press, 1981.
SHENIN, S. *The United States and the Third World*: The origins of the postwar relations and the Point Four Program (1949-1953). Commack, NY: Nova Science, 2000.
SHERMAN, S. "The Maxwell Affairs". *The Nation*, 21 jun. 2004.
SHIHATA, I. F. I. *The other face of OPEC*: Financial assistance to the Third World. London: Longman, 1982.
SHIN, G. W. *Peasant protest and social change in colonial Korea*. Seattle: University of Washington Press, 1996.
SHIVJI, I. *Class struggles in Tanzania*. New York: Monthly Review Press, 1976.
SIDERI, S. *Trade and power:* Informal colonialism in anglo portuguese relations. Rotterdam: Rotterdam University Press, 1970.
SIMONS, G. *Indonesia:* The Long Oppression. London: Macmillan, 2000.
SINDI, A. M. "King Faisal and Pan-Islamism". *In*: BELING, W. (ed.). *King Faisal and the modernization of Saudi Arabia*. London: Croom Helm, 1980.
SINGER, H. W. "US foreign investment in underdeveloped areas: The distribution of gains between investing and borrowing countries". *American Economic Review*, v. 40, p. 473-485, 1950.
SINGH, B. ed. *Shiv Varma*. Kanpur: Samajwadi Sahitya Sadan, 1996.
SINGH, B. "Why I am an Atheist". *In: Selected Writings of Shaheed*. Nepal: National Book Center, 1986.
SINGH, R. "Life during the partition: A literary geographic narrative of Rahi Masoom Raza's Adha Gaon e Bhishma Sahni's Tamas". European Association of South Asian Studies Conference, 2004.
SINGHAM, A. W.; HUME, S. *Non-Alignment in an age of alignments*. London: Zed Books, 1986.
SINGER, A. M. *When a great tradition modernities*: An anthropological approach to Indian Civilization. New York: Praeger, 1972.
SINGER, H. W. "The terms of trade controversy and the evolution of soft financing: Early years in the UN". *In*: MEIER, G.; SEERS, D. (ed.) *Pioneers in development*. New York: Oxford University Press, 1984.
SILICON RUN. Direction: Ruth Carranza. v. 1, 40 min.1986, vol. 2, 35 min., 1993.
SITARAMAYYA, P. *The History of the Indian National Congress*. v. 1. Bombaim: Padma Publications, 1946.
SIU, B. *Women of China*: Imperialism and women's resistance, 1900-1949. London: Zed, 1982.

SIVARD, R.; BRAUER, A.; LUMPE, L.; WALKER, P. *World military and social expenditures*. Washington, DC: World Priorities, 1996.

SKIDMORE, T. *The politics of military rule in Brasil, 1964-1985*. Oxford: Oxford University Press, 1988.

SMAIL, John R.W. *Bandung in the Early Revolution, 1945-1946*. Ithaca, NY: Cornell University Modern Indonesia Project Monograph Series, 1964.

SMITH, A. *The ethnic origins of nations*. Oxford: Blackwell Publishers, 1998.

SOEDERBERG, S. "Grafting stability onto globalization? Deconstructing the IMF's recent bid for transparency". *Third World Quarterly*, v. 22, n. 5, p. 851, 2001.

SOROUSH, A. *Reason, freedom, and democracy in Islam*: Essential writings of Abdol Karim Soroush. Oxford: Oxford University Press, 2000.

"SPEECH BY PRIME MINISTER LEE HSIEN LOONG AT THE NUS SOCIETY LECTURE, 19th March 2005". National Archives and Record Centre, Singapore.

SPIRO, D. E. *The hidden hand of American hegemony*: Petrodollar recycling and international markets. Ithaca, NY: Cornell University Press, 1999.

SPRIANO, P. *The occupation of the factories*: Italy 1920. London: Pluto Press, 1975.

SRIDHARAN, K. "G-15 and South-South cooperation: Promise and performance". *Third World Quarterly*, v. 19, n. 3, p. 357-374, sept. 1998.

STANOVNIK, J. *World economic blocs*: The non-aligned countries and economic integration. Belgrado: Edition Jugoslavija, 1962.

STANOVNIK, J. "Trade, Aid, and Economic Development". *Review of International Affairs*, v. 15, n. 333, 1964.

STANOVNIK, J. "1/ 1000 or 1/100?" *Review of International Affairs*, v. 18, n. 423, p. 15, 1967. STANOVNIK, J. "A remarkable achievement". *Review of International Affairs*, v. 9, n. 187, p. 9, 1958.

STAVRIANOS, L. S. *Global rift*: The Third World comes of age. New York: Morrow, 1981.

STEPHENS, E. H.; STEPHENS, J. "Bauxite and democratic socialism in Jamaica". *In*: EVANS, P.B.; RUESCHEMEYER, D.; STEPHENS, E.H. *States versus markets in the world system*. Beverly Hills, CA: Sage, 1985.

STEPHENS, E. H.; STEPHENS, J. *Democratic socialism in Jamaica*: The political movement and social transformation in dependent capitalism. Princeton, NJ: Princeton University Press, 1986.

STRASSER, C. (org.). *Las izquierdas en el proceso politico argentino*. Buenos Aires: Editorial Palestra, 1959.

STRIFFLER, S. *In the shadows of State and capital*: The United Fruit Company, popular struggle, and agrarian restructuring in Ecuador, 1900-1995. Durham, NC: Duke University Press, 2002.

STONE, R. *Satellites and commissars*: Strategy and conflict in the politics of Soviet Bloc Trade. Princeton, NJ: Princeton University Press, 1996.

SOLA, R. *Chine-Birmaine*: Histoire d'une guerre secrete 1949-1954. Paris: Sudestaise, 1990.

SCHOENHOLTZ, A. "The IMF in Africa: Unnecessary and undesirable western restraints on development". *Journal of Modern African Studies*, v. 25, n. 3, p. 420-27, 1987.

SUDJATMIKO, I. G. *The destruction of the Indonesian Communist Party*: A comparative analysis of East Java and Bali. PhD diss., Harvard University, 1992.

SUKARNO, M. S. S. *Nationalism, islam, and marxism*. Ithaca, NY: Cornell University Press, 1970.

SUKARNO, M. S. S. *Sukarno:* An autobiography as Told to Cindy Adams. Hong Kong: Gunung Agung, 1966, p. 26.

SULISTYO, H. *The forgotten years*: The missing history of indonesia's mass slaughter (Jombang-Kediri 1965-1966). PhD diss., Arizona State University, 1997.
SULZBERGER, C. L. "Bandung draws attention to a problem. *New York Times*, 23 abr. 1955.
SURIN, K. "Hostage to an unaccountable planetary executive: The Flawed 'Washington Consensus'". *In*: KUMAR, A. (ed.). *World Bank literature*. Minneapolis: University of Minnesota Press, 2003.
SURIN, K. "Two World Bank Reports". *In*: KUMAR, A. (ed.). *World Bank literature*. Minneapolis: University of Minnesota Press, 2003.
STIEF, W. "Seaga under Siege". *Multinational Monitor*, v. 6, n. 6, may 31, 1985.
SWEE, G. K. *The economics of modernization and other essays*. Singapore: Asia Pacific Press, 1972.
SWEE, G. K. *The practice of economic growth*. Singapore: Federal Publications, 1977.
SWEE-HOCK, S.; WONG, A. K. *Adolescents in Singapore*: Sexuality, courtship, and family values. Singapore: Singapore University Press, 1981.
THAPAR, S. "Women as activists, women as symbols: A study of the Indian Nationalist Movement". *Feminist Review*, n. 44, p. 81-96, 1994.
TARAKI, A. "Arab-Latin American cooperation in the energy field". *In*: SADDY, F. (ed.). *Arab-Latin American relations*: Energy, trade, and investment. New Brunswick, NJ: Transaction Books, 1983.
TARIO, E. *Unsettling memories*: Narratives of the emergency in Delhi. Berkeley: University of California Press, 2003.
TARCUS, H. *El marxismo olvidado en Argentina*: Silvio Fronditi y Milciades Peña. Buenos Aires: El cielo por asalto, 1996.
TAWNEY, R. H. "Holland lectures of 1922". *In*: TAWNEUY, R. H. *Religion and the rise of capitalism*. New York: Mentor, 1947.
TECK-WONG, S.; TAN, C. S. *The lessons of East Asia*. Singapore: Public policy and economic development. Washington, DC: World Bank, 1993.
TEIK, K. B. "The value(s) of a miracle: Malaysian and singaporean elite constructions of Asia". *Asian Studies Review*, v. 23, n. 2, p. 181-92, jun. 1999.
TEPASKE, J. "New World Silver, Castile, and the Philippines, 1590-1800". *In*: *Precious metals in the medieval and early modern worlds*. Durham, NC: Duke University Press, 1983.
THAM, S. C. "Values and national development in Singapore". *Asian Journal of Political Science*, v. 3, n. 2, p. 1-14, dez. 1995.
THAKURDAS, J.R.D. P.; TATA, G.D. BIRLA; RAM, S. *A brief memorandum outlining a plan for economic development of India*. London: Penguin, 1944, 30-31.
THARAKAN, P. K. M. *The ernakulam district total literacy programme*: Report of the evaluation. Ttivandrum, India: Centre for Development Studies, 1990.
THAWNGHMUNG, A. M. *Behind the teak curtain*: Authoritarianism, agricultural policies, and political legitimacy in rural Burma. London: Kegan Paul, 2003.
THE ECONOMIST. "Islam against Nationalism". *The Economist*, 2/6/1962, p. 903.
THE CHALLENGE OF THE SOUTH. *The Report of the South Commission*. New York: Oxford University Press, 1990.
"THE JODIDI LECTURE: Addess by Singapore's Prime Minister Mr. Lee Kuan Yew at Lowell Lecture Hall, Harvard University, wednesday, 4th december 1968". Ace. No. Iky/1968/Iky1.204.doc, National Archives and Records Centre, Singapore, 15, 16, 24.
THE FIRST AFRO-ASIAN WOMEN'S CONFERENCE. Cairo, 14-23, Jan. 1961. Cairo: Amalgamated Press of Egypt, 1961.

THE NEW YORK TIMES. "The Bandung Conference", *The New York Times*, 24/4/1955, Review, p. 5.

"THE TERRA NOVA STATEMENT ON THE INTERNATIONAL MONETARY SYS". The Arusha initiative: A call for a United Nations Conference on international money and finance". *Development Dialogue*, n. 2, p. 18, 1980.

"THE TERRA NOVA STATEMENT ON THE INTERNATIONAL MONETARY SYSTEM AND THE THIRD WORLD". *Development Dialogue*, n. 2, p. 33, 1980.

THE TIMES. "Sir J. Kotelawala on Value of Bandung". *The Times* (London), 27 abr. 1955.

THE TIMES. "Impact of Bandung on the Asian Community". *The Times* (London), 26 abr. 1955.

THE TIMES. "President Tito on Bandung Talks". *The Times* (London), 28 abr. 1955.

International Atomic Energy Agency, IAEA: What It Is and What It Does. Viena: IAEA, 1961.

THE TRICONTINENTAL CONFERENCE OF AFRICAN, ASIAN, AND LATIN AMERICAN PEOPLES. A Staff Study, Subcommittee to Investigate the Administration of the Internal Security Act and Other Internal Security Laws of the Committee of the Judiciary of the United States Senate. Washington, DC: U.S. Government Printing Office, 1966.

THERBORN, G. "From Petrograd to Saigon". *New Left Review*, v. 48, p. 4, mar.-abr. 1968.

THOMAS, R. G. C. *Indian security policy*. Princeton, NJ: Princeton University Press, 1986.

THOMPSON, W. *The grievances of military coup makers*. London: Sage, 1973.

THORNE, C. *The issue of war*. New York: Oxford University Press, 1985.

TITO, J. B.; NASSER, G. A.; NEHRU, J. "The Brioni Document. Joint Communique by President Tito, President Nasser, and Premier Nehru". *Review of International Affairs*, v. 7, n. 1 p. 52-53, 1956.

TITO, J. B. *In*: THE CONFERENCE OF HEADS OF STATE OR GOVERNMENT OF NON-ALIGNED COUNTRIES. Belgrade: Editions Jugoslavija, 1961.

TITO, J. B. President Tito's visit to friendly african countries. Belgrade: Edition Jugoslavija, 1961.

TITO, J. B. "Speech in the Indian Parliament". *In*: TITO, J. B. *Selected speeches and articles, 1941-1961*. Zagreb: Naprijed, 1963.

TITO, J. B. "Speech in the Parliament of the Republic of Ghana". *In*: TITO, J. B. *Selected articles and speeches, 1941-1961*. Zagreb: Naprijed, 1963.

TOER, P. A. "Jang Harus Dibabat dan harus Dibangun". Bintang Timur, sep. 7, 1962.

TOGLIATTI, P. *VII Congresso del PCI*. Roma: Editori Riuniti, 1956.

TOYNBEE, A. J. "The Proclamation of Sultan Abdul-Aziz bin Sa'ud as King of the Hijaz and the Islamic Congress at Mecca (1926)". *In*: PROCTOR, J. H. (ed.). *Islam and international relations*. New York: Frederick Praeger, 1965.

"TRANSCRIPT OF A PRESS CONFERENCE GIVEN BY THE PRIME MINISTER OF SINGAPORE, MR. LEE KUAN YEW, AT BROADCASTING HOUSE, SINGAPORE, AT 1.200 HOURS ON MONDAY, 9TH AUGUST 1965". Ace. n. Iky/ 1965/, Iky0809b.doc, National Archives and Records Centre, Singapore, 21.

"TRANSCRIPT OF SPEECH MADE BY PRIME MINISTER MR. LEE KUAN YEW AT THE KAMPONG GLAM BRANCH OF THE PAP ON 2ND JANUARY 1966," Ace. No. Iky/1966/ Iky0102a.doc, National Archives and Records Centre, Singapore, I.

"TRANSCRIPT OF A PRESS CONFERENCE GIVEN BY THE PRIME MINISTER

TRANSPARENCY INTERNATIONAL. Global corruption report 2004. London: Transparency International, 2004.

TRIPP, C. *A history of Iraq*. Cambridge: Cambridge University Press, 2000.
TROCKI, C. *Opium and empire: chinese society in colonial Singapore, 1800-1910*. Ithaca, NY: Cornell University Press, 1990.
TROFIMENKO, H. "The Third World and U.S.-Soviet competition". *Foreign Affairs*, v. 59, n. 5, p. 1021-40, summer 1981.
TSE-TUNG, M. *People of the World, Unite and Defeat the U.S.* Aggressors and All Their Lackeys. Pequim: Foreign Languages Press, 1967.
TSE-TUNG, Mao. "Some Questions about Methods of Leadership" (jun., 1943). *In*: *Selected Works*. Pequim: Foreign Language Press, 1976.
UNESCO. *The Race Concept: Results of an Inquiry*. Paris: Unesco, 1951.
UNESCO. *Conference for the Establishment of the United Nations Educational, Scientific and Cultural Organization*. Institute of Civil Engineers, London, November 1-16, 1945. Paris: UNESCO Archives, n. AG 41.
UNESCO. *Fundamental Education*: Common ground for all peoples. Genebra: Unesco, 1947.
UNGAR, S.; VALE, P. "South Africa: Why constructive engagement failed". *Foreign Affairs*, v. 64, n. 2, p. 234-58, winter 1985-1986.
UNITED NATIONS. "Agreement Establishing the International Bauxite Association". Conakry, March 8, 1974. [preamble and Article 3 (b)].
UNITED NATIONS. General Assembly Resolution 23, 7/12/1973.
UNITED NATIONS. "Charter of economic rights and duties of States". General Assembly Resolution 3281 (29), UN GAOR, 29th Session, Supplement n. 31, 1975.
UNITED NATIONS: COMMISSION FOR LATIN AMERICA. "Economic Development in Venezuela in the 1950s". *Economic Bulletin for Latin America*, v. I, n. 1, p. 23, 1960.
UNITED NATIONS. General Assembly Resolution 1526 (15). "Land Reform," December 15, 1960.
UNITED NATIONS. "Measures to Accelerate the Promotion of Respect for Human Rights". UN General Assembly, v. 20, n. 2027, 18 nov. 1965.
UNITED NATIONS. *The relationship between disarmament and development*. New York: United Nations, 1982.
UNITED NATIONS. "Speech by Mr. S. Rajaratnam, Minister for Foreign Affairs, at the 34th Session of the United Nations General Assembly on 24th September 1979". Ace. No. 79, 0051, National Archives and Records Centre, Singapore.
UNITED NATIONS. UNCTAD. *Handbook of international trade and development statistics*. Geneva: United Nations, 1984, table 4.3D.
UNITED NATIONS. UN Department of Economic Affairs. *Land Reform*: Defects in agrarian structure as obstacles to economic development. New York: United Nations, 1951.
UNITED NATIONS. "World Exports". Monthly Bureau of Statistics, dec. 1975.
UNITED NATIONS. Development Program, Human Development Report. New York: UN Development Program, 1992.
UNITED NATIONS. Department of Economic Affairs. Measures of the economic development of under developed countries. New York: United Nations, 1951.
UNITED NATIONS. Department of Economic Affairs. Land Reform: Defects in Agrarian Structure as Obstacles to Economic Development. New York: United Nations, 1951.
UNITED NATIONS. "Joint Declaration on International Trade and Development", 18th session of UN General Assembly, nov. de 1963.

UNITED STATES. U.S. Department of State, Foreign Relations of the United States, 1955-1957, Volume XXIII, Japan. Washington, DC: Government Printing Office, 1991, p. 325-330.

UNITED STATES. U.S. Department of the Treasury. United States Participation in the multilateral development banks in the 1980s. Washington, DC: U.S. Department of the Treasury, 1982.

UNITED STATES. "Memorandum from the Administrator of the Agency for International Development (Bell) to the Executive Staff of the Agency for International Development". *In*: PATTERSON, D.; DUNCAN, E.; YEE, C. *Foreign relations of the United States*, 1964-1968. Volume IX. International Development and Economic Defense Policy: Commodities, Washington, DC: Department of State, 1997.

UNITED STATES. "DAC High Level Meeting, 23-24 de jul., 1964, Memorandum for the Files". *In*: *Foreign Relations of the United States*, 1964-1968, Volume IX.

UNITED STATES. Department OF United States. "Indonesia: Malaysia-Singapore; Philippines". v. 26. Foreign Relations of the United States, 1964-1968. Washington, DC: Department of State, 2001.

URDANG, S. *Fighting two colonialisms*: Women in Guinea-Bissau. New York: Monthly Review Press, 1979.

U.S. NEWS AND WORLD REPORT. "Red China Exposed-Not Dominant in Asia. Interview with Adam Clayton Powell, Jr.", *U.S. News and World Report*, s.d., p. 42-44.

U.S. SENATE SELECT INTELLIGENCE COMMITTEE. Alleged assassination plots involving foreign leaders. 94th Congress. First Session, Report n. 94-465, November 20, 1975. Washington, DC: Government Printing Office, 1975.

UTRECHT, E. "The Communist Party of Indonesia (PKI) since 1966". *In*: CALDWELL, M.(ed.). *Ten years military terror in Indonesia*. Nottingham, UK: Spokesman Books, 1975.

VAHDAT, F. *God and juggernaut*: Iran's intellectual encounter with modernity. Syracuse, NY: Syracuse University Press, 2002.

VALKENIER, E. *The Soviet Union and the Third World*: An economic bind. New York: Praeger, 1983.

VASSILIEV, A. *The History of Saudi Arabia*. London: Saqi Books, 1998.

VERNON, R. *Sovereignty at bay*. New York: Basic Books, 1971.

VICKERS, A. A paradise created. Berkeley, CA: Periplus Editions, 1989.

VILAR, P. "The Age of Don Quixote". *New Left Review*, n. 68, p. 59-71, jul.-aug., 1971.

VILAR, P. *A history of gold and money, 1450-1920*. London: Verso, 1991.

VOLL, J. "The Evolution of Islamic Fundamentalism in Twentieth-Century Sudan". *In*: WARBURG, G.; KUPFERSCHMIDT, U. (ed.). *Islam, nationalism, and radicalism in Egypt and Sudan*. New York: Praeger, 1983.

WADE, R. "Japan, the World Bank, and the art of paradigm maintenance: 'The East Asian miracle' in political perspective". *New Left Review*, n. 217, p. 3-36, may.-jun. 1996.

WADE, R. *Governing the market*: Economic theory and the role of government in East Asian industrialization. Princeton, NJ: Princeton University Press, 1990.

WADE, R.; VENEROSO, F. "The asian crisis: The high debt model versus the Wall Street-Treasury-IMF Complex". *New Left Review*, n. 228, p. 9, mar.-apr. 1998.

WALL, D. *The charity of nations*: The Political economy of foreign aid. New York: Basic Books, 1973.

WALLERSTEIN, I. *The end of the world as we know it*. Minneapolis: University of Minnesota Press, 1999.

WALTERS, R. S. *American and soviet aid*. Pittsburgh, PA: University of Pittsburgh Press, 1970.

WANG, M. *The Ch'iang of Ancient China through the Han Dynasty*: Ecological frontiers and ethnic boundaries. PhD diss., Harvard University, 1992.

WARBURG, G. *Islam, nationalism, and communism in a traditional society*: The case of Sudan. Londres: Frank Cass, 1978.

WARREN, B. *Imperialism*: Pioneer of capitalism. London: Verso, 1980.

WATERS, A. M. *Race, class, and political symbols*: Rastafari and reggae in jamaican politics. New Brunswick, NJ: Transaction Books, 1985.

WEBER, E. *Peasants into Frenchmen:* The Modern nation of Rural France, 1870-1914. Stanford, CA: Stanford University Press, 1976.

WEBER, G. La Conexion Alemana (Buenos Aires: Edhasa, 2005).

WEBER, M. *The protestant ethic and the spirit of capitalism*. New York: Scribner, 1956.

WEISS, U. "China's Aid to and Trade with the Developing countries of the Third World". *Asia Quarterly*, v. 3; 4, p. 203-214; p. 263-309, 1974.

WERSCH, H. V. *The Bombay textile strike, 1982-1983*. New Delhi: Oxford University Press, 1992.

WHITAKER, A. P. *Nationalism in Latin America*: Past and present. Gainesville: University of Florida Press, 1962.

WHITE, T. *Catch a fire*: The life of Bob Marley. New York: Holt, Rinehart and Winston, 1983.

WHITEHEAD, L. "The Bolivian National Revolution: A Twenty-First Century Perspective". *In:* GRINDLE, M.; Domingo, P. *Proclaiming revolution*: Bolivia in comparative perspective. Cambridge, MA: Harvard University Press, 2003.

WHITSON, W. W.; HUANG, C. *The Chinese High Command*: A history of communist military politics, 1927- 1971. New York: Praeger, 1973.

WHITTAM, D. "The Sino-Burmese Boundary Treaty". *Pacific Affairs*, v. 34, n. 2, p. 174-183, 1961.

WILL, W. M. "A nation divided: the quest for Caribbean integration". *Latin American Research Review*, v. 26, n. 2, p. 3-37, 1991.

WILKINS, M. "The History of Multinational Enterprise". *In:* RUGMAN, A.; BREWER, T. (ed.). Oxford Handbook of International Business. Oxford: Oxford University Press, 2001.

WILCOX, C. A Charter for World Trade (New York: Macmillan, 1949), p. 47.

WOLF, E.; HANSEN, E. "Caudillo politics: A structural analysis". *In:* HAMILL, H. (org.) *Caudillos*: Dictators in Spanish America. Norman: University of Oklahoma Press, 1992.

WOLFF, L. *Inventing Eastern Europe*: The map of civilization on the mind of the enlightenment. Stanford, CA: Stanford University Press, 1994.

WORSLEY, Peter. *The Third World:* Culture and World Development. London: Weidenfeld and Nicholson, 1964.

WORLD BANK. *The East Asian miracle*: Economic growth and public policy. New York: Oxford University Press, 1993.

WORLD BANK. *Poverty and hunger*: Issue and options for food security in developing countries. Washington, DC: World Bank, 1986.

WORLD BANK. *Governance and development*. Washington, DC: World Bank, 1992.

WORLD BANK ENVIRONMENT DEPARTMENT. *Resettlement and development*: The bankwide review of projects involving involuntary resettlement, 1986-1993. Washington, DC: World Bank, 1994.

WORLD BANK. "Involving Non-Governmental Organizations in the Bank-Sponsored Activities". Operational Manual Statement 14.70 of the World Bank, 1989. *In:* NELSON, P. *The World Bank and the Non-Governmental Organizations*. New York: St. Martin's Press, 1995.

WORLD BANK. *Adjustment in Africa: Reforms, results, and the road ahead*. New York: Oxford University Press, 1994.
WORLD BANK. *World development report 1992*. New York: Oxford University Press, 1992.
WORLD BANK. *World development report 2000/2001*: Attacking poverty. New York: Oxford University Press, 2001.
WYDEN, P. *Bay of pigs*: The Untold Story. New York: Simon & Schuster, 1979.
YACHIR, F. Mining in Africa today: Strategies and prospects. Tóquio: United Nations University, 1988.
YAMANI, M. *Changed identities*: The challenge of the new generation in Saudi Arabia. London: Royal Institute for International Affairs, 2000.
YAQUB, S. Containing *Arab Nationalism*: The Eisenhower Doctrine and the Middle East Chapel Hill: University of North Carolina Press, 2004.
YERGIN, D. *The price*: The epic quest for oil, money, and power. New York: Simon & Schuster, 1991.
YIZRAELI, S. *The Remaking of Saudi Arabia*. Tel Aviv: Tel Aviv University Press, 1997.
YEW, L.K. *Social Revolution in Singapore*. Singapore: Government Printing Office, 1967.
YEW, L. K. *From Third World to first*: The Singapore story, 1965-2000. New York: HarperCollins, 2000.
YEW, L. K. *Nian Zhenglun Zuan*: Selections from 40 years of political writings. Singapore: Lianhe Zaobao Press, 1993.
YINGQIU, L. *Chinese economy is in the second-highest growth period*. Beijing: Chinese Social Sciences Publishing House, 2002.
YODFAT, A. *Arab Politics in the Soviet Mirror*. Jerusalem: Israel Universities Press, 1973.
YOUNG, I. M. "The logic of masculinist protection: Reflections on the current security state". *Signs*, n. 29, n. 11, p. 1-25, 2003.
XIANFAN, M. *Chinese women and reform*. Beijing: Chinese Academy of Social Sciences and Chinese Women's Press, 1995.
ZAKARIA, F. "Culture is destiny: A conversation with Lee Kuan Yew". Foreign Affairs, v. 73, n. 2, p. 109-26, mar.-apr. 1994.
ZIMBALIST, A.; PASTOR, M. "Cuba's economic conundrum". *NACLA Report on the Americas*, v. 29, n. 2, p. 7-12, setembro de 1995.